विशुद्ध अनुभूतियाँ

द्वितीय भाग

तरुण प्रधान

ॐ श्री सद्गुरुवे नमः।

गुरुर्ब्रह्मा गुरुर्विष्णु गुरुर्देवो महेश्वरा।

गुरुर्साक्षात परब्रह्म तस्मै श्री गुरवे नमः॥

ॐ श्री सद्गुरुवे नमः।

क्रम-सूची

क्रम-सूची

समर्पण

ये पुस्तक

"विशुद्ध अनुभूतियाँ" भाग २/४

समस्त गुरुओं एवं

गुरुक्षेत्र को

समर्पित है

जो इस परम दिव्य एवं सनातन

ज्ञान के

स्त्रोत, भण्डारक एवं संरक्षक हैं।

प्रस्तावना

इस पुस्तक "विशुद्ध अनुभूतियाँ - द्वितीय भाग" में मेरे अंग्रेजी ब्लॉग के सभी लेखों की संग्रह पुस्तक "प्योर एक्सपिरेन्सेस" के क्रमशः आंशिक लेखों का हिंदी अनुवाद सम्मिलित हैं। लेख आध्यात्मिक विषयों पर हैं, जिनमें अधिकतर ज्ञान मार्ग से संबंधित हैं।

"विशुद्ध अनुभूतियाँ" द्वितीय भाग में आध्यात्मिक विषयों में मुख्यता चित्त के विकार, मान्यताएं, पीड़ाएँ, अहंकार, अहंकार के विकार, शरीर का अनुभव, मृत्यु, मस्तिष्क विपरीत चित्त, जगत का अनुभव एवं जगत का भ्रम सम्मिलित हैं। ये अध्याय व्यावहारिक महत्व के हैं। शेष विषय आनेवाले तृतीय एवं चतुर्थ भाग में सम्मिलित किये जायेंगे।

मुझे कई शिक्षकों से लाभ मिलता है और मैं उनकी शिक्षाओं के लिए उनका आभारी हूं। उन्हीं शिक्षाओं को अधिक आधुनिक और सुलभ रूप में व्यक्त करने का यह मेरा विनम्र प्रयास है।

तरूण प्रधान पुणे, भारत।

०३ जून २०२४

भूमिका

भूमिका

सोइ जानइ जेहि देहु जनाई। जानत तुम्हहि तुम्हइ होइ जाई॥
तुम्हरिहि कृपाँ तुम्हहि रघुनंदन। जानहिं भगत भगत उर चंदन॥

भावार्थ

वही आपको जानता है, जिसे आप जना देते हैं और जानते ही वह आपका ही स्वरूप बन जाता है। हे रघुनंदन! हे भक्तों के हृदय को शीतल करने वाले चंदन! आपकी ही कृपा से भक्त आपको जान पाते हैं॥

प्रभु के अस्तित्व रूप का उद्घाटन होते ही ये रामायण में वर्णित चौपाई सत्य सिद्ध होती है।

अस्तित्व स्वयं गुरु रूप में आकर साधक के समक्ष अपना भेद प्रकट करता है।

वस्तुएं,जगत, शरीर, अहंकार, चित्त, बुद्धि एवं अस्तित्व के तत्व रूप स्वयं का जब गुरु द्वारा दी गयी प्रज्ञा बुद्धि द्वारा,

साधक जब गहराई में उतरता है, विश्लेषण करता है तो एक विचार शृंखला निर्मित होती चली जाती है।

वही विचार शृंखला इस पुस्तक "विशुद्ध अनुभूतियाँ" के रूप में प्रकट हुई है।

जिसका द्वितीय भाग आप के समक्ष प्रस्तुत है।

लेखक के बारे में...

तरूण प्रधान मेरा उपनाम है। वर्तमान में पुणे भारत, में मेरा प्रवास है। मैं कला और विज्ञान (सॉफ्टवेयर) क्षेत्र में स्व-रोज़गार हूं। मैं एक जगह पर ज्यादा समय तक नहीं रहता और कोई एक विशेष कार्य नहीं करता। सब कुछ परिवर्तनशील रहता है, जिसमें मैं(नाम रूप सहित व्यक्त) भी सम्मिलित हूँ। इसका अर्थ यह है कि मैं यहां अपने बारे में जो कुछ भी लिखूंगा वह वैसे भी परिवर्तित हो जाएगा। इस पुस्तक में वो बताया गया है जो सदैव अपरिवर्तनीय है।

मैं मात्र एक खोजी साधक हूँ। अनुभवों को जानना तथा संग्रह करना ही मेरा मार्ग है। मैं कोई शिक्षक नहीं हूं, मात्र एक छात्र हूं । बस मैंने जो पाया उसे साझा कर रहा हूं। यदि आप साधक हैं, खोज रहे हैं तो सम्भवतः यह सब आपके लिए उपयोगी होगा, अन्यथा यह मनोरंजक तो है ही।

आप पाएंगे कि यहां प्रस्तुत अधिकांश विचार महान गुरुओं के विचारों से मिलते जुलते हैं, और यह कोई संयोग नहीं है। मैं यहां जो कुछ भी प्रस्तुत कर रहा हूं वह उन महान गुरुओं से सीखा हुआ है। हालाँकि, मैं किसी विशिष्ट परंपरा से नहीं जुड़ा हूँ। मुझे आशा है कि आप शुद्ध अनुभवों के, "विशुद्ध अनुभूतियाँ" द्वितीय भाग के रूप में, मेरे इस संग्रह का आनंद लेंगे।

तरूण प्रधान पुणे, भारत।

०३ जून २०२४

अनुवादक की लेखनी से ...

गुरुदेव श्री तरुण प्रधान जी के अंग्रेजी ब्लोग्स के हिंदी अनुवाद "विशुद्ध अनुभूतियाँ" द्वितीय भाग आपके समक्ष प्रस्तुत है। इसका प्रथम भाग मार्च २०२४ को प्रकाशित हुआ था। "विशुद्ध अनुभूतियाँ" द्वितीय भाग के प्रकाशन में मात्र ३ माह का समय लगा जबकि प्रथम भाग में ११ माह का समय लगा था। इस बार गुरु तथा गुरुक्षेत्र की कृपा के फलस्वरूप ये कार्य तीव्र गति से हुआ। समय मिलता गया कार्य शीघ्र संपन्न हो गया। गुरुदेव के प्रति अपनी कृतज्ञता व्यक्त करता हूँ।

"विशुद्ध अनुभूतियाँ" द्वितीय भाग में आध्यात्मिक विषयों में मुख्यतः चित के विकार, मान्यताएं, पीड़ाएँ, अहंकार, अहंकार के विकार, शरीर का अनुभव, मृत्यु, मस्तिष्क बनाम चित, जगत का अनुभव एवं जगत का भ्रम सम्मिलित हैं।

ये कार्य करते समय ऐसा लगा जैसे ये स्वयं ही संपन्न होता जा रहा है। गुरुकृपा से ही ये संभव है। एक बार पुनः गुरुदेव के प्रतिअपनी कृतज्ञता व्यक्त करता हूँ।

रमाकांत शर्मा
०३ जून २०२४,
गुरुग्राम

1

६.१ चित्त के विकार- इंद्रियों का धोखा

६.१ चित्त के विकार- इंद्रियों का धोखा

अब हम चित्त के विकार पर अध्यायों की एक श्रृंखला प्रारम्भ करेंगे। विकार चित्त में होने वाली अत्यधिक जटिल प्रक्रियाओं द्वारा उत्पन्न अनावश्यक दुष्प्रभाव हैं। यह ध्यान में रखते हुए कि विकार भी परिपूर्ण हैं, उनमें कोई भी त्रुटि नहीं है एवं ऐसा कोई प्राकृतिक नियम नहीं है जो किसी को उन्हें हटाने के लिए बाध्य करता हो, फिर भी हम यह देखने का प्रयास करेंगे कि उन्हें स्पष्ट रूप से देखने के संभावित प्रकार क्या हैं एवं अत्यधिक निष्क्रियता की स्थिति में, उनका उन्मूलन प्रभावी ढंग से कैसे किया जा सकता है। कुछ युक्तियाँ हैं जो मैंने महान गुरुओं से सीखी हैं, जिन्हें मैंने अपने अनुभव के अनुसार अच्छे प्रकार से काम करते हुए पाया है, तथापि, हर किसी के पास एक अद्वितीय चित्त होता है एवं ये युक्तियाँ सभी के लिए काम कर भी सकती हैं और नहीं भी। यह चिकित्सा/मनोवैज्ञानिक विषयों पर एक अध्याय नहीं है, अतः जो लोग असाध्य उन्मादी हैं उन्हें यह उपयोगी नहीं लगेगा। इन विकारों को मानव समाज द्वारा "सामान्य" रूप में देखा जाता है, तथा ये सामाजिक रूप से स्वीकृत उन्माद के अच्छे उदाहरण हैं। जो लोग इस मार्ग पर हैं, वे उन्हें अच्छी तरह से जानते हैं एवं उनसे अप्रभावित रहने का प्रयास करते हैं।

मैं कैसे जान सकता हूँ कि मैं विकारों से ग्रसित हूँ? चिंता मत करो, हर कोई है। विकारों का स्पष्ट संकेत पीड़ा एवं बंधन है। उनका शिकार करने के पीछे यही मुख्य प्रेरणा है। इन्हें पूरी तरह से ठीक करना वास्तव में महत्वपूर्ण नहीं है, अधिकतर विषयों में, मात्र इनके बारे में जागरूक होना ही पर्याप्त है।

इंद्रियों का धोखा

चित्त द्वारा व्यवस्थित किये जाने वाले प्रायः सभी विषय इंद्रियों (आंतरिक अथवा बाह्य) से उत्पन्न होते है। हम जो अनुभव करते हैं वह उतना ही अच्छा होता है जितना इंद्रियाँ करने में सक्षम होती हैं। हमारे जगत के बारे में दृष्टिकोण पूरी तरह से हम जो धारणा करते हैं उस पर निर्भर है। इसके विपरीत भी कहा जा सकता है, हमारी धारणा धीरे-धीरे हमारे उपस्थित ज्ञान पर निर्भर हो जाती है। इस सीमा तक कि हम ऐसे किसी भी विषय वस्तु को धारण करने में असमर्थ हैं जो अत्यंत संकीर्ण ऐन्द्रिक विषयों से उत्पन्न संकीर्ण मान्यताओं के बाहर है।

"महत्वपूर्ण यह नहीं है कि आप किस पर दृष्टि डालते हैं, महत्व यह है कि आप क्या देखते हैं।" - हेनरी डेविड थॉरो

यह वाद-विवाद का विषय है कि इन्द्रियों के ग्रहणशील क्षेत्र के बाहर क्या है। ऐसा प्रतीत होता है कि इसकी सीमा में जो कुछ भी है वह एक साथ निर्मित और अनुभव किया जा रहा है। दूसरे शब्दों में, विषयों के निर्माण और उनकी धारणाओं के बीच कोई अंतर नहीं है। जब कोई धारणा नहीं होती है, तो कोई विषय नहीं होते हैं, वस्तुओं का अस्तित्व नहीं होता है यदि उनकी कोई धारणा नहीं की जाती है। यह शरीर से बाहर की यात्रा (सूक्ष्म प्रक्षेपण) के समय बहुत स्पष्ट रूप से देखा जाता है, जहां किसी चीज़ को देखने के संकल्प, उसकी रचना एवं उसकी धारणा के बीच कोई अंतर नहीं होता है। सामान्य जाग्रत अवस्था में यह कम स्पष्ट होता है, परन्तु थोड़ा ध्यान से देखने पर इसका अनुभव किया जा सकता है।

धीरे-धीरे, जैसे-जैसे चित्त ज्ञान एकत्रित करता है, वह अपने चारों ओर ज्ञान एवं मान्यताओं की दीवारें खड़ी कर लेता है, एवं अत्यधिक सीमित हो जाता है। यह अंतर्ज्ञान के विपरीत हो सकता है, अधिक ज्ञान से अधिक स्वतंत्रता मिलनी चाहिए, कम नहीं। स्वतंत्रता इंद्रिय धारणाओं एवं उनके संगठन से नहीं आती, यह स्पष्ट रूप से देखा जाना चाहिए। स्वतंत्रता इंद्रिय धारणाओं को शाब्दिक रूप से न लेने, मान्यताओं की दीवारें न बनने देने और स्पष्ट रूप से यह समझने से आती है कि कैसे इंद्रियां एक सीमित जगत का निर्माण करती हैं, एक वीआर जैसा चित्त के चारों ओर एक गहन वातावरण। एक बार यह समझ में आ जाए तो मुक्ति मिल जाती है, अन्यथा व्यक्ति सदैव के लिए इस इन्द्रियों के खेल में फंस जाता है।

"हम जो देखते हैं उसका दो-तिहाई भाग हमारी आँखों के पीछे होता है।"- चीनी कहावत

यह दृढ़ विश्वास कि पूर्ण "वास्तविकता" अथवा "सत्य" और कुछ नहीं परन्तु इंद्रियां हमें जो बताती हैं वह चित्त का विकार है। मान्यता पूर्ण एवं शक्तिशाली है, एवं अधिकांश समय इसे मिटाने के लिए कुछ भी नहीं किया जा सकता है, यदि कोई इच्छुक एवं उदार चित्त नहीं है। माँ प्रकृति दुख के रूप में सहायता करने आती है, मान्यताएं पीड़ा उत्पन्न करती है... सदैव। इतना ही नहीं, ऐसे लोग दूसरों के लिए पीड़ा का कारण बनते हैं एवं अपने भौतिक परिवेश को भी नष्ट कर देते हैं, इसके लिए वे पर्याप्त औचित्य ढूंढ लेते हैं। इन्द्रियों की माया

"स्वयं" [1] को अन्यों से अलग कर देती है, अतः, जो व्यथित है, उसके लिए यह देखना संभव नहीं है कि क्षति स्वयं को हो रही है, अन्य अथवा वस्तुओं को नहीं। कोई अन्य एवं कोई पृथक वस्तु नहीं है, पृथक्करण एक भ्रम, माया है (वास्तव में? कृपया पहचान पर चर्चा के लिए पिछली प्रविष्टियाँ देखें)।

इस विकार से कैसे मुक्त हुआ जाए? यदि आप इस अध्याय को प्रारम्भ से पढ़ रहे हैं, तो उत्तर स्पष्ट होना चाहिए, मैं इसे बार-बार दोहराता हूं क्योंकि यही एकमात्र युक्ति है जो अधिकतर समय काम करती है, और वह है - इसके प्रति जागरूक रहें। इंद्रियाँ हमें कैसे सीमित करती हैं, इसके प्रति जागरूक, चेतन एवं सावधान रहने से इस बंधन से मुक्त होने में सहायता मिलेगी। क्या ये जादू-टोने से सामान्य जगत को अप्रकट कर देता है एवं क्या इसके अतिरिक्त कोई अन्य "अधिक वास्तविक" जगत मुझे दिखाई देगा? नहीं! सब कुछ वैसा ही रहता है, मात्र चित्त बदलता है, वाह्य रूप नहीं। माया के बारे में जागरूकता से माया दूर नहीं होगी, बल्कि, बस, कोई अब इससे मूर्ख नहीं बनेगा। हमारे विकल्प एवं क्रियाएं अब सम्मोहक इंद्रियों के प्रभाव से मुक्त हैं। यह स्वयं में एक बड़ी उपलब्धि है।

यदि आप स्वयं पर निर्भर हैं, तो इंद्रियों से परे जाना प्रायः असंभव प्रतीत होगा। धारणा के जाल से मुक्त एक गुरु आवश्यक है। किताबें, चर्चाएँ, दृश्य-श्रव्य सामग्री - ये सब भी मदद करते हैं। सौभाग्य से, ऐसे कई अध्ययन और पर्याप्त सामग्रियां हैं जो दिखाती हैं कि कैसे चित्त मात्र सूचना से एक संवेदी इन्द्रिय जगत बनाता है। किसी भी प्रकार, यदि आप ज्ञान के पथ पर हैं, तो आप इसे स्वयं देखना चाहेंगे, न कि अन्यों के अनुभवों पर निर्भर रहना चाहेंगे। जो लोग साहसी हैं, उनके लिए मैं सूक्ष्म प्रक्षेपण (एस्ट्रल प्रोजेक्शन) अथवा स्पष्ट अर्थ का स्वप्न (ल्यूसिड ड्रीमिंग) सीखने की सलाह देता हूं।

ये तकनीकें अभ्यासकर्ता को सीधे वह भ्रम/माया दिखाती हैं जिसे हम भौतिक जगत कहते हैं। किसी को यह मानने की त्रुटि नहीं करनी चाहिए कि यह भौतिक अथवा अ-भौतिक, खरबों जगतों में से एक है, यह मात्र एक भ्रम/माया है। ये "जगत" पहले से अस्तित्व में नहीं हैं, ये वास्तव में वहां अस्तित्व में नहीं हैं [2]। जगत को आवश्यक होने पर बनाया जा सकता है, जब सृजन की बात आती है तो चित्त एक औसत मशीन है। चित्त कितना शक्तिशाली है इसका वर्णन शब्दों में नहीं किया जा सकता, यह आश्चर्यजनक एवं समझ से परे है। किसी को इसे प्रत्यक्ष रूप से/प्रथमदृष्टया अनुभव करने की आवश्यकता है, यहां तक कि एक छोटा सा अनुभव भी आपको एक विचार देने के लिए, आपको इंद्रियों के भ्रम से मुक्त करने के लिए पर्याप्त है। किसी को अपना सम्पूर्ण जीवन चित्त की रचनात्मक शक्तियों की खोज में व्यतीत करने की आवश्यकता नहीं है। विषय को समझो, इससे बाहर निकलो।

"यदि धारणा के द्वार साफ़ कर दिए जाएँ, तो मनुष्य को हर चीज़ वैसी ही दिखाई देगी जैसी वह है - अनंत।" - विलियम ब्लेक

तो यह सब एक भ्रम/माया है एवं एक बार इसे अन्यथा देखने का विकार दूर हो जाता है, तो क्या कोई व्यक्ति मात्र अपने चारों और सब कुछ जला सकता है, लोगों का क्रमहीन ढंग

से वध कर सकता है एवं सब कुछ दुर्घटनाग्रस्त करके भस्म किया जा सकता है। यह मात्र एक भ्रम/माया है, क्या यह उचित है?, यहां कुछ भी अर्थ नहीं रखना चाहिए। उचित है, मैं कहता हूं - इसका प्रयास कीजिये, आगे बढ़िए, आप अपने आप को एक बड़े आश्चर्य के लिए तैयार कर रहे हैं यदि आप ऐसा करते हैं, तो आपको यह रुचिपूर्ण नहीं लगेगा, यह कोई सुखद आश्चर्य नहीं होगा, मैं शर्त लगाता हूं। इन्द्रिय जगत एक माया/भ्रम है, परन्तु माया का अर्थ यह नहीं है कि वहां कुछ भी नहीं है, इसका अर्थ मात्र यह है कि अंतर्निहित संरचनाएं हमें एक ऐसे रूप में दिखाई देती हैं जो प्रतीकात्मक है, शाब्दिक नहीं। संरचनाओं को वैसे ही देखना (मेरी राय में) संभव नहीं है जैसी वे हैं, सदैव एक व्याख्या होगी, एवं व्याख्या एक भ्रम के रूप में प्रकट होती है। संरचनाएं अन्य संरचनाओं के ऊपर स्थित होती हैं, और एक बार जब वे बनना शुरू हो जाती हैं, तो वे एक अद्वितीय रचना का निर्माण करती हैं -एक माया/भ्रम, यदि आप चाहेंगे, जब उनकी व्याख्या अन्य संरचनाओं द्वारा की जाती है। हमारे भौतिक ब्रह्मांड के सन्दर्भ में, मैं जिन "अन्य संरचनाओं" का उल्लेख कर रहा हूं वे इंद्रियां हैं, एवं और अधिक मौलिक संरचनाएं प्रकृति में पदार्थ हैं, भ्रामक कण हैं - परमाणु अथवा सूक्ष्म परमाणविक अथवा सूक्ष्मतर उपपरमाणविक, यह इस बात पर निर्भर करता है कि कोई विषय में कितनी गहराई तक जाने को तैयार है।

जब कोई जगत अथवा उसके निवासियों को नष्ट करता है, तो वह इन संरचनाओं को नष्ट कर रहा है, वहां विनाश होता है, चाहे वो कैसा भी दिखाई दें। यह स्पष्ट होना चाहिए। भले ही चित्त की संरचनाएं एवं प्रक्रियाएं एक प्रतिष्ठित "भ्रमपूर्ण रूप" में प्रस्तुत की जाती हैं, वे वहां हैं और "वास्तविक" हैं। किसी को उन्हें उसी प्रकार से नष्ट नहीं करना चाहिए जिस प्रकार से कोई आपके संगणक(कंप्यूटर) पर फ़ाइल आइकन को मात्र इसलिए नहीं हटाता है क्योंकि यह वोल्टेज स्पाइक्स (1/0s) की श्रृंखला जैसा नहीं दिखता है। फ़ाइल एक सार्थक संरचना का प्रतिनिधित्व करती है एवं रोचक रेखाचित्रीय (फैंसी ग्राफिक) आइकन एक उद्देश्य के लिए है, यद्यपि यह एक भ्रम है, यह वह नहीं है जो फ़ाइल है [3]। यदि आप सोचते हैं कि आप किसी आइकन को हटा रहे हैं, तो आप अपना मूल्यवान कार्य खो सकते हैं, और आपको परिणाम रुचिकर नहीं लगेंगे। विशेष रूप से, हमारे भौतिक ब्रह्मांड में, कोई पुनरावृत्ति-पात्र (रीसायकल बिन) नहीं है, कोई भी सब कुछ वैसे ही पुनःस्थापित नहीं कर सकता जैसा वह था, एवं परिणाम अक्षम्य हैं, वे वापस प्रकट होंगे और आपको पीड़ा देंगे। अतः, भ्रम को अनुभूत करना बहुत महत्वपूर्ण है कि यह क्या है। किसी को गलत धारणाओं पर अपने कार्यों को उचित ठहराते हुए इसमें हस्तक्षेप नहीं करना चाहिए। एक बार जब कोई व्यक्ति भ्रम से मुक्त हो जाता है, तो वह इस मुक्ति की अंतर्निहित विशालता और सुंदरता को देखता है, एवं वह स्वचालित रूप से इसे बढ़ाने के लिए दृढ़ रहता है, एवं यदि अन्य कुछ नहीं, तो कम से कम इसके साथ खिलवाड़ नहीं करेगा [4]।

_टिप्पणियाँ:_

1. "मैं" पर बाद में विस्तार से चर्चा की जाएगी, इसकी चर्चा पहले ही पहचान विषय के अंतर्गत की जा चुकी है। यह सिर्फ एक अवधारणा है और यह इस बात से ली गई है कि तंत्रिका तंत्र (अन्य विषयों के अतिरिक्त) का कितनी दूर तक विस्तार हुआ है। यह स्पष्ट है कि यह किसी की त्वचा से आगे नहीं फैलता है (और शायद ही शरीर के अंदर भी फैलता है)। इंद्रियों से मिलने वाली पीड़ा/आनंद के संकेत एवं किसी के शरीर (प्रभावित करने वाले एवं प्रभावकारी) को प्रभावित करने की सीमित क्षमता यह मान्यता बनाने में मदद करती है कि किसी का स्व केवल उसकी त्वचा तक ही फैला हुआ है और इससे परे की हर वस्तु अथवा विषय स्व नहीं है, या अन्य/वस्तुएं हैं। रुचिकर बात यह है - यदि कोई किसी मेज (मान लीजिए) से निकलने वाले दर्द संकेतों से तंग आ जाता है, जो किसी तरह तंत्रिका संरचनाओं या इसी तरह से सुसज्जित है, तो वह मेज को भी स्वयं के रूप में समझना शुरू कर देगा। यदि आप प्रयोगात्मक रूप से इसकी पुष्टि करना चाहते हैं तो बस उस मेज पर हथौड़े से प्रहार करें। किसी के शरीर से बाल और नाखून आदि काटने की प्रवृति होती है (वहां कोई तंत्रिका संरचना नहीं होती, इसलिए कोई दर्द आदि नहीं होता), और जैसे ही वे कट जाते हैं, वे स्व-नहीं, बस कचरा बन जाते हैं। उदाहरण के लिए, हम किसी के अपने सिर के संबंध में यह प्रवृति नहीं देखते हैं। एक और अनोखा उदाहरण है - एक खिलाड़ी खेल में अपने अवतार को अपने जैसा मानता है (जब खिलाड़ी खेल की गहराई में डूबता है, तो खेल यथार्थवादी होता है एवं खिलाड़ी उस अवतार को लंबे समय तक खेल रहा होता है), और अवतार को होने वाली कोई भी क्षति "अनुभूत" होती है मानो स्वयं के साथ हुआ हो। कुछ दर्द और पीड़ा है, भले ही संबंध शारीरिक नहीं है (तंत्रिका, जैसे मेज के सन्दर्भ में)। मात्र एक वैचारिक संबंध - यह विचार कि अवतार मैं ही हूं, पर्याप्त है। किसी भी खिलाड़ी से पूछें। ऐसा ही कुछ उन माताओं के साथ होता है, जो अपने बच्चे को अपना विस्तार मानती हैं, और कार के उत्साही व्यक्तियों के साथ, जिनके लिए उनकी कार को होने वाला कोई भी नुकसान उनको बहुत बड़ी पीड़ा पहुंचाता है। पहचान की अवधारणा मनमाना है और उपयोगी है, परन्तु मात्र तभी जब यह देखा जाए कि यह क्या है।

2. जैसा कि कहा गया है, विशेषज्ञ आपको बताएंगे कि एक ऐसी दुनिया बनाना संभव है जो स्थिर हो एवं अन्य लोगों के लिए आसानी से सुलभ (उद्देश्यपूर्ण) हो। हमारा भौतिक ब्रह्माण्ड ऐसी ही एक रचना कहा जा सकता है। इस क्षेत्र में नए लोगों के लिए यह बहुत आश्चर्यजनक लगता है, और स्पष्ट रूप से कहें तो, मैंने व्यक्तिगत रूप से कोई जगत या ब्रह्मांड नहीं बनाया है, हमारे अच्छे पुराने भौतिक ब्रह्मांड के अतिरिक्त कभी कुछ नहीं देखा है, जहां आप वर्तमान में इसे पढ़ रहे हैं। तो इसे ले लो अथवा छोड़ दो।

3. एक महत्वपूर्ण बात को समझने के लिए इस अनुरूपता को आगे बढ़ाया जा सकता है - मौलिक अर्थों में कुछ भी निर्मित नहीं होता है और कुछ भी नष्ट नहीं होता है। यदि आप फ़ाइल को नष्ट करते हैं, मान लीजिए इसे बिट की एक क्रमहीन स्ट्रिंग के साथ अधिलेखन (ओवरराइट) करके, तो आप केवल संरचना को नष्ट कर रहे हैं, न कि मूल इकाई को जो बिट का समर्थन करती है (उदाहरण के लिए एक हार्ड डिस्क)। पहले भी कुछ बिट्स थे और बाद में भी कुछ बिट्स हैं। मात्र एक बात यह है कि अब आपका प्रोग्राम, जिसका उपयोग आप उस फ़ाइल को पढ़ने के लिए करते हैं, उसकी व्याख्या नहीं कर सकता है, क्योंकि इसे एक विशिष्ट प्रारूप, एक विशिष्ट संरचना की व्याख्या करने के लिए प्रोग्राम किया गया था। इसी प्रकार जब एक मानसिक संरचना नष्ट हो जाती है, जैसे शरीर या पेड़, तो यह बस किसी अन्य वस्तु में पुनर्व्यवस्थित हो जाती है, एवं चित्त बस इसकी अलग तरह से व्याख्या करता है। नष्ट हुई वस्तु के बारे में हमारी धारणाएँ एवं ज्ञान विनाश का भ्रम पैदा करते हैं, विशेषतया तब जब परिणामी एन्ट्रापी पहले से अधिक हो। तो कोई यह कह सकता है कि कुछ भी नष्ट नहीं किया जा सकता है, यह मौलिक रूप से प्रारम्भ करने के लिए वहां नहीं था। इसी तरह कुछ भी नहीं बनाया गया है, यह सिर्फ एक पुनर्व्यवस्था है, चित्त द्वारा एक व्याख्या, जिसे एक विशिष्ट प्रकार से व्याख्या करने के लिए प्रोग्राम किया गया है। यह अपने (विकसित) कार्यक्रमों की सेना का उपयोग करके दी गई जानकारी से एक विशिष्ट "भ्रम" पैदा करता है। मानसिक कार्यक्रमों के बारे में अधिक जानकारी इस अध्याय की पिछली प्रविष्टियों में पाई जा सकती है।

4. इंद्रियों के जिस धोखे की हमने बात की, उसके लिए भ्रम कोई सटीक शब्द नहीं है, सही शब्द है *माया* (संस्कृत, जो नहीं है), इसके अनुरूप कोई अंग्रेजी शब्द नहीं है। इसे सदियों से व्यापक रूप से समझाया गया है। इसके बारे में कई खंड लिखे गए हैं, यदि आप प्राचीन विचारों में रुचि रखते हैं कि चित्त कैसे एक भ्रामक जगत की रचना करता है।

"माया भ्रम नहीं है जैसा कि इसकी लोकप्रिय व्याख्या की जाती है। माया वास्तविक है, फिर भी वह वास्तविक नहीं है। यह इस मायने में वास्तविक है कि वास्तविकता इसके पीछे है और इसे वास्तविकता का आभास देती है। जो माया में वास्तविक है वह माया में और उसके माध्यम से वास्तविकता है। फिर भी वास्तविकता कभी देखी नहीं जाती; और इसलिए वह जो दिखाई देता है वह असत्य है, और उसका अपना कोई वास्तविक स्वतंत्र अस्तित्व नहीं है, बल्कि वह अपने अस्तित्व के लिए सत्य पर निर्भर है। तब माया एक विरोधाभास है - वास्तविक है, फिर भी वास्तविक नहीं है, एक भ्रम है, फिर भी कोई भ्रम नहीं है। जो यथार्थ को जानता है वह माया में भ्रम नहीं, बल्कि यथार्थ देखता है। वह जो वह यथार्थ को नहीं जानता, माया में भ्रम देखता है और उसे यथार्थ मानता है। - स्वामी विवेकानंद

अध्याय ६.१ "चित्त के विकार- इंद्रियों का धोखा" समाप्त हुआ।

2

६.२ चित्त के विकार - समय की युक्ति/छल

२. समय की युक्ति/छल

हम पहले ही देख चुके हैं कि कैसे चित्त सभी अनुभवों को आसानी से सुलभ अनुक्रम में रखने के लिए एक साफ-सुथरी युक्ति का उपयोग करता है। यह समय नामक अक्ष का उपयोग करता है और उस पर घटनाओं को अंकित करता है। अनुभव होते हैं, वे अपने साथ समय की मोहर लगाकर नहीं आते, चित्त मोहर जोड़ता है। यह अनुभवों को अधिक व्यवस्थित बनाता है और उन्हें स्मरण करना (छापों के माध्यम से अनुकरण) आसान बनाता है। जब भी कोई परिवर्तन होता है, तो एक अनुभव होता है, अथवा हम एक अनुभव को परिवर्तन के रूप में परिभाषित कर सकते हैं (जो हम पहले ही कर चुके हैं, देखिए अनुभव)। अतः परिवर्तन अधिक मौलिक है। कुछ परिवर्तन नियमित रूप से होते रहते हैं, जैसे दिन का रात में बदलना, सूर्य के चारों ओर पृथ्वी की कक्षा और परमाणुओं का कंपन। यह हमें अनियमित परिवर्तन की तुलना नियमित परिवर्तन से करने की अनुमति देता है, और हम अनियमित परिवर्तन को नियमित परिवर्तन के रूप में व्यक्त कर सकते हैं। इस प्रकार भौतिक समय का जन्म होता है, जो एक नियमित परिवर्तन मात्र है, यह कोई इकाई नहीं है, क्योंकि इसका इस रूप में कोई अस्तित्व नहीं है, यह मात्र एक अवधारणा है। हम नियमित परिवर्तनों को गिनने के लिए उपकरणों, घड़ियों का उपयोग करते हैं। एक अनियमित अनुभव की तुलना घड़ी की गिनती से करने पर तुरंत परिवर्तन के बारे में अधिक जानकारी मिलती है, और धीमी या तेज़ की अवधारणाएँ बनती हैं। अब हम किसी घटना पर एक संख्या अंकित कर सकते हैं, जिससे यह और भी अधिक संरचित हो जाएगी। भौतिक समय हमारे आस-पास होने वाले भौतिक परिवर्तनों से उत्पन्न होता है, लेकिन एक और समय भी है - व्यक्तिपरक समय, जो मानसिक परिवर्तनों पर आधारित है, और इसका शारीरिक परिवर्तन से कोई मेल नहीं है

[3]।

मेरे अनुभव में, प्रत्येक परिवर्तन, प्रत्येक अनुभव, प्रत्येक घटना, प्रत्येक स्मरण वर्तमान में दिखाई देता है - परिवर्तन की शाश्वत पृष्ठभूमि में। मैं निश्चित हूँ, यह आपका अनुभव भी है, एवं संभवतः अन्य सब का भी। तो हम इस विचार पर इतने अड़े क्यों हैं कि सब कुछ समय पर होता है, और वहाँ कोई पौराणिक सार्वभौमिक घड़ी है जो हर समय काम करती रहती है? यह मात्र अनुकूलन है[1]। हम वास्तव में समय के बिना अपने अनुभवों को व्यवस्थित करने में असमर्थ हैं, जब मैं कुछ लिखने की कोशिश करता हूं तो उसे लौकिक संदर्भ में रखे बिना मैं असहाय अनुभव करता हूं। हमारी भाषाएँ समय आधारित हैं। हमारे विचार भी कुछ हद तक समय पर आधारित होते हैं, क्योंकि विचार करते समय हम स्मृति का बहुत अधिक उपयोग करते हैं। मैं समय के अस्तित्व का वर्णन करने के लिए घटित होना, आयोजन, घटने वाला आदि जैसे शब्दों का उपयोग किए बिना नहीं रह सकता, जो कि अतार्किक है, क्योंकि इसमें सबसे पहले समय को ही माना जाता है। हमारा समाज, कार्य, शिक्षा, नौकरियाँ और संपूर्ण जीवन समय आधारित हैं। स्पष्टतया समय तीन प्रकार का होता है- भूत, वर्तमान और भविष्य। यदि कोई अनुभव स्मृति से प्राप्त होता है, तो उस पर अतीत की मुहर लग जाती है, यदि वह इंद्रियों से प्राप्त होता है, तो उस पर वर्तमान की मुहर लग जाती है और यदि वह घटनाओं (कल्पना) का बहिर्वेशन (एक्सट्रपलेशन) है तो उस पर भविष्य की मुहर लग जाती है। तो हम देखते हैं कि कोई अतीत, वर्तमान या भविष्य नहीं है, ये केवल एक अनुभव को वर्गीकृत करने के लिए उपयोग किए जाने वाले विचार हैं। इस प्रकार, भविष्य अतीत का एक प्रक्षेपण मात्र है। अतीत सिर्फ स्मृति है. अतीत में कोई समय नहीं था और भविष्य में भी कोई समय नहीं होगा [2]।

"समय हमारे से स्वतंत्र रूप से अस्तित्व में नहीं है, यह केवल हमारे चित एवं शरीर की धारणाओं का एक भ्रम और माप है।" -डेविड लुईस एंडरसन

समय एक माया है, फिर भी यह बहुत उपयोगी है। मानव चित के लिए इसके बिना अपना कार्य चलाना संभव नहीं है। यह अस्तित्व में है क्योंकि इसके अस्तित्व का मूल्य है। यह जानने में सहायता मिलती है कि आगे सम्भवता सर्दियों की ऋतु (या शुष्क ऋतु) होगी, जब भोजन दुर्लभ होगा, अतः कोई इसका भण्डारण कर सकता है। यह शिकारी के पूर्व आक्रमण को स्मरण रखने और घर के लिए एक अलग रास्ता अपनाने में सहायता करता है। जिन्होंने ऐसा नहीं किया, वे अधिक समय तक जीवित नहीं रह पाये।

तो यह समय कब एक विकार बन जाता है? जब कोई समय का उपयोग करने वाला नहीं अपितु समय का दास बन जाता है। समय कई लोगों के जीवन को नियंत्रित करता है, जो अत्यंत कठोरता से घड़ी का पालन करते हुए स्वयं घड़ीसाज़ बन जाते हैं। नींद से उठने, खाने, शौच/स्नानघर जाने, काम पर जाने, चाय पीने और न जाने क्या-क्या से लेकर सोने जाने के सही समय तक - ऐसे लोगों के लिए यह सब घड़ी द्वारा नियंत्रित होता है। ऐसे लोग अपना मनोरंजन एक विशेष दिन, एक विशेष समय पर चाहते हैं, अपनी खबरें समय पर चाहते हैं

और यहां तक कि अपनी शादी और बच्चे की योजना भी विशेष समय पर ही चाहते हैं। उन्हें आसानी से पहचाना जा सकता है, क्योंकि वे अपना अधिकांश समय अपनी घड़ियों को देखने में बिताते हैं। उनके लिए कभी भी समय पर्याप्त नहीं होता है एवं सब कुछ अभी ही करना होगा, अन्यथा यह समय का अपव्यय है। सम्पूर्ण समाज एवं संस्कृतियाँ समय की दास बन गयी हैं। ये विचारणीय विषय है।

"आधुनिक मनुष्य विचारता है कि जब वह कार्य शीघ्र नहीं करता तो वह कुछ - समय - खो देता है। फिर भी वह नहीं जानता कि उसे जो समय मिलता है उसका क्या करना है - सिवाय उसे नष्ट करने के।"

-एरिच फ्रॉम

वास्तव में समयबद्धता को समाज एक "अच्छे" गुण के रूप में देखता है, जो एक अनुशासित चित्त का चिन्ह है। और कोई पूछेगा कि ऐसा होने में अनुचित क्या है, यदि हममें से हर कोई समकालिक रूप से व्यवहार करे तो चीजें अत्यंत आसान और पूर्वानुमानित हो जाती हैं। निश्चित रूप से, जब भी कोई सामाजिक स्थिति एक कठोर समय-सारणी की अपेक्षा करती है, तो व्यक्ति को इसका पालन करना चाहिए, और यह आवश्यक है, तथापि, किसी को एक रेखा खींचने की आवश्यकता है जहां सम्पूर्ण समय का पागलपन समाप्त हो जाता है, एवं समय से मुक्ति प्रारम्भ होती है। जो लोग घड़ी की सूई की तरह जीते हैं वे एक दयनीय जीवन जीते हैं, एक ऐसा जीवन जहां सब कुछ जल्दबाजी में होता है, सब कुछ यांत्रिक होता है और घटनाओं को भविष्य से अतीत में धकेल दिया जाता है। ऐसे लोगों के लिए कोई वर्तमान नहीं है। वर्तमान समय मात्र भविष्य के समय के लिए जगह बनाने के लिए है, जहां वास्तविक चीजें होंगी। वर्तमान चिंता बन जाता है। ऐसे लोग अपना जीवन अतीत में रहते हुए भविष्य की आशा में बिताते हैं। उनका जीवन केवल उनका अतीत है - जो चीजें उन्होंने कीं और जो भूमिकाएँ उन्होंने निभाईं। उनके जीवन में कुछ भी नया नहीं है, कोई सहजता नहीं, कोई स्वतंत्रता नहीं। इसके अतिरिक्त, ऐसे लोग दूसरों को अनुशासित करने का प्रयास करते हैं जो स्वाभाविक रूप से समय पर कम निर्भर होते हैं, जो वर्तमान में जीना चाहते हैं। जब बच्चों को इस तरह से सिखाया जाता है, तो वे सुस्त, बेजान यंत्रमानव (रोबोट), कठोर चित्त एवं कम रचनात्मकता वाले बन जाते हैं। समय उनकी जेल बन जाता है। जो व्यक्ति हमेशा अतीत अथवा भविष्य में जीता है वह जीवन को पूरी तरह से चूक जाता है। जीवन अभी होता है, अतीत और भविष्य भी अभी होता है। ऐसे लोग हमेशा भविष्य से डरते हैं, अतीत की सुरक्षा चाहते हैं, बदलाव या सुधार की बहुत कम इच्छा रखते हैं एवं अधिकतर निराशावादी होते हैं। वे दूसरों को अपने तरीके के अनुरूप चलने के लिए बाध्य करते हैं, किसी भी नवीनता, किसी भी सुधार, ऐसी किसी भी वस्तु का विरोध करते हैं जो पूर्णतया अनुमानित न हो।

तो स्पष्टतया प्रश्न उठता है कि समय के भ्रम से कैसे मुक्त हुआ जाए? समय को यूं ही विलुप्त कर देना संभव नहीं है, क्योंकि यह चित्त की एक अनिवार्य संरचना है। यदि कोई

मानव जीवन का खेल खेलना चाहता है, तो उसे खेल के नियमों का सम्मान करना चाहिए, और उनमें से एक है - सब कुछ समय के ढांचे में होता है और घटित होता हुआ दिखता है। इस ढांचे को नष्ट नहीं करना, बल्कि इसका प्रभावी ढंग से उपयोग करना बुद्धिमानी है। यह जानना बुद्धिमानी है कि चित द्वारा समय कैसे बनाया जाता है, एवं ये मानना कि ये मौलिक इकाई नहीं है जिसका अनुभव किया जा सकता है। कोई समय का अनुभव नहीं कर सकता, परन्तु मात्र चित्त के विषयों में परिवर्तन का अनुभव कर सकता है, यह बहुत स्पष्ट होना चाहिए। एक बार जब यह स्पष्ट होता है एवं समझ में आ जाता है, तो समय बदल जाता है, यह अब हमें नियंत्रित नहीं करता है, हम इसे नियंत्रित करते हैं अथवा यूँ कहें कि हम इसे अनुमति देते हैं। अब घटनाएँ बस घटित होती हैं, उन्हें किसी निश्चित समय पर घटित होने की आवश्यकता नहीं होती। समय एक विशिष्ट घटना पर घटित होता है।

समय का प्रभावी ढंग से उपयोग कैसे करें? एक साधक को समय के बारे में बहुत व्यावहारिक होना चाहिए, यह जैसा है वैसा दिखाई देने के बाद भी। यह देखते हुए कि मानव जीवन समय में सीमित है, जीवन का यह अनुभव हमेशा के लिए नहीं रहता है, व्यक्ति को उत्तम कार्य करते हुए समय व्यतीत करना चाहिए जिससे समय का अपव्यय न हो। तथापि, कोई भी इसे लेकर बहुत कठोर नहीं हो सकता। यदि कोई गतिविधि आपको आपके पथ पर आगे ले जाती है तो यह समय का सही उपयोग है, अन्यथा यह समय का अपव्यय है। यह अनुभव आधारित नियम(थम्ब रूल) है। इसका बहुत सख्ती से पालन करना संभव नहीं हो सकता है, क्योंकि वाह्य घटनाएं जिनके कारण समय का अपव्यय होता है, वे अधिकतर हमारे नियंत्रण में नहीं होती हैं, परन्तु उपलब्ध समय का स्वयं के लिए उपयोग करने के लिए कुछ प्रयास अवश्य करने चाहिए। ज्ञान के मार्ग के लिए अभ्यास की आवश्यकता होती है, और अभ्यास के लिए समय की आवश्यकता होती है। अभ्यास के लिए व्यक्ति जितना अधिक समय निकाल सकेगा, प्रगति उतनी ही तेजी से होगी।

"हमारा इतना अधिक समय तैयारी में, इतना अधिक दिनचर्या में और इतना अधिक पूर्व-निरीक्षण में व्यतीत होता है, कि प्रत्येक व्यक्ति की प्रतिभा की मात्रा कुछ ही घंटों तक सीमित हो जाती है।" - राल्फ वाल्डो इमर्सन

अधिक समय कैसे प्राप्त करें? यह सब पथ/मार्ग स्पष्ट रूप से दिखाई देने के बाद प्रारम्भ होता है। एक बार जब कोई लक्ष्य जान लेता है, तो वह प्राथमिकताएं निर्धारित कर सकता है। सबसे पहले वह काम करें जिसका सबसे अधिक महत्व हो। जो बात सबसे अधिक महत्व रखती है वह वे क्रियाएं हैं जिनके परिणामस्वरूप तेजी से प्रगति होती है। जो कार्य प्रगति में योगदान नहीं दे रहे हैं वे मात्र समय का अपव्यय हैं। दिन-प्रतिदिन उत्तरजीविता के लिए आवश्यक कुछ क्रियाएं अवश्य की जानी चाहिए, परन्तु उन्हें आसानी से कम किया जा सकता है। जीवन को सरल बनाने से इसमें सहायता मिलती है। एक सेवाकार्य जो आपके दिन का अधिकांश समय नष्ट कर देता है, सम्बन्ध जो २४x७ उपस्थिति की अपेक्षा करते हैं, वस्तुएं एवं सामान जिन्हें बहुत अधिक रखरखाव की आवश्यकता होती

है, सामाजिक घटनाएं जो आपका सारा उपलब्ध समय खा जाती हैं, ध्यान भटकाने वाली वस्तुएं जो आपको धीमा कर देती हैं - इन सभी से मुक्ति पाने की आवश्यकता है। एक सादा जीवन, शुद्ध जीवन, संतोष से भरा जीवन, स्वाभाविक रूप से आपके अभ्यास के लिए प्रचुर समय प्रदान करेगा। निद्रा (क्या यह एक गतिविधि है?), मनोरंजन, अध्ययन एवं कुछ सामाजिकता जैसी आवश्यक गतिविधियों पर व्यय किए जाने वाले समय में कटौती करने की अनुशंसा नहीं की जाती है। क्या यह भी अपव्यय नहीं है? इसकी बहुत अधिक मात्रा अपव्यय है। जीवन एक अनुभव है, एवं हम स्वाभाविक रूप से सुखद अनुभवों की खोज करते हैं, अतः ऐसे अनुभव पर्याप्त होने चाहिए, अन्यथा जीवन नीरस और दयनीय हो जाता है, विशेषतया जब आपने अभी तक पथ/मार्ग पर प्रभुत्व प्राप्त नहीं किया है। कुछ यात्राएँ, सम्मलेन, उत्सव आदि जीवन के अनुभव का एक अनिवार्य भाग हैं। बहुत अधिक अथवा बहुत कम - अनुशंसित नहीं है। एक बार जब कोई व्यक्ति पथ/मार्ग पर आगे बढ़ जाता है, तो उसे स्वाभाविक रूप से वाह्य सुखों की आवश्यकता कम से कम होती है, क्योंकि प्रसन्नता का स्रोत भीतर है, बाहर नहीं।

यदि आपके पास ऐसा सेवा कार्य है जो अधिक राशि देता है परन्तु आपके दिन का बड़ा भाग लेता है अथवा लंबी दूरी के आवागमन, यात्रा अथवा पर्यटन की आवश्यकता होती है, तो आपको अपनी गतिविधियों को पुनः प्राथमिकता देने की आवश्यकता है। ओह, उच्च वेतन वाली नौकरीआपका पथ/मार्ग है क्या? उचित है, इसमें कुछ भी अनुपयुक्त नहीं है... परन्तु तब आप एक गलत अध्याय पर हैं। यदि आप विस्तृत दोपहर का भोजन पकाने में समय बिता रहे हैं, तो इसे खाने में दो घंटे खर्च करें, दिन में दो बार बर्तनों के ढेर को साफ करें, हर दिन घर में कई चीजों की व्यवस्था करें, धुलाई और रखरखाव, विचार-विमर्श, लम्बे दूरभाष वार्ता सत्र, खरीदारी करें अगली चमकदार चीज़ या सनक के लिए, बहुत अधिक मनोरंजन, बहुत सारे सम्बन्ध एवं सम्बन्धियों का आना-जाना, जो आपका सारा खाली समय और छुट्टियाँ ले लेते हैं, और ऐसी अनगिनत गतिविधियाँ, जो हमारी "आधुनिक जीवन शैली" की पहचान हैं इत्यादि - तो आप किसी पथ/मार्ग पर नहीं हैं, एवं यह अध्याय आपके लिए अनुपयोगी होना चाहिए। यदि आपको अभी भी लगता है कि आप ऐसी जीवनशैली के बाद भी पथ/मार्ग पर हैं, तो न केवल आप अपना समय, अपना जीवन बर्बाद कर रहे हैं, बल्कि आपके पास संकल्पित प्रगति करने का कोई अवसर नहीं है।

जब आप किसी पथ पर होते हैं, तो आप समय का उपयोग मात्र अपने जीवन को व्यवस्थित करने के लिए कर सकते हैं, आप समय के द्वारा नियंत्रित नहीं हो सकते। जब आप देखते हैं कि सब कुछ अच्छी तरह से व्यवस्थित है एवं शेष कुछ भी महत्वपूर्ण करने की आवश्यकता नहीं है, तो आप समय व्यतीत होने दे सकते हैं। स्व को कोई समय नहीं पता, जब स्वयं में स्थित होता है, तो वह कालातीत होता है। सामान्य जीवन जीते हुए भी ऐसा होना संभव है। जब आप चित्त की उन प्रक्रियाओं से अवगत होते हैं जो इस भ्रम को उत्पन्न करती हैं, तो आप इससे मुक्त हो जाते हैं, और आप स्पष्ट रूप से समझते हैं कि दूसरे लोग

समय के संबंध में ऐसा व्यवहार क्यों करते हैं, तो आप उन्हें परखने, उन्हें नियंत्रित करने की आवश्यकता से मुक्त हो जाते हैं। जीवन समय के साथ संघर्ष की जगह एक सहज प्रवाह, एक सतत परिवर्तन बन जाता है।

टिप्पणियाँ:

1. ऐसे दिलचस्प अध्ययन हैं जो दिखाते हैं कि संस्कृतियों और समाजों के साथ समय की धारणा कैसे भिन्न होती है। उदाहरण के लिए, यदि आप भारत में हैं, तो समय बहुत अस्पष्ट हो जाता है और अधिकांश लोगों के लिए इसका अर्थ बहुत कम होता है। सब कुछ आराम से चलता है, और घटनाएँ तब घटित होती हैं जब उन्हें घटित होना चाहिए, घड़ियों पर बहुत अधिक निर्भरता नहीं रहती। समय के बारे में प्रतिबद्धताएँ कभी-कभार ही निभाई जाती हैं। इससे छोटी-मोटी समस्याएं उत्पन्न होती हैं, जैसे छोटी परियोजनाओं को पूरा होने में 20 वर्ष लग जाना एवं बैठकें शुरू होने में एक घंटा लग जाना, क्योंकि लोगों को समय पर पहुंचने की कोई आवश्यकता अनुभूत नहीं होती। यहाँ तक कि रेलगाड़ियाँ भी समय पर नहीं पहुँचती हैं और उड़ानें भी अपने निर्धारित समय पर उड़ान नहीं भरती हैं। यह निश्चित रूप से एक भारतीय के लिए सामान्य है, परन्तु अन्य लोगों, विशेषकर पश्चिमी देशों के लोगों को यह बहुत भ्रमित करने वाला लगता है।

2. समय की अवधारणा की उत्पत्ति के बारे में बहुत कुछ कहा जा सकता है। इसके बारे में अच्छी पुस्तकें और अध्ययन उपलब्ध हैं। ऐसा लगता है कि चित्त की अधिकांश विशेषताओं की तरह ही इसकी भी विकासवादी उत्पत्ति है। कुछ पशु (जैसे प्रवासी पक्षी, और चूहे जैसे जमाखोर) भी ऐसा व्यवहार करते हैं मानो वे भविष्य के लिए योजना बना रहे हों और समय के प्रति सचेत हों। परन्तु सम्भवतः ऐसा नहीं है, उनके लिए "समय" कोई अवधारणा नहीं है, मात्र एक कठोर कार्यक्रम है। मनुष्यों में, लौकिक कार्यक्रम उच्च स्तर तक विकसित हो गए हैं, स्पष्ट है, इतना कि समय अब हमारी "वास्तविकता" है।

3. पश्चिमी दर्शन समय के बारे में चर्चाओं से भरा है। मेरी राय में, कैंट समय की आधुनिक समझ के सबसे निकट हैं। यहाँ उद्धरण देखिये....

"क्रिटिक ऑफ प्योर रीज़न में इमैनुएल कैंट ने समय को एक प्राथमिक अंतर्ज्ञान के रूप में वर्णित किया है जो हमें (अन्य प्राथमिक अंतर्ज्ञान, स्थान के साथ) इंद्रिय अनुभव को समझने की अनुमति देता है। कैंट के अनुसार, न तो स्थान और न ही समय को पदार्थ के रूप में माना जाता है, किन्तु दोनों एक व्यवस्थित मानसिक ढांचे के तत्व हैं जो आवश्यक रूप से किसी भी तर्कसंगत पदार्थ, अथवा अवलोकित विषय के अनुभवों की संरचना करते हैं। कैंट ने समय को अंतरिक्ष और संख्या के साथ एक अमूर्त वैचारिक ढांचे का एक मूलभूत हिस्सा माना, जिसके भीतर हम घटनाओं को अनुक्रमित करते हैं, उनकी अवधि निर्धारित करते हैं,

और वस्तुओं की गति की तुलना करते हैं। इस दृष्टिकोण में, समय किसी भी प्रकार की इकाई को संदर्भित नहीं करता है जो "बहती है", जो "आगे बढ़ने" को रोकती है , या जो घटनाओं के लिए एक "पात्र" है। स्थानिक माप का उपयोग वस्तुओं के बीच की दूरी और सीमा को मापने के लिए किया जाता है, और सामयिक माप का उपयोग घटनाओं के बीच की अवधि को मापने के लिए किया जाता है।

अध्याय ६.२ "चित्त के विकार- समय की युक्ति/छल" समाप्त हुआ।

3

६.३ चित्त के विकार - आवेग एवं इच्छाएँ

३. आवेग एवं इच्छाएँ

जैसा कि हमने संकल्पों के अध्याय में देखा है, चित्त की कुछ गतिविधियाँ हैं, कुछ प्रक्रियाएँ हैं जो क्रिया को प्रेरित करती हैं। मात्र अभौतिक प्रक्रियाओं के माध्यम से कार्य करने एवं अपने परिवेश में परिवर्तन लाने में सक्षम होना एक असाधारण उपहार है। क्रियाएं परिणाम उत्पन्न करती हैं एवं चित्त उनसे सीखता है, विकसित होता है एवं और उन्नति करता है। जैसा कि मैंने कहा, सब कुछ प्रारम्भ होता है एक संकल्प से। यह बहुत महत्वपूर्ण है कि कोई देखे कि संकल्प कैसे उठते हैं एवं क्रियाओं का कारण बनते हैं। यह चेतनयुक्त अवलोकन द्वारा किया जा सकता है, एवं कई सन्दर्भों में विकल्प के कार्य द्वारा क्रियाओं को रोका जा सकता है।

संकल्प अनुभवक्रिया में उभरते हैं, अस्तित्व में एक सतत गति के रूप में, वे प्रायः स्वचालित होते हैं। वे चित्त में संस्कारों के विशाल भण्डार से उत्पन्न होते हैं [1]। मेरे विचार में, सचेतन रूप से किसी संकल्प को प्रकट होने से रोकना संभव नहीं है, परन्तु या तो इसकी उपेक्षा करना अथवा पहले से ही उपस्थित होने के बाद उस पर क्रिया करना संभव है। एक अप्रशिक्षित चित्त में यह देखने एवं चयन की क्षमता बहुत कम होती है कि किसी संकल्प पर कार्य करना है अथवा नहीं, और यहीं पर ये अनियंत्रित प्रक्रियाएं एक पीड़ा का रूप ले लेती हैं। अनियंत्रित संकल्प व्यक्ति को अपने वश में कर लेते हैं एवं उससे ऐसे काम करवाते हैं जिनके बारे में उसे बहुत कम पता होता है, जिससे उसके लिए और दूसरों के लिए भी बहुत सारे नकारात्मक परिणाम, कष्ट और पीड़ा होती है। अनियंत्रित संकल्प कई रूपों में सामने आते हैं. हम यहां उन पर विस्तार से चर्चा करेंगे। कोई भी आसानी से देख सकता है कि इन संकल्पों के सभी रूप एक-दूसरे से बहुत अलग नहीं हैं, ये मात्र संकल्प हैं। इनमें से सबसे

आदि कालीन मात्र नियंत्रण प्रणालियाँ हैं, जो उत्तरजीविता के लिए उपयोगी हैं। उदाहरण के लिए किसी गर्म वस्तु को छूने से व्यक्ति क्षण भर में अपना हाथ पीछे खींच लेता है, संकल्प एवं क्रिया बहुत तेज, अनियंत्रित होती है और ऐसा घटित होने पर ही व्यक्ति को इसकी चेतना होती है। यह अच्छी बात है, नहीं तो हम अधिक समय तक जीवित नहीं रह पाते। मैं उनके साथ खिलवाड़ करने की अनुशंसा नहीं करता।

इसके बाद लड़ो/भागो, भय, जटिलताएं एवं ऐसे व्यवहारों की अर्ध-मनोवैज्ञानिक कठोर प्रक्रियाएँ हैं। हम उन्हें प्रतिक्रियाएं कह सकते हैं। तनावपूर्ण अथवा नवीन स्थितियों में वे व्यक्ति पर आधिपत्य कर लेती हैं, वश में कर लेती हैं । स्थिति के अनुरूप क्रिया का परिणाम होता है। ये व्यवहार उत्तरजीविता सुनिश्चित करने के लिए भी हैं। कुछ लोग, जैसे कि मार्शल आर्ट में प्रशिक्षित लोग, इन पर अच्छा नियंत्रण रखते हैं, परन्तु हममें से अधिकांश लोग ऐसा नहीं करते हैं। इनमें दक्षता प्राप्त करने के लिए कठिन अभ्यास, स्वस्थ शरीर एवं अधिक समय लगता है। हमारे आधुनिक समाजों में, आत्मरक्षा का काम कुछ संगठनों को सौंपा गया है (सौभाग्य से या दुर्भाग्य से [2]), एवं बुद्धिमत्तापूर्ण योजना द्वारा खतरनाक स्थितियों से अधिकांश समय बचा जा सकता है, अतः इन प्रक्रियाओं में दक्षता प्राप्त करने की आवश्यकता नहीं है। मैं उन्हें अकेले छोड़ने की सलाह दूंगा, क्योंकि एक बार खतरे में पड़ने पर, शरीर/चित्त ही सबसे अच्छी तरह से जानता है। यदि आप पाते हैं कि आप खतरे में अंधाधुंध या तो बहुत आक्रामक हो जाते हैं अथवा सदैव खतरे का हल्का सा संकेत मिलते ही भाग जाते हैं, तो भय ने आप को वश में कर लिया है। भय अपने आप में एक बड़ा विकार है, विशेषतया अतार्किक भय, एवं हम इस पर बाद में चर्चा करेंगे। प्रतिक्रियात्मक व्यवहार अज्ञानी व्यक्ति का गुण है। हममें से अधिकांश लोग अपना जीवन प्रतिक्रिया में व्यतीत करते हैं, क्रिया करने में नहीं।

कैसे प्रतिक्रिया न करें? मेरा मानना है कि प्रतिक्रिया से बचना तब तक संभव नहीं है, जब तक कि स्वयं का अस्तित्व उत्तरजीविता की प्रवृत्ति से मुक्त न हो। उस स्थिति में, हम पहले ही मानवीय अनुभव के क्षेत्र को छोड़ चुके हैं, एवं विषय इस अध्याय के विषय-क्षेत्र से परे चला जाता है। हम केवल पीछे मुड़कर देखने पर ही प्रतिक्रिया के प्रति जागरूक होते हैं और कोई मात्र ये कर सकता है कि उन स्थितियों को टाल दे जो अनचाही प्रतिक्रियाओं का कारण बनती हैं। कोई सम्बन्धी, कोई सेवा-कार्य, कोई स्थान, कोई भी वस्तु जो आपको अनजाने में प्रतिक्रिया करने पर बाध्य कर रही है, वह आपके लिए नहीं है। यह एक चुनौती है, हाँ, और आपको यह तय करना होगा कि क्या आप अपना जीवन वाह्य समस्याओं को ठीक करने में बर्बाद करना चाहते हैं अथवा मात्र उनको टालना चाहते हैं, यह पूरी तरह से जानते हुए कि प्रतिक्रियाएँ मानव शरीर/चित्त का एक अंश हैं। यदि आपकी प्रतिक्रियाएँ जबरदस्त हैं, और नुकसान पहुँचा रही हैं, तो आप संभवतः सबसे अधिक ख़राब स्थिति में हैं, क्योंकि प्रतिक्रियाएँ वाह्य स्थिति से उत्पन्न होती हैं। एकांत में शांति से बैठकर कोई भी यदाकदा ही कभी प्रतिक्रिया करता है।

अगले हैं **आवेग**। ये अर्ध-कठोर, आनुवंशिक एवं अर्जित व्यवहारों का मिश्रण हैं। यौन आवेग कठोर संकल्पों का एक अच्छा उदाहरण है, जबकि बाध्यकारी झूठ बोलना एक अर्जित व्यवहार है [4]। आवेग क्रिया करने के बहुत शक्तिशाली संकल्प होते हैं, जो साधारणतया एक सामान्य व्यक्ति के नियंत्रण से परे होते हैं। आवेगों के परिणामस्वरूप क्रिया होती है, एवं क्रिया होने के पश्चात् ही व्यक्ति को उनके बारे में पता चलता है। अधिकांश समय व्यक्ति मान्यताओं अथवा अतार्किक विचारों का उपयोग करके आवेगपूर्ण कार्यों को उचित ठहराएगा। उदाहरण के लिए आवेग में आकर कोई बेकार चीज़ खरीद लेना और यह बहाना बना देना कि उसे इसकी आवश्यकता हो सकती है। आवेग हमेशा सतही नहीं होते, वे बहुत नुकसान भी पहुँचा सकते हैं, उदाहरण के लिए युद्ध के बाद, किसी पर शत्रु का अपमान करने अथवा यहाँ तक कि उसे मारने का आवेग आ जाता है। परिणाम अत्यधिक पीड़ा है, और वास्तव में दूसरे व्यक्ति को हानि पहुंचाने का एक बड़ा जोखिम है क्योंकि आवेग क्रोध को बढ़ाता है। कोई वास्तव में व्यक्ति को आवेग पर क्रिया करते हुए देख सकता है, मांसपेशियां कस जाती हैं, श्वसन और परिसंचरण बढ़ जाता है एवं शरीर शत्रु की अनुपस्थिति में भी युद्ध के लिए तैयार हो जाता है।

जब कोई आवेग उठता है, तो वह पूरी तरह से चित्त पर नियंत्रण कर लेता है, चित्त अपनी तर्कसंगत क्षमता खो देता है, वहां धुंधली स्थिति हो जाती है, कुछ भी स्पष्ट रूप से दिखाई नहीं देता है, कभी-कभी व्यक्ति वही देखता और सुनता है जो उठने वाले आवेग उसे देखने और सुनने के लिए कहते हैं। आवेगों के साथ मुख्य समस्या यह है कि वे पुनरावर्ती होते हैं, वे बार-बार घटित होते रहते हैं और जीवन को दयनीय बना देते हैं। किसी आवेगी व्यक्ति को कुछ विशेषताओं से पहचाना जा सकता है, जैसे कि वह हमेशा व्यस्त रहता है, दुखी है, सतही है, बेचैन है, भ्रमित है, संकटों में घिरा रहता है, अथवा मलीन रहता है।

आवेगपूर्ण व्यवहार से कैसे बचें? साधारणतया प्रकृति माँ समय के साथ चित्त को कम आवेगशील होने के लिए प्रशिक्षित करती है, क्योंकि आवेग पूर्ण क्रियाओं का परिणाम अधिकांशतः दर्द एवं पीड़ा होते है। यह एक तरीका है, परन्तु स्पष्टतया यह धीमा और दर्दनाक है। चूँकि क्रिया घटित होने के बाद ही आवेग को पहचाना जाता है, एक अप्रशिक्षित चित्त के लिए इसे बाद में इसे सूचीबद्ध लिख लेना सबसे अच्छा है। इसे क्रमरहित औचित्य देने के विपरीत, मात्र ये समझें कि यह एक आवेगपूर्ण कार्य था, इसे वैसे ही स्वीकार करें जैसे यह है। यह मात्र एक प्रारम्भ है, परन्तु आप पाएंगे कि अगली बार आवेग कुछ दुर्बल होगा एवं धीमा होगा, क्योंकि चित्त में कहीं न कहीं, इसके लिए उत्तरदायी संरचनाएं थोड़ी दुर्बल हो गई हैं, क्योंकि अब उनके पास औचित्य का समर्थन नहीं है। अतः इसे उचित न ठहराना प्रारम्भ करने का एक अच्छा मार्ग है।

दूसरा मार्ग संकल्पित नियंत्रण का अभ्यास करना है। मान लीजिए कि आप आवेग में भोजन करते हैं (एवं परिणामस्वरूप आपका वजन रोग की श्रेणी में आ गया है), इस के समाधान में ये सहायक होगा कि भोजन को थाली में रख लिया जाये एवं इसे संकल्पित एवं

सचेत रूप से खाने को मना करना है अर्थात नहीं खाना है। इससे धीरे-धीरे चित्त प्रशिक्षित होता है एवं खाने की इच्छा खत्म होने लगती है। इस युक्ति को आसानी से व्यापक किया जा सकता है। यदि आप किसी विशेष व्यक्ति से चिढ़ते हैं एवं तर्कहीन क्रिया करते हैं, तो सचेत रूप से एवं संकल्पित होकर उस व्यक्ति का सामना करने और उससे अच्छा व्यवहार का प्रयास करने से सहायता मिलती है। एक और तरीका है - प्रति संकल्प स्थापित करना, जिसको पुष्टिकरण भी कहा जाता है। जब कोई प्रति संकल्प स्थापित किया जाता है, तो वह एक विशेष आवेग के साथ उठता है और उस घटना का विरोध करता है। उदाहरण के लिए, यदि आप एक सकारात्मक पुष्टिकरण का अभ्यास करते हैं (उदाहरण के लिए इसे हर समय दोहराते हैं) कि आप किसी ऐसे व्यक्ति से घृणा नहीं करेंगे, जो पीड़ा का स्रोत है, जब उस व्यक्ति से घृणा करने का आवेग उत्पन्न होता है, तो पुष्टिकरण भी उत्पन्न होता है और आप आवेग के प्रति जागरूक हो जाते हैं, और उसे वहीं रोक/समाप्त कर सकते हैं। सकारात्मक पुष्टिकरण एक बहुत शक्तिशाली यंत्र है। इसका उपयोग बुद्धिमानी से करें [3]।

ये स्पष्टतः कुछ सीमा तक यांत्रिक युक्तियाँ हैं एवं इनकी अनुशंसा तब की जाती है जब कुछ भी काम नहीं करता है। तथापि, यदि आप किसी पथ पर हैं एवं आपको आत्म-निरीक्षण के बारे में कुछ आभास है, तो आवेग को रोक/समाप्त करने की अनुशंसित विधि मात्र उसका निरीक्षण करना है। यह करने के लिए व्यक्ति को चौबीसों घंटे बहुत जागरूक, संकल्पित सचेत रहना होगा। जब आप इतने जागरूक होते हैं, तो आप क्रिया में आवेग को पकड़ सकते हैं, तार्किक रूप से इसका विश्लेषण कर सकते हैं, और यदि आप चाहें तो इसे रोक/समाप्त कर सकते हैं। यह शारीरिक भावनाओं के प्रति बहुत जागरूक होने में भी मदद करता है, क्योंकि एक आवेग आमतौर पर शरीर में प्रत्यक्ष भावनाओं और संवेदनाओं का कारण बनता है और जब आप अपने शरीर के प्रति इतने जागरूक होते हैं, तो आप जान लेते हैं कि एक आवेग आ रहा है। मेरे अनुभव में, एक आवेग चाबुक की तरह आता है; यह पूरी तरह से चित्त को वश में कर लेता है, इंद्रियों को वश में कर लेता है और शरीर को क्रिया/वाणी में झोंकने का प्रयास करता है। वास्तव में एक अच्छा अनुभव नहीं है।

अब हम इच्छाओं की ओर बढ़ते हैं, जिन्हें चाह अथवा लालसा भी कहा जाता है। ये अधिकतर बाहरी वातावरण के प्रभाव से अर्जित की जाती हैं। इच्छाएंकार्य करने अथवा होने अथवा वस्तुओं/लोगों को प्राप्त करने के संकल्प हैं, एवं ऐसे कार्यों के कारण होने वाले अथवा एक बार होने वाले क्षणिक आनंद से प्रेरित होते हैं। वे दूसरों को किसी कार्य या वस्तु से आनंद प्राप्त करते हुए देखकर भी प्रेरित होते हैं एवं ये मान्यता रखते हैं कि इससे उनको स्वयं को आनंद मिलेगा। जैसा कि आप जानते होंगे, इच्छाएँ लाखों विविधताओं में आती हैं, प्रकट होती हैं और मैं उन सभी को सूचीबद्ध नहीं करने जा रहा हूँ। हर किसी की इच्छाएं होती हैं, तो उन्हें रखने में अनुचित क्या है? इच्छाएँ रुचिपूर्ण होती हैं, हमें कार्य करने के लिए प्रेरित करती हैं एवं तब तक स्वीकार्य होती हैं जब तक वे पीड़ा और हानि नहीं पहुँचातीं। जैसे ही वे

ऐसे कार्यों का कारण बनती हैं जो हानिकारक होते हैं, पीड़ा पहुंचाते हैं या आपको आपके पथ पर चलने से रोकते हैं, वे एक विकार बन जाते हैं। प्रबल इच्छाएँ जुनून को जन्म देती हैं, और हमारे जीवन को बहुत संकीर्ण और उथला बना देती हैं।

तो मुझे जीने की इच्छा है, खुश रहने की इच्छा है और दूसरों का भला करने की इच्छा है, क्या ये इच्छाएँ भी विकार हैं? यह एक अच्छा प्रश्न है। एक अधिक अच्छा प्रश्न यह है - क्या ये वर्णित इच्छाएँ पूरी न होने पर पीड़ा का कारण बनती हैं? यदि हैं तो वे विकार हैं। इच्छा स्वयं दुःख का कारण नहीं बनती है, यह अधूरी इच्छाएं हैं, जो हमें पीड़ा देती हैं। किसी को यह विचार करने की आवश्यकता है कि किसी विशेष इच्छा पर आधारित कार्य के क्या परिणाम हो सकते हैं, एवं तत्पश्चात निर्णय लें कि क्या यह एक विकार है। कोई यह वाद कर सकता है कि जीने एवं प्रसन्न रहने की इच्छा आदि वास्तव में इच्छाएं नहीं हैं क्योंकि वे अंतर्निहित हैं, वे ब्रह्मांड की इच्छाएं हैं, यदि आप चाहें, या हमारी शब्दावली में, ये अस्तित्व के मूलभूत गुण हैं। तथापि, किसी को अभी भी सचेत रूप से इन "मेटा-इच्छाओं" को वर्गीकृत करना चाहिए जब वे आपके पथ में पीड़ा और मंदता पैदा कर रहे हों, और हाँ वे कर सकते हैं। उदाहरण के लिए, यदि आप किसी असाध्य रोग से पीड़ित हैं, मान लीजिए कि यह बहुत दर्दनाक है, और उपचार से मात्र आपका शरीर कठिनाई से कार्य कर पा रहा है, आप सिर्फ कार्बनिक पदार्थों का एक बेकार ढेर हैं, यह स्थिति स्पष्ट रूप से आपके लिए भारी मात्रा में पीड़ा का कारण बन रही है (एवं आपके प्रियजन के लिए), अतः जीने की इच्छा यहीं छोड़ देनी चाहिए।

क्या मैं इच्छा करने का अधिकारी नहीं हूं? मैं स्पष्ट रूप से स्वतंत्र हूं तो मेरी कोई इच्छा क्यों नहीं हो सकती और मैं उस पर क्रिया क्यों नहीं कर सकता? अरे हाँ, हाँ, मुक्त....। जी हाँ। वास्तविक स्वतंत्रता किसी इच्छा को निष्पादित करने अथवा उसे न करने के चयन करने में निहित है। यदि आपको किसी इच्छा पर कार्य करने के लिए बाध्य किया जाता है, तो यह स्वतंत्रता नहीं है, है ना? जैसा कि मैंने कहा, परिभाषा के अनुसार, इच्छाएँ संचित कार्यक्रम हैं, वाह्य प्रभाव हैं। कोई भी व्यक्ति इच्छाओं के साथ नहीं जन्मता (उदाहरण के लिए डॉक्टर बनने की इच्छा अथवा ऐसी ही अन्य इच्छा)। इच्छाएँ जीवन की क्रमहीन घटनाओं और अनुभवों से स्थापित होती हैं, किसी को इच्छाओं को चुनने की कदाचित् ही कोई स्वतंत्रता होती है। वे घटित होती हैं। आधुनिक जगत में अधिकांश इच्छाओं का पता दूरदर्शन विज्ञापनों एवं "सभ्य समाज" की ऐसी मस्तिष्क प्रभावित करने वाली गतिविधियों से लगाया जा सकता है। क्या कोई व्यक्ति सचेतन किसी वस्तु की इच्छा नहीं कर सकता? कोई कर सकता है, परन्तु तब इसे इच्छा नहीं कहा जाएगा (परिभाषा में सही नहीं बैठता), यह एक सचेत संकल्प होगा, और हां, एक सचेत संकल्प कहीं से प्राप्त क्रमहीन इच्छा का बहुत अच्छा विकल्प है।

यदि मैं इच्छा नहीं करूंगा, तो मैं कैसे प्रगति करूंगा, मैं कैसे सुधार करूंगा और मैं कार्य कैसे पूरा करूंगा? यह प्रायः पूछा जाने वाला प्रश्न है और लोग इसके बारे में पूरी तरह से भ्रमित हैं। उत्तर वास्तव में सरल है - यदि कोई इच्छा सकारात्मक है, कार्य हानि रहित या

लाभकारी है (आपके पथ, जीवन लक्ष्यों के आधार पर), तो आगे बढ़ें एवं उस पर क्रिया करें। तथापि, यदि आप इसे पूरा करने में बार-बार असफल होते हैं, एवं यह दुख का स्रोत बन गया है, तो इसे समाप्त करें, कुछ अन्य करें, जीवन विशाल है एवं किसी को केवल एक संकीर्ण इच्छा तक सीमित रहने की आवश्यकता नहीं है। एक बार जब यह स्वयं के लिए या दूसरों के लिए पीड़ा का स्रोत बन जाता है, अथवा ये मात्र समय की बर्बादी है, तो यह एक विकार है और इसे समाप्त करने का यही सही समय है। यह सब आपकी प्रगति और सुधार आदि के अर्थ पर निर्भर करता है, यदि आप वास्तविक पथ पर नहीं हैं, तो ये शब्द मात्र दूसरों से उधार लिए गए विचार हैं। एक बंदर ने बंदर को कुछ करते हुए देखा। यदि आप किसी पथ पर हैं तो आपको वहां कोई इच्छा नहीं मिलेगी, मात्र प्रगति करना एवं सुधार करना ही आपका जीवन है। इच्छाएं सुधार के पथ पर भटकाव मात्र है, परिभाषा बदल जाती है। कृपया इसे स्पष्ट रूप से देखिये।

ठीक है तो उन कष्टप्रद इच्छाओं से कैसे छुटकारा पाया जाए? यह एक संलिप्त होने वाला विषय है, विशेषकर उन लोगों के लिए जो किसी पथ पर नहीं हैं। सबसे पहले, किसी को इच्छाओं को वर्गीकृत करने की आवश्यकता है, बहुत सारी इच्छाएँ हैं, इसमें थोड़ा समय लग सकता है। क्या वे हानिरहित या हानिकारक हैं, क्या वे पीड़ा अथवा प्रसन्नता का कारण बन सकते हैं, क्या वे महत्वपूर्ण हैं अथवा महत्वहीन हैं, क्या वे दीर्घकालिक हैं अथवा तात्कालिक हैं, आदि, आदि। यह अनुशंसा की जाती है कि आप इच्छाओं की एक गतिशील सूची बनायें, उन्हें लिखकर रखें, सबसे महत्वपूर्ण और आवश्यक इच्छाएं शीर्ष पर लिखें। करने वाले कार्यों की प्राथमिकता सूची बनाएं। जो पूरा नहीं हो सकता अथवा जो पीड़ा दे रहा है उसे हटा दें, जो आपको पहले की तुलना में अब अधिक महत्वपूर्ण लगता है उसे बढ़ावा दें। यह मानते हुए कि अधिकांश इच्छाएँ जीवन भर का समय नहीं लेंगी, आपको एक बहुत ही गतिशील सूची मिलेगी, जो सदा बदलती रहेगी। इस सूची को पढ़ने मात्र से आप अपने बारे में सभी विषयों से अवगत हो जायेंगे। यह देखना आसान होना चाहिए कि कौन सी इच्छाएँ आवश्यक नहीं हैं अथवा जो पीड़ा का कारण बन रही हैं। उन्हें निरस्त करें, उन पर क्रिया न करने का संकल्प लें। कुछ और योजना बनायें। इस प्रकार अनावश्यक इच्छाएं नष्ट हो जाएँगी। यदि वे नष्ट होकर पुनः प्रकट हो जाती हैं, तो ये इच्छाएं नहीं हैं, ये आवेग हैं, एवं आपको ऊपर वर्णित आवेग-विरोधी यंत्रों का उपयोग करके उन्हें नष्ट करने की आवश्यकता है।

इच्छाओं की कोई सीमा नहीं होती, एक पूरी होती है तो दूसरी उत्पन्न हो जाती है। कुछ लोगों के लिए, जीवन इच्छाओं का अंतहीन पीछा करने के अतिरिक्त अन्य कुछ नहीं है। कब रुकना है, कहां रुकना है? यदि आप उन्हें सूचीबद्ध करना चाहते हैं, तो सूची को, आपको यह स्पष्ट रूप से दिखाना चाहिए। आपका चित्त इच्छा करता रहता है. यहाँ क्या ग़लत है? यह चित्त की प्रकृति है, इसमें अनुभव हैं, इसकी संरचना है, प्रभाव हैं, इसमें कार्यक्रम हैं, और ये अंतहीन संकल्प एवं इच्छाएं उत्पन्न करते हैं। यह कोई समस्या नहीं है, समस्या चित्त की प्रकृति के प्रति जागरूक न होना है। जब इच्छाओं को ढीला छोड़ दिया जाता है, तो वे आप

पर शासन करती हैं, आप इच्छाओं के दास हो जाते हैं, और यही समस्या है। क्या हम उन्हें सीमित कर सकते हैं? संभवतः, परन्तु मुझे लगता है कि इसकी कोई आवश्यकता नहीं है, मात्र जागरूक हो जाएं, प्रत्यक्ष देखिये कि यह तब तक होगा जब तक आप एक सांसारिक अस्तित्व से, एक मानवीय अनुभव से बंधे हैं। यह प्रत्यक्षीकरण आपको अपने पथ पर आगे बढ़ाएगा। एक बार जब कोई व्यक्ति इच्छाओं की प्रक्रियाओं एवं कारणों/परिणामों से पूरी तरह अवगत हो जाता है, तो वह उनसे मुक्त हो जाता है। आप या तो उन्हें बिना सोचे-समझे नष्ट कर के अपना जीवन अपव्यय कर सकते हैं, अथवा उन्हें मात्र ऐसे ही रहने दे सकते हैं, उन पर क्रिया न करें, अथवा जब भी आवश्यक हो, सचेत रूप से क्रिया कर सकते हैं।अंत में हम शुभकामनाओं पर आते हैं। एक शुभकामना सामान्य भाषा में इच्छा का पर्याय है, परन्तु मैं समझ-बूझ कर इसे किसी अन्य विषय के रूप में परिभाषित करने जा रहा हूं। इच्छा एक संकल्प है जो इच्छा की तुलना में बहुत अधिक समय तक रहता है, एक जीवन काल या कई जीवन काल तक चल सकता है। मैं विषयों को स्पष्ट रखने के लिए इसे परिभाषित कर रहा हूं। तो हम देखते हैं कि संकल्पों को उनकी समय अवधि के आधार पर वर्गीकृत किया जा सकता है। अल्पावधि <--नियंत्रण <प्रतिक्रियाएँ <आवेग <इच्छाएँ < शुभकामनायें --> दीर्घावधि प्रायः परिणामी क्रियाओं को भी समय में उसी प्रतिरूप(पैटर्न) का पालन करना चाहिए। तो एक शुभकामना वो है जो वर्षों तक बनी रह सकती है, एवं तब तक क्रियाएं करती रहती है, जब तक कि वह पूरी न हो जाए। प्रायः एक शुभकामना को दूसरी शुभकामना से प्रतिस्थापित नहीं किया जाता, इच्छाओं के विपरीत, जो अंतहीन होती हैं। एक बार जब कोई शुभकामना पूरी हो जाती है, तो आपका काम पूरा हो जाता है। वहाँ दूसरा है मुख्य अंतर यह है कि एक अधूरी शुभकामना आवश्यक रूप से पीड़ा का कारण नहीं बनेगी। कामना अधिक सचेतन होती है, इसमें थोड़ी अधिक बुद्धिमत्ता होती है और व्यक्ति जो कामना कर सकता है उस पर अधिक नियंत्रण होता है। कामना कर के उदाहरण हो सकते हैं - एक निश्चित प्रकार का जीवन जीना, चीजों की खोज करना, खोज करना, शासन करना या धन कमाना, शक्तियाँ प्राप्त करना, सीखना और जानकारी प्राप्त करना, आदि, आदि। कामनाएं किसी व्यक्ति की समग्र जीवन शैली को नियंत्रित करती हैं . अपनी कामनाओं के बारे में सजग रहें...। क्या कोई कामना विकार बन सकती है? हाँ, यह भी चित्त की निर्मिति है एवं हाथ से बाहर जा सकती है। उदाहरण के लिए, एक राजा जैसे शक्तिशाली व्यक्ति बनने की इच्छा आपको ऐसे लोगों की सेना इकट्ठा करने पर बाध्य कर सकती है जो क्रमहीन रूप से लोगों की हत्या करते हैं एवं समस्त सभ्यताओं को नष्ट कर देते हैं। यह जीवन भर चलता है, और स्पष्टतया रुचिकर नहीं है, विशेषकर शांतिपूर्ण लोगों के लिए। एक कामना एक जुनून भी बन सकती है, जिससे मुक्त होना कठिन हो जाता है। यहां तक कि एक सकारात्मक कामना, जैसे मानवता की सेवा करना अथवा नई तकनीक विकसित करना भी एक बंधन है। हम ऐसा करने के लिए यहां नहीं हैं। हम यहां स्वतंत्र होने के लिए हैं, एक सकारात्मक कार्य हो सकता है, परन्तु आवश्यक नहीं कि यह आपका पूरा जीवन बन जाए, यह एक छोटा सा उप-

लक्ष्य है। इसलिए यदि आप पाते हैं कि आपकी कामनाएं (जैसा कि परिभाषित है) आपके पूरे जीवन को खा रही हैं, तो उनके बारे में जागरूक होना एवं उन्हें सीमित करना बुद्धिमानी है। एक बुद्धिमान व्यक्ति के लिए कोई समस्या नहीं होनी चाहिए। तो ठीक है, क्या मेरा पथ मेरी कामना नहीं है? नहीं, परिभाषा के अनुसार नहीं, जब तक कि आप इसके बारे में स्पष्ट न हों। कामना चित्त की एक संरचना है, एक कार्यक्रम है, एक संकल्प है, किसी के जीवन में कुछ करने/पाने की एक योजना है। पथ स्वयं ही जीवन है। आप किसी पथ पर चलने की कामना नहीं करते, पथ चाहता है कि आप उस पर चलें। सूक्ष्म है, आप देखिए।

अंत में हम अभिलाषाओं पर आते हैं। एक अभिलाषा सामान्य भाषा में इच्छा का पर्याय है, परन्तु मैं समझ-बूझ कर इसे किसी अन्य विषय के रूप में परिभाषित करने जा रहा हूं। अभिलाषाएक संकल्प है जो इच्छा की तुलना में बहुत अधिक समय तक रहता है, एक जीवन काल या कई जीवन काल तक चल सकता है। मैं विषयों को स्पष्ट रखने के लिए इसे परिभाषित कर रहा हूं। तो हम देखते हैं कि संकल्पों को उनकी समय अवधि के आधार पर वर्गीकृत किया जा सकता है।

अल्पावधि <--नियंत्रण प्रणाली <प्रतिक्रियाएँ <आवेग <इच्छाएँ < अभिलाषायें --> *दीर्घावधि*

प्रायः परिणामी क्रियाओं को भी समय में उसी प्रतिरूप(पैटर्न) का पालन करना चाहिए। तो एक अभिलाषा वो है जो वर्षों तक बनी रह सकती है, एवं तब तक क्रियाएं उत्पन्न करती रहती है, जब तक कि वह पूरी न हो जाए। प्रायः एक अभिलाषा को दूसरी अभिलाषा से प्रतिस्थापित नहीं किया जाता, इच्छाओं के विपरीत, जो अंतहीन होती हैं। एक बार जब कोई अभिलाषा पूरी हो जाती है, तो आपका काम पूरा हो जाता है। वहाँ दूसरा मुख्य अंतर यह है कि एक अधूरी अभिलाषा आवश्यक रूप से पीड़ा का कारण नहीं बनेगी। अभिलाषा अधिक सचेतन होती है, इसमें थोड़ी अधिक बुद्धिमत्ता होती है तथा व्यक्ति जो अभिलाषा कर सकता है उस पर अधिक नियंत्रण होता है। अभिलाषा के उदाहरण हो सकते हैं - एक निश्चित प्रकार का जीवन जीना, चीजों की खोज करना, अन्वेषण करना, शासन करना या धन कमाना, शक्तियाँ प्राप्त करना, सीखना तथा सूचनाएं प्राप्त करना, आदि, आदि। अभिलाषाएं किसी व्यक्ति की समग्र जीवन शैली को नियंत्रित करती हैं। अपनी अभिलाषाओं के बारे में सजग रहें...।

क्या कोई अभिलाषा विकार बन सकती है? हाँ, यह भी चित्त की निर्मिति है एवं हाथ से बाहर जा सकती है। उदाहरण के लिए, एक राजा जैसे शक्तिशाली व्यक्ति बनने की अभिलाषा आपको ऐसे लोगों की सेना इकट्ठा करने पर बाध्य कर सकती है जो क्रमहीन(रैंडम) रूप से लोगों की हत्या करते हैं एवं समस्त सभ्यताओं को नष्ट कर देते हैं। यह जीवन भर चलता है, और स्पष्टतया रुचिकर नहीं है, विशेषकर शांतिपूर्ण लोगों के लिए। एक अभिलाषा एक जुनून भी बन सकती है, जिससे मुक्त होना कठिन हो जाता है। यहां तक कि एक सकारात्मक अभिलाषा, जैसे मानवता की सेवा करना अथवा नई तकनीक विकसित

करना भी एक बंधन है। हम ऐसा करने के लिए यहां नहीं हैं। हम यहां स्वतंत्र होने के लिए हैं, एक सकारात्मक कार्य हो सकता है, परन्तु आवश्यक नहीं कि यह आपका पूरा जीवन बन जाए, यह एक छोटा सा उप-लक्ष्य है। इसलिए यदि आप पाते हैं कि आपकी अभिलाषाएं (जैसा कि परिभाषित है) आपके पूरे जीवन को खा रही हैं, तो उनके बारे में जागरूक होना एवं उन्हें सीमित करना बुद्धिमानी है। एक बुद्धिमान व्यक्ति के लिए कोई समस्या नहीं होनी चाहिए।

तो ठीक है, क्या मेरा पथ मेरी अभिलाषा नहीं है? नहीं, परिभाषा के अनुसार नहीं, जब तक कि आप इसके बारे में स्पष्ट न हों। अभिलाषा चित्त की एक संरचना है, एक कार्यक्रम है, एक संकल्प है, किसी के जीवन में कुछ करने/पाने की एक योजना है। पथ स्वयं ही जीवन है। आप किसी पथ पर चलने की अभिलाषा नहीं करते, पथ की अभिलाषा है कि आप उस पर चलें। सूक्ष्म है, आप देखिए।

टिप्पणियाँ:

1. संस्कार चित्त में उसके अनुभवों के परिणामस्वरूप बनने वाली संरचनाएँ हैं। वे आनुवंशिक, सामाजिक अनुकूलन, इस जीवन में व्यक्तिगत अनुभव या स्वयं के अन्य रूपों के संचित अनुभव हो सकते हैं। हम यहां पिछले जन्मों और अवतारों में नहीं जाएंगे, क्योंकि ये हममें से अधिकांश के वर्तमान अनुभव से परे हैं। यदि किसी ने स्पष्ट रूप से देखा है कि स्व मात्र एक ही है, यह वर्तमान या अतीत के सभी जीवन रूपों के लिए समान है, तो कोई सरलता से अनुमान लगा सकता है कि सभी जीवन रूप मात्र एक ही स्व / आत्मन के "अवतार" या अवतार हैं।

2. धन (कर?) के बदले अन्य प्रतिनिधियों(एजेंटों) को स्वयं की सुरक्षा सौंपने के सकारात्मक और नकारात्मक दोनों परिणाम होते हैं। सकारात्मक इसलिए क्योंकि आपको सुरक्षा एवं संकट के बारे में ज़्यादा चिंता करने की आवश्यकता नहीं है, सुरक्षा का एक भ्रम है जो आपको शांत रखता है। सुरक्षा संस्थाओं का भय छोटे अपराधियों को दूर रखता है एवं आम लोगों का व्यवहार अधिक अच्छा बनाता है। दूसरी ओर, यह आपको पूरी तरह से असहाय, आत्मरक्षा में असमर्थ, आवश्यकता पड़ने पर दूसरों से लड़ने या मारने में असमर्थ बना देता है। इसलिए जब ख़तरा आता है तो आप किसी अचानक अवसर की दया पर निर्भर होते हैं।

3. यह काम करता है क्योंकि मस्तिष्क में किसी विशेष स्थिति में सभी संबंधित सूचनाओं को याद रखने की प्रवृत्ति होती है। आप यहां जो कर रहे हैं वह एक हुक, एक लिंक या एक एसोसिएशन की प्रोग्रामिंग है जो संबंधित आवेग उत्पन्न होते ही क्रियाशील हो सकता है। पुष्टिकरण (अफर्मेशन) का उपयोग स्वयं के सामान्य सुधार के लिए किया जा सकता है। उदाहरण के लिए, सुस्ती या जड़ता पर नियंत्रण पाने में, घबराहट और

सामाजिक परिस्थितियों के डर पर नियंत्रण पाने आदि में। यदि आप निर्बल हैं और आपको कुछ मांसपेशियों की आवश्यकता है, लेकिन आप खुद को व्यायाम करने के लिए प्रेरित नहीं कर सकते हैं, तो एक पुष्टिकरण जिसमें कहा गया हो कि आप ऐसा कर रहे हैं और आप सशक्त हो रहे हैं, सहायता करता है। निःसंदेह, आपको वास्तव में व्यायाम करने की आवश्यकता है। केवल पुष्टि से मांसपेशियां जादुई रूप से विकसित नहीं हो जाएंगी। यह बस आपको व्यायाम करने के लिए प्रेरित करता है। एक बार उनका काम पूरा हो जाने के बाद पुष्टिकरण को समाप्त कर देना सबसे अच्छा है, अन्यथा वे अभ्यस्त हो जाते हैं और मानसिक ऊर्जा ग्रहण कर लेते हैं।

4. यौन अथवा प्रजनन संबंधी आवेग पूरे ब्रह्मांड में सबसे शक्तिशाली हैं। विभिन्न वैज्ञानिक विषयों के अंतर्गत इनका बहुत अच्छी तरह से अध्ययन और प्रयोग किया गया है। लगभग सभी स्थितियों में प्रजनन को अधिक महत्व मिलता है। मानव जीवन, उनमें से अधिकांश, प्रजनन संबंधी आवेगों से संचालित होते हैं। कपड़ों से लेकर विवाह/रिश्ते, आदर्श, व्यवहार, प्यार, पसंद, हमारे अधिकांश विचार, बातचीत, कार्य और यहां तक कि रचनाएं (फिल्में, कथा, घर आदि) प्रजनन संबंधी आवेगों का परिणाम हैं। लोग अपना पूरा जीवन इन आवेगों के बंधन में रहकर बिता देते हैं। प्रायः जीवन के अंत में, जब हार्मोन अपनी ताकत खो देते हैं और व्यक्ति सभी आवेग के मायाजाल से निकल चुका होता है, तो व्यक्ति को अनुभूत होता है कि उसने अपना पूरा जीवन पेटी से नीचे रहकर बिताया है। ये आवेग शक्तिशाली होते हैं और इनसे मुक्ति पाना कठिन होता है। उनसे निपटने के लिए विभिन्न रणनीतियाँ प्रस्तावित की गई हैं एवं जो दूरतम सीमाओं जैसे ब्रह्मचर्य से लेकर तंत्र तक, अथवा कुछ सरल चार चरणों वाली जीवन शैली भी सम्मिलित है। ये पुस्तकों में आसानी से मिल जाते हैं, इसलिए यदि रुचि हो तो कृपया कोई उपयुक्त पुस्तक देखें।

अध्याय ६.३ चित्त के विकार-आवेग एवं इच्छाएं समाप्त हुआ।

4

६.४.१ चित्त के विकार- मान्यताएं - मान्यताओं की कारागार

४.१ मान्यता क्या है?

हम पहले ही मान्यताओं पर संक्षेप में चर्चा कर चुके हैं। यहाँ इस विषय पर गहन एवं विस्तृत विश्लेषण करेंगे। इसकी आवश्यकता है क्योंकि मान्यता चित्त की सबसे खतरनाक विकारों में से एक है। मान्यता एक धारणा है, एक निराधार विचार है। यह ज्ञान के रूप में छद्मवेषी प्रकट होता है। यह आंशिक अथवा असत्य ज्ञान है, चित्त में एक संरचना है, जिसका समर्थन करने के लिए अनुभव की दृढ़ता का अभाव है। मान्यता अज्ञानता का प्रतीक है। ये मान्यता शब्द के लिए कुछ परिभाषाओं के रूप में काम करेंगे [1]।

"मान्यता/विश्वास ज्ञान का एक निकृष्ट विकल्प है। अगर मैं आपको कोई ऐसी कहानी सुनाऊं, जो आपके अनुभव से परे है, तो आपके पास केवल दो ही विकल्प हैं, या तो उस पर विश्वास करें या उस पर अविश्वास करें। उनमें से कोई भी आपको कहीं नहीं ले जाएगा। मैं चाहता हूँ कि आप जानो।"

- सद्गुरु जग्गी वासुदेव (शब्दांश में)

यदि आप मान्यताओं को आत्मनिरीक्षण के सूक्ष्मदर्शी से देखेंगे तो पाएंगे कि वे चित्त की संरचनाएं हैं जो अवधारणाएंकहलाती हैं। इसलिए मान्यता कोई नई इकाई नहीं है, यह मात्र एक विचार, एक अवधारणा, एक उच्च स्तरीय मतिहीनता है। तो हमें एक नए शब्द, एक नई परिभाषा की आवश्यकता क्यों है? क्योंकि मान्यता एक अवधारणा है जो त्रुटिपूर्ण है। यह एक मानी हुई बात है जो ज्ञान का रूप ले लेती है। यह अनुभव से नहीं आती। एक अवधारणा

जब प्रत्यक्ष अनुभव पर दृढ़ता से आधारित हो तो वह ज्ञान है। जब आप मान्यताओं को देखते हैं, तो आपको वहां कोई ठोस अनुभव, कोई छाप, कोई स्मृतियाँ, विचारों की कोई तार्किक श्रृंखला नहीं मिलेगी, वे मात्र हवा में लटकी हुई हैं।

कोई भी मान्यता कभी भी अनुभव पर आधारित नहीं होती, यह अन्य स्रोतों से प्राप्त होती है। यह किसी अनुभव की त्रुटिपूर्ण व्याख्या भी हो सकती है, जिसका फिर से अर्थ यह है कि व्याख्या निराधार है। एक मान्यता अन्य मान्यताओं पर आधारित हो सकती है, जो विषय को और अधिक जटिल बना देती है, क्योंकि व्यक्ति शायद यह मानता है कि यह एक सत्य पर आधारित है, और यह एक सत्य भी है। मान्यताओं के वन में खो जाना आसान है।

"मैं संदेह एवं अनिश्चितता के साथ और न जानने के साथ जी सकता हूँ। मुझे लगता है कि बिना जाने जीना उन उत्तरों को पाने से कहीं अधिक रुचिपूर्ण है जो गलत हो सकते हैं।"
-रिचर्ड फेनमैन

यह निश्चित रूप से संभव है कि किसी मान्यता की पुष्टि बाद में हो जब प्रत्यक्ष अनुभव से सामना हो। एक बार ऐसा होने पर मान्यता, मान्यता नहीं रह जाती, ज्ञान बन जाती है। तथापि, ऐसी संभावना किसी बात को मानने का कोई औचित्य नहीं है। प्रत्यक्ष अनुभव हो भी सकता है और नहीं भी। और यदि ऐसा होता है, तो यह व्यक्ति को अन्य विषयों के बारे में इस आशा में अधिक मान्यताएं बनाने के लिए प्रोत्साहित करता है कि वे भी प्रमाणित हो जाएंगे। यह एक बड़ी आशंका है, अतः इस विचार को, यदि यह प्रत्यक्ष अनुभव से प्रमाणित नहीं है "मुझे मान्य है कि यह सत्य है" श्रेणी की बजाय "मुझे नहीं पता" श्रेणी में रखना अधिक अच्छा है। ध्यान दें कि कोई भी किसी विचार को सत्य मानकर उसकी सत्यता का परीक्षण कर सकता है, परन्तु वह मान्यताओं की श्रेणी में नहीं आता है। किसी विचार को असत्य मानकर उसका परीक्षण करना भी उतना ही संभव है।

"हमें जिस वस्तु की आवश्यकता है वह विश्वास करने की इच्छाशक्ति की नहीं, परन्तु खोजने की इच्छा की है।"- बर्ट्रेंड रसेल (1872-1970) ब्रिटिश तर्कशास्त्री और दार्शनिक।

एक अवधारणा तब बनती है जब कोई व्यक्ति अपने अनुभवों को अन्य अनुभवों के संदर्भ में समझने का प्रयास करता है। ये यथार्थ में समझ की परिभाषा है - किसी के अनुभवों को सार्थक रूप से आपस में सम्बन्ध जोड़ना। एक सार्थक संरचना वह है जिसके परिणामस्वरूप सबसे कम एन्ट्रापी होती है, यह सुसंगत, तार्किक, परिपूर्ण, सुंदर और सही होती है। चित्त के पास अपने अनुभवों को सार्थक अवधारणाओं में व्यवस्थित करने एवं उन्हें अनुभवों को आगे व्यवस्थित करने या नए अनुभव प्राप्त करने के लिए उपयोग करने का विलक्षण उपहार है, जिससे ज्ञान में वृद्धि होती है। तथापि, चित्त किसी एक मान्यता के साथ भी ऐसा ही करता है, एक बार जब यह मान्यता बन जाती है और चित्त के तार्किक छन्नी (फिल्टर) से बच जाती है, तो यह ज्ञान के रूप में दिखाई देने लगती है एवं चित्त किसी मान्यता के "प्रकाश" में चीजों को "समझना" शुरू कर देता है।

ऐसा कैसे घटित होता है? क्या चित्त परिपूर्ण नहीं है? इतनी बड़ी त्रुटि कैसे हो जाती है? चित्त किसी भी अन्य वस्तु, जिसका अस्तित्व है, की तरह ही परिपूर्ण है [2]। एक मान्यता भी परिपूर्ण है। दी गई परिस्थितियों में, यदि कोई मान्यता बनती है, तो यह एक आदर्श घटना है, क्योंकि कुछ और नहीं बन सकता था। मिट्टी का घड़ा यदि फर्श पर गिर जाए तो वह घड़ा नहीं रहता, टुकड़े-टुकड़े हो जाता है। जब कोई नहीं देख रहा है, तो यह सिर्फ एक घटना है, एक आदर्श घटना, क्योंकि और कुछ नहीं हो सकता था। परंतु जब कोई व्यक्ति टूटे हुए घड़े को देखता है तो उसके दृष्टिकोण से यह एक ठोस घड़े की अधिक संरचित अवस्था की तुलना में अपूर्ण अवस्था होती है। अतः चित्त गलती नहीं करता है, गलती को किसी ऐसे व्यक्ति के दृष्टिकोण से देखा जाता है जिसके चित्त में एक अलग संगठन है, अधिक सार्थक, क्योंकि यह वास्तविक अनुभव पर आधारित है।

तो सभी मान्यताएँ चित्त में घटित हो रही हैं, किसी को उनके बारे में बहुत अधिक चिंता करने की आवश्यकता नहीं है, वे आती हैं एवं चली जाती हैं। यदि आप सोचते हैं कि कुछ मान्यताएँ जीवन भर चलती हैं, तो चिंता न करें, शरीर आते हैं एवं चले जाते हैं। कुछ मान्यताएँ सदियों तक टिकी रहती हैं, लेकिन चिंता मत कीजिए, सभ्यताएँ और संस्कृतियाँ प्रकट होती हैं तथा लुप्त हो जाती हैं। संपूर्ण अस्तित्व अनित्य है, कुछ भी नहीं टिकता। रुचिपूर्ण यह है कि मान्यताएँ और भी अधिक क्षणिक होती हैं, एवं ठोस आधार वाली अवधारणाएँ तुच्छ मान्यताओं की तुलना में कहीं अधिक समय तक टिकती हैं। अतः मैं उन्हें सबसे खतरनाक चीजें कह रहा हूं जो एक चित्त के पास हो सकती हैं, साथ ही मैं उन्हें तुच्छ भी कह रहा हूं। उसका क्या अर्थ निकलता है? चित्त की विशालता की तुलना में मान्यताएं चित्त में होने वाली छोटी घटनाएँ हैं। चित्त की विशाल समय-सीमा से देखने पर त्रुटियाँ शीघ्र ही ठीक हो जाती हैं। मानवीय अनुभव के दृष्टिकोण से देखा जाए तो ये खतरनाक एवं बड़ा विषय है। एक मानव के रूप में हमें बहुत छोटा जीवन मिलता है, एवं चूँकि हम इस छोटे से समय का यथासंभव कुशलतापूर्वक उपयोग करना चाहते हैं, अतः हम पहले सबसे बड़ी समस्याओं पर ध्यान केंद्रित करने का प्रयास करते हैं। मान्यताएं आपकी मुक्ति के पथ पर सबसे बड़ी बाधा है। यद्यपि वे टिकी न रहें, यदि आप इन बाधाओं को दूर कर दें तो आप यात्रा को आसान, त्वरित और आनंददायक बना सकते हैं। स्वतंत्रता अन्य कुछ नहीं मात्र मान्यताओं का पूर्ण अभाव है। जब सब कुछ वैसा ही दिखता है जैसा वह है, तो आप मुक्त हो जाते हैं।

यदि अनुभव पर नहीं, तो मान्यताएं किस पर आधारित हैं? मान्यताएं अधिकतर उस पर आधारित होती हैं जिसे हम "अप्रत्यक्ष ज्ञान" कहते हैं - अन्य स्रोतों से आने वाली सूचना, जिसे उचित जांच के बिना ज्ञान के रूप में संग्रहीत किया जाता है। पिछली मान्यताओं के संबंध में व्याख्या किए गए अनुभव भी नई मान्यताओं को सामने लाने का कारण बनते हैं। अतार्किक विचार भी त्रुटिपूर्ण निष्कर्षों का कारण बनते हैं, जिसके परिणामस्वरूप मान्यता उत्पन्न होती है, भले ही वे विचार अनुभवों से प्राप्त हुए हों। कुछ मान्यताएं मात्र दूसरों की प्रतिलिपि होती हैं। कुछ मान्यताएँ बाल्यावस्था के समय

दी गई शिक्षा का परिणाम होती हैं। विकासवादी एवं ज्ञान सम्बन्धी पूर्वाग्रह, सहकर्मी, पुस्तकें, उपदेशक, मिथक, कल्पनाएँ, भय, झूठे, अफवाह फैलाने वाले, समाज, माता-पिता, विद्यालय, विश्वविद्यालय, जनसंचार माध्यम, अथवा सूर्य के प्रकाश में कुछ भी जो सूचना को एक मानव चित्त से दूसरे मानव चित्त में स्थानांतरित कर सकता है, मान्यताओं का एक स्रोत बन सकता है [3]। तो कोई भी अनुमान लगा सकता है, कि एक मान्यता निर्मित करना एवं उसे प्रसार करना अत्यंत सरल है। कारण अथवा स्रोत कोई भी हो, एक बार कोई मान्यता बन जाए तो उससे मुक्ति पाना बहुत कठिन होता है। किसी व्यक्ति में अज्ञानता की मात्रा सीधे उसकी मान्यताओं पर निर्भर करती है। संभवतः यह चित्त का सबसे कठिन एवं निरंतर बने रहने वाला विकार है।

हमें मान्यताओं से मुक्ति पाने की आवश्यकता क्यों है? इसकी कोई वास्तविक आवश्यकता नहीं है, किसी भी अन्य विकार की तरह, कोई अपना पूरा जीवन मान्यताओं के कारागार में व्यतीत कर सकता है, इसके विरुद्ध कोई प्राकृतिक कानून नहीं हैं। तथापि, मान्यताएं बहुत पीड़ा का कारण बनती हैं, जो विकार का एक स्पष्ट संकेत है। इसके अतिरिक्त ज्ञान का पथ मात्र इतना ही है - स्वयं को अधूरे ज्ञान, मान्यताओं, भ्रमों एवं माया से मुक्त करना, और प्रत्यक्ष अनुभव एवं तार्किक चिंतन के माध्यम से पूर्ण समझ प्राप्त करना। मान्यताएं आपकी प्रगति को रोकती हैं, यहाँ तक कि उसे धीमा भी करते हैं। मान्यताएं हानिकारक होती हैं, क्योंकि मान्यताओं पर आधारित क्रियाएं अधिकतर हानिकारक होती हैं, स्वयं के लिए भी एवं अन्य के लिए भी। अधिकांश अपराधों, अनुचित कार्यों, सामूहिक हत्याओं, युद्धों एवं ऐसे समान कृत्यों का कारण मान्यता होता है। कोई भी इस तरह के कृत्यों के लिए प्रेरणा का पता लगाकर इसे साबित कर सकता है। मान्यताएं लोगों के जीवन को दयनीय बना देती हैं, भारी विनाश का कारण बनती हैं एवं प्रायः एक बड़ी पीड़ा देते हैं। जब किसी का उद्देश्य मात्र ज्ञान हो तो मान्यता एक बड़ी समस्या है, मान्यता इस ज्ञान के पूर्णतः विपरीत हैं।

"किसी भी चीज़ पर विश्वास मत करो, हे भिक्षुओं, मात्र इसलिए कि तुम्हें यह बताया गया है... या क्योंकि यह पारंपरिक है, या क्योंकि तुमने स्वयं इसकी कल्पना की है। केवल शिक्षक के प्रति सम्मान के कारण आपका शिक्षक आपसे जो कहता है उस पर विश्वास न करें। लेकिन जो कुछ भी, उचित परीक्षण और विश्लेषण के बाद, आप सभी प्राणियों की भलाई, लाभ, कल्याण के लिए अनुकूल पाते हैं - उस सिद्धांत पर विश्वास करें और उससे जुड़े रहें, और इसे अपने मार्गदर्शक के रूप में लें।- गौतम बुद्ध*

मान्यताओं का उपचार क्या है? ज्ञान। व्यक्ति को बस ज्ञान प्राप्त करने की आवश्यकता है, यह संबंधित मान्यता को तुरंत समाप्त कर देता है। ज्ञान प्राप्त करने के उचित साधन (संक्षेप में) हम पहले ही देख चुके हैं। अनुभव ज्ञान की नींव है, और जब कोई किसी प्रश्न का उत्तर देने के लिए अनुभव की खोज करता है, तो वह ज्ञान तक पहुँच जाता है। कम से कम, व्यक्ति "मैं नहीं जानता" के निष्कर्ष पर पहुँचता है। अर्थात्- अज्ञेयवादी शेष रहता है।

अज्ञेयवादी मनोदृष्टि यह सुनिश्चित करती है कि ज्ञान के द्वार खुले रहें, एवं ज्ञान को पूरा करने के लिए उचित अनुभव उचित समय पर आ सके। एक मान्यता बस द्वार बंद कर देगी, क्योंकि यह एक धारणा है - "मैं पहले से ही जानता हूं", जिसका अर्थ है कि व्यक्ति को ज्ञान प्राप्त करने की कोई आशा नहीं है, मान्यता ने द्वार बंद कर दिए हैं और उसे बंदी बना लिया है। कहां से प्रारम्भ करें? **खुली मानसिकता।** यदि कोई व्यक्ति इस विचार को स्वीकारता है कि वह संभवतः कुछ नहीं जानता है, अथवा वह मात्र एक धारणा बना रहा है, तो यह अंततः उसे ज्ञान में लाने के लिए पर्याप्त है। बंद मानसिकता, अथवा यह स्वीकार न करना कि कोई अनुचित हो सकता है, चित को जीवाश्मीकरण/ प्राचीन जड़ता की ओर ले जाता है, और व्यक्ति नया ज्ञान प्राप्त करने में असमर्थ हो जाता है। हम शीघ्र ही देखेंगे कि खुले विचारों वाला होना इतना कठिन क्यों है। मान्यताएं अतिरिक्त सुरक्षा के साथ आती हैं और ये सुरक्षा तंत्र मान्यताओं को हटाने का विरोध करते हैं।

''मान्यता'' शब्द मेरे लिए एक कठिन चीज़ है। मैं कुछ नहीं मानता। मेरे पास एक निश्चित परिकल्पना का कारण होना चाहिए। या तो मैं किसी चीज़ को जानता हूँ, एवं फिर मैं उसे जानता हूँ - मुझे इस को मानने की आवश्यकता नहीं है।- कार्ल गुस्ताव जंग

मान्यताओं का कार्यक्षेत्र बहुत विस्तृत हो सकता है, वे एक सामाजिक-सांस्कृतिक घटना बन जाती हैं एवं समस्त सभ्यताएँ प्रभावित होती हैं। कुछ मान्यताएँ संपूर्ण मानवता तक प्रभावशाली हैं। कुछ हजारों वर्षों तक बची रहती हैं। एवं निचले किनारे पर, कुछ मान्यताएँ क्षणों में बनती हैं और एक मिनट में लुप्त हो जाती हैं। मान्यता की सीमा चाहे जो भी हो, उसे नष्ट करने के लिए मात्र एक अनुभव, एक तार्किक निष्कर्ष, एक उचित व्याख्या एवं समझ की आवश्यकता होती है। स्थान-समय के वर्णक्रम के अतिरिक्त, साधारण मूर्खतापूर्ण अंधविश्वासों से लेकर जटिल बौद्धिक भ्रमों तक विभिन्न प्रकार की मान्यताओं का एक सम्पूर्ण वर्णक्रम है। हम मान्यताओं को अच्छी तरह से समझने के लिए उन्हें व्यापक श्रेणियों में समायोजित करने का प्रयास करेंगे [4]। परन्तु ध्यान दें कि एक व्यक्ति इनमें से किसी एक अथवा कई प्रकार, एवं कुछ का मिश्रण से पीड़ित हो सकता है। मान्यताओं में सादे सत्य की तुलना में कहीं अधिक जटिल बनने की क्षमता होती है।

निम्नलिखित श्रेणियों पर चर्चा की जाएगी (अलग-अलग अध्यायों में विभाजित):

संज्ञानात्मक पूर्वाग्रह

सकल सामान्यीकरण

अंधविश्वासों

आस्था

अप्रत्यक्ष ज्ञान

भ्रम

संदेह

संलग्नक

मिथकों
वैज्ञानिक सिद्धांत
गणितीय प्रतिरूप/मॉडल
अंततः मान्यताओं को मिटाने में आने वाली कठिनाइयों और उनके प्रतिरोध पर मान्यताओं के विकार विषयक अध्यायों के अंतिम भाग में चर्चा की जाएगी।

टिप्पणियाँ:

1. ध्यान दें कि इस परिभाषा के अनुसार सभी मान्यताएँ "असत्य" हैं, अर्थात अनुभव अथवा तर्क की कसौटी पर खरी नहीं उतरतीं। कुछ लोग/लेखक "सत्य मान्यताएं" अथवा "असत्य मान्यताएं" आदि जैसी घोषणा का उपयोग करते हैं, लेकिन उस मामले में उन की मान्यता की परिभाषा कुछ अन्य हो सकती है। संभवतः मान्यता शब्द से उनका तात्पर्य किसी विचार से है, जो सत्य या असत्य हो सकता है। परन्तु हम सटीक रहेंगे। ज्ञान "सत्य" है, मान्यता नहीं। मुझे लगता है कि दर्शन और विज्ञान में यह मानक अर्थ है। यदि आप सोच रहे हैं कि इस संदर्भ में "मुझे स्वयं पर विश्वास है" या "हमें सफल होने के लिए विश्वास करना चाहिए" आदि जैसे वाक्यों का क्या अर्थ है, तो मुझे यह स्पष्ट करना होगा कि उनका कोई अर्थ नहीं है, उनका कोई तात्पर्य नहीं है, वे काव्यात्मक और अस्पष्ट हैं।

2. यदि आप सोच रहे हैं कि यह वाक्य बिल्कुल अनुपयुक्त लग रहा है, तो आपने पिछली प्रविष्टियाँ नहीं पढ़ी हैं। मेरा सुझाव है कि कृपया पहले उन्हें पढ़ें।

3. सच कहा आपने। यह अध्याय मान्यता का स्रोत भी बन सकता है। आपको यहां प्रस्तुत विचारों को सत्य या संभावनाओं के रूप में स्वीकार करने की आवश्यकता नहीं है। उन्हें अपने अनुभव की आग में जलाएं और देखें कि क्या वे बच पाते हैं। तार्किक चिंतन के साथ उनका मंथन करें एवं देखें कि क्या वे अपने छिपे हुए असत्य को प्रकट करते हैं। वे वैसे भी मेरे अनुभव पर आधारित हैं एवं हर किसी के लिए सत्य नहीं हो सकते।

4. यह एक गैर-विस्तृत विवरण होगा। मैं वास्तव में मान्यताओं पर अधिकार नहीं रखता हूं, और मैं स्वयं कुछ मान्यताओं से पीड़ित हो सकता हूं, कौन जानता है। मैं शर्तों का उपयोग करने जा रहा हूँ - *सच, झूठ, तथ्य, सही, गलत, अच्छा और बुरा* मान्यताओं का वर्णन करते समय सामान्य अर्थों में। यह मात्र अत्यधिक वाचालता से बचने के लिए है। यदि आप विचार में कुछ स्तर गहराई तक जाएं, एवं जैसा कि हम पहले ही देख चुके हैं, कोई सच्चाई नहीं है, कुछ भी सही/गलत, अच्छा या बुरा नहीं है।

अध्याय ६.४.१ चित्त के विकार- मान्यताएं - मान्यताओं की कारागार समाप्त हुआ।

5

६.४.२ चित्त के विकार - ज्ञान-सम्बन्धी पूर्वाग्रह, सकल सामान्यीकरण, अंधविश्वास एवं आस्था

ज्ञान-सम्बन्धी/ संज्ञानात्मक पूर्वाग्रह

ज्ञान-सम्बन्धी/ संज्ञानात्मक पूर्वाग्रह या बस पूर्वाग्रह, वे चित्त में विचलन हैं जो किसी व्यक्ति को ठीक प्रकार के चिंतन से रोकते हैं। ये इतने सार्वभौमिक हैं कि कोई भी इन्हें अंतर्निहित कह सकता है। इनकी जड़ें चित्त के विकासवादी इतिहास में गहरी हैं, एवं ये सामाजिक-सांस्कृतिक सिद्धांत के कारण भी हैं [1]। पूर्वाग्रह क्या करता है, व्यक्ति के चिंतन प्रक्रिया में मान्यता उत्पन्न करके अतार्किक अथवा गलत निष्कर्ष पर पहुंचाता है। यह प्रायः पूरी तरह से स्वचालित होता है एवं व्यक्ति को अपने पूर्वाग्रह के बारे में पता भी नहीं चलता है। कभी-कभी पूर्वाग्रह की उपस्थिति दर्शाए जाने पर भी व्यक्ति इसे स्वीकार करने से मना कर देता है, जिसका कारण है - विश्वास का औचित्य - "मैं गलत नहीं हो सकता", अर्थात मूर्खता।

सैकड़ों पूर्वाग्रह हैं, एवं आश्चर्य की बात है (या नहीं!) कि बहुत से लोग उनके बारे में नहीं जानते। उन पर कई मनोवैज्ञानिक एवं सामाजिक अध्ययन किए गए हैं और उन्हें विचित्र नाम दिए गए हैं। यदि आप पूर्वाग्रहों को पढ़ने में रुचि रखते हैं एवं निष्पक्ष हैं तो यहां उनकी एक विस्तृत सूची दी गई है: संज्ञानात्मक पूर्वाग्रहों की सूची।

किसी को सूची स्मरण रखने की ज़रूरत नहीं है, मात्र यह जानने से कि किसी में ये पूर्वाग्रह हो सकते हैं, उनसे प्रभावित हुए बिना रहने में मदद मिलती है। तथापि, मैं एक छोटा सा अभ्यास करने की अनुशंसा करता हूँ - उन्हें पढ़ें और देखें कि क्या आप उनमें से कुछ अथवा अधिकांश से विकृत हैं। यह अकेले ही आपकी जागरूकता को पर्याप्त रूप से बढ़ाएगा, यदि आप खुले मस्तिष्क वाले हैं, तो यह आपके मस्तिष्क से उन्हें साफ करने की प्रक्रिया शुरू कर देगा। जागरूकता ही कुंजी है. एक बार जब आप जान जाते हैं, तो आपके पास फिर से पूर्वाग्रही/ पक्षपाती होने का कोई अवसर नहीं होता।

मैं उनमें से कुछ सामान्य बातों का उल्लेख करने जा रहा हूँ, क्योंकि हम सभी उनसे पीड़ित हैं। यहाँ एक छोटी सूची है:

समूह विचार:

संभवतः सबसे सार्वभौमिक पूर्वाग्रह, अर्थात झुंड/समूह मानसिकता। कोई किसी चीज़ को "सत्य" के रूप में मात्र इसलिए स्वीकार कर लेता है क्योंकि ऐसा लगता है कि बाकी सभी लोग उसे स्वीकार करते हैं। किसी को लोकतांत्रिक स्वीकृति को वास्तविक तथ्य से अलग करने की आवश्यकता है, और पूर्वाग्रह दूर हो जाएगा। इसे देखने के लिए आलोचनात्मक चिंतन कौशल की आवश्यकता है - मात्र इसलिए कि कोई कहता है कि यह सत्य है, इसका अर्थ यह नहीं है कि यह ऐसा है (अर्थात, यह जादुई रूप से आपका अपना अनुभव नहीं बन जाता है)। अतः मात्र इसलिए कि बहुत से लोग ऐसा कहते हैं, यह किसी तरह सत्य नहीं बन जाता। यदि लोगों का एक बड़ा समूह किसी ऐसी बात पर विश्वास करता है जो उनमें से किसी एक के भी अनुभव पर आधारित नहीं है, तो यह मात्र सामूहिक मूर्खता है।

"तथ्य यह है कि एक राय को व्यापक रूप से माना गया है, इसका कोई सबूत नहीं है कि यह पूरी तरह से बेतुका नहीं है; वास्तव में बहुसंख्यक मानवजाति की मूर्खता को देखते हुए, एक व्यापक मान्यता की समझदारी की तुलना में मूर्खतापूर्ण होने की अधिक संभावना है।"
- बर्ट्रेंड रसेल

प्रमाण अथवा गलतियाँ छिपाना:

अर्थात पुष्टिकरण पूर्वाग्रह। व्यक्ति उपलब्ध सूचनाओं के ढेर में से वह सूचना चुनता है जो उसकी उपस्थित मान्यताओं का समर्थन करती है। भले ही ढेर में बड़ी मात्रा में सूचनाएं हों जो उसकी मान्यताओं के विपरीत हो, वह इसे पूरी तरह से उपेक्षा कर देता है एवं दिखावा करता है कि विरोधी प्रमाण उपस्थित नहीं है। यह एक सामान्य पूर्वाग्रह है और यहां तक कि बुद्धिमान लोग भी इससे पीड़ित हैं एवं इसका उपयोग अपनी मान्यताओं अथवा क्रियाओं को सही ठहराने के लिए करते हैं। संकल्पित होकर विरोधी प्रमाणों को देख करके एवं इसे खुले मन से स्वीकार करने से इससे छुटकारा पाया जा सकता है। इससे जड़ मान्यता भी

नष्ट हो जायेगी।

मानसिकता निर्धारण(फ्रेमिंग):

लोग किसी विचार को प्रस्तुत करने के तरीके के प्रति संवेदनशील होते हैं। यदि इसे बहुत सारे सकारात्मक लगने वाले शब्दों के साथ सकारात्मक तरीके से प्रस्तुत किया जाता है, तो यह स्वतः/ स्वाभाविक रूप से सकारात्मक (या अच्छा) माना जाता है। एवं इसके विपरीत क्रम से भी। सकारात्मक शब्द एक अप्रशिक्षित चित को विचारों को भी सकारात्मक मानने के लिए निर्देशित करते हैं, एवं ऐसे किसी भी आलोचनात्मक चिंतन को दबा देते हैं जो कि तटस्थ रूप से प्रस्तुत किए जाने पर प्रकट हो सकता है। विज्ञापनदाता प्रायः अपने सामान्य उत्पादों को प्रभावी ढंग से बेचने के लिए इस पूर्वाग्रह का उपयोग करते हैं। एक डॉक्टर के हाथ में दन्त-ब्रश होना इसे और अधिक स्वीकार्य बनाता है। रसायनों का सूप (अथवा शीतल पेय) पीने वाली एक सुंदर स्त्री-मॉडल आपको इसे यंत्रवत (रोबोटिक) रूप से पीने के लिए बाध्य करती है। राजनेता अपने विरोधियों/शत्रुओं को कलंकित करने के लिए नकारात्मक मानसिकता निर्धारण का उपयोग करते हैं, जिससे उन्हें समाप्त करना आसान हो जाता है। इसलिए आतंकवादी, राष्ट्र का दुश्मन या फंसाया गया आरोपी जैसे टैग जनता में संदेह पैदा किए बिना प्रभावी ढंग से उपयोग किए जाते हैं।

प्राधिकारी से निवेदन (अपील):

यह अचेतन मान्यता है कि यदि किसी प्रसिद्ध अथवा प्रतिष्ठित व्यक्ति ने कुछ कहा है, तो वह सत्य होगा। विषय के तथ्य का मूल्यांकन प्रत्यक्ष प्रयोग के माध्यम से किया जाना चाहिए जो विषय का प्रत्यक्ष अनुभव प्रदान करता है, बजाय किसी अधिकारी पर आंख मूंदकर विश्वास करने के। ध्यान दें कि यदि कोई अधिकारी कुछ कहता है, तो उसके सही होने की संभावना बढ़ जाती है, परन्तु वह सही "नहीं" हो जाती। जो लोग दूसरों से चालाकी करते हैं वे प्रायः इस पूर्वाग्रह का उपयोग दूसरों में मान्यता स्थापित करने के लिए करते हैं एवं उन्हें किसी ऐसी बात पर विश्वास करने के लिए कहते हैं जो कभी किसी महान व्यक्ति द्वारा कही गई थी अथवा किसी पुरानी पुस्तक में लिखी गई थी। लोग आज्ञा का पालन करते हैं, कारण है - पूर्वाग्रह।

"विज्ञान के प्रश्नों में, हजारों लोगों का अधिकार एक व्यक्ति के विनम्र तर्क के योग्य नहीं है।" - गैलीलियो गैलीली

चयनात्मक धारणा:

हम वही देखते हैं जो हम देखना चाहते हैं, या केवल वही देखते हैं जिसे हम सत्य मानते हैं। इसलिए यदि हम मानते हैं कि कोई व्यक्ति (नैतिक रूप से) बुरा है, तो हम चयनात्मक रूप से केवल उसके बुरे कार्यों को देखते हैं। इससे प्रायः अकारण घृणा बढ़ती है एवं हानि होती है। एक और अच्छा उदाहरण यह है कि एक संदिग्ध व्यक्ति अपने साथी के अधिकांश कार्यों को छल को छुपाने के प्रयास के रूप में देखता है। इससे बहुधा विवाह विफल हो जाता है अथवा दांपत्य जीवन पीड़ादायी हो जाता है। यदि कोई मानता है कि एक जादुई अनुष्ठान से उसे वह मिल जाएगा जो वह चाहता है, तो वह क्रमहीन घटनाओं के बीच ऐसी घटनाओं को देखेगा, जो उसे अनुष्ठान की प्रभावशीलता के रूप में उसके लक्ष्य के निकट लाती हैं, एवं उन घटनाओं की उपेक्षा कर देगा जो उसकी मान्यता की पुष्टि नहीं करते हैं।

मिथ्या कारण:

यह मानने की प्रवृत्ति कि यदि दो घटनाएँ एक ही समय में या एक के बाद एक घटती हैं, तो एक दूसरे का कारण बनती है। घटनाएँ पूरी तरह से असंबद्ध या अधिक से अधिक सह-संबद्ध हो सकती हैं। परन्तु सह-संबंध कारण नहीं है.

आशाओं के आधार पर कामना करना:

वास्तविक साक्ष्य की तोड़-मरोड़कर व्याख्या करना ताकि ऐसा लगे कि यह किसी की मान्यता अथवा प्राथमिकताओं की पुष्टि करता है।

प्रभामंडल के प्रभाव:

किसी व्यक्ति के एक गुण का उसके अन्य कल्पित गुणों में फैल जाना। उदाहरण के लिए, एक सुंदर व्यक्ति को स्वतः ही नैतिक या सच्चा मान लिया जाता है। एक अमीर व्यक्ति को एक महान व्यक्ति माना जाता है इत्यादि। एक अच्छी गुणवत्ता हर दूसरे क्षेत्र में अच्छाई का आश्वासन नहीं देता। एक साफ-सुथरे रेस्तरां में खाना अच्छा हो भी सकता है और नहीं भी।

डनिंग-क्रूगर प्रभाव:

एक अयोग्य व्यक्ति की यह मान्यता होती है कि वह एक अनुभवी एवं सक्षम व्यक्ति से अधिक सक्षम है। ऐसा इसलिये होता है क्योंकि अयोग्य व्यक्ति किसी चीज़ में विशेषज्ञता हासिल करने में कठिनाई देखने में असमर्थ होता है। न केवल एक अक्षम व्यक्ति ऐसा होता है, बल्कि वह इस बात से भी अनजान होता है कि वह ऐसा है। यह "बॉस सिंड्रोम" का कारण बनता है, जहां जो लोग किसी क्षेत्र या विषय के बारे में नहीं जानते वे सबसे अधिक जानने

का दावा करते हैं।

"दुनिया के साथ समस्या यह है कि मूर्ख पूर्ण-निश्चयी होते हैं और बुद्धिमान संदेह से भरे होते हैं।" - बर्ट्रैंड रसेल

सकल सामान्यीकरण

यह एक पूर्वाग्रह की तरह लग सकता है, यह थोड़ा अंतर्निहित है परन्तु अधिकतर अर्जित मान्यता है। यह मानने की प्रवृति होती है कि एक विशेष स्थिति कुल वर्ग पर लागू होती है। वर्ग लोग अथवा वस्तुएँ अथवा संस्कृतियाँ, कुछ भी हो सकते है। इसकी कुछ विकासवादी जड़ें हैं, क्योंकि यह जीवित रहने में मदद करती है। एक बाघ द्वारा दूसरे आदमी को मारकर खाने का दृश्य समस्त बाघ प्रजाति पर "खतरनाक" का बिल्ला/टैग लगाने के लिए पर्याप्त है। निःसंदेह इससे बहुत सहायता मिलती है, क्योंकि सभी बाघ अधिकतर एक जैसे ही होते हैं। तथापि, यह प्राचीन प्रवृति आज भी जारी है जब मानव अनुभव का कार्यक्षेत्र विशाल और विविध है। कोई भी दो व्यक्ति एक जैसे नहीं होते हैं, इसलिए एक की विशेषताएं स्वतः दूसरे में स्थानांतरित/आरोपित नहीं हो सकती हैं क्योंकि उन्हें कुछ क्रमहीन मानदंडों, जैसे राष्ट्रीयता अथवा जातीय अथवा भाषा के आधार पर वर्गीकृत किया जा सकता है।

यहां ध्यान देने वाली बात यह है कि एक वर्ग के कुछ लोग परिस्थिति के अनुसार एक समान व्यवहार करते हैं। इसे भीड़ की मानसिकता के रूप में जाना जाता है, लेकिन एक ही व्यक्ति प्रायः समूह में नहीं होने पर अलग-अलग व्यवहार करता है। कभी-कभी सामान्यीकरण का कुछ औचित्य होता है, उदाहरण के लिए लोगों के एक बड़े समूह के बारे में निर्णय लेते समय, जैसे कि सरकारों द्वारा दीर्घकालिक योजना बनाना। लेकिन जब हम व्यक्तियों का मूल्यांकन करना चाहते हैं तो सामान्यीकरण प्रायः विफल हो जाते हैं। उदाहरण के लिए, जब कोई व्यक्ति अपने वर्ग से पहचाना नहीं जाता या किसी भिन्न स्थान पर होता है तो उसका व्यवहार बिल्कुल अलग होता है।

यह मान्यता नस्लीय भेदभाव और जातिवाद जैसी कई सामाजिक समस्याओं का कारण बनता है। इस मान्यता के कारण होने वाली पीड़ा की मात्रा बहुत अधिक है। इस मान्यता के परिणामस्वरूप रूढ़िवादिता भी होती है, जिससे लोगों के साथ व्यवहार करते समय विकल्पों की मात्रा कम हो जाती है एवं इसलिए व्यक्ति की स्वतंत्रता भी कम हो जाती है। इस मान्यता से छुटकारा पाने के लिए हमें उन बड़ी संख्या में वर्गों और श्रेणियों को दूर फेंकना होगा जिनमें हम लोगों को रखते हैं, और स्पष्ट रूप से देखना होगा कि एक व्यक्ति एक अद्वितीय और गतिशील इकाई है।

व्यक्ति को कुछ व्यावहारिक पहलुओं पर भी विचार करना चाहिए, और स्थिति की मांग होने पर बुद्धिमानी और सुरक्षित रूप से कार्य करना चाहिए। जब आपका अस्तित्व दांव पर हो तो आगे बढ़ें और व्यापक सामान्यीकरण करें, वैसे भी इसका उद्देश्य यही है। उदाहरण

के लिए, एक आम धारणा है कि झुग्गी-झोपड़ी में रहने वाले ज्यादातर अपराधी, अनैतिक लोग होते हैं जिनके कार्य पैसे की आवश्यकता से प्रेरित होते हैं, परन्तु उनके पास कुछ भी नहीं होता है। निःसंदेह, यह सभी झुग्गी-वासियों पर लागू नहीं होता है, उनमें से कुछ अच्छे और उपकारी लोग हो सकते हैं और अधिकांश सम्भवता हानि-रहित भी हो सकते हैं। तो क्या मैं देर रात घर जाते समय झुग्गी-झोपड़ी से होकर जाने वाला छोटा-मार्ग अपनाऊं? अच्छा, यहां चयन स्पष्ट होना चाहिए। बस एक सकल सामान्यीकरण करें और दूसरा लंबा मार्ग अपनाएं।

समान व्यवहार, समान रवैया, जब उत्तरजीविता कोई विषय न हो, तो स्पष्ट मूर्खता बन जाता है। परन्तु फिर भी बहुत से लोग अधिकांश समय हर चीज़ को उत्तरजीविता से जोड़ते हैं, एवं अत्यधिक सामान्यीकृत मान्यताओं के आधार पर कठोर व्यवहार करते रहते हैं। (क्या मैंने यहां एक और स्थूल सामान्यीकरण किया है? :))

अंधविश्वासः

विश्वासों का यह वर्ग निम्न स्तर का है, परन्तु किसी को उन्हें कम नहीं आंकना चाहिए। यहां तक कि बुद्धिमान और शिक्षित लोग भी अंधविश्वास से पीड़ित हैं। वे अतार्किक कल्पनाएँ हैं, जो सत्य का रूप ले लेती हैं। लोग उन पर यंत्रवत (रोबोटिक ढंग) से कार्य करते हैं (रोबोट का कोई अपराध नहीं)। कोई भी आसानी से अतार्किक भय अथवा किसी इच्छा में अंधविश्वास का पता लगा सकता है। भय /इच्छा इतनी प्रबल होती है कि यह चित को बहुत ही असामान्य विषयों पर विश्वास करने के लिए प्रेरित करती है।

अंधविश्वास के अनगिनत उदाहरण हैं. आमतौर पर अशिक्षित लोग इनसे पीड़ित होते हैं। परन्तु दूसरों को उपदेश देने या आँख बंद करके अनुसरण करने के परिणामस्वरूप शिक्षित, समझदार लोग भी उनसे पीड़ित हो जाते हैं। हम धार्मिक लोगों एवं यहाँ तक कि तथाकथित आध्यात्मिक लोगों में भी बहुत अधिक अंधविश्वास देखते हैं। इसका कारण यह है कि धार्मिक/आध्यात्मिक विचार बहुत सारी जादुई पदार्थों का वादा करते हैं, जो प्रत्यक्ष अनुभव की बात आने पर कहीं दृष्टिगोचर नहीं आती। और अतः उस पदार्थ में विश्वास करने वालों को "उन्हें सच बनाने" के लिए अंध विश्वासों पर भरोसा करना चाहिए।

कुछ हानि-रहित प्रकार के अंधविश्वास हैं, जैसे नौकरी के लिए साक्षात्कार के दिन अपनी "भाग्यशाली कमीज" (या अंतर्वस्त्र?) पहनना। परन्तु कुछ अंधविश्वास नुकसान पहुंचाते हैं, जैसे किसी विधवा को अपने पति की सेवा करने के लिए स्वर्ग भेजने के लिए उसके पति के शव के साथ जला देना। कितना मनोरंजक है... परन्तु जो व्यक्ति इन अंधविश्वासों से प्रभावित होता है, उसे होने वाली पीड़ा बहुत अधिक होती है।

अंधविश्वास से कैसे छुटकारा पाएं? अपने अंदर के अंधविश्वास से भय तक का पता लगाएं एवं भय को नष्ट करें। एक बार जब आप आश्वस्त हो जाते हैं कि कुछ भय से बचने

के लिए मूर्खता-पूर्ण तरीके से काम करने से बहुत सहायता नहीं मिलने वाली है, तो आप अंधविश्वास को छोड़ सकते हैं, और अजीब व्यवहार दूर हो जाता है। यदि यह एक इच्छा है, उदा. किसी परीक्षा में उत्तीर्ण होने के लिए, यह स्पष्ट रूप से और सचेत रूप से अनुभूत करें कि वास्तव में पाठ्य पुस्तक पढ़ने से उसके सामने धूप जलाने के विपरीत अधिक सहायता मिलेगी। यहां धूप और आपकी स्मृति के बीच कोई कारण संबंध नहीं है, बस स्पष्ट होने के लिए और स्पष्ट होना चाहिए । यदि आपको यह अंधविश्वास माता-पिता, मित्रों, पुस्तकों, धर्मों, चलचित्रों अथवा समाज से मिला है, तो इस पर प्रश्न उठाएं एवं इसका आधार ढूंढने का प्रयास करें। यदि आप इसे अपने अनुभव के आधार पर नहीं पाते हैं, अथवा यदि आपको एक भी भरोसेमंद व्यक्ति नहीं मिलता है जिसने इसका अनुभव किया हो, तो आपको बस अंधविश्वास को छोड़ देना चाहिए।

चेतनायुक्त एवं संकल्पित होकर किसी अंध-विश्वासी मान्यता पर कार्य न करने से सहायता मिलती है। इनसे मुक्त होने का यह सबसे तेज़ विधि है। यदि आप आध्यात्मिक पथ पर हैं और कोई शिक्षक आपको कोई अंध-विश्वासी प्रथा सौंपता है, तो उस पर प्रश्न उठाएं, उसे इसे प्रदर्शित करने, सिद्ध करने, दिखाने या कम से कम अपने प्रत्यक्ष अनुभव (उसके नहीं) के आधार पर तार्किक स्पष्टीकरण देने के लिए कहें। यदि शिक्षक सच्चा एवं अनुभवी है, तो वह किसी छात्र से ऐसा कुछ अभ्यास करने के लिए नहीं कहेगा जिसे वह स्वयं प्रदर्शित नहीं कर सकता। तथापि, कुछ अपवाद भी हैं, जहाँ आपको किसी अजीब प्रथा या शिक्षण को स्वीकार करना होगा एवं स्वयं एक अनुभव की खोज करनी होगी। यदि आप उसे उचित समय में नहीं पा सकते हैं, तो उसे जाने दें।

आस्था

आस्था एक मान्यता अथवा कई मान्यताओं का एक संग्रह है जिसका साधारणतः सकारात्मक अर्थ होता है। विश्वास उसी का पर्याय है। इस प्रकार मैं यहां इन शब्दों का उपयोग करने जा रहा हूं। आस्था एक मान्यता है, एक धारणा जो प्रत्यक्ष अनुभव पर आधारित नहीं है जिसमें आशा और आश्वासन का गुण होता है। मनुष्य इसका उपयोग व्यावहारिक उद्देश्यों के लिए करता है और तब भी जब उसे एहसास होता है कि यदि कोई केवल प्रत्यक्ष अनुभव पर निर्भर है तो कुछ लक्ष्यों तक नहीं पहुंचा जा सकता है। आस्था उन स्थितियों में भी उपयोगी है जहां सत्य पर क्रिया करने से पहले उसे जानने में बहुत अधिक समय लगता है या बहुत अधिक प्रयास करना पड़ता है। अतः यह किसी निर्णय और उसके बाद की क्रिया पर पहुंचने के लिए एक प्रकार के लघु-मार्ग के रूप में कार्य करता है। परन्तु, कुछ मिलियन रुपये के व्यापार समझौते पर हस्ताक्षर करने का प्रयास करें, वहां आप आस्था और विश्वास का पूर्ण अभाव पाएंगे, भले ही आप जिस व्यक्ति के साथ काम कर रहे हैं वह आपका सम्बन्धी अथवा मित्र हो। अब दांव बहुत ऊंचे हैं, और विश्वास करने के लिए आशा

और आश्वासन पर्याप्त नहीं है। इसलिए आस्था तभी काम करती है जब उत्तरजीविता के लिए कोई बड़ा संकट अथवा खतरा न हो।

आस्थावान व्यक्ति को इस तथ्य की पूरी जागरुकता होनी चाहिए कि यह एक अस्थायी मान्यता है, सत्य नहीं है और तभी यह उचित है। आस्था को अविश्वास का अस्थायी निलंबन होना चाहिए, इससे अधिक कुछ नहीं। किसी को आस्था का आश्रय तभी लेना चाहिए जब कोई अन्य विकल्प न हो एवं केवल तभी जब जोखिम मामूली हो। जब आस्था को बाद के प्रत्यक्ष अनुभवों के माध्यम से बार-बार पुष्ट किया जाता है, तो यह एक जीवंत आस्था बन जाता है [2]. एक जीवंत आस्था लाभदायक है क्योंकि यह आपको प्रगति कराता है और आपको ज्ञान प्रदान करता है। यदि आस्था कोई ज्ञान उत्पन्न नहीं करता है अथवा बार-बार असत्य सिद्ध होता है, अथवा यदि इसे प्रत्यक्ष अनुभव में स्थापित करने का कोई अन्य मार्ग नहीं है, तो यह एक अंध-आस्था बन जाता है। अंध आस्था हानिकारक है एवं आपकी प्रगति को बाधित करता है, क्योंकि यह बहुत समय और प्रयास बर्बाद करता है।

तो क्या आस्था एक विकार है? अंधविश्वास विकार है, निःसंदेह। जब आप की आशापूर्ण सकारात्मक ढुलमुल मान्यता कोई सबूत नहीं देती, कोई परिणाम नहीं देती, उसका कोई उपयोग नहीं होता, तो यह मात्र एक विकार है। इसे पुनः पुनः प्रयास करें, परन्तु यदि यह अनुभव की अग्निपरीक्षा में विफल रहता है, तो इसे जाने देने का समय आ गया है। यद्यपि यह किसी और के लिए सत्य हो, यह आपके लिए सत्य नहीं है। इसमें कोई भी आस्था उचित समय में आपके लिए इसे सत्य नहीं बना देगी। कुछ अन्य प्रयास करें, बहुत सारे पथ हैं। आपका प्रिय विचार आपकी प्रगति से अधिक महत्वपूर्ण नहीं है। सभी विचार एवं आस्थाएँ त्याज्य हैं, यदि वे आपके काम नहीं आती हैं।

कुछ लोग केवल यह मानकर अंध आस्था को उचित ठहराते हैं कि यह उनके लिए काम कर रही है। एक मान्यता दूसरी मान्यता के लिए औचित्य नहीं बन सकती। यह सिर्फ भ्रम है। परीक्षण करें एवं प्रति-परीक्षण करें, फिर पुनः परीक्षण करें। क्या यह आस्था वास्तव में कार्य कर रही है? नहीं...इसे त्याग दो। हां, फिर आपको इसकी किसी भी तरह से आवश्यकता नहीं है, यदि यह कार्य करती है तो आपके पास प्रत्यक्ष अनुभव है, प्रगति की सीढ़ी में अगली मान्यता पर आगे बढ़ें एवं इसका परीक्षण करें।

कुछ आध्यात्मिक परंपराओं में आकांक्षी को आस्था रखने, वस्तुओं पर मान्यता रखने, अनुष्ठान करने, अतार्किक जीवन जीने की आवश्यकता होती है। मैं यहां उन लोगों का मूल्यांकन नहीं करने जा रहा हूं [3]। यदि यह काम करता है तो इसे करें। जो कुछ भी आपकी नाव चलाता है। सुनिश्चित करें कि यह आपको किनारे तक ले जाए। याद रखने वाली एकमात्र बात यह है कि नदी पार करने के बाद नाव को अपनी पीठ पर न रखें।

टिप्पणियाँ:

१. आपको इस पुस्तक के कई अध्यायों में "विकासवादी इतिहास" या "विकासवादी कारण" वाक्यांश का सामना करना पड़ेगा। क्या यह विचार कि चित्त युगों-युगों से विकसित हुआ, मात्र एक मान्यता नहीं है? क्या मैंने चित्त के विकास का प्रत्यक्ष अनुभव किया है? यदि आप ऐसे प्रश्न पूछ रहे हैं, तो आप का आलोचनात्मक चिंतन कौशल अच्छी तरह से काम कर रहा है। नहीं, मैंने स्वयं चित्त के विकास का अनुभव नहीं किया है। मुझे लगता है, किसी और के पास ऐसी चीज़ों का अनुभव करने के लिए कोई "मैं" नहीं है। तो अधिक से अधिक यह एक उपयोगी सिद्धांत है जो बहुत सी अनोखी वस्तुओं की व्याख्या करता है।

तथापि, मैंने "परिवर्तन" नामक घटना का अनुभव किया है (जिसे मैं संस्थापक अध्यायों में अनुभवक्रिया कहता हूँ)। परिवर्तन यह सुनिश्चित करता है कि एक संगठनकारी प्रक्रिया (मौलिक प्रक्रिया) एक आवश्यकता के रूप में प्रारम्भ होती है। विकास का अर्थ परिवर्तन के अतिरिक्त अन्य कुछ नहीं है, यद्यपि पर्यावरण की बाधाओं (अर्थात उपयुक्त कार्य/ फिटनेस फ़ंक्शन) के कारण एक निर्देशित परिवर्तन। एक बार जब आप ऐसा परिवर्तन देखते हैं, तो यह सीधा निष्कर्ष है कि सब कुछ विकसित होता है। यह आस्था की छलांग नहीं है कि हमारे कुछ व्यवहार बाध्यकारी परिवर्तन का परिणाम हैं, यह एकमात्र तार्किक निष्कर्ष है। यदि मुझे कहीं भी कोई परिवर्तन नहीं दिखता, तो मैं "अतीत में अलग स्थिति" का उल्लेख नहीं करूंगा क्योंकि वहां न कोई अतीत होगा, न कोई समय होगा और न ही कोई अलग स्थिति होगी। परन्तु मेरा अनुभव बिल्कुल विपरीत है।

२. मैं जीवित आस्था की अवधारणा पेश करने के लिए ईश्वर पुरी जी का आभारी हूं। एक छात्र को आस्था की छलांग लगानी चाहिए और अपने गुरु का अनुसरण तब करना चाहिए जब उसके रास्ते में दुर्गम बाधाएं हों या जब शिक्षण उसके लिए खुद को समझना बहुत कठिन हो। एक सच्चा गुरु हमेशा सही समय आने पर अपनी शिक्षाओं का जीवंत प्रमाण दिखाएगा।

३. विभिन्न आस्थाओं, मान्यताओं, रीति-रिवाजों आदि को मात्र उपकरण के रूप में देखा जाना चाहिए। कोई भी उनकी प्रभावकारिता के आधार पर उनके उपयोग की वकालत कर सकता है। उपकरण काल्पनिक हो सकते हैं और उनकी अपनी कोई सच्चाई नहीं हो सकती है, परन्तु वे फिर भी काम कर सकते हैं। समस्या तब उत्पन्न होती है जब अभ्यर्थी इन उपकरणों को सत्य मान लेते हैं। कुछ नकली शिक्षक छात्रों को उस पर आँख बंद करके विश्वास करने के लिए कहकर उनका अनुचित लाभ उठाते हैं। कुछ मूर्ख और भोले-भाले छात्र वास्तव में आज्ञापालन करते हैं।

अध्याय ६.४.२ "चित्त के विकार - ज्ञान-सम्बन्धी पूर्वाग्रह, सकल सामान्यीकरण, अंधविश्वास एवं आस्था" समाप्त हुआ।

6

६.४.३ चित्त के विकार-अप्रत्यक्ष ज्ञान, भ्रम, संदेह, आसक्ति एवं मिथक

अप्रत्यक्ष ज्ञान

ये अत्यंत सामान्य प्रकार की मान्यताएं हैं एवं जब कोई मान्यता शब्द कहता है, तो उसका अधिकतर यही अर्थ होता है। अप्रत्यक्ष ज्ञान वह ज्ञान है जो प्रथम दृष्टयः प्रत्यक्ष अनुभव पर आधारित नहीं होता है। अप्रत्यक्ष ज्ञान मात्र सूचना है, वास्तविक ज्ञान नहीं। तो अंततः हम इसे ज्ञान क्यों कहते हैं? प्रथमतया, सूचना को अधिकांश समय ज्ञान में परिवर्तित किया जा सकता है (यदि साधक उस कष्ट को उठाने को तैयार है) एवं दूसरी बात, कुछ सूचना किसी अन्य व्यक्ति के प्रत्यक्ष अनुभव से उत्पन्न होती है। यह ज्ञान साधक पर निर्भर है कि वह उस व्यक्ति पर विश्वास (आस्था) करे। परंपरागत रूप से अप्रत्यक्ष ज्ञान के पथ पर ज्ञान प्राप्त करने के लिए एक अनुशंसित तरीका रहा है (शास्त्र और शिक्षक भी सम्मिलित हैं)। तथापि, किसी को भी इस तरह के ज्ञान से संतुष्ट होने की आवश्यकता नहीं है, आदर्श रूप से कहें तो, आगे बढ़ना चाहिए एवं विषय का प्रत्यक्ष अनुभव प्राप्त करना चाहिए। जब तक ऐसा नहीं हो जाता, तब तक व्यक्ति को यह स्पष्ट रूप से समझने की आवश्यकता है कि अप्रत्यक्ष ज्ञान मात्र एक मान्यता है।

"मैंने किसी वस्तु का नाम जानने एवं किसी वस्तु को जानने के बीच का अंतर बहुत पहले ही जान लिया था।" - रिचर्ड

सूचना अधिकतर अन्य लोगों से आती है जो मीडिया (पुस्तकें, वार्ता, विद्यालय, इंटरनेट, वीडियो, दूरदर्शन आदि) के माध्यम से अपने विचारों, मान्यताओं और अनुभवों को

संप्रेषित करते हैं। वे जो कर रहे हैं वह सूचना का प्रसारण है, ज्ञान नहीं। यह एक सामान्य धारणा है कि व्यक्ति पढ़ने या स्कूल जाने आदि से ज्ञान प्राप्त करता है। निश्चित रूप से कुछ ज्ञान हो सकता है (जैसे गणित, अथवा भाषा), परन्तु इसमें से अधिकांश मात्र सूचना है (जैसे इतिहास, विज्ञान, खाना बनाना आदि)। सामान्यतः इसमें इतनी अधिक मात्रा होती है कि सामान्य बुद्धि वाले किसी व्यक्ति के लिए वहां उपलब्ध सारा ज्ञान प्राप्त करना असंभव होगा। अतः व्यावहारिक कारणों से, हम पुस्तकों, शिक्षकों एवं विद्यालयों से जो कुछ भी सीखते हैं वह मृत्यु-पर्यन्त मान्यता के रूप में बना रहता है।

तो हम देखते हैं कि एक "शिक्षित" व्यक्ति एक अशिक्षित व्यक्ति की तुलना में अधिक मान्यताओं से भरा होता है, अतः अधिक अज्ञानी होता है। यह विडम्बना है, परन्तु यही आपको तब मिलता है जब आप अधिकतर अप्रत्यक्ष ज्ञान पर निर्भर रहते हैं। ऐसे लोग इस बात पर गर्व करते हैं कि वे अपने पास प्राप्त ऐसी-ऐसी डिग्रियों के कारण बहुत कुछ "जानते" हैं, परन्तु वास्तव में, उन्होंने बहुत सारी सूचना मात्र स्मरण कर रखी होती है। आप नहीं चाहेंगे कि कोई शल्य चिकित्सक आपकी शल्य चिकित्सा करे यदि आप जानते हैं कि उसने पहले कभी कोई शल्य चिकित्सा नहीं की है, एवं उसने इस विषय पर मात्र एक पुस्तक पढ़ी है। अतः यह सब तब तक एक दिखावा है जब तक किसी को वास्तव में सूचना को कार्यान्वित करने एवं उपयोग करने की आवश्यकता नहीं होती है। यहीं पर प्रायोगिक, व्यावहारिक प्रशिक्षण की आवश्यकता है। जो लोग इस प्रकार अनुभव प्राप्त करते हैं, उनके पास वास्तविक ज्ञान होता है।

"जो लोग केवल वही मानते हैं जो वे समझते हैं, वे डाक टिकट पर अपना पंथ लिख सकते हैं।" - ऑस्टिन ओ'मैली, कीस्टोन्स ऑफ थॉट्स

विज्ञान और प्रौद्योगिकी में स्थिति अधिक अच्छी है, क्योंकि अनुभव के बिना इन क्षेत्रों से संबंधित कार्य करना असंभव होगा, परन्तु आध्यात्मिक खोज जैसे व्यक्तिपरक क्षेत्रों की बात करें तो स्थिति और भी खराब है। जब आध्यात्मिक ज्ञान की बात आती है तो हम जो कुछ भी सुनते हैं वह अप्रत्यक्ष ज्ञान होता है। कुछ अज्ञानी साधक अपना पूरा जीवन इस या उस को मानते हुए, क्रमहीन अनुष्ठान करते हुए या मंत्रों को रटते हुए बिता देते हैं। धर्मों में स्थिति स्पष्ट रूप से निकृष्ट है, जहां मान्यताओं की मात्रा अथाह है, प्रयोग एवं पूछताछ की अनुमति नहीं है एवं अज्ञानता की गहराई प्रायः हिंसा, मूर्खता, हेरफेर एवं सभी प्रकार के हास्यास्पद व्यवहारों को जन्म देती है। कुछ अच्छी शिक्षाएँ धार्मिक ग्रंथों में छिपी होती हैं, तथापि व्यावहारिक रूप से उनका पालन करने में शायद ही कोई कष्ट उठाता है। किसी विशेष धर्म का पालन करने के लिए जो कुछ भी कहा जाता है उस पर मान्यता रखना प्रायः पर्याप्त होता है। कुछ लोग शिक्षाओं का पालन करते हैं, लेकिन उनमें से अधिकांश को शायद ही पता होता है कि वे इसका पालन क्यों कर रहे हैं। वे धार्मिक शिक्षाओं से आगे नहीं बढ़ पाते।

कैसे जानें कि आप अप्रत्यक्ष ज्ञान के चंगुल में हैं? आपको गहन आत्म-निरीक्षण करने की आवश्यकता होगी। एक ऐसा विचार ढूंढें जो आपको लगता है कि आपके लिए महत्वपूर्ण है, एवं उस अनुभव की खोज करें जो आपके पास था जिसने उस विचार को बनाया। यदि आपको किसी पुस्तक या किसी अन्य व्यक्ति के कुछ शब्द ही मिलते हैं, तो यह सिर्फ एक मान्यता है। निःसंदेह, आपको बहुत सारे विचार मिलेंगे और उन को बाहर करना आवश्यक होगा जो आपको दूसरों की तुलना में बहुत अधिक प्रभावित करने वाले हैं।

कौन सी मान्यताएँ आपको सबसे अधिक प्रभावित कर सकती हैं? जिन पर आप क्रिया करने जा रहे हैं। यदि आपको किसी विचार पर कार्य करने की आवश्यकता नहीं है, तो इससे अधिक अंतर नहीं पड़ता कि वह सत्य है अथवा नहीं, परन्तु जब आपको कार्य करने की आवश्यकता है, तो अधिक अच्छा होगा कि वह ठोस हो। उदाहरण के लिए, यदि आप "जानते" हैं कि ऐसा ऐसा ग्रह है जो एक अरब प्रकाश-वर्ष दूर एक तारे की परिक्रमा करता है एवं आप उसका भार, आकार इत्यादि भी जानते हैं, तो आप पाएंगे कि यह मात्र जानकारी है, आपने इसे कहीं पढ़ा है। यह एक हानि-रहित मान्यता है, अधिक से अधिक आप अपने "ज्ञान" से अपने दोस्तों को प्रभावित कर सकते हैं। आप संभवतः इस पर क्रिया नहीं करने जा रहे हैं, अतः यहां अंतर करना इतना महत्वपूर्ण नहीं है। यदि आप "जानते" हैं कि किसी लड़की की कुंडली बिल्कुल आपकी कुंडली से मेल खाती है, जिसका स्पष्ट अर्थ है कि एक आदर्श विवाह एवं आप उस "ज्ञान" पर कार्य करते हैं एवं उससे शादी करते हैं, तो समझें कि यह एक बड़ी गलती हो सकती है, क्योंकि आपके कार्य का परिणाम हो सकता है न केवल अपने लिए, बल्कि अपने साथी और भावी संतानों के लिए भी आजीवन कष्ट सहना। स्पष्टतः यहां केवल मान्यता एवं ज्ञान के बीच अंतर करना महत्वपूर्ण है। इस विषय में ज्ञान अलग-अलग लोगों के साथ आपका अनुभव है, वे आपके व्यक्तित्व, व्यवहार, जीवनशैली से कैसे मेल खाते हैं एवं क्या आपने (एवं संभावित साथी) वास्तव में जीवन भर साथ रहने के लिए किसी प्यार और इच्छा का अनुभव किया है।

"दुनिया के साथ समस्या यह नहीं है कि लोग बहुत कम जानते हैं; बात यह है कि वे बहुत सी ऐसी बातें जानते हैं जो सत्य नहीं हैं।" - मार्क ट्वेन

ज्ञान अनुभव से आता है एवं साधारणतः अनुभव स्वयं जीवन से आते हैं। कोई व्यक्ति जितना अधिक सचेत होकर जीवन जीता है, उसे उतना अधिक ज्ञान प्राप्त होता है, अतः कार्य प्रायः सही होते हैं, जिसके परिणामस्वरूप एक आनंददायी एवं मुक्त जीवन प्राप्त होता है। वहाँ, यही सब का सार है।

अच्छा, कभी-कभी परिस्थितियों की आवश्यकता होती है कि हम किसी विषय को मानना अधिक अच्छा है विपरीत इसके कि प्रत्यक्ष अनुभव पर जोर न दें। कुछ विषयों में, आप स्वयं सत्य का पता नहीं लगाना चाहते। अधिक अच्छा होगा कि मान लें एवं इसे वहीं छोड़ दें। ऐसी स्थितियों में प्रायः उत्तरजीविता सम्मिलित होती है। उदाहरण के लिए, यदि कोई आपसे कहता है कि कोई फल जहरीला है, तो अधिक अच्छा होगा कि आप उसे न खाएं।

यह बहुत जोखिम भरा है। आप जानते हैं कि यह मात्र सूचना है, स्रोत जहरीली वनस्पतियों पर अधिकार नहीं रखता है, और आप इसे खाते हुए कीड़े देखते हैं, परन्तु यदि आपके पास थोड़ी सी भी बुद्धि है तो आप ऐसा नहीं करेंगे कि सूचना को अनुभव में बदलें। कृपया इसे ज्ञान में बदलने के लिए अपनी बिल्ली अथवा अपनी सासु माँ का उपयोग न करें।

भ्रम

इस शब्द के कई अर्थ हैं, परन्तु मैं इसे एक विशेष प्रकार से उपयोग करने जा रहा हूं और सामान्य अर्थ से बहुत अलग नहीं। भ्रम मान्यताओं का एक समूह है, जहां उनके मान्यताएं होने के बारे में पूरी तरह से अज्ञानता होती है। भ्रम प्रायः दीर्घकालिक होते हैं, अधिक मान्यताओं एवं मानसिक असामान्यताएं जैसे पागलपन अथवा भय को जन्म देते हैं। ऐसा व्यक्ति सूचनाओं, घटनाओं या जिन लोगों से उसका सामना होता है उनमें अपनी मान्यताओं की पुष्टि पाता है। यदि वह कोई सूचना या व्यक्ति पाता है जो उसका विरोध करता है, तो भी यह उसके भ्रम को शक्तिशाली करता है, क्योंकि वो सोचता है - वे झूठ हैं, लोग मेरे विरुद्ध हैं आदि, आदि। एक भ्रमित व्यक्ति न केवल इस बात से अनजान होता है कि वह ऐसा है, बल्कि उसे समझाना भी प्रायः असंभव होता है कि देखो वह ऐसा ही है। भ्रमित व्यक्ति उसकी मान्यताओं को नष्ट करने के हर प्रयास को मान्यताओं की पुष्टि के रूप में देखता है। यह प्रायः जीवन भर तक रहता है एवं अंत में कई लोगों को पागलखाने की शरण में जाना पड़ता है।

"सभी अच्छी तरह से स्थापित मान्यताओं के मूल में, वह मान्यता निहित है जो निराधार है।"

- लुडविग विट्गेन्स्टाइन, ऑन सर्टेनिटी

प्रायः किसी बुद्धिमान व्यक्ति को उसकी मान्यताओं को इंगित करके, यह दिखाकर समझाना संभव है कि कैसे वे मात्र अर्जित सूचना हैं, जिन्हें भूल-वश ज्ञान मान लिया जाता है। एक बुद्धिमान व्यक्ति को शीघ्र ही इसको समझ जाएगा एवं वह अपने चिंतन को सही करने के लिए प्रायः आपका आभारी रहेगा। भ्रमित व्यक्ति के साथ ऐसा नहीं है। यह भ्रमित प्रकार बिल्कुल विपरीत व्यवहार प्रदर्शित करेगा। भ्रमित व्यक्ति न केवल मूर्ख होता है, बल्कि वह कुछ सीमा तक का पागल भी होता है। ऐसे लोगों को सत्य दिखाने का कोई भी प्रयास शीघ्र ही उग्र तर्कों को प्रज्वलित करता है जो प्रायः व्यक्तिगत प्रहारों एवं यहां तक कि हिंसा का कारण बनता है। ऐसे किसी भी प्रयास का परिणाम भ्रम को शक्तिशाली करना, उसे अधिक बुरा बनाना है। भ्रम के विषय में, एक व्यक्ति को सदैव ऐसे अनेक अनुभव मिलेंगे जो उसके भ्रम का पूरी तरह से समर्थन करते हैं, अतः कोई भी स्पष्टीकरण अथवा आत्म-निरीक्षण यहां सहायता नहीं करेगा।

आपको कैसे पता चलेगा कि आप भ्रमित हैं? आप नहीं जानते, शायद आपको कभी पता नहीं चलेगा। हालाँकि, लोग बदल जाते हैं और कभी-कभी भ्रमित व्यक्ति भ्रम से जाग जाता है। यहां-वहां कुछ संकेत हो सकते हैं जो इस बात की ओर इशारा कर सकते हैं कि आप भ्रमित हैं। यदि आप कुछ मामलों को लेकर झगड़ते हैं, यदि आप कुछ विषयों या लोगों या चीज़ों के प्रति संवेदनशील हैं, यदि आप पाते हैं कि लोग किसी विशेष चीज़ के बारे में आपसे बात करने से बचते हैं, यदि आप पाते हैं कि जिन लोगों को आप पसंद करते हैं वे हद दर्जे के पागल हैं, तो कुछ संभावना है कि आप किसी प्रकार के भ्रम के वशीभूत हैं।

मैं भ्रमित नहीं हूं परन्तु मैं ऐसे लोगों को सहन नहीं कर सकता, क्या करूं? दयालु बनो एवं सहन करो। कहना आसान है करने के विपरीत। वे गहरे अज्ञान में हैं, एवं यदि आप सहायता नहीं कर सकते तो उन्हें वहीं रहने देना ही एकमात्र तर्कसंगत प्रतिक्रिया है। ऐसे व्यक्ति को ठीक करना समय की हानि होगी एवं आप उसके भ्रम को शक्तिशाली कर देंगे। भ्रम विरोध पर जीवित रहता है। आप विरोध न करें ये भी नहीं कर सकते, क्योंकि समर्थन से भ्रम बढ़ता है। प्रायः भ्रम व्यक्ति के जीवन को बहुत दुखदायी बना देते हैं, एवं कोई इसे ठीक करने के लिए बहुत कुछ नहीं कर पाता है।

संदेह

संदेह नकारात्मक प्रभाव वाली मान्यताएं हैं। यह एक मान्यता है कि कुछ सत्य नहीं है। थोड़ा सा संदेह प्रायः एक स्वस्थ लक्षण होता है, विशेषकर जब उतरजीविता खतरे में हो। एक व्यक्ति जो किसी बात पर संदेह नहीं करता वह निराशाजनक रूप से भोला है, अच्छी स्थिति नहीं है। कोई संदेह तभी विकार में बदलता है जब उसे चरम सीमा पर ले जाया जाता है और वह अनुभवों पर नहीं परन्तु अतार्किक धारणाओं पर आधारित होता है। यदि आपको किसी ऐसे व्यक्ति पर संदेह है जो आपको रेलगाड़ी में मुफ्त मिष्ठान दे रहा है, स्पष्ट है, ठीक है। परन्तु यदि आप किसी व्यक्ति पर इसलिए संदेह करते हैं क्योंकि उसकी त्वचा का रंग विशेष है अथवा वह कोई विशेष भाषा बोलता है, तो यह एक विकार है, एक मान्यता है।

एक संदेह भी एक विकार बन जाता है जब यह दिखाने के लिए पर्याप्त सबूत प्रस्तुत किए जाते हैं कि संदेह निराधार है, और व्यक्ति अभी भी संदेह पर स्थिर है। एक शक्तिशाली संदेह के भ्रम बनने की संभावना होती है, जहां संदेह को दूर करने के सभी प्रयासों को संदेह का समर्थन करने के रूप में देखा जाता है। संदेह प्रायः एक अनुभव का परिणाम होता है जिसे बाद में हर स्थिति के लिए व्यापक रूप से सामान्यीकृत किया जाता है। उदाहरण के लिए, यदि आपको एक बार किसी कुत्ते ने काट लिया है, तो आप उस समय से सभी कुत्तों पर संदेह करने लगेंगे। ऐसी मान्यताओं और व्यवहारों पर प्रयोग करने और उन पर नियंत्रण पाने के लिए कुछ साहस की आवश्यकता होती है।

"हर चीज़ पर संदेह करना या हर चीज़ पर विश्वास करना दो समान रूप से सुविधाजनक समाधान हैं; दोनों ही चिंतन की आवश्यकता से दूर हैं।"- हेनरी पोंकारे, ऑफ़ साइंस एंड हाइपोथिसिस

क्या आलोचनात्मक चिंतन मात्र संदेह करना नहीं है? नहीं, प्रत्यक्ष प्रमाण के आधार पर किसी बात को सत्य नहीं मान लेना एवं किसी बात को सत्य या असत्य होने देते हुए निर्णय को स्थगित कर देना, दोनों में अंतर है। पहला एक विकार है, एक संदेह है, दूसरा एक गुण है।

आसक्ति

आसक्ति एक मान्यता है कि कोई वस्तु/व्यक्ति अथवा क्रिया किसी की प्रसन्नता के लिए आवश्यक है। कभी-कभी यह मात्र प्रसन्नता नहीं होती, यह उत्तरजीविता, सुरक्षा अथवा मनोरंजन भी हो सकती है। आसक्ति प्रायः एक आदत बन जाती है, जिससे व्यक्ति की स्वतंत्रता गंभीर रूप से कम हो जाती है। यह आसक्ति नहीं है जो दुख का कारण बनती है, यह अपेक्षाओं की पूर्ति न होने के कारण ऐसा होता है। हम आसक्तिओं पर बाद में अधिक विस्तार से चर्चा करेंगे, क्योंकि इसका भावनाओं से गहरा संबंध है।

मिथक

ये ऐसी मान्यताएं हैं जिनसे हममें से बहुत से लोग बहुत प्यार करते हैं। ये न मात्र मनोरंजक हैं, परन्तु कुछ अच्छी शिक्षा भी देते हैं। एक मिथक मात्र एक कहानी है, एवं यदि इसे सत्य मान लिया जाए तो यह एक विकार, एक मान्यता बन जाता है। प्रायः अशिक्षित लोग मिथकों पर विश्वास करते हैं, परन्तु कुछ शिक्षित और बुद्धिमान लोग भी इसकी चपेट में आ जाते हैं। इसका कारण यह हो सकता है कि मिथक प्रायः इतिहास, वास्तविक लोगों, वास्तविक स्थानों और शुद्ध कल्पना को एक साथ मिला देते हैं। चिंतन में पूर्वाग्रह व्यक्ति को इस पर विश्वास करने पर बाध्य कर देता है, अतार्किक तरीके से यह निष्कर्ष निकालता है कि यदि कहानी का एक अंश सत्य है, तो पूरी कहानी सत्य होनी चाहिए। दूसरे, यदि कोई चीज़ एक हजार साल पुरानी हो तो वह जादुई रूप से सत्य नहीं हो जाती। आपको साक्ष्य और आदर्श रूप से एक अनुभव की आवश्यकता है (जो मिथकों के मामले में संभव नहीं है)।

"किसी भी चीज़ पर इतनी दृढ़ता से विश्वास नहीं किया जाता जितना कि हम कम से कम जानते हैं।

- मिशेल डी मॉन्टेन, एस्सेस (1580-88)।

मिथक प्रायः सच्ची कहानियों के रूप में प्रारम्भ होते हैं, जो सरल होती हैं, और फिर कहानी कहने वाले, पीढ़ी दर पीढ़ी, तब तक मसाला जोड़ते रहते हैं जब तक कि सत्य की जगह शुद्ध कल्पना न ले ले। प्रायः पाठ जीवित रहते हैं, परन्तु जब वहां इतना अद्भुत जादू चल रहा हो तो उबाऊ पाठों की परवाह कौन करता है।

मिथकों के प्रति एक बुद्धिमान व्यक्ति का उचित दृष्टिकोण क्या होना चाहिए? इसे उन कहानियों के रूप में लें जो आपको कुछ सिखाने की कोशिश कर रही हैं। यदि कोई कहानी उपयोगी है, आपको एक और अच्छा मनुष्य बनाती है, तो उसका काम पूरा हो गया है, एवं उसकी सत्यता के बारे में वाद-विवाद करने का कोई लाभ नहीं है।

अध्याय ६.४.३ "चित्त के विकार- अप्रत्यक्ष ज्ञान, भ्रम, संदेह, आसक्ति एवं मिथक" समाप्त हुआ।

7

६.४.४ चित्त के विकार - वैज्ञानिक सिद्धांत एवं गणितीय मॉडल

वैज्ञानिक सिद्धांत

वैज्ञानिक सिद्धांत (अब से मात्र सिद्धांत) भौतिक घटनाओं के बारे में मान्यताएँ हैं [1]। ये मान्यताएँ घटना के संबंध में कैसे, क्या और क्यों की व्याख्या करने का प्रयास करती हैं। उदाहरण के लिए, गुरुत्वाकर्षण का सिद्धांत द्रव्यमान के आकर्षण की व्याख्या करने का प्रयास करता है। यहां मान्यता यह है कि गुरुत्वाकर्षण नाम की कोई चीज है जो द्रव्यमान नामक किसी गुण के साथ वस्तुओं को खींच रही है। संकल्पनाएँ - गुरुत्वाकर्षण एवं द्रव्यमान मात्र धारणाएँ, मान्यताएं हैं।

स्पष्ट है, सिद्धांत बहुत उपयोगी हैं। एक बार जब हमारे पास गुरुत्वाकर्षण, द्रव्यमान आदि की संकल्पनाएँ आ जाती हैं, तो हम प्रयोग एवं गणित से समीकरण, संबंध, व्यवहार निकाल सकते हैं एवं भवन, हवाई जहाज, नावें बना सकते हैं, लोगों को चंद्रमा पर भेज सकते हैं एवं क्या नहीं। तो कोई भी स्वस्थ-चित्त व्यक्ति सिद्धांतों को विकार क्यों कहेगा? वे तभी एक विकार बन जाते हैं जब हम भूल जाते हैं कि वे मात्र मान्यताएं हैं, और उन्हें तथ्य के रूप में लेते हैं एवं तथ्य के अतिरिक्त कुछ नहीं। मैं निश्चित हूँ कि अधिकांश "शिक्षित" लोग सोचते हैं कि गुरुत्वाकर्षण, विद्युत चुंबकत्व, मौलिक कण आदि जैसे विचार सत्य के अतिरिक्त अन्य कुछ नहीं हैं। अंततः उनकी पाठ्य-पुस्तकों ने उन्हें यही सिखाया है।

ऐसा क्यों होता है? प्रायः शैक्षिक मानक इतने निम्न होते हैं कि पाठ्यपुस्तकों में किसी सिद्धांत की परिभाषा शामिल नहीं होती, यहाँ तक कि अच्छी प्रकाशित पुस्तकों में भी नहीं।

वैज्ञानिक पद्धति का कोई उल्लेख नहीं है। दर्शनशास्त्र और विज्ञान का इतिहास दूरस्थ विषय हैं (संभवतः वे अच्छी नौकरियाँ नहीं दिलाते एवं आपको धनाढ्य नहीं बनाते हैं)। छात्रों को सिद्धांत (एवं "नियम") ऐसे पढ़ाए जाते हैं जैसे कि वे पत्थर पर लिखे गए हों। यह बात कई लोगों को, यहाँ तक कि बुद्धिमान और तथाकथित "वैज्ञानिकों" को भी नहीं पता है कि सिद्धांत मान्यता का पर्याय है। संभवतः आपका विद्यालय अधिक अच्छा है एवं उसने इस विषय में अच्छा कार्य किया है, परन्तु मात्र कुछ ही इसे प्राप्त कर पाते हैं। विज्ञान पत्रिकाएँ (टैब्लॉइड्स) कभी भी यह उल्लेख नहीं करती हैं कि वैज्ञानिक केवल अपनी मान्यताओं को बता रहे हैं, जब वे प्रत्यक्ष रूप से देखी गई घटना के बारे में कुछ बता रहे हैं।

"मैं घटना से गुरुत्वाकर्षण के उन गुणों का कारण खोजने में सक्षम नहीं हूं, और मैंने कोई परिकल्पना नहीं की है; क्योंकि जो कुछ भी घटना से उत्पन्न नहीं होता है उसे परिकल्पना कहा जाना चाहिए, और परिकल्पना, चाहे आध्यात्मिक हो या भौतिक, चाहे गुप्त गुणों की हो या यांत्रिक, प्रयोगात्मक दर्शन में कोई जगह नहीं है।- आइजैक न्यूटन

जब कोई घटना देखी जाती है, तो इसकी व्याख्या इसके प्रत्यक्ष अवलोकन के विवरण से शुरू होती है, इसे कैसे दोहराया जाए और इसे कैसे मापा जाए। यह शुद्ध प्रायोगिक विज्ञान (अर्थात अनुभवजन्य विज्ञान) है एवं सत्य के बहुत निकट है, परन्तु सत्य नहीं है, विज्ञान का सत्य, अवधि से व्यवहार नहीं है। सत्य एक दार्शनिक संकल्पना है, अर्थात एक बनी-बनाई चीज़ है, इसमें कोई सत्य नहीं होता, मात्र अनुभव होता है (इस पर हम पहले विस्तार से चर्चा कर चुके हैं)। तथापि, तार्किक सत्य हैं, जिसका सीधा सा अर्थ है कि किसी अनुभव/प्रयोग का कुछ विवरण निष्पक्ष रूप से देखने पर सुसंगत होता है। सत्य की बारीकियों में दोबारा न जाते हुए, मैं मात्र इतना कहूंगा कि सत्य के साथ किसी घटना का संबंध अनुभवजन्य अवलोकन पर समाप्त होता है। उसके बाद, यह सब सिर्फ सिद्धांत, संकल्पनाएँ, मान्यताएँ हैं।

इसके बाद, घटना को समझाने के लिए एक परिकल्पना प्रस्तावित की गई है। एक परिकल्पना धारणाओं का एक न्यूनतम समुच्चय मात्र है। कई परिकल्पनाएं हो सकती हैं (उदाहरण के लिए, प्रकाश की घटना को छोटे कणों, विद्युत्-चुंबकीय तरंगों अथवा फोटॉन नामक क्वांटम वस्तुओं के रूप में परिकल्पित किया जा सकता है, ये सभी मात्र धारणाएं हैं)। एक अच्छी परिकल्पना वह है जो धारणाओं अथवा इकाइयों की संख्या को न्यूनतम करता है। फिर प्रयोग के माध्यम से परिकल्पनाओं का परीक्षण किया जाता है, और जब एक परिकल्पना कुछ सबूत इकट्ठा करती है तो इसे एक सिद्धांत के स्तर पर पदोन्नत किया जाता है। एक सिद्धांत पूरे विचार में तार्किक कथन, समीकरण एवं पूर्व-सूचनाएं जोड़ता है। इंजीनियर इन विचारों को अपनाते हैं एवं उन्हें व्यवहार में लागू करते हैं, नए उपकरण बनाते हुए, ऐसी चीजें बनाते हैं जो काम करती हैं और उपयोगी होती हैं, जो सिद्धांत को और अधिक समर्थन प्रदान करती हैं। कोई भी सिद्धांत कितना भी सफल क्यों न हो, वह कभी सत्य नहीं बनता, वह एक मान्यता बनकर रह जाता है।

"एक शोध वैज्ञानिक के लिए हर दिन प्रातः जलपान से पहले एक प्रिय परिकल्पना को त्यागना एक अच्छा अभ्यास है। यह उसे युवा रखता है।" - कोनराड लोरेन्ज़

विज्ञान निरन्तर पुराने सिद्धांतों को नवीन सिद्धांतों से प्रतिस्थापित करते हुए प्रगति करता है। नवीन सिद्धांत बहुत अच्छे, अधिक सुरुचिपूर्ण हैं एवं घटनाओं की एक विस्तृत श्रृंखला को सम्मिलित करते हैं। यह अकेले ही दर्शाता है कि एक सिद्धांत मात्र एक विवरण है, एवं पूर्णतया त्याज्य है। वास्तव में विज्ञान में सिद्धांतों को त्यागने एवं उनकी व्यापक विविधता को बढ़ावा देने को प्रोत्साहित किया जाता है। इससे यह सुनिश्चित होता है कि नए विचार आते रहें एवं पुराने विचार अप्रचलित हो जाएं। विज्ञान बहुत गतिशील है, सदैव परिवर्तनशील रहता है, सदैव विकसित होता रहता है।

तो यह सब गलत कहां होता है? वैज्ञानिक मात्र मानव हैं एवं किसी भी अन्य व्यक्ति की तरह ही सभी भय, अहंकार के विषय, मान्यताएं, पूर्वाग्रह एवं मूर्खता-युक्त आते हैं। मात्र इसलिए कि कोई व्यक्ति वैज्ञानिक है, जादुई तरीके से उसके चित्त को सभी विकारों से मुक्त नहीं कर देता। कुछ वैज्ञानिकों (मैं उन्हें विज्ञान-कार्यकर्ता कहने को वरीयता देता हूँ) को उनकी शिक्षा अथवा सेवाकार्य के कारण एक वैज्ञानिक के रूप में प्रशिक्षित किया जाता है, एवं वे बड़े होकर मान्यताओं से भरे एक हठधर्मी व्यक्तित्व में परिवर्तित हो जाते हैं। विज्ञान उनके लिए एक अन्य धर्म मात्र है। ये लोग अपनी उत्तरजीविता उन कौशलों से प्राप्त करते हैं जो उन्होंने पुस्तकों अथवा ऐसी ही अन्य वस्तुओं से सीखे हैं।

अतः उनके "ज्ञान" के असत्य होने का कोई भी विचार जैसे अपनी सेवाकार्य खोने, अपनी विश्वसनीयता अथवा सार्वजनिक छवि खोने के कारण वे भय से कांपने लगते हैं। स्पष्टतः उन्होंने अपनी उत्तरजीविता को उन वैज्ञानिक विचारों पर निर्भर बना लिया है जो उनके दिनों में प्रचलन में रहे हैं। जब विचार बदलते हैं (जैसा कि होना भी चाहिए), ये विज्ञान-कार्यकर्ता सबसे पहले परिवर्तन का विरोध करते हैं। वे अपनी प्रिय मान्यताओं पर बने रहते हैं, क्योंकि उनके नष्ट होने का अर्थ व्यक्ति का पुराना पड़ जाना/महत्वहीन हो जाना होगा। यहां जीवित रहने के अतिरिक्त अभिमान भी एक प्रमुख भूमिका निभाता है। कुछ विज्ञान-कार्यकर्ता विषय पर अपनी पुरानी विशेषज्ञता के आधार पर अधिकार की स्थिति प्राप्त करते हैं, एवं जब नए लोग पुराने को त्याग देते हैं, तो उन्हें धमकी दी जाती है, वे अपने झूठे गौरव को अक्षुण्ण रखने के मार्ग ढूंढते हैं। अंततः कुछ राजनीति, धूर्तता, प्रतिस्पर्धा, लालच, धन पर निर्भरता, प्रसिद्धि की इच्छा, ईर्ष्या आदि अन्य कारण हैं, कि जिससे विज्ञान कार्यकर्ता नहीं चाहते कि विज्ञान में परिवर्तन अथवा सुधार हो एवं उन्हें यह रुचिकर नहीं है कि उनकी मान्यताओं पर प्रश्न उठाया जाए [2]।

मैं वैज्ञानिक क्षेत्रों की ख़राब स्थिति पर चर्चा करने के लिए विज्ञान में भ्रष्टाचार पर एक और अध्याय लिखने जा रहा हूँ। विज्ञान उतना ही अच्छा है जितना इसका अभ्यास करने वाला व्यक्ति। तो क्या यह सब निकृष्ट है? स्पष्ट है नहीं। वास्तविक वैज्ञानिक वो हैं जो यदाकदा घटनास्थल पर पहुंचते हैं एवं अपनी श्रेष्ठ प्रतिभा के माध्यम से पुरानी हठधर्मिता

को दूर कर देते हैं। ये अन्य(विकटपथगामी) प्रकार के होते हैं, उनमें रचनात्मकता, बुद्धि एवं कई गुण होते हैं जो एक सच्चे वैज्ञानिक में अपने वैज्ञानिक क्षेत्र में व्यापक परिवर्तन एवं सुधार करने के लिए होने चाहिए। प्रमुख अन्वेषण, आविष्कार इन्हीं लोगों द्वारा किये गये हैं। अन्य लोग, विशेषकर विज्ञान-कर्मी मात्र उनका अनुसरण करते हैं। सच्चे वैज्ञानिक वे हैं जो पूरी मानवता को कुछ पायदान ऊपर धकेलते हैं, वे वे लोग हैं जो वास्तव में ज्ञान में योगदान देते हैं। वे वास्तविक ऋषि हैं. कभी-कभी ये लोग पिछड़ भी जाते हैं क्योंकि विज्ञान में नए विचारों के आने वाले ज्वार में उनका योगदान बह जाता है एवं वे किसी भी बदलाव का विरोध करते हुए जीवाश्म बन जाते हैं। मान्यताओं की शक्ति को कम नहीं आंका जा सकता।

"प्रकृति इसी तरह कार्य करती है। यदि आपको यह रुचिकर नहीं है, तो कहीं और चले जाओ!"

-रिचर्ड फेनमैन (ऑकलैंड विश्वविद्यालय में QED व्याख्यान)

वैज्ञानिक मान्यताओं से कैसे छुटकारा पाना चाहिए? यदि आप विज्ञान के क्षेत्र में हैं, तो बस यह जान लें कि विज्ञान अवलोकन और सिद्धांत (अर्थात मान्यताएं, विचार) से संबंधित है। सत्य की अवधारणा विज्ञान के कार्यक्षेत्र से परे है, इसमें मात्र स्पष्टीकरण, प्रतिरूप(मॉडल) एवं चालाकीपूर्ण विवरण हैं। विज्ञान में कुछ भी सत्य नहीं है, एवं कुछ भी असत्य नहीं है। एक वैज्ञानिक एक सच्चा अज्ञेयवादी, खुले मस्तिष्क वाला आलोचनात्मक विचारक होता है। एक वैज्ञानिक को यह समझने में मात्र कुछ मिनट लगने चाहिए कि सिद्धांत क्या है।

तथापि, यदि आप एक विज्ञान-कर्मी अथवा गैर-वैज्ञानिक हैं, तो आपको पहले स्वयं को शिक्षित करने की आवश्यकता है। देखें कि विज्ञान कैसे काम करता है, सिद्धांत कैसे विकसित होते हैं। जब आपको यह पता नहीं होगा कि विज्ञान क्या है, तो आप स्पष्ट रूप से इसके बारे में गलत धारणाएँ बना लेंगे। आप उन लोगों द्वारा जोड़तोड़ का शिकार होंगे जो विज्ञान को ढाल के रूप में एवं शासन करने के लिए हथियार के रूप में उपयोग करते हैं। आपके पास तथाकथित वैज्ञानिकों की बात मानने के अतिरिक्त कोई विकल्प नहीं होगा। एक बार जब आप यह देख लेंगे कि विज्ञान मात्र ज्ञान एकत्रित करने का एक मार्ग है, तो आप इसके सभी लाभ एवं हानि स्वयं ही देखेंगे एवं इसका और उचित मूल्यांकन कर सकते हैं।

क्या हर चीज जो अवैज्ञानिक है (वैज्ञानिक पद्धति पर आधारित नहीं) मात्र कल्पना, लुभाना, बकवास नहीं है? अधिकांश विज्ञान भी काल्पनिक, लुभावनी एवं मूर्खतापूर्ण है। किसी को मात्र यह देखने के लिए विज्ञान के इतिहास पर दृष्टि डालने की आवश्यकता है कि उसमें कितनी बकवास थी। किसी को यह मानने की आवश्यकता नहीं है कि आजकल यह पूरी तरह से शुद्ध हो गया है, इन दिनों यह निश्चित रूप से अधिक अच्छा है, क्योंकि विज्ञान की प्रगति होना स्वाभाविक है। परन्तु अधिकांश विज्ञान कल्पना पर आधारित है। ऐसा इसलिए है क्योंकि कुछ कारणों से सिद्धांत को प्रत्यक्ष अनुभवजन्य अवलोकन पर

अधिक समर्थन मिला है। कोई भी नई चीज़ जो "स्थापित सिद्धांत" के अनुरूप नहीं होती, उसे फेंक दिया जाता है। यह एक आश्चर्यपूर्ण ऊपर से नीचे का विपरीत व्यवहार है जिसका विज्ञान से अधिक समाजशास्त्र और मनोविज्ञान से लेना-देना है।

तथापि, यह भौतिक ब्रह्मांड का अध्ययन करने के लिए मनुष्यों द्वारा आविष्कार किया गया अब तक का सबसे अच्छा उपकरण बना हुआ है। यह उत्तर का एक हिस्सा है, दूसरा हिस्सा यह है कि आपको तथाकथित लुभावनी सामग्री पर वैज्ञानिक विधि लागू करने से कोई नहीं रोक सकता है। प्रयोग करें, परिकल्पना करें, सिद्धांत बनाएं और इसे समुदाय में प्रकाशित करें, आपका हार्दिक स्वागत है। कितने लोग ऐसा करते हैं? लगभग कोई नहीं, कारण - पूर्वाग्रह, भय (उपहास, आजीविका को हानि आदि) एवं कठोर मान्यताएं। मान्यता है कि विज्ञान को मात्र भौतिक वस्तुओं से ही निपटना चाहिए। कोई भौतिक वस्तुएं नहीं हैं। कौन कहता है? विज्ञान।

"विज्ञान आज प्रतिमानों में बंद है। हर मार्ग उन मान्यताओं से अवरुद्ध है जो त्रुटिपूर्ण हैं, एवं यदि आप आज किसी पत्रिका में कुछ भी प्रकाशित करने का प्रयास करते हैं, तो आप एक प्रतिमान के विरुद्ध चलेंगे और संपादक इसे अस्वीकार कर देंगे।- सर फ्रेड हॉयल

गणितीय मॉडल

एक गणितीय प्रतिरूप/मॉडल (अब से प्रतिरूप) गणित, संख्याओं एवं तर्क का उपयोग करके एक भौतिक घटना का वर्णन है। यह घटना के वास्तविक अनुभव का अनुकरण(सिमुलेशन) है। अनुकरण मस्तिष्क में, कागज पर अथवा कंप्यूटर में रहता है। एक प्रतिरूप प्रायः प्रयोगात्मक आंकड़ों पर आधारित होता है, परन्तु इसे पूरी तरह से किसी प्रयोग में उपयुक्त होने के लिए बनाया जा सकता है। एक प्रयोग कम या अधिक किसी प्रतिरूप के अनुरूप हो सकता है, एवं प्रतिरूप की सफलता का यही निर्णय लेता है इसकी व्याख्या करते हुए। सभी प्रतिरूपों को किसी घटना अथवा घटना का वर्णन करने की आवश्यकता नहीं है, कुछ मात्र विशुद्ध रूप से गणितीय हैं और किसी भी घटना से मेल नहीं खाते हैं।

प्रतिरूपों के कुछ उदाहरण किसी पिंड (वस्तु) का बल/द्रव्यमान/त्वरण प्रतिरूप हैं जिसे केवल $F=ma$ के रूप में लिखा जाता है। दूसरा $V=IR$ है, जो विद्युत परिपथ में वोल्टेज एवं करंट के बीच का संबंध है। ये बहुत सरल प्रतिरूप हैं एवं निश्चित रूप से मैक्सवेल के समीकरण अथवा श्रोडिंगर समीकरण जैसे बहुत जटिल भी हो सकते हैं। एक प्रतिरूप जितनी अधिक निकटता से अवलोकनों का अनुकरण करता है, उसे उतना ही अधिक लाभ मिलता है, एवं गणनाओं का उपयोग करके अधिक भविष्यवाणियां की जा सकती हैं। यह प्रतिरूप को नई प्रौद्योगिकियों के विकास एवं नए सिद्धांतों के निर्माण के लिए उपयोगी बनाता है।

आश्चर्यजनक ! विज्ञान अपने सर्वोत्तम स्तर पर है। तो हम मानसिक विकार अनुभाग में प्रतिरूपों से क्यों निपट रहे हैं? एक प्रतिरूप एक वैज्ञानिक या विज्ञान के छात्र के चित्त में एक विकार बन जाता है जब वह वास्तविकता का रूप ले लेता है। विज्ञान के सतही ज्ञान (उर्फ अप्रत्यक्ष ज्ञान) वाले कुछ लोग प्रायः प्रतिरूप को वास्तविक घटना के रूप में लेते हैं जिस घटना का वह वर्णन कर रहा है। एक प्रतिरूप घटना का आपका अनुभव नहीं है, यह एक गणितीय अनुकरण है।

उपर्युक्त उदाहरणों में, गणितीय इकाइयाँ अर्थात बल, द्रव्यमान, धारा और वोल्टेज आदि अनुभवात्मक इकाइयां नहीं हैं एवं अवधारणाओं के अतिरिक्त इनका अस्तित्व नहीं है। चौंकाने वाला, है ना? यहां तक कि वैज्ञानिक मान्यताएं भी समय एवं यांत्रिक दोहराव के साथ इतनी शक्तिशाली हो जाती हैं कि सामान्य लोग यह मानने लगते हैं कि प्रतिरूपित इकाइयां "वास्तविक" वस्तुएं हैं। जैसा कि यह पता चला है, अधिकांश सैद्धांतिक विज्ञान काल्पनिक इकाइयों (अर्थात गणितीय वस्तुओं) के अतिरिक्त कुछ भी नहीं से संबंधित है। ये इकाइयां विशुद्ध रूप से मानसिक हैं एवं न्यूनाधिक अवलोकनों के अनुरूप हैं। वे बहुत उपयोगी हैं, परन्तु मात्र विचार, मान्यताएं हैं। यह उचित है जब तक सामान्य लोगों का प्रश्न है, वे सैद्धांतिक विज्ञान के अध्ययन में अपना जीवन समर्पित किए बिना कुछ भी उत्कृष्ट नहीं जान पाएंगे। परन्तु जब आप ज्ञान के पथ पर होते हैं, तो अधिक गहराई तक जाना आवश्यक हो जाता है... सबसे सक्षम वैज्ञानिक से भी अधिक गहराई तक जाना [3]। यह प्रत्यक्षीकरण करना आवश्यक हो जाता है कि प्रतिरूप, चाहे भौतिक अथवा गैर-भौतिक घटनाओं से संबंधित हों, मात्र अनुकरण (सिमुलेशन) हैं, एवं घटना का आपका अनुभव, यदि कोई है, पूरी तरह से भिन्न होगा।

जैसा कि कोई देख सकता है, प्रतिरूप बदलते रहते हैं, विकसित होते रहते हैं, कुछ को त्याग दिया जाता है। कुछ को शताब्दियाँ लग जाती हैं और कुछ अल्प वर्षों में ढह जाते हैं। नई इकाइयाँ प्रस्तुत की जाती हैं एवं पुरानी को भुला दिया जाता है। इतने अधिक परिवर्तन के साथ, कोई यह आशा कर सकता है कि एक वैज्ञानिक को देखी गई घटना एवं उसके प्रतिरूप के बीच अंतर पता होगा, परन्तु नहीं, यह मात्र एक आदर्श स्थिति है। विज्ञान-कार्यकर्ता प्रतिरूपों को शाब्दिक रूप से लेते हैं एवं कुछ वैज्ञानिक भी ऐसा ही करते हैं। सामान्य लोग जो कुछ भी उन्हें बताया जाता है उसका पालन करते हैं, इसमें उनकी कोई त्रुटि नहीं है, विज्ञान कठिन है, मान्यताएं आसान है।

टिप्पणियाँ:

1. भौतिक प्रकार के अतिरिक्त अन्य प्रकार के अनुभवों के लिए भी सिद्धांत बनाए जा सकते हैं। यद्यपि कई लोग उन्हें "वैज्ञानिक" कहने में संकोच करेंगे, क्योंकि उनकी दृढ़ मान्यता है कि "विज्ञान" (चाहे वह कुछ भी हो) को केवल भौतिक से ही निपटना चाहिए।

2. भले ही विज्ञान-कर्मी हठधर्मी और मान्यताओं से भरे हुए हों, फिर भी वे समाज का एक महत्वपूर्ण भाग हैं। वे ही हैं जो विद्यालयों, विश्वविद्यालयों, उद्योगों, अनुसंधान प्रयोगशालाओं एवं कई अन्य संगठनों को ठीक से काम करने में सक्षम बनाते हैं। वे सामान्यतः किसी भी अन्य प्रकार के श्रमिकों की तुलना में अधिक बुद्धिमान होते हैं एवं उपलब्ध ज्ञान में निरंतर सुधार करके, विज्ञान और प्रौद्योगिकी में वृद्धिशील प्रगति द्वारा योगदान भी करते हैं। कभी-कभी कोई विज्ञान-कार्यकर्ता कुछ अद्भुत खोज अथवा आविष्कार करता है, जिसके बारे में सबसे अच्छा वैज्ञानिक भी मात्र सपना देख सकता है। अतः मैं उनके उत्कृष्ट योगदान के लिए उनका बहुत आभारी हूं।

3. एक वैज्ञानिक भी एक साधक है, यद्यपि वह भौतिक स्तर पर रुक जाता है। कारण-मान्यताएँ हैं। मान्यताओं के संबंध में इंजीनियर कहां खड़े हैं? क्या वे अपने उपकरणों एवं मशीनों के पीछे के विज्ञान को ही सत्य नहीं मान लेते? मैंने देखा है कि एक इंजीनियर सामान्यतः इस बात से ज्यादा व्याकुल नहीं होता है कि क्या सत्य है, जब तक वह काम करता है। जब उपयोगिता बनाम सत्य की बात आती है तो वे योगियों एवं साधकों से मिलते जुलते हैं। मेरे अनुभव में, मैंने वैज्ञानिकों की तुलना में अधिक इंजीनियरों को आध्यात्मिक पथ पर चलते हुए देखा है।

अध्याय ६.४.४ "चित्त के विकार - वैज्ञानिक सिद्धांत एवं गणितीय मॉडल" समाप्त हुआ।

8

६.४.५ "चित्त के विकार - प्रतिरोध

प्रतिरोध

हमने व्यापक प्रकार की मान्यताओं का अध्ययन किया है। यह कोई पाठ्य-पुस्तक वर्गीकरण नहीं है, यह मात्र मान्यताओं के साथ मेरे अपने अनुभवों से प्राप्त मेरी अपनी समझ है। अतः मैंने कुछ प्रकार छोड़ दिए होंगे अथवा कुछ नए प्रकार बनाए होंगे। परन्तु वर्गीकरण महत्वपूर्ण नहीं है, महत्वपूर्ण विषय सभी मान्यताओं से मुक्त होना है। हम पहले ही देख चुके हैं कि यह कैसे एक कठिन लक्ष्य हो सकता है। जब कोई व्यक्ति अपने चित्त से मान्यताओं को बलपूर्वक बाहर निकालने का प्रयास करता है तो उसे कुछ कठिनाइयों का सामना करना पड़ सकता है। वे एक व्यक्ति, उसके जीवन एवं संभवतः कई जन्मों के अभिन्न अंग हैं। स्वतंत्रता के पथ पर आवश्यक कार्य सभी मान्यताओं को नष्ट करना है एवं स्वयं को उसके अपने 'जैसा है वैसा' शुद्धतम रूप में चमकने देना है। यह सब सतही मान्यताओं से मुक्ति पाने एवं फिर धीरे-धीरे उन्हें चित्त की गहराइयों से बाहर निकालने से शुरू होता है। इसमें एक जीवन-काल अथवा संभवतः कई जन्म लग सकते हैं।

किसी को पहली कठिनाई यह हो सकती है कि लोगों को यह नहीं पता कि उनकी मान्यताएं हैं। बहुत से लोग प्रायः वैसा ही/समान मान्यताओं वाले अन्य लोगों से घिरे रहते हैं। इस तरह से किसी को मान्यताओं का एक प्रमुख भाग -मतारोपण, सामाजिक-सांस्कृतिक बुद्धि-भ्रष्ट के माध्यम से मिलता है। अतः हर वस्तु पर प्रश्न करने से सहायता मिलती है, नए विचारों एवं विरोधाभासी मान्यताओं का पता लगाना सहायक होता है, एवं सभी अप्रत्यक्ष ज्ञान के प्रति खुले मस्तिष्क वाला परन्तु आलोचनात्मक रहना सहायक होता है।

"कोमल स्वभाव वाला व्यक्ति सदैव परिवर्तन से भययुक्त रहता है। वह यथास्थिति में सुरक्षा अनुभूत करता है, एवं उसे नई चीज़ का अधिकतर अस्वस्थ भय होता है। उनके लिए अधिकतम पीड़ा एक नए विचार की पीड़ा है।"- डॉ. मार्टिन लूथर किंग जूनियर

कुछ लोग परिवर्तन का विरोध करते हैं। वे किसी भी प्रकार के परिवर्तन से भयभीत होते हैं। वे पुराने मार्गों में सुरक्षा, शांति एवं प्रसन्नता पाते हैं। यह व्यवहार मान्यताओं के संबंध में भी देखा जाता है, एवं वास्तव में मान्यताओं से ही उत्पन्न होता है। ऐसा व्यक्ति उन सभी नई सूचनाओं, ज्ञान अथवा परामर्श की उपेक्षा कर देता है जो उसकी मान्यताओं को उखाड़ फेंक सकती हैं। उनमें से कुछ यह भी स्वीकार कर सकते हैं कि वे अपनी मान्यताओं से मुक्ति पाना नहीं चाहते हैं, यह तर्क देते हुए कि वे मान्यताओं के कारण प्रसन्न हैं। कुछ लोगों के लिए संज्ञानात्मक असंगति सहन करना बहुत कठिन है और उन्हें पुरानी मान्यताओं से परिचित होना अधिक आरामदायक और सुखदायक लगता है। अधिकतर वे अपनी मान्यताओं को छोड़ने के लिए तभी प्रेरित होते हैं जब उनके द्वारा उत्पन्न पीड़ा उनके द्वारा प्रदान किए गए आराम से अधिक हो जाती है। यथास्थिति पर अड़े रहने वाले लोगों की अज्ञानता को दूर करने का संभवतः कोई अन्य उपाय नहीं है।

"यह तथ्य कि एक आस्तिक एक संशयवादी की तुलना में अधिक प्रसन्न है, इस तथ्य से अधिक महत्वपूर्ण नहीं है कि एक शराबी व्यक्ति एक शांत व्यक्ति की तुलना में अधिक प्रसन्न है। विश्वसनीयता की प्रसन्नता प्रसन्नता का एक तुच्छ एवं खतरनाक गुण है, एवं किसी भी तरह से ये जीवन की अनिवार्यता नहीं है।- जी बी शॉ, एंड्रोकल्स एंड द लायन

दूसरी प्रमुख कठिनाई यह है कि जो विचार एवं तर्क किसी व्यक्ति की मान्यता का खंडन करते हैं उन्हें उस व्यक्ति द्वारा अपमान एवं स्वयं पर हमले के रूप में देखा जाता है। यहां तक कि जब मान्यताओं की ओर संकेत किया जाता है, तो उन्हें धारण करने वाला व्यक्ति उनका बचाव करके उन्हें हटाने का विरोध करता है जैसे कि उसकी उत्तरजीविता को खतरा हो। यदि उसे पता चलता है कि उसकी मान्यताओं का कोई वास्तविक आधार नहीं है, तो व्यक्ति का पहला विचार होता है - "मैं निश्चित रूप से इस चीज़ पर विश्वास करने के लिए मूर्ख की तरह दिखूंगा" [1], अतः वह दूसरे को यह समझाने के लिए सभी प्रयास करता है कि उन की मान्यता कोई मान्यता नहीं परन्तु एक तथ्य है। सबसे बुरे मामलों में, व्यक्ति स्वयं को आश्वस्त करता है कि वह जो मानता है वह एक तथ्य है। इसमें जिन मान्यताओं का वह बचाव कर रहा है, उनका समर्थन करने के लिए सभी प्रकार के बहानों और कल्पनाओं के साथ आने के लिए उसके चित को अधिक समय नहीं लगता है। आप ऐसे व्यक्ति की प्रतिक्रिया को क्रोध, प्रतिउत्तर प्रहार, अतार्किक वितर्क, व्यक्तिगत प्रहार अथवा विरोधाभासी विचार के उपहास के रूप में देखेंगे [2]। वह मात्र उत्तेजित है एवं कथित अपमान अथवा धमकी से अपना बचाव कर रहा है। कभी-कभी प्रतिक्रिया स्थिति से पलायन के लिए होती है [3]। पलायन को विषय के अचानक परिवर्तन, "हँसी कर देने वाली" प्रतिक्रिया अथवा वास्तव में कमरे से बाहर निकलने के रूप में देखा जाता है। अतः हम पाते हैं कि जैसे ही किसी का

सामना विरोधाभासी मान्यता अथवा किसी मान्यता की ओर संकेत करने वाले व्यक्ति से होता है, आत्म-संरक्षण की प्रवृत्ति तत्क्षण प्रारम्भ हो जाती है।

चित्त की एक विशेषता है कि काल्पनिक खतरे अथवा मौखिक खतरे व्यक्ति में वैसी ही प्रतिक्रिया उत्पन्न करते हैं जैसी जीवन के लिए वास्तविक खतरों (जैसे कि किसी पशु द्वारा हमला) के कारण होती हैं। इसके विकासवादी कारण हैं एवं यह कभी-कभी सहायक होता है, क्योंकि एक घातक लड़ाई प्रायः अपमान से प्रारम्भ होती है। अतः यह तर्कसंगत है कि चित्त रक्षात्मक तरीके से प्रतिक्रिया करके शरीर को तैयार करता है। एक बार जब नियंत्रण बुद्धि से अहंकार की ओर चला जाता है (जिसकी चर्चा बाद में होगी) तो वहां से सब कुछ यांत्रिक हो जाता है। एक अज्ञानी व्यक्ति अपने अहंकार के साथ अपनी बुद्धि का प्राचीन संबंध नहीं तोड़ा है एवं स्वयं को अनियंत्रित तरीकों से कार्य करता हुआ पाता है। सुरक्षा, क्रोध एवं हिंसा एक बार प्रारम्भ हो जाने पर अपने आप ही घटित हो जाती है।

किसी तरह विश्वास, त्रुटिपूर्ण विचार, व्यक्तित्व का भाग बन जाते हैं, व्यक्ति को परिभाषित करने वाली संरचना बन जाते हैं, एवं उत्तरजीविता की प्रवृत्ति मान्यताओं की रक्षा के लिए ठीक उसी तरह से सामने आती है, जिस तरह से वे व्यक्ति को खतरे से बचाते हैं। अब आप जानते हैं कि दूसरे पक्ष की कुछ विचित्र मान्यताओं का उपहास करके युद्ध का कारण बनना कैसे संभव है। ध्यान दें कि इसका बुद्धिमत्ता से कोई लेना-देना नहीं है, एवं एक अत्यंत बुद्धिमान परन्तु अप्रशिक्षित व्यक्ति भी अधिकतर इसी तरह कार्य करेगा। सुसंस्कृत लोग प्रायः प्रतिक्रिया को दबा सकते हैं, परन्तु कुपित हो जाते हैं एवं उस चोट को अपने दिमाग में रखते हैं। किसी की मान्यता को सही करने का प्रयास किसी भी सम्बन्ध अथवा मित्रता को सरलता से बिगाड़ सकता है। यह विशेषतः सत्य है यदि मान्यता धर्मों अथवा राजनीति से संबंधित है (अथवा कभी-कभी लिंग और नस्लों से भी, यदि आप मुझसे पूछें तो "संवेदनशीलताओं" की सूची लंबी है)।

"मान्यता को काम करने के लिए किसी भयानक चीज़ की आवश्यकता होती है, मुझे लगता है - खून, नाखून, थोड़ी सी पीड़ा!" - ऐनी एनराइट, द गैदरिंग

जब आपका "ज्ञान" निर्णायक रूप से मात्र एक आधारहीन मान्यता दिखाई जाये तो उचित प्रतिक्रिया क्या है? कहने की आवश्यकता नहीं कि कृतज्ञता-पूर्वक झुकें, उस व्यक्ति को धन्यवाद दें जिसने आप पर यह उपकार किया है। अपने आप को भाग्यशाली समझें कि आपको आपकी त्रुटियाँ दिखाई गईं। आपने सफलतापूर्वक स्वयं को एक मान्यता के बंधन से मुक्त कर लिया है। आप एक कदम आगे बढ़ गए हैं। इससे श्रेष्ठ क्या हो सकता है। मेरा सुझाव है, आगे बढ़ें एवं अन्य चीज़ों के बारे में अपने अन्य "ज्ञान" की समीक्षा मांगें, इस अवसर को न चूकें। यदि संभव हो तो उस व्यक्ति को अपना मित्र अथवा अपना शिक्षक बनाएं एवं उससे जुड़े रहें। एक बार जब आप उसके जितने जानकार हो जाएं (आपने विषय को प्रत्यक्ष अनुभव के रूप में देखा है), तो आपका सीखना बंद हो जाएगा, परन्तु प्रेमपूर्ण संबंध बना रहेगा [3]।

तथापि, यदि व्यक्ति यह अनुभूत करने में असमर्थ है कि उसकी मान्यता निराधार है, तो वह प्रायः उलझा हुआ अनुभूत करता है, संदिग्ध हो जाता है और उसके मन में कुछ इस तरह का विचार आता है - "यह व्यक्ति किस बारे में बात कर रहा है, मुझे पता है कि मैं सही हूँ"। प्रतिक्रिया फिर से उनकी मान्यता को बनाए रखने की है। अधिकांश लोगों में यह पूर्वाग्रह होता है कि वे त्रुटिपूर्ण नहीं हो सकते एवं अपनी मान्यताओं का विश्लेषण करने से अस्वीकार कर देते हैं। सबसे अच्छे प्रकरणों में व्यक्ति विनम्रता पूर्वक असहमत होता है एवं अपने व्यवसाय के साथ आगे बढ़ता है, लेकिन सबसे खराब प्रकरणों में वह उस व्यक्ति का उपहास या अपमान कर सकता है जो निष्ठापूर्वक उसे अपनी त्रुटि दिखाने का प्रयास कर रहा है। बेचारे को फिर कभी सम्मान नहीं मिलता एवं सम्बन्ध ढलान पर आ जाता है। अथवा मान्यता रखने वाला व्यक्ति उस व्यक्ति पर दया कर सकता है जो अन्यथा सोचता है, एवं दूसरे को यह समझाने का प्रयास कर सकता है कि वह कैसे गलत है। वह अपने मामले को साबित करने के लिए सभी प्रकार के "सबूत", अधिकारियों के उद्धरण और न जाने क्या-क्या सामने ला सकता है। सामान्यतः यह सब जटिल हो जाता है एवं फिर वाद-विवाद इस बात पर केंद्रित हो जाता है कि ये सभी साक्ष्य कैसे सही/गलत हैं। मान्यता वहीं है जहां वह थी अथवा अधिक शक्तिशाली हो जाती है, क्योंकि यहाँ विषय अधिक ये हो जाता है कि कौन "जीतता है" विपरीत इसके कि क्या सही है। आप अधिकतर पाएंगे कि एक आस्तिक जीतना चाहता है, एवं ज्ञानी स्पष्ट कारणों से स्वयं को सिद्ध करने के बारे में अधिक चिंता नहीं करेगा।

एक साधक की उचित प्रतिक्रिया क्या होती है जब वह स्वयं नहीं देख पाता कि उसका "ज्ञान" निराधार है, ये अन्य द्वारा उसे बताया जाता है? और अधिक प्रश्न पूछें। प्रति-उत्तर प्रमाण मांगें। स्पष्टीकरण मांगें। प्रत्यक्ष अनुभव अथवा उन्हें कैसे प्राप्त करें, इसके बारे में पूछें। इस बात को पकड़ लीजिये। प्रति-दावे पर तुरंत निर्णय न लें। दूसरे व्यक्ति को धन्यवाद दें एवं उसे बताएं कि आप इसे देखने का प्रयास करेंगे एवं अपनी त्रुटि, यदि कोई हो, सुधारेंगे। यदि आपके विचार वास्तव में निराधार थे, तो आप स्वयं को अनुभूति के स्तरों से जाते हुए पाएंगे - "मुझे इसका पता लगाने की आवश्यकता है"> "मुझे नहीं पता"> "सम्भवतः मैं गलत हूं" एवं अंत में "मैं गलत था, यह मात्र एक मान्यता है!"। आपने तो बस एक मान्यता को नष्ट कर दिया है। उत्सव मनाइये। उस व्यक्ति से पुनः मिलना न भूलें एवं अन्य विषयों पर टिप्पणियाँ माँगना न भूलें जिन्हें आप जानते हैं। आपको कोई ऐसा व्यक्ति मिल गया है जो उच्च स्तर पर जा रहा है, जो आपसे अधिक उन्नत है एवं सबसे महत्वपूर्ण बात यह है कि वह आपको सिखाने के लिए तैयार है। बहुत से लोग इतने भाग्यशाली नहीं हैं [4]।

दूसरा प्रतिरोध मूर्खता के रूप में सामने आता है। जब संकेत किया जाता है, तो एक व्यक्ति न मात्र अपनी त्रुटि की अनुभूति करने में असमर्थ होता है, वह आनंदित रूप से इस सब से अनभिज्ञ भी होता है। वह "संकेत समझने" में विफल रहता है। प्रायः कोई प्रतिक्रिया

नहीं होती अथवा बड़ी-बड़ी उलझी हुई आँखें होती हैं, एवं व्यक्ति अपने ज़ोम्बीलैंड में भटक जाता है। कभी-कभी, मूर्खता हिंसा एवं संघर्ष को जन्म देती है, एवं आप सीखते हैं कि किसी मूर्ख व्यक्ति की मान्यताओं को कठोरता से सही नहीं करना चाहिए। वैसे भी किसी को तो पाठ सीखना ही होगा, सम्भवतः अब आपकी बारी थी।

यदि आपको संकेत समझ में न आए तो क्या करें? अधिक नहीं। यहां अपनी मान्यताओं को शुद्ध करना आपकी प्राथमिकता नहीं है, परन्तु अपनी बुद्धि को तेज करना है। अधिकांश मान्यताएँ अप्रत्यक्ष ज्ञान का आलोचनात्मक विश्लेषण करने अथवा उसे समझने में विफलता के कारण व्यक्ति के चित्त में घर कर जाती हैं। मूर्ख व्यक्ति को जो भी कहा जाता है वह सरलता से मान लेता है। यदि किसी व्यक्ति में बुद्धि की कमी है, तो मान्यता उसके लिए सरल लक्ष्य बन जाता है। एक बुद्धिमान, आलोचनात्मक विचारक जो अपने बारे में पूरी तरह से जागरूक है, शायद ही कभी मान्यता के जाल में फंसता है।

"पहला सिद्धांत यह है कि आपको स्वयं को मूर्ख नहीं बनाना चाहिए, एवं आप मूर्ख बनने वाले सबसे आसान व्यक्ति हैं।" -रिचर्ड फेनमैन

मान्यताओं को हटाने का विरोध करने का एक अन्य कारण भय है। जब आप भीड़ का हिस्सा होते हैं एवं अपने समूह के अन्य लोगों पर विश्वास करते हैं तो सुरक्षा का भ्रम होता है। इसके स्पष्ट विकासवादी कारण हैं, एक समूह एक व्यक्ति की तुलना में एक शिकारी से अधिक प्रभावी ढंग से बचता है, अतः यदि व्यक्ति स्वयं को अपने समूह से दूर पाता है तो एक भय उस पर हावी हो जाता है। जब किसी मान्यता पर प्रश्न उठाया जाता है, तो आदि-कालीन प्रवृति व्यक्ति पर हावी हो जाती है एवं यह भय पैदा हो जाता है कि यदि उसे अपने आस-पास के अन्य लोगों पर विश्वास नहीं हुआ तो क्या होगा। परिणाम - व्यक्ति को मान्यता में लौट आने के लिए बाध्य किया जाता है। कभी-कभी, वह उस मान्यता पर वापस लौट आता है जो अब और भी शक्तिशाली हो गया है, क्योंकि अब उसे विश्वास हो गया है कि मान्यता न छोड़ने से वह और अधिक सुरक्षित हो गया है। कभी-कभी मान्यता अशक्त हो जाती है, क्योंकि व्यक्ति अब तथ्यों से अवगत हो जाता है, परन्तु व्यक्ति "मानक" से भटकने के भय से पुनः मान्यता की शरण लेता है। एक भयभीत व्यक्ति अपनी मान्यता का समर्थन करने एवं उसे सही ठहराने के लिए "प्रमाण" का सपना देख सकता है, बिना यह जाने कि वह अनजाने में किसी चीज़ से डरता है। प्रतिक्रिया तर्कहीन वक्तव्यों अथवा कुछ इस रूप में आता है - "मुझे खेद है कि आप जो भी कहें, मुझे इस पर विश्वास है।" या "क्या आपको लगता है कि ऐसी मान्यता वाले बाकी सभी लोग मूर्ख हैं?" ऐसा व्यक्ति किसी भी सच्चाई के लिए खड़े होने में बहुत असुरक्षित होता है, वह अपना चेहरा नीचे कर लेता है।

"लोगों को उन मान्यताओं से बाहर आने के बारे में तर्क करना बहुत कठिन है जिनको मानते समय उन्होंने स्वयं तर्क नहीं किया है।"- एमी ट्यूटर, एम.डी.,

"चतुराई का धर्मशास्त्र; कैसे छद्म विज्ञान एक धर्मनिरपेक्ष धर्म बन गया है।" द स्केप्टिकल ओबी (6 मई, 2016)

यदि आपको संख्या में सुरक्षा मिलती है तो आपको क्या करना चाहिए? प्रथमतः स्वयं को आश्वस्त कर लें कि आपके पास एक मान्यता के अतिरिक्त अन्य कुछ नहीं है। दूसरे, भीड़ को पीछे छोड़ दें। जो साधक भीड़ से भयभीत है, वह साधक नहीं होता। यह समझें कि अधिकांश अज्ञानी होने वाले है, एवं देर-सबेर आप स्वयं को एकाकी खड़ा हुआ पाएंगे। स्वतंत्रता का मूल्य एकाकीपन है। यदि आपको संगति अत्यंत प्रिय है, तो साधकों, शिक्षकों एवं बुद्धिमानों की संगति खोजें। यदि वे सब भी हां में हां मिलाने वाले हैं, तो आप गलत संगत में हैं, आपके साथी ऐसे होने चाहिए जो आपकी मान्यताओं को निर्दयता से समाप्त करने का एक भी अवसर न छोड़ें।

मान्यताओं को न छोड़ने के कुछ अन्य कारण हैं संदेह, अभिमान, जोड़-तोड़, आर्थिक लाभ एवं आनंद/विकार । संदेह तब होता है जब कोई व्यक्ति अपनी मान्यता को शोधन करने के प्रयास को उसे धोखा देने का प्रयास मानता है। ऐसा विशेषतः तब होता है जब कोई भरोसा अथवा आस्था न हो। संदेह व्यक्ति को अपनी मान्यता हटाने से रोकता है, सम्भवतः उसे शक्तिशाली बनाता है। कुछ लोग किसी वस्तु पर विश्वास करने में गर्व अनुभूत करते हैं, भले ही प्रमाण कुछ भी कहें, एवं चाहे वे इसे धारण करते हुए कितने ही मूर्खता-पूर्ण क्यों न दिखें (उदाहरण के लिए "श्रेष्ठ" जाति या नस्ल के व्यक्ति के पास अपनी श्रेष्ठता पर विश्वास करने के सभी कारण हैं)। दूसरों द्वारा छेड़छाड़ व्यक्ति को मान्यताओं से बंधे रहने के लिए बाध्य करती है, विशेष रूप से पंथों के साथ ऐसा होता है, परन्तु कार्यालयों, परिवारों एवं संबंधों में भी ऐसा हो सकता है। दूसरों द्वारा निरंतर बुद्धि भ्रष्ट करने से आस्तिक अपनी त्रुटियों को देखने में असमर्थ हो जाता है।

यदि कोई व्यक्ति मान्यताओं से धनी हो रहा है, तो मान्यता बनाए रखना उचित है (उदाहरण के लिए एक ज्योतिषी जो अपने "ज्ञान और विशेषज्ञता" से पैसा कमा रहा है अथवा एक साँप-तेल विक्रेता)। व्यसनों/क्रियाओं से प्राप्त आनंद मस्तिष्क के तार्किक परिपथ को मोड़ देता है एवं व्यक्ति को यह विश्वास दिलाता है कि आनंद की वस्तु किसी भी प्रकार से हानि-रहित है अथवा उसके लिए लाभकारी भी है, अथवा क्रिया उचित एवं न्यायपूर्ण है। उदाहरण के लिए, एक जुआरी यह विश्वास करना चाहेगा कि जुआ उसे शीघ्र ही धनी बना देगा। धूम्रपान करने वाला यह विश्वास करना चाहता है कि मात्र अन्य लोग ही धूम्रपान से मृत्यु प्राप्त करते हैं, वह इससे प्रति-रक्षित है एवं प्रतिदिन एक पैकेट से उसका प्रदर्शन उत्कृष्ट बनाता है, आदि, आदि।

उपरोक्त स्थितियों में क्या करें? पहले प्राथमिक कारण सुधारें। जब कोई समर्थन नहीं मिलता तो मान्यता लुप्त हो जाती है। स्थिति इस तथ्य से जटिल हो जाती है कि मान्यता एवं व्यवहार एक-दूसरे को सुदृढ़ करते हैं। मान्यता की तुलना में प्राथमिक कारण को ठीक करना सम्भवतः अधिक कठिन हो सकता है। यह वास्तव में लंबा रास्ता है। ऐसे लोगों को यह पता चलने से पहले कि वे कहाँ त्रुटिपूर्ण हैं, बहुत पीड़ा सहनी पड़ती है।

ये कुछ विचित्र प्रतिरोध थे जिनका सामना लोगों को तब करना पड़ता है जब उनका सामना मान्यता को नष्ट करने वाले प्रतिनिधियों से होता है। सम्भवतः मुझे कुछ और बातें स्मरण हो रही हैं, परन्तु आप बात समझ गए होंगे। प्रतिनिधियों से मेरा तात्पर्य ऐसे लोगों से है जिनके पास ज्ञान, आंखें खोलने वाली पुस्तकें, विवरण, अनुभव एवं ऐसी कोई भी वस्तु है जो किसी मान्यता पर प्रश्न उठा सकती है। प्रतिरोध गहरी अज्ञानता के परिणामस्वरूप होता है। अज्ञानता जागरूक न होने का परिणाम है। इस बात से अवगत होना कि कोई विचार प्रत्यक्ष अनुभव पर आधारित नहीं है एवं वह एक मान्यता हो सकती है, मान्यता को अत्यंत क्षीण कर देता है। मान्यता को उचित न ठहराना उसे नीचे खंडित कर देता है। सचेत रूप से अनुभव, प्रमाण, विपरीत दृष्टिकोण एवं मिथ्याकरण की खोज मान्यता को पूर्णतयः नष्ट करने में सहायक होती है।

मुझे उन सभी कष्टप्रद विश्वासियों के साथ क्या करना चाहिए, मैं अब उन्हें और बर्दाश्त नहीं कर सकता? सहन करना। कितनी अवधि।

जो लोग मान्यताओं में फंसे हुए हैं उनके प्रति करुणा, सहानुभूति, दया और प्रेम रखें। मान्यता अत्यधिक पीड़ा का कारण बनती है एवं जो व्यक्ति कष्ट सह रहा है वह घृणा का पात्र नहीं है। जान लें कि जो लोग आगे की राह पर हैं वे आपको अभी, इसी क्षण सहन कर रहे हैं। मान्यताएं प्रकट अज्ञान है, एवं अज्ञान उतना ही प्राचीन और विशाल है जितना चित्त स्वयं। सारा ज्ञान अज्ञान ही है [5]। स्वयं तभी मुक्त होता है जब सभी मान्यताएँ समाप्त हो जाती हैं, एवं जब सभी ज्ञान समाप्त हो जाते हैं। स्वयं को स्वयं होने के लिए कुछ अन्य जानने की आवश्यकता नहीं है, वह अपने ही प्रकाश में चमकता है।

परन्तु मैं लोगों को उनकी मान्यताओं से छुटकारा पाने में सहायता करना चाहता हूं, मुझे क्या करना चाहिए? एक संकेत देता हूँ। अपने आप को एक जीवंत उदाहरण के रूप में स्थापित करें। कूटनीतिक एवं मधुर बनें। निःसंदेह, आप किसी व्यक्ति के सिर पर बंदूक तानकर उसकी कोई भी मान्यता त्याग करवा सकते हैं। मैं इस विधि की अनुशंसा नहीं करता, क्योंकि चिकित्सा अस्थायी हो सकती है, जब बंदूक दूर होती है तो लक्षण फिर से प्रकट होते हैं। एवं स्मरण रहे कि दूसरा व्यक्ति सदैव अपनी बंदूक प्राप्त कर सकता है एवं कृपादृष्टि का प्रति-उत्तर दे सकता है। जितना अधिक आप किसी को मान्यता त्यागने के लिए बाध्य करते हैं, उतना ही प्रतिरोध बढ़ता है। कुछ मान्यताएँ उस विषाणु (वायरस) की तरह होती हैं जो प्रतिजीवी (एंटीबायोटिक्स) पर पलता है। अंधे को रोशनी दिखाने से कुछ नहीं होता, उसका हाथ पकड़कर उसके साथ चलना पड़ता है। जिन्हें आप पर आस्था है वे आपके साथ चलेंगे, शेष नहीं। मान्यताओं से मुक्त जीवन दूसरों को अपने मान्यताओं से परिचित कराने का सबसे अच्छा मार्ग है। जिनके पास आंखें हैं वे देखेंगे, वे समझेंगे कि आप इस तरह क्यों रहते हैं, आप इस तरह क्यों बात करते हैं। वे आपका अनुसरण करेंगे।

जो लोग सीमारेखा पर हैं, परन्तु अभी भी विरोध कर रहे हैं, उन्हें मात्र संकेत से प्रकाश में धकेला जा सकता है। संकेत को विनम्र, भयमुक्त वाला, बुद्धिमान एवं यहां तक कि

हास्यपूर्ण होना चाहिए। उन लोगों के लिए जो संकेत भी नहीं देख सकते; कूटनीतिक, मधुर, करिश्माई एवं स्नेही होना उन्हें उज्ज्वल पक्ष की ओर आकर्षित करने में सहायता कर सकता है। चरम स्थिति के लिए, कभी-कभी सबसे अच्छा कदम उनसे दूर चले जाना होता है। उन मान्यताओं के लिए जो प्रतिरोध पर आधारित हैं, उन्हें अकेला छोड़ देना एवं उन्हें भूखा मरने देना सबसे अच्छा है। कुछ लोगों के लिए, यह उनके विकास को तब और अधिक हानि पहुँचाता है जब उनका सामना किसी ऐसे सत्य से होता है जिसके लिए वे अभी तक तैयार नहीं हैं। वे भय के मारे पीछे हट सकते हैं, पूरी तरह से भ्रमित हो सकते हैं, अवसाद में पहुँच सकते हैं, आप कभी नहीं जानते।

अन्य लोगों की मान्यताओं को मिटाना एक टेढ़ी खीर है। यदि आप अति-तीव्र(सुपरफास्ट) पथ पर हैं, तो मेरा सुझाव है कि लोगों के साथ खिलवाड़ न करें। उनका ध्यान रखा जाएगा. वे आपके दृष्टिकोण से पहले से ही परिपूर्ण हैं। आप उन्हें ठीक नहीं करना चाहते। आपको वास्तव में जो करने की आवश्यकता है वह है स्वयं को ठीक करना। सबसे पहले अपनी मान्यताओं से मुक्ति पाएं। जब तक लोग आपके पास आकर ज्ञान न माँगें, तब तक उनसे संपर्क न करें। यह आपको बहुत सारे संकटों से बचाएगा, आपका समय बचाएगा, आपको तेज़ी से आगे बढ़ाएगा क्योंकि आपको दूसरों पर अपने कार्यों के परिणामों से निपटने की आवश्यकता नहीं है। जब तक आपको ऐसा करने की अनुमति न दी जाए तब तक दूसरे के विकास का उत्तरदायित्व न लें [6]। एक बार जब आप शिखर पर पहुंच जाते हैं, तो आप घाटी में रहने वालों का बेहतर मार्गदर्शन कर सकते हैं। आप दूसरों को अपनी बाहों में नहीं ले सकते, हर किसी को अपने रास्ते पर चलना होगा। अंततः, याद रखें कि यहां कोई अन्य नहीं है, केवल आप ही हैं, आपके स्वयं के अतिरिक्त कुछ भी नहीं।

टिप्पणियाँ:

[१] किसी को भी मूर्ख कहलाना रुचिकर नहीं है। उचित है, एक साधक को छोड़कर। एक साधक संकल्पित होकर अपने ज्ञान का मिथ्या-करण चाहता है। उसे बहुत अच्छा लगता है, जब उसे प्रकाश दिखाया जाता है। यह अनुभूत करना कि मान्यता के कारण वह मूर्ख है उत्सव का एक कारण है। मिथ्या-करण सभी विज्ञानों में सत्यापन की प्राथमिक विधि है। कोई भी सिद्धांत/अवलोकन तभी शक्तिशाली होकर अपने पैरों पर खड़ा होता है जब उसे त्रुटिपूर्ण सिद्ध करने के सभी प्रयास विफल हो जाते हैं। यदि कोई वस्तु मिथ्या सिद्ध नहीं है, तो वह अवैज्ञानिक है, एवं अध्ययन का विषय नहीं बन सकती। किसी वस्तु का अध्ययन करने के लिए कोई अनुभव/प्रयोग खोजना असंभव है यदि वह मिथ्या सिद्ध न हो। यहां अधिक सूचना के लिए: https://en.wikipedia.org/wiki/Falsifiability

[२] यह उन लोगों के लिए आश्चर्य की बात नहीं होनी चाहिए जिन्होंने अंतरजाल(इंटरनेट) पर किसी विषय पर वाद-विवाद किया है। नाम गुप्त रखना (यदि

कोई हो) एवं भौतिक अलगाव किसी व्यक्ति में सबसे निकृष्ट परिणाम ला सकता है। एक अतिरिक्त पत्र के रूप में, ऐसे लोग हैं जो संकल्पित होकर दूसरों को उनकी मान्यताओं पर गंभीर प्रहार करके उकसाते हैं, एवं परिणामी प्रदर्शन का आनंद लेते हैं। हम सभी जानते हैं कि वे कौन हैं, हम उन्हें ट्रोल कहते हैं।

[३] कहना सरल है करने से। हममें से अधिकांश लोगों में ऐसे लोगों से बचने की प्रवृति होती है जो बार-बार हमें गलत सिद्ध करते हैं, हमें हमारी त्रुटियां एवं मान्यताएं बताते हैं। यह मात्र आत्म-संरक्षण है, मात्र यह - यह लड़ाई साधन के विपरीत उड़ान साधन(मोड) है। ऐसा कहा जाता है कि यदि आप अपने शिक्षक का सामना करने से भयभीत हैं, तो वही आपके लिए सबसे अच्छा शिक्षक है। एक शिक्षक का काम अहंकार की बाधाओं को पर्याप्त रूप से कम करना है ताकि छात्र कुछ ज्ञान प्राप्त कर सके एवं मान्यताओं को नष्ट कर सके। अतः विद्यार्थी से समर्पण एवं अनुशासन की भावना अपेक्षित है। यदि आप पाते हैं कि आप विनम्र, समर्पित अथवा अनुशासित रहने में असमर्थ हैं, तो जान लें कि आप बहुत बड़ा अहंकार लेकर चल रहे हैं।

[४] मैं ऐसा इसलिए कह रहा हूं क्योंकि एक "सुसंस्कृत" व्यक्ति प्रायः दूसरों को सुधारने से बचता है।

जब आपको पता चलता है कि दोषयुक्त दिखाए जाने पर लोग बुरा मान जाते हैं एवं रक्षात्मक हो जाते हैं, तो आप अपनी जिह्वा पर नियंत्रण रखते हैं एवं मात्र स्वीकारने का दिखावा करते हैं। यह मात्र किसी क्लेश से बचने के लिए, एवं अच्छे, मधुर संबंधों को बनाए रखने के लिए है। कभी-कभी उचित क्रिया यही होती है। कुछ लोग तथ्यों का सामना करने के लिए तत्पर नहीं हैं एवं उनकी मान्यताओं से छेड़छाड़ नहीं की जानी चाहिए। दूसरों को स्वयं के जोखिम पर ठीक करें।

[५] ज्ञान पर चर्चा देखें: अज्ञान के रूप में ज्ञान

[६] यदि आप किसी परंपरा अथवा प्रणाली में हैं, तो आपको किसी भी तरह से लोगों के साथ खेलने से पहले गुरुओं की अनुमति की आवश्यकता होगी। यह एक जोखिम भरा कार्य है. जब मान्यताओं को शीघ्रता एवं लापरवाही से हटा दिया जाता है, तो आस्तिक को झटका लगने से लाभ के विपरीत हानि अधिक होती है। अन्य समय में, आस्तिक, अपना समस्त झूठा समर्थन खोकर, उत्तरों, मार्गदर्शन, यहां तक कि दिन-प्रतिदिन के विषयों आदि के लिए पूरी तरह से आप पर निर्भर हो जाता है। इससे आप पर अत्यधिक अतिरिक्त बोझ पड़ सकता है। एक शिक्षक का कार्य उत्तरदायित्व पूर्ण होता है एवं आप कभी नहीं जानते कि आपके शिक्षण के क्या परिणाम हो सकते हैं। जब एक सहायता प्रणाली उपस्थित होती है, तो शिक्षक और छात्र दोनों को किसी भी संभावित आपदा से बचाया जा सकता है।

अध्याय ६.४.५ "चित के विकार - प्रतिरोध" समाप्त हुआ।

9

६.५.१ चित्त के विकार - पीड़ा, क्या, क्यों और कैसे।

पीड़ा - क्या, क्यों और कैसे;

हमने पिछले अध्यायों में पीड़ा पर संक्षेप में चर्चा की है। यहां, पूर्व अनुसार, हम इसके विवरण में जा रहे हैं। पीड़ाचित्त की एक अवस्था है, जो विचारों, अनुभूतियों, भावनाओं, आंतरिक क्रियाओं, स्मृतियों एवं ऐसी मानसिक वस्तुओं की उपस्थिति की विशेषता लिए हुए है, जिनका स्वभाव प्रकृति में नकारात्मक है। नकारात्मक से मेरा तात्पर्य है, हानिकारक अथवा विनाशकारी परिणाम होना [1]। चित्त की यह स्थिति काफी अरुचिकर है, चित इससे छुटकारा पाना चाहता है। यह अवांछित, अप्राकृतिक है। इस अवस्था में व्यक्ति सही ढंग से चिंतन, बुद्धिमानी से कार्य करने अथवा सुसंगत रूप से बोलने में असमर्थ होता है। ऐसा व्यक्ति प्रायः निष्क्रिय हो जाता है, परन्तु कभी-कभी हिंसक अथवा रोगग्रस्त भी हो सकता है।

पीड़ा के कारण होने वाली एवं शारीरिक दर्द के कारण होने वाली संवेदनाएँ एवं प्रतिक्रियाएँ, प्रकृति में एक समान होती हैं [2]। शरीर एवं चित्त इससे बचने, इससे दूर भागने का प्रयास करते हैं। प्रायः चित्त कई दिनों, महीनों एवं यहां तक कि वर्षों तक पीड़ा में फंसा रहता है। यदि उपचार न किया जाए तो पीड़ा स्वभाव का भाग हो जाती है एवं व्यक्ति अपना पूरा जीवन किसी न किसी प्रकार की पीड़ा की चपेट में रहकर बिता सकता है। वास्तव में, मानवता की वर्तमान स्थिति अधिकांशतः पीड़ा की ही है, चाहे वे किसी भी वर्ग के हों। यह मस्तिष्क चकरा देने वाली बात है। मनुष्य, सबसे बुद्धिमान एवं सबसे सक्षम प्राणी होने के नाते, उसे इस समस्या का मिनटों में समाधान कर देना चाहिए था। परन्तु हम यथार्थ में विपरीत देखते हैं। पीड़ा की स्थिति को समाज द्वारा "सामान्य" के रूप में देखा जाता है, एवं जब तक यह हिंसक और विनाशकारी नहीं हो जाती, तब तक इसके बारे में कुछ नहीं किया

जाता है। चरम स्थितियों में, पीड़ा एक पहचानने योग्य स्पष्ट मानसिक रोग बन जाती है एवं व्यक्ति को एकान्त में कर दिया जाता है अथवा पीड़ा-हर औषधि के अन्तर्गत रखा जाता है। अतः, अधिकांश लोगों को पता ही नहीं है कि पीड़ा की समस्या को कैसे समाधान किया जाए।

तो, हम एक महत्वपूर्ण प्रश्न पर आते हैं - पीड़ा का कारण क्या है? अज्ञान। एक शब्द में। सतही तौर पर, हम विभिन्न घटनाओं, लोगों, इच्छाओं, भौतिक स्थितियों, मान्यताओं एवं सहस्रों अन्य वस्तुओं को पीड़ा के कारण के रूप में देख सकते हैं, परन्तु उन सभी के मूल में अज्ञानता निहित है। अज्ञान, जैसा कि हमने इसे परिभाषित किया है, ज्ञान की कमी, अथवा अधूरा ज्ञान है, एवं जब कोई व्यक्ति ऐसी परिस्थितियों का सामना करता है जो कार्य करने के लिए सही एवं पूर्ण ज्ञान की मांग करती है, तो व्यक्ति स्वयं को असहाय पाता है, उस स्थिति से निपटने में असमर्थ पाता है। इसका परिणाम यह होता है कि चित्त एक पहेली में फंस जाता है, भ्रम की स्थिति पैदा हो जाती है एवं विभिन्न नकारात्मक प्रक्रियाएं हावी हो जाती हैं। चित्त स्थिति को एक खतरे के रूप में देखता है एवं उसके उत्तर-जीविता के कार्यक्रम (अहंकार) सक्रिय हो जाते हैं, जिससे भय, क्रोध, घृणा एवं ऐसी ही अन्य भावनाएं पैदा होती हैं। ये नकारात्मक संकल्पों, कभी-कभी नकारात्मक क्रियाओं को जन्म देती हैं, जो अधिक पीड़ा का कारण बनते हैं एवं व्यक्ति अतिशीघ्र ही पतन की ओर चला जाता है [3]।

दुख का उपचार क्या है? ज्ञान। जब अज्ञान नष्ट हो जाता है एवं उचित चिंतन पुनः स्थापित हो जाता है, तो चित्त शांति में लौट आता है एवं पीड़ा समाप्त हो जाती है। इसमें कुछ समय लग सकता है एवं किसी को अपनी पीड़ा को समाप्त करने के लिए आवश्यक ज्ञान प्राप्त करने के लिए पर्याप्त अनुभव एकत्र करने की आवश्यकता हो सकती है। यह पूरी तरह से पीड़ित की क्षमताओं पर निर्भर करता है कि वह इसे शीघ्र समाप्त कर सकता है अथवा नहीं। एक ज्ञानी, जागरूक, बुद्धिमान एवं साहसी व्यक्ति किसी भी पीड़ा को मिनटों में समाप्त कर सकता है एवं इसके अतिरिक्त, सबसे पहले उस स्थिति में पड़ने से बचता है।

कौन पीड़ित है? कोई नहीं। यहाँ कोई नहीं है कष्ट सहने वाला। नकारात्मक प्रक्रियाएँ एवं विषय अपने आप प्रकट होते हैं एवं गायब हो जाते हैं। प्रायः चित्त उन्हें एक पहचान सौंपता है, जैसा कि हमने पहचान के विषय पर चर्चा में देखा है। यह अनुभव को व्यवस्थित करने, उन अनुभवों के साथ एक नाम-पत्र(टैग) जोड़ने के लिए किया जाता है। उचित है, इसका परिणाम मात्र पीड़ा में वृद्धि है, क्योंकि, एक व्यक्ति जो पहचान के इस चक्र से अनभिज्ञ है, वह मानता है कि वह (पहचान) पीड़ित है। आप छोटे बच्चों को देख सकते हैं, जहां अभी तक पहचान नहीं बनी है, उनकी पीड़ा प्रायः सतही होती है एवं मात्र कुछ क्षण तक रहती है। जैसे-जैसे व्यक्ति बड़ा होता है एवं उसकी पहचान रूप धारण करती है, पीड़ा शक्तिशाली होती जाती है एवं दीर्घ समय तक रहती है।

क्या स्वयं(आत्मन) को भी पीड़ा होती है? नहीं, स्वयं(आत्मन) पीड़ा अथवा आनंद में असमर्थ है। स्वयं मात्र एक दर्शक, एक साक्षी, एक द्रष्टा है। आप स्वयं को पीड़ा की गहन-तम

अंधकार की स्थिति में भी, अविचल एवं सदैव की तरह चमकते हुए देख सकते हैं। अंदर की ओर मुड़ें एवं स्वयं को देखें, आप पाएंगे कि वह पूरे खेल(नाटक) को शांतिपूर्वक देख रहा है। एवं वहीं पीड़ा का वास्तविक उपचार है। एक बार जब पीड़ा को स्वयं(आत्मन) की दृष्टि से देखा जाता है, तो वह लुप्त हो जाती है। जब स्वयं को देखा जाता है, तो कोई पीड़ा नहीं होती है, मात्र मानसिक प्रक्रियाएं, विषय, क्रियाएं आदि होती हैं। वे (पीड़ाएँ) साफ़ नीले आकाश पर काले बादलों की तरह आती एवं चली जाती हैं। यहां तक कि यदि कोई गहरे अज्ञान में है, तो मात्र उच्च जागरूकता, सतर्कता एवं ध्यान के साथ पीड़ा की स्थिति को देखने से इसे समाप्त करने में सहायता मिलती है। पीड़ा का स्पष्ट अवलोकन एवं समझ आवश्यक ज्ञान प्राप्त करने में सहायक होता है एवं अज्ञानता के कोहरे को दूर करता है। एक बार जब पीड़ा जैसी है वैसी ही दिख जाती है, तो वह कभी वापस नहीं आती।

तो, क्या पीड़ा की जागरूकता मुझे प्रसन्न करती है? नहीं, यह आपको शांतिपूर्ण बनाती है। प्रसन्नता चित की एक और अवस्था है, जिसमें मात्र नकारात्मक के विपरीत सकारात्मक विषय होते हैं। ज्ञानी पीड़ा एवं प्रसन्नता को एक समान मानता है। दोनों घटनाएँ चित में हैं, इससे अधिक कुछ नहीं। पीड़ा समाप्त होने पर आपको मुक्ति एवं आनंद की अनुभूति हो सकती है, एवं ऐसा इसलिए है क्योंकि चित की प्राकृतिक स्थिति आनंदमय एवं शांतिपूर्ण है। विरोधाभास को सम्भवता प्रसन्नता के रूप में देखा जा सकता है। व्यक्ति का लक्ष्य पीड़ा से मुक्ति होना चाहिए, प्रसन्नता का बंधन नहीं। प्रसन्नता, सदैव की तरह, अनित्य है एवं स्थायी नहीं है।

क्या पीड़ा को समाप्त करने के लिए उसे देखना पर्याप्त है? प्रायः किसी को भी उठना होगा एवं इसके कारण को समाप्त करने के लिए कुछ करना होगा। उदाहरण के लिए, यदि पीड़ा किसी रोग के कारण हो रही है, तो उसे ठीक करना चाहिए, न कि मात्र उसका निरीक्षण करना, परिणाम बिना कष्ट के मृत्यु हो सकता है, जो स्पष्ट रूप से पीड़ा के साथ मृत्यु के समान ही बुरा है। यदि पीड़ा किसी अन्य व्यक्ति के कारण है, तो व्यक्ति को या तो उस व्यक्ति से मुक्ति पाने के लिए या उस स्थिति से बाहर निकलने के लिए कार्रवाई करनी चाहिए। नहीं, मैं उस व्यक्ति को मारने की अनुशंसा नहीं करता, भले ही ऐसा करना आकर्षक हो, इससे अधिक पीड़ा हो सकती है। एक ज्ञानी व्यक्ति पीड़ा के कारण को इस तरह समाप्त कर देता है कि उसके कार्यों से आगे भविष्य में पीड़ा न हो। दूसरी ओर, एक अज्ञानी क्रमहीन कार्य करता है, जिसके परिणामस्वरूप उसे और उसके आस-पास के लोगों को अधिक पीड़ा होती है।

अतः पीड़ा के पूर्ण उपचार में ज्ञान एवं उचित क्रिया दोनों सम्मिलित हैं। पीड़ा कभी भी वाह्य प्रतिनिधियों के कारण नहीं होती। यह अन्तःज्ञान के विपरीत प्रतीत हो सकता है। पीड़ा चित की एक अवस्था है, जो वाह्य परिस्थितियों अथवा अन्य लोगों से स्वतंत्र होती है। यदि हम उन स्थितियों को अपने ऊपर प्रभाव डालने देते हैं, तो हम पीड़ा को आमंत्रित करते हैं। चित का विषय हमारी स्वयं की रचना है। एक अप्रशिक्षित चित को पता नहीं होता

है कि अपने चित्त के विषयों को परिवेश से कैसे अलग किया जाए एवं वह बाहरी स्थितियों और लोगों की दया पर निर्भर होता है, जो पूरी तरह से उनके द्वारा नियंत्रित होते हैं। कल्पना करें कि आपके चित्त में एक दूर-नियंत्रक (रिमोट कंट्रोल) आ जाए, जिसमें ऐसे बटन हों जो किसी भी तरह के विचार, अच्छे अथवा बुरे, किसी भी भावना को अच्छी अथवा बुरी बना सकें। एक अज्ञानी व्यक्ति वह है जो उस दूर-नियंत्रक को सड़क पर फेंक देता है ताकि कोई उसे चला सके अथवा कोई भी चीज उससे टकराकर उसे संचालित कर सके। जो व्यक्ति अपनी प्रसन्नता के लिए अन्य लोगों पर निर्भर रहता है, वह एक प्रकार से दूर-नियंत्रक उन्हीं लोगों को सौंप देता है। स्पष्ट है परिणाम सदैव अशुभ ही होता है। देर-सवेर, कोई गलत बटन दबा देगा एवं आपको पीड़ा सहनी पड़ेगी। बुद्धिमान व्यक्ति दूर-नियंत्रक अपनी जेब में रखता है। वह अपनी इच्छा से निर्णय लेता है कि कौन सा बटन दबाना है, एवं स्पष्ट है, कोई भी बुद्धिमान व्यक्ति ऐसे बटन नहीं दबाएगा जो किसी भी प्रकार की नकारात्मकता का आह्वान करते हों।

आप निर्धन हैं, आपका जन्म निर्धनता में हुआ है। अपना पेट भरने के लिए आपको प्रतिदिन 12 घंटे नारकीय परिस्थितियों में कठोर परिश्रम करना पड़ता है। यह बहुत पीड़ादायी है, एवं मैं निश्चित हूँ कि यह हममें से कई लोगों के लिए एक परिचित स्थिति है। क्या यह पीड़ा बाहरी कारकों के कारण नहीं हो रही है? अन्यायी समाज, लालची लोग, क्या वे आपकी पीड़ा के लिए उतरदायी नहीं हैं? यदि आप सचमुच ऐसा सोचते हैं, तो आपका दूर-नियंत्रक आपकी जेब में नहीं है। इसके अतिरिक्त, यह प्रश्न कई मान्यताओं की उपस्थिति को दर्शाता है। आप कभी निर्धनता में पैदा नहीं हुए, आप वास्तव में कभी पैदा नहीं हुए। आप बुरी स्थिति में नहीं हैं, यह सिर्फ एक ऐसी स्थिति है जिसमें आप स्वयं को पाते हैं। कोई बुरे लोग नहीं हैं, यह आपकी अपनी अपेक्षाएं हैं जो उन्हें अच्छा या बुरा बनाती हैं। यदि स्थिति आपकी इच्छाओं को पूरा करती है, तो अच्छा है, अन्यथा नहीं एवं यदि लोग आपकी इच्छानुसार व्यवहार करते हैं, तो वे अच्छे हैं, अन्यथा नहीं। यह आपका अपना पूर्वाग्रह है, चीज़ें वैसी ही हैं जैसी वे हैं। आप मानते हैं कि खुश रहने के लिए आपको ढेर सारा पैसा और अच्छे लोग चाहिए एवं आप इसे किसी भी तरह से "पाने" पर तुले हुए हैं, आपको इस बात का कोई भनक नहीं है कि बाहरी एवं अन्य चीजें आपके नियंत्रण में नहीं हैं। यहां तक कि आप अधिकांश समय, अपने नियंत्रण में नहीं होते हैं, आप मात्र मान्यताओं, इच्छाओं, अपेक्षाओं, कल्पनाओं से अनुप्राणित होते हैं एवं आपको इसके बारे में पता भी नहीं होता है।

मात्र अनुभव होते हैं, आपकी अज्ञानता उन्हें अच्छे अथवा बुरे, वांछनीय अथवा अवांछनीय के रूप में रंग देती है। आप स्वयं के रूप में मात्र कुछ अनुभव कर रहे हैं, परन्तु एक पहचान के रूप में, एक व्यक्ति के रूप में आप इसे नरक के रूप में देखने में कामयाब रहे, सभी मान्यताओं, इच्छाओं एवं बुद्धि-भ्रष्ट के लिए धन्यवाद - यह सब मात्र अज्ञानता है। पीड़ा का वास्तविक कारण यही है, लोग अथवा परिस्थितियाँ नहीं [4]। एक बार जब आप जागरूक हो जाते हैं कि आपकी मानसिक स्थिति आपकी स्वयं की बनाई हुई है, तो

आप नियंत्रण वापस ले सकते हैं। अनुभूत करें कि आपकी अपेक्षाएँ, मान्यताएं एवं इच्छाएँ आपको तर्कहीन प्रकार से चिंतन एवं कार्य करने के लिए बाध्य कर रही हैं। उन्हें एक-एक करके पहचानें और उन पर नियंत्रण लगाएं। पीड़ा को समाप्त करने के लिए यह सब आवश्यक है। निःसंदेह यह कहना जितना आसान है, करना उतना ही कठिन है। इसमें कुछ क्षणों से लेकर जीवन भर का समय लग सकता है, यह इस बात पर निर्भर करता है कि व्यक्ति अज्ञानता के कितने गहरे गड्ढे में है एवं उसकी मानसिक क्षमताएँ (अर्थात बुद्धि) कितनी कुशलता से कार्य कर रही हैं।

तो क्या उपरोक्त को समझने से मेरी निर्धनता दूर हो जाएगी? क्या मुझे जादुई तरीके से वह सब प्राप्त हो जाएगा जिसकी मुझे आवश्यकता है? नहीं, इससे आप की पीड़ा समाप्त हो जाएगी। तुम फिर भी निर्धन ही रहोगे। क्षमा करें, मेरे पास इसके लिए कोई जादुई गोलियाँ नहीं हैं। आप शांत एवं स्थिर हो जाते हैं, अत्यंत शांत। एक बार जब आपकी पीड़ा दूर हो जाती है, तो आपका चित क्रिया में आ जाता है। यह तेजी से चक्कर लगाने लगता है, पीड़ा से इसमें जंग नहीं लगती अर्थात निष्क्रिय नहीं होता। आप ठीक प्रकार से चिंतन प्रारम्भ करते हैं अतः उचित कार्य करते हैं। आपके उचित कार्य आपको निर्धनता अथवा किसी अन्य स्थिति से बाहर ला सकते हैं। आप इसे स्वाभाविक रूप से करते हैं, आप इसके लिए आतुर अथवा निराश नहीं हैं, आप इसे कठोरता से लागू करने के विपरीत इसे होने देते हैं। ध्यान रहे कि ज्ञान सही क्रियाओं की ओर ले जाता है, यह सब बहुत स्वाभाविक है।

ऐसे में एक बार मैं अपनी अज्ञानता को देख कर उसे नष्ट कर दूं तो क्या उचित कदम होगा? ठीक है, ये अवश्य ही आपको पता होगा। मेरे अनुभव में, क्रमहीन वस्तुओं पर विश्वास करने, इच्छा करने, अपेक्षा करने एवं हर वस्तु को नियंत्रित करने के विपरीत, मैं बस इसे घटित हो जाने देता हूं। मैंने प्राथमिकताओं की एक सूची बनाई, कार्यों को छोटे-छोटे चरणों में बाँट दिया, एवं एक समय में एक छोटा कदम उठाकर उन पर काम करना शुरू कर दिया, मात्र पीड़ा सहने, एक कोने में बैठकर चीजों को कोसने एवं रोने के विपरीत। इसने काम किया! दूसरों पर निर्भर रहने के स्थान पर, मैंने नए कौशल सीखे, नए प्रकार सीखे, नौकरियां बदलीं, उन लोगों से छुटकारा पाया जो बहुत ज्यादा मांग करने वाले अथवा चालाकी करने वाले थे, जो मात्र मेरा उपयोग करते थे। मैंने ऐसे लोगों की शरण ली जो मुझसे अधिक बुद्धिमान एवं ज्ञानी थे, जिन्हें दिखावटी स्वप्नों के बदले कठोर व्यावहारिक परामर्श देना था। उन्होंने मुझे दिखाया कि मैं कितना मूर्ख था, उन्होंने मेरे पुराने व्यक्तित्व को निर्दयता से नष्ट कर दिया। मुझे मात्र उदार-चित से उनकी बात सुननी थी। मैंने अपनी ज़रूरतें न्यूनतम कर दीं, इसकी चिंता नहीं की कि दूसरे क्या कर रहे हैं। मैं चूहे की दौड़ से बाहर हो गया। मुझे और कुछ नहीं करना था, कोई संघर्ष नहीं, कोई लड़ाई नहीं। जब आप जानते हैं तो यह बहुत आसान हो जाता है। ज्ञान न मात्र पीड़ा का अंत करता है, परन्तु आनन्द भी लाता है।

टिप्पणियाँ:

[१] पीड़ा के साथ समस्या यह है कि यह विशिष्ट व्यक्तिपरक "स्वाद" के साथ आता है। एक गुणवत्ता है, एक भावना है, जो नकारात्मक विषय से जुड़ी है। इससे पीड़ित व्यक्ति के लिए विषय तटस्थ नहीं है। इसमें एक गंध, एक रंग, एक अंधेरा और घृणित गुण है। उदाहरण के लिए, ईर्ष्या से होने वाली पीड़ा धन की हानि से होने वाली पीड़ा से गुणवत्ता में भिन्न होती है। पीड़ा से जुड़े गुणों को निष्प्रभावी करने के लिए कुछ अभ्यास की आवश्यकता होती है। जब नकारात्मक विषय को मात्र विषय, स्वाद-रहित एवं वर्ण-हीन के रूप में अनुभव किया जाता है, तो उनसे मुक्ति पाना सरल हो जाता है।

[२] चित्त शारीरिक दर्द एवं मानसिक दर्द (पीड़ा) के बीच अंतर नहीं करता है। यह दोनों ही स्थितियों में शरीर को रक्षा प्रणाली(मोड) में भेजता है। तो आप देखेंगे कि पीड़ा एक स्वस्थ व्यक्ति को रोगी बना देती है, उसकी रोग प्रतिरोधक क्षमता कम कर देती है, उसे आलस्य-पूर्ण एवं निष्क्रिय बना देती है एवं यहाँ तक कि शारीरिक लक्षण भी प्रकट होने लगते हैं। सामान्यतः सिर दर्द एवं पाचन संबंधी समस्याएं। कई रोगों का कारण चित्त में होता है, एवं जब पीड़ा ठीक हो जाती है, तो यह रोग को भी ठीक कर देती है।

[३] पीड़ा के समय लोग प्रायः मादक द्रव्यों के सेवन, बुरे स्वभाव अथवा बुरी संगति में पड़ जाते हैं। यह इस बात का अच्छा प्रमाण है कि दुख के वशीभूत होने पर चित्त कैसे अतार्किक शैली में कार्य करना प्रारम्भ कर देता है। यदि आप स्वयं को ऐसी चीज़ों के आसक्त पाते हैं, अथवा कुछ ऐसे खाद्य पदार्थों, स्थानों अथवा लोगों से जुड़े हुए हैं जो आपके लिए पूर्णतः अच्छे नहीं हैं, तो आप पाएंगे कि कोई पीड़ा है जो इस तरह के व्यवहार का कारण बन रही है। ये चीजें क्या करती हैं, चित्त को एक अस्थायी किक, एक क्षणिक राहत प्रदान करती हैं, जो स्थिति को और भी निकृष्टतम बना देती है एवं पीड़ा की स्थिति से बाहर आने के लिए आवश्यक समय को लंबा कर देती है।

[४] निर्धनता, असुरक्षा, भूख एवं रोग के अतिरिक्त टूटे हुए सम्बन्ध एवं सम्बन्धियों की मौत दुख के अन्य प्रमुख कारण हैं। इन दोनों पर बाद में और अधिक। परन्तु अभी के लिए, मैं कह सकता हूं, इसका उपचार यह समझने में है कि आपके स्व के अतिरिक्त किसी और से संबंध नहीं है एवं कोई मृत्यु नहीं है, मात्र परिवर्तन है।

अध्याय ६.५.१ "चित्त के विकार - पीड़ा : क्या, क्यों ,कैसे" समाप्त हुआ।

10

६.५.२ "चित्त के विकार-पीड़ा / दर्द, नकारात्मकता, पीड़ा के चक्र, ऊब और अवसाद

पीड़ा/दर्द

कभी-कभी लोग दोनों को लेकर भ्रमित हो जाते हैं। दर्द एक शारीरिक प्रक्रिया है, जहां परिधीय तंत्रिका तंत्र, केंद्रीय तंत्रिका तंत्र को किसी हानि की स्थिति का संचार कर रहा है। यह एक स्वस्थ घटना है। शरीर उचित क्रिया करता है (जैसे कि हानि पहुंचाने वाले प्रतिनिधि से बचना, अथवा क्षतिग्रस्त हिस्सों की रक्षा करना) एवं यह जीव को जीवित रहने में सहायता करता है। यह चित्त की एक आदिम(प्रिमिटिव), फिर भी बहुत प्रभावी रणनीति है।

दर्द कब पीड़ा बन जाता है? जब व्यक्ति अपनी पहचान दर्द के साथ कर लेता है। दर्द तो होता है, व्यक्ति को "नहीं" होता। यह व्यक्ति की अज्ञानता ही है जो उसे होने वाले दर्द की अनुभूति अपने पूरे अस्तित्व पर कराती है, जबकि दर्द को मात्र शरीर में होने वाली एक असुविधाजनक अनुभूति के रूप में देखा जाना चाहिए था। इसके बारे में रोने, स्थिति को कोसने, आत्म-दया में पड़ने अथवा दर्द उत्पन्न करने वाले प्रतिनिधि से घृणा करने के स्थान पर क्रिया करना एवं दर्द को कम करना बुद्धिमानी है। ये सब अपरिपक्वता एवं मूर्खता के लक्षण हैं।

एक बार जब यह ज्ञान हो जाए कि दर्द एक शारीरिक घटना है, और क्षति पहले ही हो चुकी है, तो व्यक्ति पीड़ा के साथ-साथ दर्द को समाप्त करने के लिए उचित कार्रवाई कर सकता है। दर्द दूर होने में कुछ समय लगता है, लेकिन किसी को इससे पीड़ित होने की आवश्यकता नहीं है।

नकारात्मकता

ये चित्त की एक अवस्था है जो नकारात्मक विषयों द्वारा चित्रित होती है। विचार, स्मृतियाँ, कल्पनाएं आदि पीड़ा का कारण बनती हैं एवं उसे बनाए रखती हैं। ये चिंताएं, तनाव एवं व्यग्रता के रूप में भी देखा जाता है। प्रायः भय, मान्यता, अनिश्चितता अथवा ज्ञान की कमी ही नकारात्मकता का मूल कारण होती है। नकारात्मकता एक व्यक्ति को अतार्किक तरीके से व्यवहार करने के लिए प्रेरित करती है, उसे हर किसी पर संदेह एवं आशंका करने के लिए प्रेरित करती है, उसे सभी स्थितियों को खतरनाक एवं हानिकारक के रूप में देखने के लिए प्रेरित करती है एवं उसे उचित कार्य करने में असमर्थ बनाती है।

प्रायः, नकारात्मकता अतीत के आघातों, अधूरी इच्छाओं एवं अधूरी अपेक्षाओं के कारण भी होती है। एक अज्ञानी व्यक्ति उनके स्वभाव को नहीं देख पाता एवं सोचता है कि वह इस सब का शिकार है। इन घटनाओं को आने-जाने देने के विपरीत, वह उनसे चिपक जाता है, जिससे पीड़ा निकृष्ट एवं दीर्घकालिक हो जाती है। कहने की आवश्यकता नहीं कि एक नकारात्मक व्यक्ति बहुत पीड़ा उठाता है एवं अन्यों को भी पीड़ा पहुँचाता है।

नकारात्मकता का कोई सामान्य उपचार नहीं है। मूल कारण उस विशिष्ट विषय की अज्ञानता एवं अज्ञान है जो नकारात्मकता का कारण बन रहा है। यदि यह एक भय है, तो व्यक्ति को इसे देखना चाहिए, इसके प्रति जागरूक होना चाहिए, इससे मुक्ति पाने के लिए क्रिया करनी चाहिए अथवा स्वयं को उचित रूप से सुरक्षित रखना चाहिए (यदि यह एक वास्तविक खतरा है)। इससे पीड़ा दूर हो जानी चाहिए। एवं यदि उसके बाद भी नकारात्मक विचार लौट आते हैं, यादें सताती हैं, तो व्यक्ति को उन्हें सावधानी पूर्वक एवं ध्यान से देखना चाहिए। किसी को तुरंत क्रिया नहीं करनी चाहिए, उचित क्रिया पूर्व में ही की जा चुकी है। यह देखना होगा कि अब चित्त में नकारात्मक विषय आने का कोई कारण नहीं है। इससे नकारात्मकता क्षीण होती है एवं शीघ्र ही दूर हो जाती है। नकारात्मकता के प्रति जागरूकता ही कुंजी है।

उसी प्रकार, यदि कारण अधूरी इच्छा है, तो व्यक्ति को यह देखना चाहिए कि इच्छाएँ आती हैं एवं चली जाती हैं, वे "आपकी इच्छाएँ" नहीं हैं। अपेक्षाएं प्रायः मान्यताएं, धारणाएं होती हैं कि कोई घटना/व्यक्ति/स्थिति ठीक उसी तरह घटित होगी जैसा आप चाहते हैं। घटनाएं आपकी इच्छानुसार घटित हो भी सकती हैं एवं नहीं भी। उन पर आपका कोई नियंत्रण नहीं है, अधिक से अधिक आप यह कर सकते हैं कि अपने चिंतन को नियंत्रित करने

का प्रयास करें, पहले उसे सुधारें। जब तर्कहीन अपेक्षाएं अदृश्य हो जाती हैं तो पीड़ा अदृश्य हो जाती है।

यदि कोई अनिश्चितता, नई स्थिति अथवा अत्यधिक अपेक्षाएं रखने वाली स्थिति है एवं आपको कोई संकेत नहीं है कि इसे कैसे नियंत्रित करना है, तो आप व्यग्रता एवं तनाव में पड़ जाते हैं। आप चिंताग्रस्त हो जाते हैं। बुद्धि लुप्त हो जाती है एवं आपकी क्रियाएं प्रायः प्रतिक्रियाएं होती हैं, क्षति नियंत्रण अव्यवस्थित तरीके से हो जाता हैं। मैं तनाव के लिए पूरी तरह से उपचार की कोई औषधि नहीं सुझा सकता, परन्तु मैं अपने अनुभव से कह सकता हूं कि समस्या को छोटे-छोटे हिस्सों में बांटना अच्छा काम करता है। प्राथमिकताएं तय करें एवं प्रथम कार्य को प्रथम संभालें। इससे चित आवश्यक कार्यों पर केंद्रित रहता है उन चीज़ों के विपरीत जिन्हें करना या जानना असंभव लगता है। एक समय में एक कदम उठाएं एवं उसमें अपना आवश्यक प्रिय समय लगाएं। सीखें, जानें, कार्य करें, सुधारें - दोहराएँ। बहुधा कार्य, उत्तरजीविता की समस्याएं एवं निकट सम्बन्धी योगदान करते हैं तनाव बढ़ाने में। व्यक्ति को स्पष्ट रूप से कारण देखना चाहिए, व्यक्ति को अपनी अज्ञानता को स्वीकार करना चाहिए एवं स्थिति को सीखने की गतिविधि में परिवर्तित करना चाहिए। सुनिश्चित करें कि सीखने के आपके प्रयास क्रमहीन नहीं हैं एवं इससे आगे और हानि नहीं हो रही है (जैसे कि आपका संगठन अथवा स्वयं को हानि)। एक बार जब आपको आवश्यक अनुभव प्राप्त हो जाता है, तो तनावपूर्ण स्थिति को ठीक से नियंत्रित किया जाता है और तनाव फिर कभी प्रकट नहीं होगा।

पीड़ा के स्वचालित चक्र(लूप)

चित में स्वाभाविक प्रतिरूपों (पैटर्न्स) के कारण भी पीड़ा उत्पन्न होती है। चित के समुचित कार्य करने के लिए उपलब्ध कुछ कार्यक्रम एवं कल्पना अथवा योजना जैसी कुछ क्षमताएं गड़बड़ा जाती हैं एवं पीड़ा के अनंत चक्र(लूप) प्रारम्भ हो जाते हैं। ये वर्णनकर्ता, व्यंग्यकार, परिदृश्य निर्माता एवं कल्पनाकर्ता हो सकते हैं। हाँ, मैंने वे नाम बनाये हैं। जब भी चक्र घटित होते हैं एवं चित उनमें फंस जाता है तो मैं उनका पता लगाने एवं उन्हें नष्ट करने के लिए उनका(नामों का) उपयोग करता हूं। नामकरण एक उत्प्रेरक(ट्रिगर) स्थापित करने में सहायता करता है, चित नाम को चक्र के साथ जोड़ता है। जब वे शुरू होते हैं, तो चित नाम को याद करता है, एक पहचान होती है और यह तुरंत चक्र से बाहर निकल जाता है।

जैसा कि हमने पिछले अध्यायों में देखा है, चित निरंतर एक विचार प्रक्रिया में फंसा रहता है एवं अधिकांश समय विचारों को भाषा के रूप में बताता रहता है। यह कुख्यात एकालाप, आंतरिक बकबक, उच्छृंखल चित है। इसके अतिरिक्त, चित उन्हें "मेरे विचार" के रूप में पहचानता है। यह कब पीड़ा बन जाता है? जब विचारों की विषयवस्तु नकारात्मक हो। यह वैसे ही परेशान करने वाला है, एवं जब एकालाप भी पीड़ा का कारण बनता है तो इसे वहीं

नष्ट कर देना वांछनीय है। इससे पीड़ा तुरंत समाप्त हो जाती है। कथावाचक की सक्रियता का एक सामान्य उदाहरण एक कहानी है, जिसे आप बार-बार किसी अन्य को नहीं अपितु स्वयं को सुनाते रहते हैं। संभवतः कुछ बुरा हुआ था, एवं अब यह कहानी है कि यह "मेरे साथ कैसे हुआ" एवं यह कितना भयानक था। कथावाचक इसे बार-बार दोहराते हुए, चित को नकारात्मकता एवं पीड़ा से भरते हुए कभी नहीं थकता। कुछ लोग इसे किसी अन्य व्यक्ति के साथ भी दोहराते हैं, जिससे दूसरों को भी पीड़ा होती है।

कथावाचक चक्र(लूप) को समाप्त करने का एकमात्र उपाय इसके बारे में जागरूक होना है, जानें कि यह आप नहीं हैं (यदि यह आप हैं, तो आप ऐसा क्यों करेंगे?)। जैसा कि मैंने बताया, इसके प्रारम्भ होते ही इसके बारे में जागरूक होने के लिए कुछ युक्तियाँ हैं। एक युक्ति है एक अंकुश(हुक), एक नाम अथवा एक पुष्टिकरण(अफर्मेशन) स्थापित करना, जो वर्णनकर्ता के साथ जुड़ जाता है एवं आपको वहीं रुकने का विकल्प मिलता है।

अवगुण ढूँढ़नेवाला(छिद्रान्वेषी) एक चक्र(लूप) है जो आपको क्रिया के लिए उकसाता है, एक नकारात्मक क्रिया। किसी ने आपका अपमान किया, एवं इससे आपको गहरा दुख पहुँचा। वर्णनकर्ता इसे बार-बार सामने लाता है एवं आपको प्रतिशोध के लिए प्रेरित करता है। यह एक अवगुण ढूँढ़नेवाले में बदल गया है। यह निरंतर पुनरावृत्ति करता है, जिससे अंतहीन पीड़ा होती है। कभी-कभी लोग अवगुण ढूँढ़नेवाले के बताए कदम उठा लेते हैं एवं तत्पश्चात पश्चाताप करते हैं। क्रिया न करने से कोई इसे अशक्त बना सकता है। यह प्रायः अलग-अलग प्रकार से उत्तेजित करता है। जान लीजिये कि ये मात्र उत्तरजीविता की वृति है, आदिकालीन(आदिम) कार्यक्रम हैं, जो निष्क्रिय हो गए हैं।

एक परिदृश्य निर्माता चक्र(लूप), चित की योजना बनाने की क्षमता में त्रुटि के कारण है। योजना बनाना अच्छी बात है, एक असाधारण क्षमता है, जिसके बारे में हमने बात की। एक अज्ञानी व्यक्ति के लिए जिसके पास योजना बनाने का कोई कौशल नहीं है, योजना का स्थान परिदृश्य बनाकर ले लिया जाता है। मात्र चित में परिदृश्य बनाने से, विशेष रूप से नकारात्मक परिदृश्यों से, पीड़ा होती है। ये प्रायः नकारात्मक होते हैं एवं इस बात पर ध्यान केंद्रित करते हैं कि आपके कार्य में सब कुछ कैसे त्रुटिपूर्ण हो जाएगा। भय यहाँ का मूल कारण है। आपको एक महत्वपूर्ण परियोजना पूर्ण करनी है अथवा सम्भवतः कोई परीक्षा देनी है। चित सभी प्रकार की नकारात्मक संभावित स्थितियों के साथ आता है जो घटित हो सकती हैं, एवं स्वयं को पीड़ा में सम्मिलित कर लेता है। परिदृश्य आपको बताते हैं कि आप कैसे सदैव असफल होंगे, यह अत्यंत निकृष्ट निराशावाद है। कहने की आवश्यकता नहीं है, कि किसी का प्रदर्शन इससे प्रभावित होता है, एवं यह स्वयं-पराजित कार्य बन सकता है।

कल्पना-करनेवाला (फैंटेसाइज़र) एक चक्र(लूप) है, एक स्वाभाविक प्रतिरूप(पैटर्न) जो नकारात्मक कल्पना की विशेषता है। कल्पना, एक महान उपहार, जिसकी हमने पहले चर्चा की थी, जब यह नकारात्मक प्रकार से घटित हो तो पीड़ा का कारण बन सकती है। कल्पना-करनेवाला एक महत्वपूर्ण तरीके से परिदृश्य निर्माता से भिन्न होता है, कल्पना-करनेवाला

द्वारा कल्पना की गई परिदृश्य अथवा स्थिति पूरी तरह से अवास्तविक होती है। इसका एक अच्छा उदाहरण है - शैय्या के नीचे एक राक्षस। यह कल्पना कई बच्चों के लिए पीड़ा का कारण बनती है। वयस्कों के लिए, राक्षस का स्थान अन्य अतार्किक वस्तुओं ने ले लिया है - एक अभिशाप, एक अदृश्य उपस्थिति, काल्पनिक भय, आशंका, उन्माद, विनाश एवं सभी प्रकार की उदासी। कल्पना के वश में होकर व्यक्ति उन चीज़ों की कल्पना करता है जो हैं ही नहीं, अतार्किक कार्य करता है एवं पीड़ा सहता है। मुझे संदेह है कि ऐसे और भी चक्र हैं। उनमें से अधिकांश का उपचार यह जानना है कि वे क्या हैं एवं अपने चित्त के विषयों के प्रति सचेत, सतर्क एवं पूर्णतयः जागरूक रहें। जानने वाली सबसे महत्वपूर्ण बात यह है कि ये निष्क्रिय प्रक्रियाएँ "आप" नहीं हैं। आप ही हैं जो उन पर दृष्टि रखते हैं। आप नहीं चाहेंगे कि चौबीसों घंटे आपको बेचैन करने वाले नकारात्मक विषय उपस्थित रहें।

ऊब/उकताहट और अवसाद

ऊब/उकताहट(बोरडम) चित्त की एक अवस्था है, एक नीरसता, जो तब होती है जब कोई व्याकुलताएँ/विकर्षण उपस्थित नहीं होते है, विशेष रूप से ऐसे विषयों में जब चित्त विकर्षणों का अभ्यस्त हो। आधुनिक (अर्थात "सभ्य") समाजों में, अपनी अधिकांश मूलभूत आवश्यकताओं को पूरा करने के बाद, लोगों के पास पर्याप्त समय होता है। वे उस समय का अधिकतर (दुरुपयोग) उपयोग स्वयं को इधर-उधर भटकाए रखने में करते हैं। यह "प्रसन्नता" का उनका विचार है। जब, किसी भी कारण से, विकर्षण उपस्थित नहीं होते हैं, तो वे पीड़ा, एवं "खुशी" अथवा आनंद की अनुपस्थिति से अभिभूत हो जाते हैं। यह उड़ानों, रेलगाड़ियों अथवा लंबी पंक्तियों में देखा जाता है, जहां लोग अपने रुचिपूर्ण ध्यान एवं मनोरंजन से दूर हो जाते हैं। तो आपको ऐसी जगहों पर लोगों का ध्यान भटकाने के लिए कुछ इंतजाम मिल जाएंगे. एक एल इ डी चित्रपट, एक दूर-दर्शन, रंगीन पत्रिकाएँ, समाचार पत्र, कुछ भी काम करता है। निःसंदेह, इन दिनों स्मार्ट-फोन ने अधिकांश विभिन्न विकर्षणों का स्थान ले लिया है, आप पाएंगे कि लोग इनसे गहराई से जुड़े हुए हैं एवं बैटरी समाप्त होने पर नरक की तरह पीड़ा झेल रहे हैं। यदि आप किसी मूर्ख व्यक्ति को कष्ट देना चाहते हैं, तो आपको बस उसका मनोरंजन छीन लेना है।

यह (अप्रशिक्षित) चित्त का स्वभाव है कि जैसे ही किसी चीज़ की नवीनता समाप्त हो जाती है, वह उसमें रुचि खो देता है। तो कुछ घंटों के बाद, आपकी अत्यंत रुचि-पूर्ण व्याकुलता भी उबाऊ हो जाती है, एवं आप और भी अधिक ध्यान भटकाने वाली चीज़ खोजने के लिए चारों ओर देखना शुरू कर देते हैं। यह तब तक दोहराया जाता है, जब तक आपको कुछ और अधिक पीड़ा न हो जाए एवं आप सो न जाएं, जो एक प्राकृतिक उपचार है। एक उत्कृष्ट उपचार यह अनुभूत करना है कि चित्त विषय का अभ्यस्त हो गया है, वह उनमें से अधिक की मांग करता है। इसके परिणामस्वरूप आवेग, इच्छाएँ और तर्कहीन कार्य होते

हैं, जो सभी कारण हैं पीड़ा के। जब कोई व्यक्ति मात्र होना सीख जाता है, तो वह स्वयं को उकताहट(बोरियत) से मुक्त कर लेता है। कुछ लोग स्वयं को ऐसी जीवनशैली में फँसा हुआ पाते हैं जो उबाऊ है। उनका जीवन भाग-दौड़ जैसा है। यदि किसी में जिज्ञासा, अन्वेषक की प्रवृत्ति का अभाव है, कुछ भी नहीं खोजता है, कुछ भी प्रश्न नहीं करता है एवं कुछ भी मूल्यवान नहीं करता है, तो उसका जीवन उबाऊ होने के अतिरिक्त अन्य कुछ नहीं है। व्यक्ति को ऐसे गुणों को विकसित करने की आवश्यकता है, एवं यदि कोई मार्ग पर है, तो उकताहट उसकी सबसे कम समस्या है, उसे खाली रहने के लिए कभी पर्याप्त समय नहीं मिलता। एक साधक शांति से, दृढ़ता से, निरंतर खोजने में व्यस्त रहता है, ऊबने का समय ही नहीं है। उसे कभी एकाकीपन नहीं सहना पड़ता, उसे कभी ध्यान भटकाने की आवश्यकता नहीं पड़ती।

मैं अवसाद को पीड़ा के एक चरम एवं दीर्घकालिक घटना के रूप में देखता हूं। जब कोई व्यक्ति किसी भी चीज़ से विचलित नहीं हो सकता है, कुछ भी करने की इच्छा खो देता है, उसके पास कोई लक्ष्य नहीं है, कोई पथ नहीं है, कुछ भी उसे उत्तेजित नहीं करता है, एवं उसका जीवन एक बोझ बन जाता है, तो वह गहरी पीड़ा, अवसाद में होता है। अवसाद के कई कारण होते हैं एवं व्यक्ति अधिकतर लंबे समय तक पीड़ा झेलने के कारण अवसाद के गर्त में गिर जाता है। लंबी पीड़ा चित्त को पूरी तरह से आलस्य-पूर्ण बना देती है, व्यक्ति को जीवन एवं ऊर्जा से वंचित कर देती है। प्रायः सर्वोत्तम प्रयासों के विपरीत विफलताओं की एक श्रृंखला, अत्यधिक आघात, दीर्घकाल तक दुर्व्यवहार, खराब स्वास्थ्य, अमित्र सम्बन्धी एवं परिवार, निर्धनता आदि अवसाद के कारण होते हैं। तथापि, इस सब के मूल में अज्ञानता निहित है।

मैं अवसाद की किसी बड़ी घटना का अध्ययन नहीं करूंगा, परन्तु यह देखना सरल है कि अज्ञानता इसका मूल कारण कैसे है एवं इसे सुधारने से अवसाद को कैसे ठीक किया जा सकता है। प्रायः अवसाद-ग्रस्त व्यक्ति इतना उदास होता है कि उसे अपनी स्थिति का पता ही नहीं चलता एवं उसे वाह्य सहायता की आवश्यकता पड़ती है। किसी को अवसाद से बाहर लाने में समय एवं धैर्य लगता है। तथापि, यदि कोई अवसाद के अंधेरे गड्ढे के अंदर इतना गहरा नहीं है, तो वह सावधानीपूर्वक अवलोकन एवं आत्म-निरीक्षण द्वारा ही इससे बाहर निकल सकता है। प्रथमतः, यह प्रश्न करने से सहायता मिलती है - "उदास कौन है?" अथवा "कौन पीड़ित है?" आप पाएंगे कि एक भ्रामक इकाई है, एक बना हुआ "मैं" जो अवसाद अथवा पीड़ा से जा रहा है। आप देखेंगे कि "स्वयं" अभी भी चमकते हुए प्रकाशमान हो रहा है, अवसाद की इस स्थिति को देखते हुए भी। यह किसी को आत्म-जागरूकता द्वारा, अवसाद से बाहर लाने के लिए पर्याप्त है। दूसरे, कोई व्यक्ति अवसाद का कारण ढूंढकर एवं यह देखकर प्रारम्भ कर सकता है कि इसके पीछे किस प्रकार अज्ञानता है। एक बार जब अज्ञान दूर हो जाता है, तो कारण दूर हो जाता है एवं पीड़ा विलुप्त हो जाती है। जैसे यह कभी थी ही नहीं, यह मात्र अज्ञान था।

महान गुरुओं का विचार है कि पीड़ा छिपा हुआ आशीर्वाद है। यह मुक्ति का पथ खोलता है। यदि कोई पीड़ित नहीं है, तो वह निश्चित रूप से गहरे अज्ञान में है, वह अपनी स्थिति से पूर्णतः अनभिज्ञ है। पीड़ा आपको प्रश्न करने पर बाध्य करती है एवं इस प्रकार आपको अज्ञानता के अंधेरे से बाहर निकलने का पथ दिखाती है। जब कोई दुख नहीं है, तो अज्ञानता से बाहर निकलने का कोई प्राकृतिक तरीका नहीं है। जब कोई व्यक्ति सदैव प्रसन्न रहता है तो वह सुधार करने अथवा ज्ञान प्राप्त करने का प्रयास क्यों करेगा? अतः पीड़ा का एक सकारात्मक पक्ष है, यह हमें ज्ञान एवं स्वतंत्रता की ओर प्रेरित करने के लिए माँ प्रकृति की एक युक्ति है। तथापि, एक बार जब आपको संकेत मिल जाए, तो जानिए एवं पीड़ा को पीछे छोड़ दीजिये। इसे प्रगति के लिए आपका एकमात्र साधन बनकर रहने की आवश्यकता नहीं है।

अध्याय ६.५.२ "चित्त के विकार - पीड़ा/दर्द, नकारात्मकता, पीड़ा के चक्र, ऊब और अवसाद" समाप्त हुआ।

11

६.६ चित्त के विकार - मूर्खता, कठोरता, भ्रम / उलझन, चपलता

मूर्खता

मूर्खता विभिन्न मानसिक क्षमताओं की युक्ततम(ऑप्टीमल) कार्यप्रणाली से कम है। हमने चित्त के पास अनगिनत असाधारण उपहार देखे हैं, एवं यदि उनमें से अधिकांश ठीक से काम नहीं कर रहे हैं, तो वह चित्त मूर्खता के विकार से ग्रस्त है। इसके लक्षण हैं चित्त की सामान्य सुस्ती, नई चीजें सीखने, नए कौशल, समझने, समझने और विश्लेषण करने में असमर्थता, साथ ही तार्किक एवं आलोचनात्मक चिंतन की अक्षमता। चरम स्थितियों में एक मूर्ख व्यक्ति सुसंगत रूप से बात करने में विफल रहता है, तर्कहीन कार्य करता है, आत्म-नियंत्रण अथवा भावनाओं पर नियंत्रण की पूरी कमी प्रदर्शित करता है, एवं हिंसक और दूसरों के लिए हानिकारक हो सकता है। समूह में रहने पर मूर्खता और बढ़ जाती है। एक समूह (जैसे सेनाएं) व्यक्तिगत मूर्खता की तुलना में बेहद मूर्खता-पूर्ण व्यवहार करता है। आप मूर्खों की भीड़ के निकट नहीं रहना चाहते।

"बड़े समूहों में मूर्ख लोगों की शक्ति को कभी कम मत समझो।"- जॉर्ज कार्लिन

अगर मैं मूर्ख हूं तो मुझे कैसे पता चलेगा? सम्भवतः आपको पता नहीं होगा। मूर्खता के साथ-साथ स्वयं की बुद्धि एवं दूसरों की बुद्धि का ठीक से आकलन करने में असमर्थता भी जुड़ जाती है। एक मूर्ख व्यक्ति प्रायः स्वयं को उच्च सम्मान पर रखता है एवं दूसरों के बारे में हीन दृष्टि से सोचता है। वह दूसरे की बुद्धि का अनुमान लगाने में असमर्थ है एवं बुद्धिमान व्यक्ति के कार्यों और वाणी को समझने में असमर्थ है। जब उसकी मूर्खता के बारे

में बताया जाता है या कोई परामर्श दिया जाता है, तो एक मूर्ख प्रायः बुरा मान जाता है एवं हिंसक हो सकता है। यह वास्तव में चीजों को बहुत कठिन बना देता है, क्योंकि एक मूर्ख व्यक्ति को सुधारने के लिए बहुत कम कार्य किया जा सकता है।

"एक मूर्ख से समझदारी से बात करो एवं वह तुम्हें मूर्ख कहता है।"-यूरिपिडीज़, (480-406 ईसा पूर्व)

आप किसी बुद्धिमान व्यक्ति को बहुत आसानी से विश्वास दिला सकते हैं कि उसने कुछ मूर्खतापूर्ण कार्य किया है, एवं बुद्धिमान उसे सुधारने के लिए आपको धन्यवाद देगा। परन्तु किसी मूर्ख को यह विश्वास दिलाना लगभग असंभव है कि वह ऐसा ही है, क्योंकि वह कारणों को समझने में असमर्थ है, अपमानित महसूस करता है एवं किसी भी अच्छे परामर्श के विरुद्ध बाधाएं खड़ी करता है। एक मूर्ख प्रायः अपने मूर्खता-पूर्ण कार्यों के बुरे परिणामों के लिए स्थितियों अथवा दूसरों को दोषी ठहराता है। वह अहंकार एवं श्रेष्ठता बोध से भरा हुआ है। मूर्खता की पहचान दृढ़ मान्यताओं, अंधविश्वासों आदि की उपस्थिति है। एक मूर्ख भी बहुत भोला होता है एवं स्पष्ट रूप से उसे सरलता से मूर्ख बनाया जा सकता है। दुष्ट लोग प्रायः मूर्ख लोगों का लाभ उठाते हैं एवं जो कुछ भी चाहते हैं उसे पाने के लिए उन्हें काम पर लगाते हैं। किसी मूर्ख व्यक्ति को ठगना/बरगलाना बहुत आसान है, एवं उसे यह दिखाना बहुत कठिन है कि किसी ने उसे ठगा/ बरगलाया है।

"मूर्ख लोगों से कभी वाद-विवाद न करें, वे आपको अपने स्तर पर खींच लेंगे एवं फिर अनुभव से हरा देंगे।" - मार्क ट्वेन

चूँकि ऐसे लोग किसी भी स्थिति में उत्कृष्टता प्राप्त करने में असमर्थ होते हैं, वे जो कुछ भी चाहते हैं उसे पाने के लिए हिंसा एवं अपराध की ओर मुड़ते हैं। जेलें मूर्ख लोगों से भरी हैं। कुछ लोग इतने मूर्ख होते हैं कि अपराध भी कर सकते हैं एवं छोटी-मोटी नौकरियाँ भी कर सकते हैं। चतुर अपराधी उपस्थित हैं, परन्तु वे पकड़े नहीं जाते एवं प्रायः कानून बनाते हुए पाए जाते हैं दूसरों पर शासन करने के लिए। मूर्ख लोग स्वयं को भी हानि पहुंचाते हैं एवं अन्यों को भी। इस जगत में अधिकांश दुःख मूर्खता के कारण हैं।

"मूर्खता एवं प्रतिभा के बीच अंतर यह है कि प्रतिभा की अपनी सीमाएं होती हैं।" - अल्बर्ट आइंस्टीन

मूर्खता का कारण क्या है? कारण कई हैं, एवं इस विषय पर कुछ शोध किए गए हैं। उनमें से कुछ हैं - आनुवंशिक कारण, व्याधियां, कुपोषण, ख़राब लालन-पालन, औषधियां, ख़राब पोषण एवं मूर्खतापूर्ण संगति। तथापि, अत्यंत स्वस्थ शरीर एवं मस्तिष्क वाले लोग, जिनका पालन-पोषण संपन्न परिवारों में अच्छे से हुआ, वे भी मूर्खता प्रदर्शित करते हैं। कारणों के बारे में वाद-विवाद करना बहुत उपयोगी नहीं है, हानि पहले ही हो चुकी है अतः व्यक्ति को इसका उपचार ढूंढने का प्रयास करना चाहिए। ध्यान दें कि मस्तिष्क क्षति एवं मानसिक मंदता वाले लोग एक अलग श्रेणी, रोगियों की श्रेणी में आते हैं। ये प्रायः साधारण कार्य करने में भी असमर्थ होते हैं एवं विकलांगता से पीड़ित होते हैं। एक मूर्ख व्यक्ति

अधिकतर सामान्य व्यक्ति होता है एवं पूरी तरह क्रियात्मक होता है।

क्या हर कोई अलग-अलग सक्षम नहीं है? यह शब्द यह कहने का एक विनम्र एवं राजनीतिक रूप से उचित प्रकार है कि कुछ लोग अन्यों की तुलना में अधिक मूर्ख हैं। किसी को मूर्ख कहना वर्जित हो गया है, स्पष्ट कारणों से, लोगों को यह रुचि-पूर्ण नहीं लगता है एवं बुद्धिमान लोग उन असहज स्थितियों से बचना चाहते हैं जो तब उत्पन्न होती हैं जब आप किसी को मूर्ख कहते हैं। वैसे भी, किसी को केवल मूर्ख कह देने से कुछ नहीं होता, वह वैसा ही रहता है, प्रायः प्रतिरोध के परिणामस्वरूप और भी अधिक मूर्ख हो जाता है।

तो हाँ, अत्यंत मूर्ख से लेकर प्रतिभाशाली लोगों तक का एक पूरा वर्णक्रम(स्पेक्ट्रम) है। हममें से अधिकांश लोग इस सामान्य वितरण(बेल-कर्व) के मध्य में कहीं आते हैं। हम कहां एक रेखा खींच देते हैं एवं किसी को मूर्ख के रूप में पहचानने लगते हैं? मूर्खता के लिए एक निश्चित मानदंड को परिभाषित करना पूरी तरह से असंभव नहीं तो बहुत कठिन है। कुछ प्रयास होते हैं, जैसे कि बौद्धिक-स्तर(आईक्यू), जो मात्र मूर्खता है। एक व्यक्ति एक गतिशील इकाई है एवं उसकी बुद्धि कई कारकों, समय और स्थितियों पर निर्भर करती है। इस पर हम पहले ही चर्चा कर चुके हैं। इसलिए मूर्खता परिस्थितिजन्य है। कोई भी इसके कुछ व्यापक लक्षणों की पहचान कर सकता है, जैसा कि ऊपर वर्णन किया गया है, एवं यदि ये लक्षण अधिकांश स्थितियों में बने रहते हैं और बार-बार होते हैं, तो यह निष्कर्ष निकालना सुरक्षित है कि संबंधित व्यक्ति विकार से पीड़ित है।

"सोचिये कि औसत व्यक्ति कितना मूर्ख है, एवं पुनः अनुभूत कीजिये कि उनमें से आधे उससे भी अधिक मूर्ख हैं।" - जॉर्ज कार्लिन

ऐसी स्थितियों में किसी का निदान करने की कुछ विधियां हैं जहां किसी की मूर्खता मात्र सीमा रेखा पर है। यदि कोई अभी भी कुछ संकेत प्राप्त करने में सक्षम है, तो कुछ आशा है कि वह कुछ प्रयास से इस विकार को ठीक कर लेगा। यदि कोई ऐसे लोगों से घिरा हुआ है जिनके पास कुछ भी नहीं है, जिन्होंने कभी कुछ भी (भौतिक अथवा बौद्धिक) प्राप्त नहीं किया है, किसी काम के नहीं हैं, उनका भाषण चुटकुले, गपशप एवं खाने-पीने की गतिविधियों तक ही सीमित है, तो किसी को संदेह करना शुरू कर देना चाहिए कि वह उनमें से एक है। अधिकतर बुद्धिमान लोग मूर्ख का साथ छोड़ देते हैं एवं कालांतर में वह अपनी ही तरह के लोगों का साथ छोड़ देता है। अतः यदि आप मूर्खों से घिरे हैं, तो अपनी बुद्धिमत्ता का मूल्यांकन करने का समय आ गया है।

"अज्ञानता की अनुभूति जानने के लिए पहला कार्य है।" - जीन टूमर

यदि कोई स्वयं को साधारण परीक्षाओं में असफल पाता है, साधारण कार्यों को सीखने में असमर्थ पाता है एवं यदि ऐसा बार-बार होता है, तो उसे बैठकर इस पर विचार करने की आवश्यकता है। यदि कोई स्वयं को संघर्षों अथवा कठिनाइयों में फंसता हुआ अथवा हानिकारक स्वभाव की चपेट में पाता है, तो उसे इस पर प्रश्न करने की आवश्यकता है। यदि किसी को पता चलता है कि उसे कला, किताबें, बुद्धिमान चर्चाएं, महान लोगों के साथ

साक्षात्कार, वृत्तचित्र, विज्ञान एवं ऐसे किसी भी विषयों से घृणा होती है जिसके बारे में चिंतन की आवश्यकता है, तो उसे निश्चित रूप से यह निष्कर्ष निकालना चाहिए कि उसके पास पर्याप्त बुद्धि का अभाव है। यदि कोई जिज्ञासु नहीं है, कुछ भी सवाल नहीं करता है, सवाल पूछे जाने पर हवा में घूरता रहता है एवं बुद्धिमान लोगों की गतिविधियों से चकित हो जाता है, तो उसे यह निष्कर्ष निकालना चाहिए कि उसके चित के पुनरुद्धार की आवश्यकता है।

ऐसे विषयों में जब मूर्खता हानि-रहित है, कोई अपना जीवन प्रसन्नता से क्यों नहीं जी सकता? हां, बुद्धिमान अथवा विवेकशील बनने के लिए कोई बाध्यता नहीं है। बहुत से लोग जो ऐसे नहीं हैं, सादा जीवन जीते हैं, प्रसन्न हैं एवं श्रेष्ठ नागरिक हैं। तथापि, जब आप ज्ञान के पथ पर हैं, अथवा जब आप कुछ महत्वपूर्ण उपलब्धि करना चाहते हैं तो मूर्खता के सभी चिन्हों को समाप्त करना आवश्यक हो जाता है। मूर्खता एक बड़ी बाधा है एवं अज्ञानता का संकेत है। अच्छा समाचार यह है कि अज्ञानता से मुक्ति पाने के लिए आपको गणित में प्रतिभाशाली बनने की आवश्यकता नहीं है। मात्र यह पर्याप्त है कि कुछ सामान्य ज्ञान, कुछ बुद्धि, थोड़ी तार्किक एवं आलोचनात्मक चिंतन एवं सबसे महत्वपूर्ण रूप से एक खुले चित को विकसित करें।

मूर्खता का उपचार कैसे करें? यदि कोई इस विकार के प्रति जागरूक हो जाए तो इसका उपचार असंभव नहीं है। व्यक्ति को विनम्र होने से प्रारम्भ करना चाहिए। समर्पण करें एवं स्वीकार करें कि कुछ सुधार की आवश्यकता है। यदि आप किसी पथ पर आगे बढ़ने की इच्छा रखते हैं, तो इच्छा-शक्ति एवं ऊर्जा उपस्थित रहेगी। यदि आपके पास कोई पथ नहीं है तो आपको अन्यथा भी अपना मूल्यांकन करने की आवश्यकता है। मूर्ख एक कठोर एवं अज्ञानी व्यक्ति होता है, अतः स्पष्ट प्रारंभिक बिंदु खुला, लचीला और निर्दोष होना है। अज्ञानता की तुलना में मासूमियत सदैव प्रारम्भ के लिए एक अच्छा स्थान होता है।

"अज्ञानता का उच्चतम रूप तब होता है जब आप किसी ऐसी चीज़ को अस्वीकार कर देते हैं जिसके बारे में आप कुछ भी नहीं जानते हैं।"- वेन डायर

सहायता ली जा सकती है। अच्छे शिक्षक अधिकतर धैर्य, रुचि एवं इच्छा-शक्ति के साथ किसी को भी पढ़ाने के लिए उत्सुक रहते हैं। एक अच्छा शिक्षक मिलना सरल है, एक अच्छा छात्र दुर्लभ है। पुस्तकें भी सहायता करती हैं, सरल अध्ययन से प्रारम्भ करें। सबसे महत्वपूर्ण बात यह है कि बुद्धिमान, विवेकशील एवं विनम्र लोगों के साथ रहने का प्रयास करें। एक मूर्ख ऐसे लोगों से दूर रहेगा एवं प्रायः उनका उपहास करेगा। आप इसका उलटा कर सकते हैं एवं उनका पक्ष पा सकते हैं। उनके जैसा बनने अथवा उनसे आगे निकलने में समय नहीं लगता। मूर्खता तीव्र गति से बुद्धिमत्ता में परिवर्तित हो जाती है। प्रारम्भ में यह सब बहुत धीमा है, परन्तु जैसे-जैसे आप ज्ञान प्राप्त करते हैं, इसमें गति आती है, क्योंकि ज्ञान अधिक ज्ञान प्रदान करता है एवं बोनस के रूप में बुद्धि को तेज करता है। यह अपना पोषण स्वयं करता है एवं शीघ्र ही सीमा से अधिक बढ़ जाता है। बुद्धि को उत्कृष्ट बनाने की कुछ अन्य युक्तियों पर पहले चर्चा की गई थी।

कठोरता

यह परिवर्तन में असमर्थता है। कठोरता प्रदर्शित करने के लिए किसी को बहुत मूर्ख होने की आवश्यकता नहीं है। प्रायः बहुत बुद्धिमान लोग भी कठोरता से ग्रस्त होते हैं। निःसंदेह, कठोरता मूर्खता का चिन्ह है, परन्तु तथाकथित विशेषज्ञ एवं अधिकारी इससे सबसे अधिक प्रभावित होते हैं। यह हठी व्यवहार की विशेषता है, जिससे व्यक्ति अपने पुराने अथवा गलत विचारों, सोच, कार्यों को परिवर्तित करने को एवं अतार्किक मान्यताओं को त्यागने से अस्वीकार कर देता है। यह स्पष्ट रूप से समस्याएँ उत्पन्न करता है जब कि आपका लक्ष्य अधिक ज्ञान है।

"अज्ञानी सदैव परिवर्तन से भयभीत रहता है!" - जवाहर लाल नेहरू

कठोरता प्रायः वृद्धावस्था में देखी जाती है एवं यह वृद्धावस्था का संकेत है। तथापि वृद्धावस्था में भी कुछ बहुत लचीले लोग भी मिल सकते हैं। कठोर होने के कई कारण हो सकते हैं। उनमें से कुछ हैं उपहास का भय, अहंकार, श्रेष्ठता की भावना, प्रतिष्ठा की हानि का भय, कोरी मूर्खता, रूढ़िवादी मान्यताएं एवं आर्थिक लाभ। ये स्वयं व्याख्यात्मक हैं, हम मान्यताओं के संबंध में पहले भी इनकी चर्चा कर चुके हैं।

मुझे कैसे पता चलेगा कि मैं कठोर हूँ? यह जानना सौभाग्य से आसान है। अगर आप मूर्ख नहीं हैं तो आपको कुछ क्षणों में पता चल जाएगा। यदि आप मात्र अपनी तरह के लोगों से मिलने एवं वार्ता करने के इच्छुक हैं, यदि आपने वर्षों से कुछ भी नया नहीं सीखा है, यदि आप प्रायः नए विचारों एवं नई पीढ़ी का उपहास करते हैं, यदि आप सदैव कुछ चीजें अपनी रुचि-पूर्ण विधि से करने पर अड़े रहते हैं अथवा यदि आप किसी भी तर्क को जाने नहीं दे सकते, चाहे कुछ भी हो, आप हर दिन एक ही तरीके से कुछ करते हैं, आप कभी प्रयोग नहीं करते हैं, तो आप संदेह कर सकते हैं कि आपका चित्त कठोरता की चपेट में है। इसका उपचार कैसे करें? खुले मस्तिष्क वाले बनिए, विनम्र बनें, समर्पण की मुद्रा में हों, स्वीकार करें परन्तु विश्वास न करें। कुछ नया प्रयास कीजिये। नए विचार, गतिविधियों की चेष्टा कीजिये। अपनी मंडली अथवा व्यवसाय से बाहर के लोगों को जानिए। एक मान्यता को एक दिन में नष्ट कीजिये। बहुत विधियां हैं। एवं यदि आप बुद्धिमान हैं, जैसा कि अधिकतर विषयों में होता है, तो आपको शीघ्र ही पता चल जाएगा कि आप तेजी से प्रगति कर रहे हैं।

भ्रम / उलझन

भ्रम अथवा स्पष्टता की कमी, अथवा अत्यधिक चिंतन अथवा ऐसा चिंतन जो आपको कहीं नहीं ले जाता। भ्रम आपकी ज्ञान अर्जन प्रक्रिया को रोक देता है। इससे कोई अंतर नहीं पड़ता कि कोई मूर्ख है अथवा प्रतिभाशाली, यह सभी को प्रभावित करता है। भ्रम परस्पर विरोधी विचारों, असंगत मान्यताओं, समझ की कमी, मूर्खता एवं कठोरता के कारण होता है। यदि

आप किसी बात को लेकर भ्रमित हैं तो यह संकेत है कि आप मान्यताओं की चपेट में हैं एवं आपके पास ठोस अनुभव की कमी है। बहुत अधिक सिद्धांत, धारणाएँ, तदनुरूप अनुभव प्राप्त किए बिना पाठों का अध्ययन, शिक्षकों पर अंध विश्वास, तार्किक एवं आलोचनात्मक चिंतन क्षमताओं की कमी भ्रम पैदा कर सकती है। भ्रम की स्थिति में व्यक्ति गलत चुनाव कर लेता है एवं युक्ततम(ऑप्टीमल) कार्यों से कम कार्य करता है। अतः यह आवश्यक है कि भ्रम दूर होने तक सभी निर्णय स्थगित कर दिए जाएं। भ्रम दूर करने की एकमात्र विधि अधिक ज्ञान एवं अनुभव प्राप्त करना है।

"जब भी कोई व्यक्ति कोई अत्यंत मूर्खतापूर्ण कार्य करता है, तो वह सदैव श्रेष्ठ उद्देश्यों से होता है।" - ऑस्कर वाइल्ड

चपलता

चपलता अर्थात चित्त की किसी विशेष विषय पर अधिक समय तक टिके रहने में असमर्थता। ऐसे चित्त आसानी से विचलित हो जाते हैं एवं बहुत तीव्रता से एक विषय से दूसरे विषय पर पहुंच जाते हैं। उनका ध्यान कम समय तक चलता है, वे आसानी से ऊब जाते हैं एवं उनका कोई निर्धारित लक्ष्य नहीं होता। तथापि, ऐसे लोग प्रायः बहुत बुद्धिमान, जिज्ञासु एवं अत्यधिक सक्रिय होते हैं। इन गुणों से कुछ उपलब्ध नहीं होता क्योंकि ये अपनी चंचलता के कारण कुछ विशेष प्राप्ति नहीं कर पाते। ऐसे लोगों को किसी कौशल को सीखना एक कठिन काम लगता है, क्योंकि इसमें घंटों एकाग्रता की आवश्यकता होती है एवं इसमें महीनों और वर्षों का समय लग सकता है। यदि वे सीखना शुरू करते हैं, तो वे इसे अचानक छोड़ देते हैं एवं दूसरे कौशल का प्रयास करते हैं, जिसे भी वे जल्दी छोड़ देते हैं। वे किसी विचार के बारे में बहुत लंबे समय तक नहीं सोच सकते हैं, एवं उनके निर्णय स्वभाव से आवेग-पूर्ण होते हैं। स्पष्ट है, ऐसे चित्त ध्यान अथवा आत्म-निरीक्षण के लिए अयोग्य होते हैं, एवं उनके लिए प्रगति करना कठिन हो जाता है।

ऐसे चपल/चंचल चित्त(मंकी माइंड) पर नियंत्रण पाने के लिए कुछ युक्तियाँ हैं। प्रथमतः सभी विकर्षणों से मुक्ति पाएं। जब आप कुछ कर रहे हों, जैसे कि सीखना अथवा अभ्यास करना, तो यह आपके लिए एकमात्र कार्य होना चाहिए एवं अन्य विषयों अथवा लोगों से भौतिक अलगाव होना चाहिए। दूसरे, कार्य को छोटे-छोटे चरणों में बांट लें एवं प्रतिदिन एक चरण किसी भी कीमत पर पूरा करने का संकल्प लें। अनुशासन विकसित करें, इसके लिए कई तरीके हैं, किताबों का संदर्भ लें। अपने चित्त के विषयों एवं अपने कार्यों के बारे में जागरूकता पैदा करें। जैसे ही आपको पता चले कि चित्त आपको किसी अन्य विषयों की ओर ले जा रहा है, तो कुछ क्षणों के लिए वहीं रुकें, आवेग को आने और जाने दें एवं अपना कार्य जारी रखें। यह अभ्यास धीरे-धीरे चंचलता को नष्ट कर देगा एवं आप शांत, स्थिर, शांतिपूर्ण एवं अति जागरूक बन जाएंगे।

हम अधिकतर चित्त के प्रमुख विकारों पर चर्चा से निपट चुके हैं, एवं अगले अध्याय में हम सभी विकारों की जननी - अहंकार से निपटेंगे। वास्तव में यह कोई विकार नहीं है, परन्तु एक साधक के लिए इसे विस्तार से जानना आवश्यक है, क्योंकि यह एक बहुत बड़ी बाधा बन सकती है।

अध्याय ६.६ "चित्त के विकार - मूर्खता, कठोरता, भ्रम/ उलझन, चपलता" समाप्त हुआ।

12

७.० अहंकार और उसकी प्रवृत्तियाँ

अहंकार

अहंकार एक लोकप्रिय शब्द है अतः इसके कई अर्थ हो गए हैं। इसका अर्थ है "मैं" अथवा "मैं स्वयं" एवं इसका अर्थ वह वस्तु भी है जो किसी के पास है (उदाहरण के लिए "मेरा अहंकार निर्बल है" आदि)। इसका अर्थ आत्म-मूल्य, आत्म-सम्मान (किसी विचित्र कारण से) की भावना भी है। मनोविज्ञान/मनोविश्लेषण में इसे अधिक औपचारिक रूप से अपनाया गया है। इस चर्चा के प्रयोजन के लिए, हम इसे इस प्रकार परिभाषित करेंगे - चित में ऐसी संरचना जो उतरजीविता से व्यवहार करती है सीधे तथा एक आदिम एवं यांत्रिक फैशन से। इसे स्तनधारी चित, निचला चित एवं आदिम चित आदि भी कहा जाता है।

एक सरीसृप (रेप्टिलियन) चित भी है, जो और भी अधिक आदिम है एवं इसे आधारभूत कार्यों के लिए नियंत्रण प्रणाली के रूप में देखा जाता है। यह कुछ बहुत ही आधारभूत आत्म-संरक्षण गतिविधियों की देखरेख करता है। जैसे जब आप अपनी कुर्सी से गिरने वाले होते हैं, तो भय, तात्कालिकता की भावना एवं स्वयं को बचाने अथवा क्षति को कम करने के लिए आप जो कदम उठाते हैं, वे सभी सरीसृप चित से आते हैं। प्रायः सोचने का समय नहीं होता है, अथवा यहां तक कि आदिम रणनीतियों को सक्रिय(प्रज्ज्वलित) करने के लिए भी, आपको यंत्रवत् एवं स्वचालित रूप से कार्य करना होगा।

हम इन विभिन्न मानसिक संरचनाओं के अनुरूप कुछ शारीरिक संरचनाएँ देख सकते हैं। सरीसृप भाग मस्तिष्क स्टेम एवं रीढ़ की हड्डी से मेल खाता है, स्तनधारी भाग लिम्बिक प्रणाली से मेल खाता है। कॉर्टेक्स एवं नियो-कॉर्टेक्स नए और अधिक विकसित मानव चित से मेल खाते हैं।

अहंकार चित्त की एक संरचना है। इसे चित्त का एक और विकार कहना आकर्षक है, एवं कुछ लोग ऐसा करते भी हैं, परन्तु यह चित्त का एक भाग है, इसकी कोई स्थिति नहीं। यह एक प्राचीन एवं आदिम भाग है। चित्त की विकास यात्रा में प्रारंभिक अवस्था में कुछ संरचनाएँ बनीं एवं वे वर्तमान समय तक क्रियाशील रहीं। इन संरचनाओं को कुछ कार्यक्रमों, प्रवृतियों एवं सहज ज्ञान के रूप में माना जाता है। ये उन दिनों बेहद उपयोगी थे, उन्होंने चित्त को क्रियाशील रखा, व्यक्तियों को जीवित रहने एवं प्रजनन करने में सहायता की, एवं आगे के विकास के लिए एक मजबूत आधार बनाया।

मानव चित्त में अहंकार निरंतर कार्य करता रहता है एवं यदि उसे ठीक से प्रशिक्षित एवं उपयोग न किया जाए तो वह अंगरक्षक के स्थान पर विकार बन जाता है। अहंकार और उसके कार्यों का परिणाम बड़ी मात्रा में पीड़ा है। अतः इसका विस्तार से अध्ययन करना आवश्यक हो जाता है। इसका ज्ञान हमें इसके विकारों से मुक्त करता है, एवं शांति, प्रसन्नता और स्वतंत्रता को पुनर्स्थापित करता है। अज्ञानी चित्त में, अहंकार व्यक्ति को पूरी तरह से नियंत्रित करता है, एवं जागरूक चित्त में स्थिति उलट जाती है। अब हम सूक्ष्म-विच्छेदन एवं उसका गहन विश्लेषण करने जा रहे हैं।

अहंकार बनाम पहचान

स्वयं अपनी विभिन्न गतिविधियों अथवा विषयों से पहचान कर सकता है। यह पहचान नामक एक संरचना बनाता है, जिस पर हम पहले ही विस्तार से चर्चा कर चुके हैं। स्वयं की पहचान अहंकार से भी हो सकती है। यह अहंकार के कार्यों एवं प्रवृत्तियों को स्वयं के रूप में देखता है एवं किसी भी अन्य मानसिक अथवा भौतिक इकाई की तरह इसका स्वामी होता है।

अहंकार को अनुभवों का एक पात्र भी सौंपा जाता है। यदि व्यक्ति अधिकतर अपने अहंकार वाले भाग (प्रायः कहा जाता है कि उसका अहंकार बड़ा है) से संचालित होता है, तो उसकी अधिकांश पहचान अहंकारी प्रकृति की होगी। एवं चूँकि यह मानवता की सबसे सामान्य स्थिति है, अतः पहचान अहंकार का पर्याय बन गई है। परन्तु हम पहचान की अधिक सामान्य परिभाषा पर कायम रहने जा रहे हैं। अहंकार इसका एक भाग बनता है। कुछ लोगों में "कम अहंकार" होता है, जिसका अर्थ यह हो सकता है कि उनकी पहचान की भावना अधिकतर अहंकारी नहीं है, यह बौद्धिक अथवा आध्यात्मिक आदि हो सकती है।

इसके अतिरिक्त, अन्य विषय जो चित्त पहचान को सौंपता है वह है:

वस्तुएं: भूमि, घर, कार, भोजन एवं न जाने क्या-क्या। इन्हें चित्त के भाग के रूप में देखा जा सकता है एवं एक व्यक्ति इनका बचाव उतनी ही तीव्रता से करता है जितना वह अपने शरीर का करता है। कभी-कभी अन्य लोगों एवं पालतू जानवरों का स्वामित्व एवं वस्तुकरण किया जाता है। अतः एक व्यक्ति संकट में होने पर अपने साथी एवं बच्चों की समान रूप

से रक्षा करता है। किसी पालतू जानवर का अपमान करने का प्रयास करें एवं देखें कि उसके स्वामी की उत्तरजीविता प्रवृत्ति कैसे भड़कती है।

शरीर: अधिकांश मनुष्यों के साथ ऐसा ही हो सकता है, उनका शरीर ही उनके लिए आत्म है। उनका पूरा जीवन इसके आसपास घूमता है, यही एकमात्र चीज़ है जिसके बारे में वे जानते हैं। इसके साथ पहचान करने के कुछ फायदे हैं, जैसे, व्यक्ति इसकी बेहतर सुरक्षा एवं रखरखाव करता है।

अहंकार: जैसा कि ऊपर उल्लेख किया गया है, जब किसी व्यक्ति के अधिकांश कार्य, विचार एवं प्रक्रियाएं अहंकारी प्रकृति की होती हैं, तो पहचान अधिकतर अहंकार की होती है। व्यक्ति स्वयं को अहंकार के रूप में देखता है।

बुद्धि: पहचान विचारों, बौद्धिक विषय, ज्ञान, बुद्धि एवं उनसे संबंधित गतिविधियों/ विचारों से भी प्राप्त की जा सकती है। तो एक व्यक्ति अपनी पहचान एक लेखक, क्रमादेशक (प्रोग्रामर) अथवा वैज्ञानिक अथवा यहां तक कि अमुक विचार आदि में विश्वास रखने वाले के रूप में भी कर सकता है।

स्वयं: किसी व्यक्ति की पहचान स्वयं, साक्षी अथवा चेतना से की जा सकती है। ऐसा व्यक्ति स्वयं को समस्त चित्त के नाटक एवं मायाजाल के द्रष्टा के रूप में देखता है।

ये पहचानें मांग एवं स्थिति के आधार पर बदलती रहती हैं। अतः पहचान एक गतिशील इकाई है। अहंकारी पहचान का एक विशेष प्रकरण है। अब जब हम अहंकार के सामान्य अर्थ एवं यहां परिभाषित अधिक सामान्य अर्थ के बीच अंतर जानते हैं, तो हम आगे बढ़ सकते हैं और देख सकते हैं कि यह अहंकारी चीज़ क्या है।

उत्तरजीविता प्रवृत्तियाँ

चित्त, अपनी विकासवादी यात्रा (क्रिया में मौलिक प्रक्रिया) करते हुए, कुछ ऐसी रणनीतियों के साथ आया है जिससे उसे नश्वरता की विशाल शक्तियों से बचने में सहायता मिली। आत्म-संरक्षण स्पष्ट रूप से चित्त की सर्वोच्च प्राथमिकता है। जो संरचनाएँ स्वयं को सुरक्षित नहीं रख पातीं वे शीघ्र ही नष्ट हो जाती हैं। जीवों अथवा मनुष्यों के प्रकरण में, इसका सीधा सा अर्थ है मृत्यु [1]। चित्त के पास आत्म-संरक्षण के लिए बहुत शक्तिशाली तंत्र हैं, एवं उनमें से अधिकांश हमारे नियंत्रण में नहीं हैं।

स्वयं को भोजन कराना किसी के लिए भी सबसे पहला कार्य होता है। हम इसे अन्य पशुओं की भांति ही निरंतर करते हैं। हमारी अधिकांश गतिविधियाँ मात्र भोजन की प्राप्ति तक ही सीमित हैं। एवं वे आत्म-संरक्षण की अहंकारी प्रक्रियाओं से प्रेरित होते हैं। जब पेट भरा होता है तो अहंकार अधिकतर विश्राम में होता है। कुछ स्वतः-प्रक्रियाएँ तो संपूर्ण अस्तित्व को सुला देती हैं, जब कोई अहंकार के स्तर पर रहता है तो अन्य कुछ करने की आवश्यकता नहीं होती है। परन्तु इससे ऊपर रहने वालों के लिए जीवन तब शुरू होता है जब

पेट भर जाता है। कुछ विचित्र व्यवहार भोजन के बाद मिलने वाली अहं संतुष्टि से उत्पन्न होते हैं। दूसरों का समर्थन लेने के लिए उन्हें भोजन देना सार्वभौमिक व्यवहार है। भोजन अहंकारी कार्यक्रमों को सक्रिय बनाता है एवं उच्च कार्यक्रमों का दमन करता है, जो बहुत शक्तिशाली अहंकारी कार्यक्रमों के साथ निष्पादन के लिए प्रतिस्पर्धा करते हैं। अतः यदि आप कोई बड़ा अनुबंध चाहते हैं, तो ग्राहक को रात्रिभोज के लिए बाहर ले जाएं। जब कोई आपसे मिलने आता है तो उसे भोजन देने की प्रथा है। यह अहंकार को मैत्रीपूर्ण संकेत भेजता है कि वह स्थान जहां वह है, हानिरहित है, सुरक्षित है

एवं मेजबान शत्रुतापूर्ण नहीं है। यदि आप ऐसा नहीं करते हैं, तो आप अपने मेहमान के "अहंकार को ठेस" पहुंचा सकते हैं। यह एक संकेत भेजता है कि अतिथि अवांछित है, एवं अहंकार इसे धमकी अथवा अपमान के रूप में मानता है।

किसी को भोजन कराने से बंधन एवं सम्बन्ध बनाने में भी सहायता मिलती है। भोजन एवं आश्रय (अगर यह एक हवेली है तो श्रेष्ठतर है) एक साथी को सुरक्षित रखने में सहायता करता है। अधिकतर शादियां इसी तरह से होती हैं। यदि आपके पास भोजन प्राप्त करने के लिए पर्याप्त संसाधनों की कमी है या रहने के लिए कोई सुरक्षित जगह नहीं है, तो आपको एक साथी को सुरक्षित करना कठिन हो सकता है, यह व्यक्ति के अहंकार को बहुत अधिक प्रभावित नहीं करता है। एक अच्छे सम्बन्ध का प्रारम्भ अच्छे खाने से होता है। विशेष रूप से मीठा एवं वसायुक्त भोजन, यह न्यूरोट्रांसमीटर (ऑक्सीटोसिन आदि) को चालू-कर देना (ट्रिगर) है जो वास्तव में आपके संभावित साथी में विश्वास, सुरक्षा और समानता की भावना पैदा करता है। ऐसा इसलिए है क्योंकि अतीत में बंधन इसी तरह बनाए जाते थे, यह एक सीखा हुआ व्यवहार है जिसके परिणामस्वरूप श्रेष्ठतर उत्तरजीविता बनी रहती है एवं अब इसे अहंकारी प्रवृति के रूप में संग्रहित किया जाता है। मीठे एवं मलाईदार भोजन का अर्थ है अधिक पोषण एवं वे अहंकार को आकर्षित करते हैं, जो फिर सम्बन्ध को सुरक्षित करने के लिए उचित कार्रवाई करता है जिससे ऐसे भोजन अधिक मिलेंगे। यह सब स्वचालित है एवं लोगों की जागरूकता के स्तर से नीचे है। भोजन से प्रभावित होने पर वे सामान्यतः अपने व्यवहार की व्याख्या नहीं कर पाते हैं, एवं वे कुछ ऐसे कारण बनाते हैं जो अच्छे एवं अधिक "सभ्य" लगते हैं।

शरीर को निरंतर पोषण की आवश्यकता होती है एवं जब भी यह पर्याप्त मात्रा में पोषण प्राप्त करने में विफल रहता है, तो यह मस्तिष्क को दर्द के संकेत भेजना शुरू कर देता है, जिसे भूख के रूप में जाना जाता है। भूख को एक पीड़ा, एक खतरे, एक तात्कालिकता के रूप में अनुभूत किया जाता है एवं अहंकारी कार्यक्रम इसके बारे में कुछ करने के लिए प्रेरित होते हैं। एक भूखा आदमी एक पशु की तरह होता है, वह भोजन पाने के लिए कुछ भी करता है। इस आवश्यकता को पूरा करने के लिए नैतिकता, उचित एवं अनुचित, सुंदरता एवं सभी उच्च कार्यों जैसे मुद्दों को निलंबित कर दिया गया है। एक आदमी का भोजन के लिए भिक्षा मांगना, मैला ढोना, चोरी करना, लूटना अथवा यहां तक कि दूसरों की हत्या करना भी संभव

है। आश्रय के मामले में भी वही क्रियाएं की जा सकती हैं, जो उत्तरजीविता के लिए एक और आवश्यकता है। पुरुषों को दूसरों के आश्रयों, संसाधनों एवं भूमि पर बलपूर्वक एवं हिंसक प्रकार से अधिग्रहण करने के लिए जाना जाता है। यह न केवल प्राचीन काल से चला आ रहा है, बल्कि वर्तमान में भी है, इसे हम युद्धों और अपराधों के रूप में देखते हैं। यहाँ मात्र हमारा मित्रवत अहंकार कार्य कर रहा है। आत्मरक्षा के सन्दर्भ में यह निर्दयी है।

कोई पूछ सकता है कि क्या ऐसा व्यवहार नैतिक है। अहंकार कोई नैतिकता नहीं जानता, नैतिकता उच्च चित्त की लिप्तता है। जब पेट भरा हो तो नैतिक प्रश्नों पर विचार किया जा सकता है। जब उत्तरजीविता की बात आती है तो हम उचित एवं अनुचित का क्षेत्र छोड़ देते हैं, हम बहुत शक्तिशाली अहंकारी प्रवृत्ति की दया पर निर्भर होते हैं। किसी को संदेह हो सकता है कि नैतिकता की बात यहां समझ से बाहर हो जाती है। क्या होगा अगर आप पीड़ित हैं, कोई आपका खाना छीनने का प्रयास कर रहा है, तो क्या यह अनुचित नहीं है? आप आत्मरक्षा के लिए स्वतंत्र हैं। अपने अहंकार की सुरक्षात्मक प्रवृत्तियों को इसकी देखभाल करने दें। आत्मरक्षा के लिए कोई दूसरे को डरा सकता है, हानि पहुंचा सकता है अथवा हत्या कर सकता है। यह भी क्रिया में अहंकार है। यहाँ कोई भी नैतिकता अथवा दर्शन काम नहीं करता। बिलकुल, एक बुद्धिमान व्यक्ति जिसने अपने अहंकार पर काबू पा लिया है, उसकी स्थिति अलग हो सकती है, परन्तु विकल्प सदैव उपलब्ध रहता है।

अहंकार की प्रवृत्तियों से अप्रभावित कैसे रहें? ये बहुत उपयोगी कार्यक्रम हैं, अतः हम इन्हें रखना चाहते हैं, परन्तु हम इनके द्वारा शासित नहीं होना चाहते। ऐसे कार्यक्रमों एवं प्रवृत्तियों के प्रति जागरूक होना ही एकमात्र उपाय है। उन परिस्थितियों में स्वयं को बहुत ध्यान से देखें जो आपको विचित्र प्रकार से व्यवहार करने के लिए बाध्य करती हैं। अपने कार्यों पर प्रश्नचिह्न लगाएं, उनका कारण खोजें। आप देखेंगे कि आपने अमुक कार्य मात्र इसलिए किया क्योंकि इससे उत्तरजीविता में सहायता मिलती है। इसे अधिक "सभ्य" धारणाओं से छुपाने के विपरीत इसके बारे में निष्ठावान होना श्रेष्ठतर है। उत्तरजीविता आवश्यक है, एवं इसे सुनिश्चित करने के लिए व्यक्ति को उचित क्रिया करनी चाहिए, एवं विषय को वहीं छोड़ देना चाहिए। एक बार जब आप अपनी स्वयं की उत्तरजीविता की प्रवृत्ति के बारे में जागरूक हो जाते हैं, तो आप अधिक सार्थक ढंग से कार्य कर सकते हैं, एवं आप यह भी स्पष्ट रूप से देख सकते हैं कि दूसरे लोग इस तरह से कार्य क्यों करते हैं। इससे व्यक्ति दूसरों को क्षमा कर देता है एवं उनके प्रति दयालु हो जाता है, जैसा कि अब आप जानते हैं कि वे ऐसा व्यवहार क्यों करते हैं।

यदि आप अपने स्वयं के अहंकार पर नियंत्रण पा सकते हैं, तो दूसरों पर नियंत्रण पाना बहुत सरल हो जाता है, क्योंकि अब आप दबाने के लिए सभी सही बटन जानते हैं। तथापि, दूसरों को नियंत्रित करना निश्चित रूप से आपका पथ नहीं है, एवं यह निश्चित रूप से रुचिकर नहीं है, क्योंकि इसके बहुत गंभीर परिणाम होते हैं। आप मात्र इतना कर सकते हैं कि इस ज्ञान का उपयोग अपना पथ सरल बनाने के लिए करें। आप पाएंगे कि इसके प्रभावी

उपयोग से अधिक शांति मिलती है एवं समय की बचत होती है, क्योंकि आप कष्टप्रद लोगों को दूर रख सकते हैं एवं अहंकार के खेल में नहीं उलझ सकते।

सुरक्षात्मक प्रवृतियाँ

स्पष्ट है, मात्र भोजन करवाना पर्याप्त नहीं है, ऐसी हजारों चीजें हैं जो आपका वध कर सकती हैं, एवं ऐसे संकटों से निपटने के लिए अहंकार के पास हथियारों का अपना संग्रह है। हम उन्हें लड़ने अथवा भागने के व्यवहार के रूप में देखते हैं। चित्त ने यह बहुत पहले ही सीख लिया है कि जब विजय की संभावना अधिक हो एवं शत्रु निर्बल हो तो लड़ना श्रेष्ठतर है, अन्यथा भाग जाना ही श्रेष्ठ है। यह भय एवं क्रोध नामक आंतरिक क्रियाओं से प्रभावित होता है। वे भावनाओं या संवेगों के रूप में प्रकट होते हैं। भय व्यक्ति को पलायन के लिए विवश करता है, जबकि क्रोध उसे लड़ने के लिए प्रेरित करता है। ये सुरक्षा के लिए अहंकारी प्रवृत्ति के रूप में चित्त में समाहित हो गए हैं, एवं ये व्यक्ति के अधिक नियंत्रण के बिना घटित होते हैं।

दोनों उत्तरजीविता सुनिश्चित करते हैं एवं व्यक्ति को संकटों से बचाते हैं। वे दिन-प्रतिदिन के कार्यों में विस्तारित हो जाते हैं एवं परिणामस्वरूप विचित्र प्रकार के व्यवहार होते हैं। अतः जो कर्मचारी आपकी आज्ञा की अवहेलना करता है, वह भी क्रोध का कारण बनता है, भले ही वह कोई संकट न हो। उसकी अवज्ञा को अहंकार द्वारा उस पर आपकी शक्ति की प्रभाव-शून्यता के रूप में माना जाता है, आप उससे उड़ान व्यवहार में संलग्न होने की अपेक्षा करते हैं, परन्तु वह अनुपालन नहीं कर रहा है, जिसका अर्थ है कि यह लड़ने का समय है। किसी बैठक में विलम्ब से जाने से आपको भय लगता है, यद्यपि वहाँ कोई हिंसक-पशु नहीं है, परन्तु अहंकार आपके स्वामी(बॉस) को एक प्रदाता, एक नेता के रूप में देखता है जिसका आपको पालन करना चाहिए, एवं ऐसा करने में आपकी विफलता का अर्थ है कि आप उसे लड़ाई के लिए उत्तेजित कर रहे हैं, जो आपके अहंकार को बनाता है आदेश देने के लिए कि भागो, एवं भय का आह्वान करता है, आपको ऐसा करने के लिए प्रेरित करने के लिए।

इससे नतमस्तक होने जैसे कुछ रीतियों एवं परम्पराओं की भी व्याख्या होती है। इसका अर्थ है कि मैं संकट नहीं हूँ, मैं झुक/घट रहा हूँ, समीप/निकट नहीं आ रहा हूँ। इससे यजमान(होस्ट) का अहंकार शान्त हो जाता है एवं वह आपकी उपस्थिति को श्रेष्ठतर ढंग से स्वीकार करने लगता है। किसी के पास भोजन अथवा आकर्षक भेंट(उर्फ उपहार) लेकर जाने से और भी श्रेष्ठतर परिणाम मिलते हैं। मुस्कुराने एवं हँसने की आवाज निकालने से और भी अधिक सहायता मिलती है। इन कार्यों को "सामान्य" माना जाता है क्योंकि हममें से अधिकांश लोग अपने अहंकार के माध्यम से कार्य करते हैं। यदि आप अधिकतर अहंकार द्वारा संचालित होते हैं, तो सुनिश्चित करें कि आपके अधिकांश कार्य इसकी सुरक्षात्मक या रक्षात्मक प्रवृत्तियों द्वारा नियंत्रित होंगे। आप उन बुद्धिमान लोगों के विचित्र व्यवहार को भी समझेंगे जिनके पास अपने अहंकार पर एक पेटी बंधी है, क्योंकि वे इससे कम उत्साहित

हैं, उन्हें "सामान्य" तरीके से कार्य करने की आवश्यकता अनुभूत नहीं होती है एवं उनके कार्य देखने पर विचित्र लगते हैं जब वे अहंकारी व्यक्ति द्वारा देखा जाता है। वे उस व्यक्ति को दंडित नहीं करेंगे जो उन्हें लूटता है, यदि आप उनका अपमान करते हैं तो वे आपको पलटवार नहीं करेंगे अथवा वे कभी भी किसी चीज से नहीं डरेंगे। ऐसे लोगों के अन्य भी कई चिन्ह हैं, एवं स्पष्टतः ऐसे लोग बहुत दुर्लभ हैं।

प्रजननात्मक प्रवृत्तियाँ

एक बार जब चित्त अच्छी तरह से पोषित हो जाता है एवं संकट से सुरक्षित हो जाता है, तो वह स्वयं की प्रति-कृति बनाना चाहता है। यह आवश्यकता-जनित है, जैसा कि हमने देखा है, जो संरचनाएं दोहराई नहीं जातीं वे अनित्यता के कारण देर-सबेर नष्ट हो जाती हैं। प्रति-कृति अथवा पुनरुत्पादन चित्त के लिए एक आवश्यकता है। यह सबसे मौलिक प्रेरणा है, जो, कुछ जीवों में, आत्म-संरक्षण एवं सुरक्षा से भी आगे निकल जाती है (जैसे कि सूक्ष्म जीवों में जो दो नए रूपों में विभाजित हो जाते हैं एवं अपना व्यक्तित्व छोड़ देते हैं, अथवा ऐसे प्राणियों में जहां कोई एक साथी होता है, प्रायः, संभोग के बाद दूसरे द्वारा खा लिया जाता है, अथवा ऐसी स्थितियों में जहां संतान पैदा होते ही अपने माता-पिता को खा जाती है)।

वृहत स्तर पर प्रजनन सुनिश्चित करने के लिए चित्त ने कुछ उत्कृष्ट एवं कुछ विचित्र रणनीतियाँ विकसित की हैं। आवश्यकताओं में से एक जीव की संरचना में वृद्धिशील परिवर्तनों की अनुमति देना है, ताकि किसी भी अप्रत्याशित पर्यावरणीय परिवर्तन का विरोध करने के लिए पर्याप्त भिन्नता हो। यह उत्परिवर्तन के माध्यम से होता है। विविधता सुनिश्चित करने एवं अनुकूल लक्षणों को संयोजित करने की एक और युक्ति आनुवंशिक संरचनाओं का मिश्रण है, जो यौन प्रजनन के माध्यम से संभव है। तो आप पाएंगे कि सभी उच्चतर पशु यौन तरीकों, जीनों के मिश्रण के माध्यम से प्रजनन करते हैं, यह अब तक की एक महान रणनीति रही है।

यौन प्रजनन सुनिश्चित करने के लिए जिम्मेदार संरचनाओं ने मनुष्यों में कुछ अहंकारी प्रवृत्तियों का रूप ले लिया है। जैसे ही व्यक्ति प्रजनन के लिए तैयार होता है एवं जैसे ही पास में कोई उपयुक्त साथी होता है, ये कार्यक्रम क्रियान्वित हो जाते हैं। विपरीत लिंग के साथ हमारी अधिकांश बातचीत इन्हीं प्रवृत्तियों से संचालित होती है। उदाहरण के लिए, युवा एवं स्वस्थ सदस्य के प्रति आकर्षण एक स्वाभाविक प्रवृत्ति है, क्योंकि इसका अर्थ प्रजनन एवं स्वस्थ संतान की अच्छी संभावना है। कुरूप, रोगग्रस्त, बूढ़े, कमजोर अथवा अयोग्य व्यक्ति के प्रति विकर्षण संभोग एवं संतान के लिए प्रतिकूल अवसरों के कारण होता है। पुरुषों की कई लोगों के साथ संभोग करने की प्रवृत्ति उन कार्यक्रमों का परिणाम है जो जीन के व्यापक वितरण को सुनिश्चित करते हैं, एवं महिलाओं की उन लोगों के साथ संभोग करने की प्रवृत्ति जिनके पास पर्याप्त संसाधन हैं एवं सुरक्षा प्रदान करते हैं, उन कार्यक्रमों का परिणाम है

जो संतानों एवं मां की उत्तरजीविता एवं सुरक्षा को सुनिश्चित करते हैं । हम इन प्रवृत्तियों को छुपाने अथवा बहाने बनाकर उन्हें दूर करने का प्रयास करते हैं, परन्तु वे हम पर शासन करती हैं, उनके पास तार हैं एवं हम कठपुतली हैं। उनका पालन न करना भूख अथवा भय की तरह ही पीड़ा को जन्म देता है। यह एक यौन मिलन की लालसा है, एवं कम से कम यह एक बहुत ही असहज भावना है।

ये प्रवृत्तियाँ लोगों को विचित्र प्रकार से व्यवहार करने के लिए प्रेरित करती हैं। जैसे कि अलग-अलग लिंगों के लिए अलग-अलग परिधान नियम, रीति-परम्परा आदि, विवाह एवं अनुष्ठान जो संभोग नृत्य से मिलते जुलते हैं, एवं सामाजिक और व्यक्तिगत व्यवहार की एक विशाल विविधता। अधिकांश साहित्य, कला जैसे पेंटिंग, चलचित्र आदि कुछ और नहीं परन्तु एक आकर्षक एवं रुचिकर शैली में प्रजनन संबंधी व्यवहार का वर्णन है। यदि आप सुखद अंत देखते हैं तो अंत में अधिकतर युगल साथियों का मिलन होता है। अधिकांश अंतर-जाल (इंटरनेट) अश्लील है, अधिकांश संगीत एवं वार्तालाप संबंधों के विषय में है। युवा लोगों के अधिकांश प्रयास एवं कार्य एक लाभकारी साथी अथवा यथासंभव अधिक से अधिक साथी पाने के प्रयास होते हैं। पूरा समाज विवाह एवं परिवारों पर आधारित है, सबसे उल्लेखनीय बात यह है कि हर कोई अपने पिता का नाम रखता है। कई लोगों के लिए, उनकी जीवनशैली संभोग का परिणाम है, उनकी पीड़ाएँ गलत साथी मिलने का परिणाम हैं, अथवा उनका दर्द साथी न मिलने के कारण है।

हाँ, मैं यहां मात्र एक छोटा सा चित्र बना सकता हूं, परन्तु आप बात समझ गए होंगे। जो अहंकार की प्रजनन प्रवृत्तियों से मुक्त है, उसके लिए यह संपूर्ण मानव नाटक वास्तव में बहुत विचित्र लगता है। यह ऐसा है मानो पूरी दुनिया विवाह नृत्य कर रही हो।

सामाजिक प्रवृत्तियाँ

मनुष्य एक सामाजिक प्राणी है एवं यह अहंकार के कारण ही संभव है। अहंकार में ऐसे कार्यक्रम हैं जो जीवन की एक अकेले भेड़िया शैली के विपरीत, समूहों में रहने का समर्थन करते हैं। स्पष्ट है, इससे अतीत में उत्तरजीविता के लाभ थे। समूह में एक व्यक्ति श्रेष्ठतर संरक्षित होता है, क्योंकि अन्य सदस्य संकट की घंटी बजाते हैं अथवा इसके विपरीत खा लिया जाता है, श्रेष्ठतर भोजन मिलता है क्योंकि वे सहकारी तरीके से बड़े जानवरों का शिकार कर सकते हैं अथवा फसलें उगा सकते हैं, उन्हें संभोग की अधिक संभावना मिलती है, इत्यादि।

ये सभी प्रवृत्तियाँ अहंकार में सामाजिक व्यवहार के रूप में प्रकट होती हैं। अतः हम श्रेणीक्रम संरचनाओं में संगठित होने की प्रवृत्ति, अपनी जनजाति के साथ जुड़ने की प्रवृत्ति, हमारे समूह के अन्य लोग जो मानते हैं उस पर विश्वास करने की प्रवृत्ति एवं समूह में दूसरों के कार्यों की नकल करने की प्रवृत्ति देखते हैं। यह युद्ध जैसे विचित्र व्यवहार की भी व्याख्या

करता है, जो एक समूह द्वारा दूसरे को मारने एवं उनके संसाधनों एवं साथियों को चुराने का प्रयास है। इस प्रकार अतीत में अच्छा कार्य हुआ है। स्पष्ट है, यह सब अभी भी जारी है, क्योंकि अहंकार अभी भी कामकाज का प्रमुख तरीका है। मानव समाज मानव अहंकार द्वारा संचालित होते हैं।

जो लोग अहंकार की सामाजिक प्रवृत्तियों से मुक्त हैं, वे उन लोगों को विचित्र लगते हैं जो उनके दास हैं। एक स्वतंत्र व्यक्ति समाज की आज्ञा का पालन नहीं करता है, उसके नियमों का पालन नहीं करता है, दूसरों पर अपने नियम नहीं थोपता है, सामाजिक विषयों में हस्तक्षेप नहीं करता है, युद्धों में नहीं जाता है, शक्ति एवं सामाजिक स्थिति की इच्छा नहीं करता है तथा अन्य सबसे अछूता एवं स्वतंत्र रहता है। इसका कारण यह है कि ऐसा व्यक्ति अहंकार के बंधनों से मुक्त होता है एवं उसे "सामान्य" व्यवहार करने की कोई आवश्यकता अनुभूत नहीं होती है। यह उसे सामाजिक अनुरूपता के कारण होने वाली पीड़ा तथा संपूर्ण समाज को होने वाली पीड़ा से भी मुक्त करता है।

भावनाएँ

ये आंतरिक क्रियाएं हैं, जिन पर हमने पहले संक्षेप में चर्चा की थी। ये अधिकांशतः अहंकार द्वारा प्रारम्भ की गई पूर्व-क्रियाएँ हैं। स्पष्टतः उनकी प्रकृति अहंकारी है। आपको उनके बारे में तब पता चलता है जब वे घटित होती हैं, उससे पहले नहीं एवं अधिकांशतः आपका उन पर नियंत्रण नहीं होता है, आप कुछ थोड़ा क्षति नियंत्रण कर सकते हैं, परन्तु अधिक नहीं।

क्रोध, भय, वासना, ईर्ष्या, अभिमान, विषाद, प्रेम, घृणा आदि ऐसी भावनाओं के उदाहरण हैं [2]। अब आप इन्हें अहंकारी प्रवृत्तियों के ऊपर प्रस्तुत वर्गीकरण से आसानी से जोड़ सकते हैं। भावनाएँ आवेग के रूप में उत्पन्न होती हैं तथा क्षण से लेकर घंटों तक बनी रहती हैं। जब वे घटित हो रहे होते हैं तो वे चित्त को पूरी तरह से जकड़ लेते हैं एवं व्यक्ति प्रायः कठपुतली की तरह तर्कहीन व्यवहार करता है। कहने की आवश्यकता नहीं है कि वे दुख का कारण बनते हैं, अतः एक बुद्धिमान व्यक्ति उन्हें समझने का प्रयास करता है, उनके तंत्र एवं कारणों को जानता है, तथा उनके प्रभाव को कम करने का प्रयास करता है।

भावनाएँ मानवीय अनुभव के नाटक में मसाला जोड़ती हैं, हम उन्हें नष्ट करना नहीं चाहते, परन्तु हम उनके द्वारा शासित नहीं होना चाहते। हम किसी भावना को अनुभव करने अथवा उसे छोड़ देने की स्वतंत्रता चाहते हैं। हम निश्चित रूप से उनके द्वारा किए जाने वाले स्वचालित कार्यों से मुक्त होना चाहते हैं।

पुनः, जागरूकता ही कुंजी है। यदि आप अपने चित्त के विषयों के बारे में पूरी तरह से जागरूक हैं, तो आप भावनाओं को शीघ्र पहचान लेंगे तथा उनसे प्रभावित नहीं होंगे। उनके बारे में जागरूकता आपको उन पर क्रिया करने से बचाती है, विशेषकर आवेगपूर्ण कार्यों से। भावनात्मक मूर्ख वे हैं जो अंधाधुंध उन्हें आमंत्रित करते हैं, उनके दास होते हैं एवं बिना सोचे-

समझे उन पर कार्य करते हैं। स्पष्ट है, उनका जीवन पीड़ाओं से भरा है। एक व्यक्ति जो भावनाओं को अहंकारी प्रवृत्तियों, कार्यक्रमों, प्रवृत्तियों के रूप में देखता है, उन्हें वैसे ही रहने देता है तथा उनसे अप्रभावित रहता है, उनके दुष्प्रभावों से मुक्त हो जाता है। इससे असीमित प्रसन्नता एवं स्वतंत्रता के द्वार खुलते हैं।

समर्पण

किसी पथ पर त्वरित प्रगति अहंकार के पूर्ण समर्पण की मांग करती है। अधिकांश यात्रा विषय एकत्र करने अथवा ज्ञान अथवा शक्ति अथवा विदेशी अनुभव प्राप्त करने के बारे में नहीं है, यह संचित संरचनाओं को खोने, उन्हें अलग करने, स्वयं को अज्ञानता से मुक्त करने के बारे में है। यह एक प्याज को छीलने की तरह धीरे-धीरे पर्दों के बाद पर्दों को हटाना है। तथा एक प्याज को छीलने की तरह, आपको अंत में कुछ भी प्राप्त नहीं होता है। जो कुछ शेष बचता है वह शून्यता है, बिना किसी आवरण के मात्र स्वयं/आत्मन। यदि यह हतोत्साहित करने वाला लगता है, तो यह मात्र आपका अहंकार है जो आपको यह बता रहा है। इस दृष्टि से तो पूरी यात्रा ही निरर्थक है। अहंकार पाने एवं संचय करने के बारे में है। यह किसी भी पथ अथवा आपके अंतिम लक्ष्य की सराहना नहीं कर सकता। अहंकार आपके रास्ते में बड़ी बाधाएं खड़ी करता है, आपको इससे दूर, लाभ, नियंत्रण एवं सामान्य जीवन शैली के जगत में ले जाता है। अतः, इसे त्यागना, इसे पूरी तरह से समर्पित करना आवश्यक हो जाता है। चूँकि यह एक उपयोगी उपकरण है, अतः जब भी मांग उठे आप इसका उपयोग कर सकते हैं, अन्यथा आप इसे अन्य उपकरणों के साथ चित्त की उपकरण-पेटिका में रख देते हैं। अहंकार का समर्पण एक महत्वपूर्ण उपलक्ष्य एवं महान उपलब्धि है। हम अगले अध्याय में चर्चा करेंगे कि अहंकारी प्रवृत्तियाँ कैसे विकार बन जाती हैं तथा इसके प्रभाव को कैसे कम किया जाए।

<u>टिप्पणियाँ:</u>

1. यदि हम मात्र मानव अनुभव पर ध्यान केंद्रित करते हैं, तो मानव अनुभव को निरंतर रखने के लिए (अर्थात शरीर को जीवित रखने के लिए) मानव को भोजन, पानी, हवा एवं आश्रय (मूलभूत आवश्यकताएं) की आवश्यकता होती है। हमें कुछ मानसिक संरचनाओं को भी अक्षुण्ण रखने की आवश्यकता है, जैसे कि स्वयं को कैसे खिलाना है, शिकार कैसे करना है अथवा भोजन कैसे उगाना है, एवं कौन सा भोजन शरीर के लिए उपयुक्त है आदि। मानसिक संरचनाओं को अनुभव के माध्यम से उनके निरंतर नवीनीकरण द्वारा बनाए रखा जाता है। भौतिक भाग को बनाए रखने तथा नवीनीकृत करने के लिए भौतिक पदार्थों की आवश्यकता होती है और यहीं समस्या है। यदि सब कुछ चित्त ही है, तो हमें खाने की आवश्यकता क्यों है? इस प्रश्न के उत्तर में ऊर्जा जैसी नई इकाइयों का परिचय सम्मिलित है, अतः हम शरीर पर आगामी अध्यायों में इससे निपटेंगे।

2. क्या प्रसन्नता भी एक भावना है? यह एक अच्छा प्रश्न है। यह निश्चित रूप से चित्त की एक अवस्था है। कोई कह सकता है कि जब कोई अहंकार नहीं होता, तब भी प्रसन्नता उपस्थित रहती है। अतः यह स्वभावतः अहंकारी नहीं है। प्रसन्नता चित्त की एक स्वाभाविक तथा शुद्ध(डिफ़ॉल्ट) अवस्था है। इसे मात्र संक्षेप में ही देखा जा सकता है क्योंकि चित्त अधिकतर पीड़ा, चाहत, बचाव आदि की स्थिति में होता है और जब थोड़े समय के लिए, पीड़ा अस्थायी रूप से दूर हो जाती है, तो यह अपनी प्राकृतिक/शुद्ध स्थिति का अनुभव करता है तथा इसे प्रसन्नता के रूप में मानता है। यह शांतिपूर्ण, आनंदमय एवं शांत है। परन्तु जब इसे व्यक्त किया जाता है तो इसे सकारात्मक कार्यों, व्यवहार तथा यहां तक कि सकारात्मक भावनाओं के रूप में भी देखा जाता है। प्रेम को अहंकारी भावनाओं के अंतर्गत क्यों वर्गीकृत किया गया है? क्या यह एक उच्चतर कार्य नहीं है? बिना शर्त प्यार, प्यार नहीं है. उस पर और बाद में।

अध्याय ७.० "अहंकार एवं उसकी प्रवृत्तियाँ" समाप्त हुआ।

13

८.१ " अहंकार के विकार - भय, क्रोध, वासना, लोभ"

अहंकार चित्त का एक भाग होने के कारण चित्त की तरह ही कुछ अस्तव्यस्तता से विकारयुक्त हो जाता है। यह जो कुछ भी करता है वह स्वाभाविक रूप से एवं पूर्णरूपेण करता है, परन्तु यदि आप अपने पथ पर प्रगति करना चाहते हैं तो ये संचालन (ऑपरेशन) अपेक्षित नहीं हो सकते हैं। यदि वे आपकी प्रगति को रोकते हैं अथवा आपको बाधित करते हैं, तो उन्हें विकार के रूप में देखा जाता है। बहुत से लोग अपना पूरा जीवन इन अस्तव्यस्तता से विकारयुक्त होकर जीते हैं, एवं दूसरों के लिए पीड़ा सहते हैं अथवा उनके लिए पीड़ा का कारण बनते हैं, लेकिन इससे कोई अन्तर नहीं पड़ता कि उनके पास कोई लक्ष्य नहीं है। वे पीड़ा के माध्यम से विकास के पथ पर हैं।

यदि कोई सचेत रूप से एवं जानबूझकर किसी मार्ग पर चलने का प्रयास कर रहा है, तो इन विकारों को पहचानना एवं दूर करना आवश्यक हो जाता है। यह इस पर निर्भर करता है कि कोई व्यक्ति अहंकार के कितने गहरे गड्ढे में है, लेकिन कभी-कभी इससे बाहर निकलना आसान होता है। प्रायः इन विकारों के कारण होने वाली पीड़ा ही पर्याप्त प्रेरणा होती है, क्योंकि उच्च चित्त की शिथिलता के कारण होने वाली पीड़ा की तुलना में अहंकार द्वारा दी गई पीड़ा बहुत बड़ी तथा क्रूर होती है।

किसी व्यक्ति की भावनाओं का स्तर उसके तथ्यों के ज्ञान के व्युत्क्रम अनुसार बदलता है। - बर्ट्रेंड रसेल

ये विकार अधिकतर भावनाओं (आंतरिक क्रियाओं) के रूप में अनुभूत किए तथा जाने जाते हैं। अहंकारपूर्ण कार्यक्रम एवं आंतरिक क्रियाएं मानसिक श्रेणीक्रम (हाइरार्की) में बुद्धि से नीचे होती हैं। इसे भावनाओं की शरीर से निकटता से आसानी से देखा जा सकता है। भावनाएँ दृश्यमान चेहरे के भाव, शरीर के विभिन्न अंगों में तीव्र संवेदनाएँ तथा शरीर की प्रमुख गतिविधियों का कारण बनती हैं, बौद्धिक गतिविधि की तुलना में जिसके कारण नहीं अथवा बहुत सूक्ष्म संचलन (शायद अधिक से अधिक नेत्र संबंधी) होता है। भावनाएँ शरीर

के अनैच्छिक कार्यों को भी प्रभावित करती हैं, जैसे हृदय गति, श्वास, तथा शरीर के अंदर हार्मोन एवं अन्य नियामक अथवा निरोधात्मक रसायनों का स्राव भी। तो कोई यह निष्कर्ष निकाल सकता है कि भावनाओं का शरीर से अत्यधिक सीधा तंत्रिका जुड़ाव है, यह संकेत देते हुए कि ये आदिम संरचनाएं हैं।

हमने पहले भी भावनाओं पर चर्चा की है (अधिक सकारात्मक दृष्टि से)। आप मुझे अहंकारी प्रवृत्ति से विकारग्रस्त लोगों के स्पष्ट एवं सामान्य संवेदनात्मक व्यवहार तथा कार्यों का विश्लेषणात्मक उपचार करते हुए पाएंगे। आप आश्चर्यचकित हो सकते हैं कि मुझे स्पष्ट बताने की आवश्यकता क्यों है, यहां तक कि अशिक्षित लोग भी क्रोध, भय अथवा ईर्ष्या के लक्षण जानते हैं। यह संकल्पित किया गया है, किसी को उनका वस्तुनिष्ठ अध्ययन करने की आवश्यकता है, उन्हें वैसे ही देखने की आवश्यकता है जैसे वे हैं। भावनाएँ आप को घटित नहीं होती, आपमें घटित होती हैं। आप भावुक नहीं होते, आप केवल उनके साक्षी बनते हैं। इन्हें अच्छी तरह से जानने से इनसे मुक्त होने में सहायता मिलती है। जैसे ही भावनाएँ स्वयं प्रज्वलित होती हैं, भावनाओं का ज्ञान जागृत हो जाता है। यह आपको उन्हें स्पष्ट रूप से देखने का विकल्प प्रदान करता है, न कि उनके जैसा बनने का।

"भावनाएँ हमेशा तुरंत तर्क के अधीन नहीं होती हैं, परन्तु वे सदैव तुरंत क्रिया के अधीन होती हैं।" - विलियम जेम्स

१. भय

भय छोटी मात्रा में स्वास्थ्यवर्धक है, यह हमें जीवित रखता है, अधिक मात्रा होने पर यह विष है। अति सामान्य भय मृत्यु, अज्ञात, हानि, उपहास, एकाकीपन एवं विफलता के हैं। भय हमें इन जोखिमों को कम करने के लिए कार्य करने के लिए प्रेरित करता है, तथा जब कोई व्यक्ति भय के कारण कार्य करता है, भले ही कोई जोखिम न हो अथवा संकट नगण्य हो, तो यह एक विकार बन जाता है। भय से विकारग्रस्त व्यक्ति के लिए अधिकांश संकट/ खतरे काल्पनिक होते हैं। एक भी बुरा अनुभव किसी व्यक्ति को बिना किसी वास्तविक कारण के बार-बार भय की स्थिति में भेजने के लिए पर्याप्त है। अतार्किक भय से उत्पन्न होने वाले कार्य सीमा रेखा के पागलपन के समान होते हैं। कुछ लोग मात्र आतंक के कारण ही पागलपन का शिकार हो जाते हैं। मृत्यु से भयभीत व्यक्ति कभी भी अपना जीवन पूर्णतयः नहीं जी पाता। अज्ञात से भयभीत व्यक्ति कभी अन्वेषण अथवा सीख नहीं पाता। हानि से भयभीत व्यक्ति कभी भी लाभ का आनंद नहीं उठा पाता। उपहास से भयभीत व्यक्ति कभी कुछ नया एवं साहसिक कार्य नहीं करता। एकाकीपन से भयभीत व्यक्ति जिससे भी जुड़ सकता है उससे चिपक जाता है, भले ही इसका अर्थ सम्बन्ध खराब हो। असफलता से भयभीत व्यक्ति कभी भी कठिन कार्य नहीं करता। भय व्यक्ति को निम्न जीवन व्यतीत करने के लिए बाध्य कर देता है। भय क्रोध तथा हिंसा को भी जन्म देता है, भयभीत व्यक्ति

का स्वयं पर कोई नियंत्रण नहीं होता, वह आवेश में आकर हानि पहुंचा सकता है।

"भय वह अंधकारयुक्त कक्ष है जहां नकारात्मकताएं विकसित होती हैं।"- अज्ञात

यदि आप किसी मार्ग पर हैं, तो भय से छुटकारा पाना आवश्यक हो जाता है। यह स्वाभाविक रूप से होना चाहिए, क्योंकि ज्ञान भय को नष्ट कर देता है। पहली चीज़ जो किसी को करनी चाहिए वह यह है कि पहचानें कि वह भयभीत है, पुनः उसका कारण ढूंढे, अपने कार्यों का विश्लेषण करें एवं भय से उत्पन्न होने वाले तर्कहीन क्रियाओं तथा विचारों को समाप्त करने की पुष्टि करें। इसे स्पष्ट रूप से देखें कि अहंकार कैसे संचालित होता है एवं भय का कारण बनता है। मृत्यु का भय तब नष्ट हो जाता है जब व्यक्ति को यह अनुभूत हो जाता है कि मृत्यु नहीं है, मात्र परिवर्तन है। अहंकार मृत्यु से बचने का एक तंत्र है, इससे अधिक वह कुछ नहीं जानता। जब कोई ज्ञात का मूल्य देखता है तो अज्ञात का भय लुप्त हो जाता है। नया ज्ञान अज्ञात देश में रहता है। अहंकार को ज्ञात में सुरक्षा मिलती है, जो एक बहुत ही संकीर्ण क्षेत्र है, तथा व्यक्ति को इसके छोटे से सुरक्षित क्षेत्र से दूर खोज करने से रोकता है। हानि का भय, जो अधिकतर भौतिक हानि है, इस अनुभूति से दूर किया जा सकता है कि हम यहां संग्रह करने के लिए नहीं हैं, हमारे साथ कुछ भी नहीं जाता है, जब हम जगत में हैं तो हमें कुछ भी प्राप्त नहीं होता है। अहंकार वस्तुओं को, विशेषकर उन वस्तुओं को, जो आनंद प्रदान करती हैं, पकड़ कर रखने का प्रयास करता है तथा व्यक्ति को वस्तुओं का दास बना देता है।

उपहास का भय विलुप्त हो जाता है जब कोई पाता है कि जनता अधिकतर अज्ञानी एवं सामान्य है, वे कुछ भी अधिक नहीं जानते हैं तथा किसी भी नई अथवा सामान्य से अलग, अलग अथवा श्रेष्ठतर वस्तु का उपहास करते हैं। अहंकार झुंड की संरचना एवं सुरक्षा को प्राथमिकता देता है। यह उन सभी कार्यों को रोकता है जो भीड़ के कार्यों से बहुत दूर होते हैं। भीड़ में फंसा व्यक्ति भीड़ की मानसिकता से आगे नहीं बढ़ पाता। एकाकीपन का भय दूर हो जाता है जब व्यक्ति को यह अनुभूत होता है कि दूसरों पर निर्भरता मात्र पीड़ा उत्पन्न करती है, संतुष्टि उसे छोड़ देने में है। अहंकार को लाभ या सुरक्षा के लिए बंधन बनाना पसंद है, यह तब भी उनसे चिपकता है जब वे बंधन बन जाते हैं और पीड़ा का कारण बनते हैं। असफलता का भय तब दूर हो जाता है जब कोई देखता है कि असफलता मात्र एक पाठ है, असफल होने से वह सीखता है कि क्या नहीं करना है, जो सफलता की ओर एक कदम है। अहंकार से संचालित होने वाला व्यक्ति कुछ भी नया अथवा कठिन काम करने में रुचि नहीं रखता, कोई भी असफलता "अहंकार को ठेस पहुंचाती है", और व्यक्ति प्रयास करना ही बंद कर देता है।

यह जानते हुए कि कोई भय से विकारग्रस्त है, उसके पीछे कारण एवं अज्ञान को खोजकर उसके स्थान पर ज्ञान का प्रयोग करने से भय दूर हो जाता है। व्यक्ति को गहन आत्म- निरीक्षण के माध्यम से भय के पीछे की अहंकारी प्रक्रियाओं को स्पष्ट रूप से देखने तथा अधिक तार्किक कार्यों के साथ उन पर नियंत्रण पाने की आवश्यकता है। मैं तार्किक कार्य

इसलिए कहता हूं, क्योंकि बहादुरी तथा मूर्खता के बीच बहुत महीन रेखा होती है। एक बार जब भय दूर हो जाए, तो पूरी तरह से यह जानना कि क्या जोखिम उठाना है, बहुत सहायता मिलती है। निर्भयता का अर्थ लापरवाही नहीं है। इसका अर्थ अधिक शारीरिक शक्ति अथवा हथियार अथवा अधिक हिंसक होना भी नहीं है। एक निडर व्यक्ति को इन बैसाखियों की आवश्यकता नहीं होती, वह हर परिस्थिति में शांत तथा स्थिर रहता है एवं सोच-समझकर कार्य करके संकटपूर्ण परिस्थितियों से बच जाता है।

२.क्रोध

क्रोध भय का पूरक है, यह टालने तथा क्षण-भंगुर व्यवहार के विपरीत हिंसा एवं आक्रामकता को उकसाता है। क्रोध अधिकतर समय भय के कारण होता है। क्रोधित व्यक्ति किसी चीज़ से भयभीत है तथा उसका अहंकार, संभावनाओं का मूल्यांकन करने के बाद, भय से बचने के लिए क्रोध को भड़काता है। क्रोध उचित है जब लक्षित व्यक्ति मूर्ख, अकारण अथवा अनुचित हो। कुछ लोग मात्र क्रोध की भाषा समझते हैं, वे अधिकतर अहंकार से संचालित होते हैं तथा तर्कसंगत कार्यों में संलग्न होने में असमर्थ होते हैं। ऐसे दुर्लभ अवसरों के अतिरिक्त, क्रोध सदैव हानि, हिंसा एवं सम्बन्ध को क्षति पहुंचाता है। अत्यधिक क्रोध का परिणाम लड़ाई-झगड़े एवं हत्याएं हैं। कभी-कभी क्रोध करना स्वभाव बन जाता है तथा ऐसे लोगों को "क्रोधी स्वभाव" का कहा जाता है। यदि क्रोध कई बार कुछ परिणाम देता है (ऐसा इसलिए होता है क्योंकि लोग प्रायः क्रोधी व्यक्ति से बचते हैं), अहंकार इसे एक जीतने की रणनीति मानता है एवं हर चीज पर इसका उपयोग करता है। निस्संदेह, यह सीमावर्ती पागलपन है तथा ऐसा व्यक्ति हर समय क्रोधित दिखाई देता है। लोग उसकी बात मानते हैं, अथवा उसके सामने हाँ में हाँ मिलाते हैं, इसलिए नहीं कि वे उसका सम्मान करते हैं, वे मात्र उससे बचना चाहते हैं। इससे व्यक्ति का क्रोधी स्वभाव और भी अधिक बढ़ जाता है।

"कोई भी उस व्यक्ति जितना क्रोधित नहीं होता जो गलत हो।" - कहावत

आप जो चाहते हैं उसे पाने के लिए क्रोध का उपयोग करना, अथवा एक अत्यंत छोटी सी बात पर क्रोध करना अहंकार का एक प्रमुख विकार है। यह तीव्र है, एवं कुछ लोग इसकी तीव्रता के व्यसनी हो जाते हैं, ठीक एक दवा की तरह, क्रोध उन्हें नशा प्रदान करता है। उन्हें सदैव समस्या की खोज में, किसी ऐसे व्यक्ति की खोज में देखा जाता है जिसके साथ वे लड़ सकें। यहाँ तक कि सम्मानित व्यवसाय वाले शिक्षित लोग भी ऐसा करते देखे जाते हैं, विशेषतः जब वे सत्ता की स्थिति में हों। क्रोध अतार्किक कार्यों को जन्म देता है तथा बड़ी पीड़ा का कारण बनता है। क्रोध के वशीभूत होकर किये गये कार्य एवं उनके परिणाम जीवन भर बने रहते हैं, दूरगामी होते हैं।

क्रोध का उपचार धैर्य है। धैर्यवान तथा विशाल हृदय का होना अहंकार को इस आदिम कार्यक्रम को प्रारम्भ करने से रोकता है। अपने अहंकार के प्रति सचेत रहने एवं दूसरों के

व्यवहार को समझने से बहुत सहायता मिलती है। प्रायः लोगों को मात्र मनोरंजन के लिए दूसरों पर क्रोध भड़काना रुचिकर लगता है। जब आप जानते हैं कि लोग कौन से खेल खेलते हैं, तो आप कठपुतली बनना बंद कर देते हैं। जब कोई आपको चाहता है तो आप क्रोधित नहीं होते। हर बात को गंभीरता से न लेना तथा यह जानना कि सभी परिस्थितियाँ आपके लिए अनुकूल नहीं हो सकतीं, क्रोध को रोकने में सहायता मिलती है। एक साधक जानता है कि जीवन एक सीखने का अनुभव है, एवं प्रतिकूल परिस्थितियाँ ही हमें सबसे अधिक सिखाती हैं। विषम परिस्थितियों में भी साधक कभी संयम नहीं खोता। वह परिणामों से भली-भांति परिचित है, उन (परिणामों) के संदर्भ में क्रोध एक बड़ा मूल्य है।

"यदि आप क्रोध के एक क्षण में धैर्य रखते हैं, तो आप दुःख के सौ दिनों से बच जायेंगे।"
- चीनी कहावत

आपको क्रोध आ गया तथा आपने कुछ मूर्खता कर दी, इसे कैसे ठीक करें? क्षमा-याचना अधिकांश समय इसे ठीक कर देता है। यदि आपने हानि पहुँचायी है, तो उसे सुधारें। खेद व्यक्त करना निर्बलता का लक्षण नहीं है, ये अहंकार शब्दावली है। मात्र एक बहादुर व्यक्ति ही "क्षमा" मांग कह सकता है, दुर्बल व्यक्ति अधिक क्रोध करता है। क्रोध से बिगड़े सम्बन्ध टूटे शीशे की तरह होते हैं, उन्हें जोड़कर दोबारा नहीं बनाया जा सकता। एक बुद्धिमान व्यक्ति क्षमा मांगता है और आगे बढ़ जाता है, इससे पाठ सीख लिया।

"क्रोधित व्यक्ति जब तर्क की ओर लौटता है तो वह पुनः स्वयं पर क्रोधित हो जाता है।"
-पब्लिलियस साइरस

३. वासना/हवस

संतानोत्पत्ति की स्वस्थ इच्छा एक आवश्यकता है, क्योंकि यही मानव जाति को आगे बढ़ाती है। तो यह इच्छा कब वासना के विकार में बदल जाती है? जब यह चित्त का एकमात्र व्यवसाय बन जाता है। वासना से विकारग्रस्त व्यक्ति पूरी तरह से वासना के वश में हो जाता है तथा उसके कार्य येन-केन-प्रकारेण वासना की पूर्ति की ओर निर्देशित होते हैं। वासना जीवन का एक छोटा सा भाग न रहकर उसका सम्पूर्ण जीवन बन जाती है। वासना की प्रकृति ऐसी है कि उसे पूरा करने मात्र से ही वह और बढ़ जाती है अतः व्यक्ति के लिए इससे बाहर निकलना असंभव नहीं तो कठिन अवश्य हो जाता है।

यदि जैसा है वैसा देखा जाए तो प्रजनन एक कुरूप एवं घृणित कार्य है (तथा जन्म देना भी देखने में घृणित है)। यदि इसमें आनंद न होता तो कोई भी ऐसा नहीं करता। चित्त ने युग्ल-क्रिया को आनंद के साथ जोड़कर महान कार्य किया है, इससे हर मूल्य पर प्रजनन सुनिश्चित होता है। प्रजनन शरीर की आवश्यकता है, यह आनंद है जो एक विकार बन जाता है, कृत्य स्वयं नहीं। वासना अन्य कुछ नहीं परन्तु आनंद का व्यसन है। एक साथी इस आनंद को प्रदान करने का एक साधन मात्र है। अवश्य, यह उन लोगों के लिए बड़ी पीड़ा का

कारण बनता है जो इसके व्यसनी हैं, जब उन्हें यह नहीं मिलता है। यह उन्हें अवसाद में भेज देता है, तथा जीवन शून्य हो जाता है, क्योंकि उनके पास कोई अन्य रुचि नहीं है, कोई अन्य व्यवसाय नहीं है।

जब आप उपभोक्ता में वासना भड़काए बिना पानी की एक बोतल भी नहीं बेच सकते, तो आप जानते हैं कि मानवता वास्तव में गहरे गड्ढे में है। वासना मानवता की पूर्वव्यस्तता है। सुखवादी समाज वासना को प्रोत्साहित करते हैं, परन्तु कहने की आवश्यकता नहीं है कि यह कभी भी पर्याप्त नहीं होती है तथा वासनापूर्ण कृत्य विकृतियों में परिवर्तित हो जाते हैं। युगलों एवं विवाहों की सूची लंबी होती जाती है, क्योंकि वासना पर आधारित सम्बन्ध टिकते नहीं, इसके लिए पी2पी को धन्यवाद। वासना मनुष्य को पशु से भी निकृष्ट बना देती है। जो संस्कृतियाँ वासना को दबाती हैं, उनमें यह हिंसा, बलात्कार, बाल शोषण एवं अनाचार तथा वेश्यावृत्ति जैसे अन्य विचित्र व्यवहारों के रूप में समक्ष आती है। जिन समाजों में विवाह पूर्व यौन संबंध को स्वीकार्यता नहीं मिलती, वहां अधिकतर विवाह वासना का परिणाम होते हैं। यह कभी काम नहीं करता, क्योंकि वासना ख़त्म हो जाती है अथवा और अधिक की मांग करती है। वासना के आधार पर लिए गए जीवन के निर्णय व्यक्ति को जीवन भर पीड़ा देते हैं और दूसरों को भी पीड़ा देते हैं।

"हम सबसे दुर्भाग्यपूर्ण मुहावरे का प्रयोग करते हैं जब हम सड़कों पर घूमने वाले एक कामुक आदमी के बारे में कहते हैं कि वह "एक महिला को चाहता है"। दृढ़ता से कहें तो, एक महिला मात्र को वह नहीं चाहता। वह एक ऐसा आनंद चाहता है जिसके लिए एक महिला का आवश्यक उपकरण बन जाना घटित होता है। वह महिला की कितनी चिंता करता है, इसका अनुमान संभवतः भोग-विलास के पांच मिनट बाद उसके प्रति उसके रवैये से लगाया जा सकता है (कोई सिगरेट पीने के बाद उसकी डिब्बी नहीं रखता है)। - सी. एस. लुईस

इसका उपचार कैसे करें? यह समझें कि प्रजनन जीवन का एक छोटा सा पहलू है, न कि आपका सम्पूर्ण जीवन। यदि आपका लक्ष्य संतानोत्पत्ति है, तो इसे करें तथा इसे पूर्ण करें। यदि आपका लक्ष्य आनंद है, तो जान लें कि यह मात्र एक गाजर है जिसे अहंकार आपकी नाक के सामने लटका देता है ताकि वह आपसे जो चाहे वह करवा सके। जान लें कि जब आपके पास ऐसे लक्ष्य होते हैं, तो आपका अहंकार ही आपका स्वामी होता है। बड़े लक्ष्य बनाओ, संतान तो पशु भी उत्पन्न कर सकते हैं। मनुष्य को कुछ सीमा तक सम्मानजनक लक्ष्यों की आवश्यकता है। जब अहंकार की वासनात्मक प्रवृत्ति हावी हो जाए तो सावधान हो जाइए। यदि आपके पास साधन हैं, इसे संतुष्ट कीजिये, अन्यथा बस इसे आते और जाते हुए देखिये। किसी को इस पर क्रिया करने की आवश्यकता नहीं है। पुनः जागरूकता ही कुंजी है। जब कोई वासना पर क्रिया करता है तो वह प्रबल हो जाती है। यह मस्तिष्क का मात्र मानक प्रवेश है।

४.लोभ

लोभ अर्थात लोलुपता। भोजन शरीर के लिए एक आवश्यकता है तथा जब भोजन प्रचुर मात्रा में होता है तो शरीर के पास अतिरिक्त भंडारण के लिए बहुत अच्छी व्यवस्था होती है। पौष्टिक भोजन मिलने पर यह मस्तिष्क को आनंद के संकेत भेजता है। आनंद के कारण ऐसा व्यवहार अधिक होता है एवं शरीर को पोषण मिलता है। भोजन की कमी न होने पर भी अत्यधिक भोजन करने का कारण आनंद भी है। यह लोभ के विकार में बदल जाता है। इससे विकार-ग्रस्त व्यक्ति न केवल मोटा हो जाता है परन्तु उसमें मोटा अहंकार भी आ जाता है।

एक लोभी व्यक्ति भोजन के अतिरिक्त किसी अन्य वस्तु से प्रेरित नहीं होता है। उसका दिन का अधिकतर समय खाने एवं मल-मूत्र त्यागने में ही व्यतीत होता है। पूरा भोजन ग्रहण करने के पश्चात्, वह मिष्ठान एवं स्वल्पाहार पर समय नष्ट करते हुए उत्सुकता से अपने अगले भोजन की प्रतीक्षा करता है। एक लोभी व्यक्ति को उसके विशाल, असंतुलित शरीर से आसानी से पहचाना जा सकता है। यह कुरूप ही नहीं, अस्वास्थ्यकर भी होता है तथा ऐसा व्यक्ति शीघ्र ही विभिन्न रोगों की चपेट में आ जाता है। इसके कुछ अनपेक्षित परिणाम भी होते हैं, जैसे ऐसे व्यक्ति को एक जीवन साथी मिलना कठिन हो जाता है, एवं उसका जीवन निराशा तथा एकाकीपन के अतिरिक्त कुछ नहीं होता है, जिसे वह और भी अधिक खाकर मुक्त होने का प्रयास करता है। भोजन का व्यसन उन संस्कृतियों में अधिक प्रचलित है जो समृद्ध हैं, परन्तु निर्धन भी इससे पीड़ित हैं क्योंकि कुछ शरीरों में वसा जमा करने की आनुवंशिक प्रवृत्ति होती है तथा मोटे होने के लिए बहुत अधिक भोजन नहीं करना पड़ता है, विशेषतः जब पर्याप्त शारीरिक व्यायाम नहीं होता है एवं भोजन की कमी मात्र लोभ को बढ़ावा देती है।

"निर्धनता बहुत कुछ चाहती है; परन्तु लोभ, सब कुछ।" - पब्लिलियस साइरस

वैसे भी लोभ का भोजन से कोई लेना-देना नहीं है, यह भोजन से मिलने वाले आनंद तथा तृप्ति का व्यसन है। यह एक टालने वाला व्यवहार भी है क्योंकि भोजन व्यक्ति को सुरक्षित अनुभूत कराता है। एक असुरक्षित व्यक्ति प्रायः क्षतिपूर्ति के लिए अधिक खाने का आश्रय लेता है। एक लोभी व्यक्ति को वश में करना सरल होता है, आपको बस कुछ भोजन की आवश्यकता होती है। ऐसा व्यक्ति भोला भी होता है। एक मोटे आदमी को प्रायः दूसरे लोग मूर्ख समझते हैं, उन्हें घृणित लगता है, एवं यह सामाजिक चिंता का कारण बनता है। आवश्यकता से अधिक भोजन का आनंद है, परन्तु परिणाम अंतहीन पीड़ा है।

लोभ संग्रह करने के व्यवहार में विस्तृत हो जाता है, जहां व्यक्ति भोजन के विपरीत धन अथवा वस्तुएं जमा करता है। अहंकार उन्हें अपने ही भाग के रूप में देखता है एवं उसी गतिविधि में संलग्न होता है - इसे और अधिक प्राप्त करने के लिए। जैसा कि स्पष्ट है, धन कमाने तथा सामान संग्रहित करने की होड़ मानवता का एक प्रमुख व्यवसाय है। आवश्यकताएं पूर्ण होने के बाद भी लोभ जारी रहता है। इससे अन्यों को हानि होती है,

संसाधनों का असमान वितरण होता है तथा सबसे अधिक हानि लोभी व्यक्ति को होती है। ऐसे व्यक्ति को कभी शांति प्राप्त नहीं होती, अधिक से अधिक पाने का लोभ उसे सामान के पीछे दौड़ाता रहता है। इस व्यवहार को दूसरों, विशेषकर उसके आश्रितों द्वारा प्रोत्साहित किया जाता है, क्योंकि यह उन्हें और अधिक वस्तुएं प्रदान करता है। स्पष्टतः इससे अधिक सुरक्षा भी मिलती है, परन्तु एक लालची व्यक्ति सदैव हानि से भयभीत रहता है, संदेह तथा अविश्वास से भरा होता है एवं अन्य लोगों के साथ तुच्छ व्यवहार करता है।

"तीन महीने तक इसमें रहने के बाद भी सबसे खूबसूरत दृश्य हमारे प्रेम का आश्वासन नहीं देते हैं, तथा कुछ दूर के तट हमारे लोभ को आकर्षित करते हैं: संपत्ति प्रायः कब्जे से कम हो जाती है।" - फ्रेडरिक निएत्ज़्स्चे

इससे मुक्त कैसे हों? यह समझें कि हम जीवन के लिए खाते हैं, खाने के लिए नहीं जीते। एक बार पेट भर जाए तो भोजन के बारे में भूल जाएं। यदि जीवन में खाना ही आपका लक्ष्य है, तो यहाँ कुछ गंभीर गड़बड़ है। जब आपके पास कोई पथ नहीं होता तो अहंकारी प्रवृत्ति शासन करती हैं। यह समझें कि आरामदायक जीवन के लिए किसी को आवश्यकता से अधिक संचय करने की आवश्यकता नहीं है। कुछ भी हमारे साथ नहीं जाता। चमकदार वस्तुएं कोई सम्मान अथवा "स्थिति" नहीं प्रदान करती हैं, यह मात्र आपके चारों ओर लोभी लोगों की भीड़ एकत्रित करती है। संपत्ति प्रेम को आकर्षित नहीं करती, मात्र स्वर्ण की खुदाई करने वालों को आकर्षित करती है। किसी भी व्यक्ति को अपने पथ पर तेजी से आगे बढ़ने के लिए एक सरल तथा न्यूनतम जीवन की आवश्यकता होती है।

कुछ लोग भोजन के लोभ से लड़ने के लिए उपवास को एक विधि के रूप में अपनाते हैं। प्रायः वे भोजन के लिए पूरे दिन अधीरता से प्रतीक्षा करते हैं तथा बाद में अथवा जब उपवास नहीं होता है तो जमकर खाते हैं। इस तरह की चरम सीमाएं लाभ से अधिक हानि पहुंचाती हैं। व्यक्ति को दिन में मात्र दो बार संतुलित आहार की आवश्यकता होती है, यह सरल एवं श्रेष्ठतर प्रकार है। कुछ लोग संग्रह करने के व्यवहार से मुक्त होने के लिए दान का उपयोग एक विधि के रूप में करते हैं। परन्तु प्रायः वे घमंड तथा अहंकार से भरी जेबें लेकर वापस आते हैं। लोग उन लोगों के सामने झुकते हैं जो प्रदान करते हैं, एवं यह दाता के अहंकार को विशाल आकार तक बढ़ाने के लिए पर्याप्त है। अज्ञात नाम से दान एक विकल्प है, परन्तु कुछ लोग फिर भी परिणामस्वरूप "मुखिया भाव" अथवा "लोक-सेवक मुकुट" प्राप्त करने में सफल होते हैं। अहंकार पीछे के द्वार से वापस आता है। आप इसे लंबे समय तक धोखा नहीं दे सकते। सीधा पथ सबसे अच्छा तरीका है, मात्र संग्रह करना बंद करो तथा दूसरों को वह पाने दो जिसके वे अधिकारी हैं। साधक अपनी दरिद्रता दूर करने के लिए धन कमाने एवं उसे गरीबों को दान करने में नहीं लगता, उसके पास उसके लिए पर्याप्त समय नहीं होता। वन में एक पता ठीक करो, तथा आपको कुछ प्राप्त नहीं हुआ। जान लें कि स्वयं को ठीक करना सबसे महत्वपूर्ण है।

अध्याय ८.१ "अहंकार के विकार - भय, क्रोध, वासना, लोभ" समाप्त हुआ।

14

८.२ "अहंकार के विकार - आलस्य, ईर्ष्या, अभिमान, छल, आसक्ति, स्वामित्व"

५. आलस्य

चित्त प्रायः जीव को विश्राम करने अथवा निद्रा का निर्देश देकर ऊर्जा तथा प्रयास बचाने की चेष्टा करता है। यह प्रवृत्ति मनुष्य में अहंकार प्रक्रिया के रूप में भी देखी जाती है। जब भी कार्य करने की कोई तत्काल आवश्यकता नहीं होती, अथवा भयपूर्ण स्थिति नहीं होती, तो चित्त को एक सुस्ती नियंत्रण में ले लेती है तथा व्यक्ति कार्य करने की इच्छा खो देता है। यह आलस्य अथवा सुस्ती है। ऐसा व्यक्ति अपने आदिम ऊर्जा बचत कार्यक्रमों को अपने ऊपर नियंत्रण लेने दे रहा है। कभी-कभी यह ठीक है, हम सभी को कभी-कभी विश्राम की आवश्यकता होती है, परन्तु शीघ्र ही यह एक समस्या बन जाती है क्योंकि यह एक स्वभाव बन जाता है। दिनचर्या के कार्यों में आलस्य झलकने लगता है।

आलसी व्यक्ति प्रायः बहाने बनाकर एवं कभी-कभी झूठ बोलकर अपने इस व्यवहार को छुपाता है। कहने की आवश्यकता नहीं है, निष्क्रियता एवं कार्यों से बचने के संकल्प के परिणामस्वरूप कुछ भी महत्वपूर्ण प्राप्त नहीं हो पाता है। आलसी व्यक्ति अधिकांश समय कुछ भी प्राप्त नहीं कर पाता। इसका द्वितीयक प्रभाव व्यक्ति को अवसाद ग्रसित होने का होता है। आलस्य व्यक्ति को देर-सबेर पीड़ा पहुंचाता है। व्यक्ति न केवल स्वयं पीड़ा सहता है, बल्कि दूसरों को भी पीड़ा देता है, विशेषतः जब अन्य लोग काम के लिए उस पर निर्भर होते हैं, जैसे कि उनका नियोक्ता होना। सुस्ती एक अहंकारी प्रक्रिया है जिसका प्राचीन समय में कुछ उपयोग था, जब इसने जीवित रहने में सहायता की थी। जब वास्तव में आवश्यकता

न हो तो गतिविधियों को धीमा करके ऊर्जा की बचत करना एक अच्छी रणनीति है, परन्तु आधुनिक समय में व्यक्ति को अपना पेट भरने के बाद भी कार्य करने की आवश्यकता होती है एवं उत्तरजीविता पर तत्काल कोई संकट नहीं होता है। वास्तव में हमारे ज्यादातर कार्य मूलभूत आवश्यकताओं का ध्यान रखने के बाद ही प्रारम्भ होते हैं। अतः यदि आप कुछ प्राप्त करना चाहते हैं तो आलस्य के प्राचीन मूल कार्यक्रमों को समाप्त करना होगा।

वो कैसे करूं? उचित है सबसे पहले व्यक्ति को यह अनुभूत होना चाहिए कि वह आलस्य-युक्त है। यदि आपके अधिकांश कार्य अधूरे रह जाते हैं, यदि आपमें कार्य टालने की प्रवृत्ति है, यदि आप योजनाएं बनाते हैं परन्तु कभी कार्य नहीं करते हैं, यदि आप किसी भी कार्य के लिए हमेशा देर से पहुंचते हैं आदि, तो समझ लें कि आलस्य ने आप पर नियंत्रण कर लिया है। अब आप जानते हुए तथा संकल्पित होकर विपरीत व्यवहार प्रारम्भ कर सकते हैं। इन सब का मूल वह विकल्प है जो हम तब चुनते हैं जब हमें कार्य करने या न करने का विकल्प मिलता है, हम उसी क्षण जागरूक हो जाते हैं एवं कार्य करना चुनते हैं, क्रिया स्वयं होगी। आप पाएंगे कि किसी कार्य को पूरा करने पर जो प्रसन्नता, संतुष्टि तथा शांति मिलती है, वह आपको आलस्य से बाहर आने के लिए प्रेरित करती है। अब अहंकार को पकड़ने में बड़ा एवं श्रेष्ठतर आनंद मिलता है तथा आलस्य गतिविधि में बदल जाता है।

"किसी भी प्रकार का आलस्य नहीं है जिसके द्वारा हम इतनी आसानी से बहकाए जाते हैं जितना कि वह जो व्यवसाय की उपस्थिति का प्रतीक है।"-सैमुअल जॉनसन

साधक पर भी आलस्य का प्रभाव पड़ता है, जब वह ध्यान करने के स्थान पर सोता हुआ दिखाई देता है, अभ्यास करने के स्थान पर ध्यान भटकाने के पीछे भागता हुआ दिखाई देता है। जब भी उसके चित को गहनता से चिंतन के लिए बाध्य किया जाता है अथवा जब भी उच्च स्तर की बुद्धि की आवश्यकता होती है, तो ऐसा व्यक्ति भारी मानसिक कार्य से बचने का प्रयास करता है। आलस्य ही वह कारण है जिससे लोग कुछ भी नया सीखने से बचते हैं। यह बहुत अधिक मानसिक कार्य की मांग करता है। यदि आप साधक हैं तो आलस्य निश्चित ही आपका मार्ग रोकेगा।

"परिश्रमी के लिए एक सप्ताह में सात दिन होते हैं, तथा आलसी के लिए सात आनेवाले कल होते हैं।" - पोलिश कहावत

६. ईर्ष्या

जब किसी समूह में किसी व्यक्ति का सामना ऐसे व्यक्तियों से होता है जो कुछ अर्थों में उससे श्रेष्ठतर होते हैं तथा इसे उसकी उत्तरजीविता के लिए संकट माना जाता है। स्थिति के प्रति स्वाभाविक प्रतिक्रिया प्रतिस्पर्धा है एवं व्यक्ति किसी भी संभव प्रकार से प्रतिस्पर्धियों से श्रेष्ठतर प्रदर्शन करने का प्रयास करता है। यह उत्तरजीविता के लिए परिचित संघर्ष है। दूसरों के स्वयं से श्रेष्ठतर प्रदर्शन करने का अर्थ स्पष्टतः उसकी उत्तरजीविता एवं प्रजनन

की संभावना कम होना है अतः वह दूसरों के साथ उत्तरजीविता की दौड़ में सम्मिलित हो जाता है। व्यक्ति किसी भी तरह से दूसरों के पास जो है उसे प्राप्त करने का प्रयास करता है तथा उन लोगों को अपने संभावित शत्रु के रूप में देखता है जिनके पास स्वयं से अधिक संसाधन अथवा श्रेष्ठतर गुण हैं। यह एक स्वचालित प्रतिक्रिया है और उन कार्यक्रमों के माध्यम से स्वचालित क्रिया उत्पन्न करती है जो अहंकारी प्रवृत्ति का भाग हैं। इन्हें अत्यधिक कमी, अपर्याप्तता की भावना, कुछ सीमा तक क्रोध तथा घृणा के साथ मिश्रित भय के रूप में अनुभूत किया जाता है। यह ईर्ष्या अथवा द्वेष का आकर्षक भाव है।

"ईर्ष्या स्वयं की हीनता का संशय है!" - एमिली पोस्ट

प्रतिस्पर्धा स्वस्थ है, यह एक सकारात्मक गुण है, इसी व्यवहार ने हमें प्राचीन काल में जीवित रखा है। यह व्यवहार तभी एक विकार बन जाता है जब कोई वांछित परिणाम प्राप्त करने में विफल रहता है। प्रतिस्पर्धा ईर्ष्या में बदल जाती है, जो एक अस्वस्थ पूर्ण स्थिति है, बहुत पीड़ा का कारण बनती है। अतः यदि आपके मित्र के पास बड़ी कार है तो यह दुख का कारण बन जाती है, यह आपको हीन, अभावग्रस्त अनुभूत कराती है। यदि कोई महिला आपसे श्रेष्ठतर दिखती है तो वह ईर्ष्या की पात्र बन जाती है। आपका अहंकार उसकी उपस्थिति में संभोग एवं प्रजनन की कम संभावना को अनुभूत करता है। चरम मामलों में ईर्ष्या के परिणामस्वरूप झगड़े तथा यहां तक कि हत्याएं भी हो सकती हैं। इसका कारण कुछ भी हो सकता है, श्रेष्ठतर परिधान और आभूषण से लेकर दूसरे बड़े देश जिस पर अन्य शासन कर रहा हो तक।

ईर्ष्या से कैसे छुटकारा पाएं? यह जानकर कि यह मात्र एक कार्यक्रम है, अन्य कुछ नहीं तथा इसे स्पष्ट रूप से देखकर, उस पर बिना कार्य किए। ईर्ष्या छिपी हुई इच्छाओं से भड़कती है एवं यह देखकर भी कि किसी अन्य की इच्छा पूर्ण हो गई तथा आपकी नहीं। इच्छा का पता लगाएं, देखें कि यह कहां से आती है। यह कितना अनुपयोगी एवं महत्वहीन है। यदि आप एक साधक हैं तो दूसरों के पास जो कुछ है उसकी आपको आवश्यकता नहीं है, इसके अतिरिक्त जो आपके पास है आप उससे मुक्ति पाना चाहते हैं। आपकी प्रतिस्पर्धा अपने आप से है, किसी अन्य से नहीं।

"सभी ईर्ष्या इच्छा के समानुपाती होती है; हम दूसरे की उपलब्धियों से असहज हो जाते हैं, क्योंकि हम सोचते हैं कि हमारी अपनी प्रसन्नता उस वस्तु के जुड़ने से आगे बढ़ेगी जो वह हमसे छीनता है। -सैमुअल जॉनसन

७. गर्व

जब भी कोई व्यक्ति अनुकूल परिणाम देने वाली रीति से कार्य करता है, तो अहंकार पुरस्कृत करता है। अपने कार्यों के फल का श्रेय लेना इसे रुचिकर लगता है। वह उत्साहित अनुभूत करता है, शक्तिशाली हो जाता है। यह गर्व अथवा अभिमान की परिचित भावना है। यह इस

प्रकार की और अधिक क्रियाओं का कारण बनता है क्योंकि स्वचालित सीखना होता है। गर्व को प्रायः श्रेष्ठता की भावना तथा अति आत्मविश्वास के रूप में देखा जाता है। यह न केवल किसी को मूर्खता-पूर्ण कार्य करने के लिए बाध्य करता है, परन्तु यह दूसरों को भी पीड़ित करता है क्योंकि विकारग्रस्त व्यक्ति एक संकुचित तथा स्वार्थी प्राणी बन जाता है, जो दूसरों पर अपना प्रभाव थोपता है।

"एक व्यर्थ व्यक्ति गर्वान्वित हो सकता है एवं स्वयं को सभी को प्रसन्न करने की कल्पना कर सकता है, जबकि वास्तव में वह एक सार्वभौमिक उपद्रव है।" - स्पिनोज़ा

गर्व/अभिमान एक सामाजिक प्रवृत्ति है। इसका स्वयं उस व्यक्ति से कोई लेना-देना नहीं है। जब भी कोई कार्य अनुकूल होता है जिसका सीधा संबंध उत्तरजीविता से नहीं होता तो व्यक्ति को संतुष्टि का अनुभव होता है, गौरव का नहीं। गर्व/अभिमान अहंकार द्वारा अपनी श्रेष्ठता की घोषणा का परिणाम है, जो अपने प्रतिद्वंद्वी के साथ लड़ाई के बाद एक पशु की विजयी चीख के विपरीत नहीं है। यह विकारग्रस्त व्यक्ति के लिए पीड़ा का कारण बनता है जब दूसरे लोग उसकी अपेक्षा के अनुरूप व्यवहार नहीं करते हैं। अभिमान सम्मान की मांग करता है और यहां तक कि इसे दूसरों से दूर भी कर देता है। अभिमान के परिणामस्वरूप हठ, दूसरों पर नियंत्रण, दूसरों के लिए समस्याएँ उत्पन्न करना इत्यादि, होती हैं। अभिमान को खोना अथवा इसे खोने का भय भी व्यक्ति को पीड़ा पहुँचाता है। अहंकार एक पराजित व्यक्ति को अपराध-बोध एवं लज्जित होने की नकारात्मक भावनाओं से दंडित करता है। सुंदर तथा सशक्त शरीर, धन, जाति, धर्म, नस्ल अथवा पी एच डी की डिग्री, जो भी आपके गर्व का कारण है, वही आपके पतन का भी कारण है।

"मूर्ख लोग अपने पद को दिया गया सम्मान अपने लिए ले लेते हैं।" -ईसप

इसे अहंकार की सामाजिक प्रवृत्ति के रूप में देखकर गर्व/अभिमान से मुक्ति पायी जा सकती है। विनम्रता, घमंड नहीं, सफलता, शक्ति और बुद्धि का प्रतीक है। कर्म तो होते हैं, करता कोई नहीं। फल तो होते ही हैं, वे किसी के वश में नहीं होते। वहां किसी भी सफलता का श्रेय लेने वाला कोई नहीं है। एक साधक की रुचि समाज में अथवा दूसरों को यह दिखाने में नहीं होती कि वह कितना महान है, उसकी रुचि मात्र अपने आप में है, अपने स्वयं में है।

८. छल

कुछ प्राणियों ने अपने विकास के आरंभ में ही जान लिया था कि उत्तरजीविता की दृष्टि से समूह में दूसरों से भोजन छिपाना उनके लिए अधिक अनुकूल है। तो मृत होने का नाटक करना (बेहोशी की एक स्वचालित क्रिया के रूप में देखा जाता है)। किसी सशक्त प्रतिद्वंद्वी का सामना होने पर हिंसक पशु की भयानक आवाज देने से भी बहुत सहायता मिलती है। संभावित साथी की उपस्थिति में दिखावा करने के स्पष्ट लाभ हैं। ये व्यवहार बाद में अहंकारी प्रवृत्ति में विकसित हो गए, जिसे सामूहिक रूप से हम छल/धोखा कह सकते हैं।

"महिलाएं जिन पुरुषों को सबसे अधिक आकर्षक मानती हैं, वे सबसे दुस्साहसी धोखेबाज़ होते हैं; वे उन पुरुषों से सबसे अधिक घृणा करती हैं जो उन्हें सत्य बताते हैं।" - हैल मॉर्गन

इस तरह के व्यवहार पशुओं में साधारण छल-आवरण से लेकर मनुष्यों के मामले में राजनीतिक तथा धार्मिक नेताओं की जटिल जोड़-तोड़ तक होते हैं। वाणी के माध्यम से व्यक्त करने पर वे झूठ बन जाते हैं। जब शरीर के माध्यम से व्यक्त किए जाते हैं तो वे नकली भावनाएँ बन जाते हैं। व्यवसाय तथा सेवा-कार्यों में देखने पर ये बेईमानी करने लगते हैं। संबंधों में देखा जाए तो वे छल कर रहे हैं अथवा अनिष्ठा कर रहे हैं। छल का अहंकारी व्यवहार इतना सामान्य है कि हर कोई इसे "ठीक" मान लेता है। किसी भी मानवीय परस्पर व्यवहार में छल हो सकता है, और अधिकांश में होता है। जब हम किसी विचित्र-व्यक्ति से मिलते हैं तो प्रायः प्रथम धारणा छल की होती है, क्योंकि हम अधिकतर इसी का सामना करते हैं। निष्ठा एवं सत्य स्वर्ण के समान दुर्लभ है।

छल के कार्य का तात्कालिक परिणाम धोखेबाज व्यक्ति के लिए विश्वास की हानि, उससे प्रतिकर्षण एवं किसी भी आगे की बातचीत से बचना है। एवं यही उस व्यक्ति के लिए पीड़ा का कारण बन जाता है। अहंकार छल को उकसाता है तथा पुनः छलने वाले को अपराध एवं लज्जित होने की नकारात्मक भावनाओं के माध्यम से दंडित करता है यदि वह इसे छिपाने में विफल रहता है। लोग मात्र उत्तरजीविता के सन्दर्भ में कुछ लाभ प्राप्त करने के लिए किसी न किसी प्रकार के छलपूर्वक व्यवहार में संलग्न होते हैं। अधिकांश लोगों को दूसरों को छलने की आवश्यकता अनुभूत नहीं होती जब तक कि वे हताश न हों। हालाँकि, कुछ ऐसे भी हैं, जो स्वयं को अधिक चतुर अनुभूत करने के लिए ऐसा करते हैं। दूसरों को छलने से उनमें अहंकार की भावना आ जाती है। यह एक व्यसन की तरह है।

"दोषी चित्त में संदेह सदैव सताता रहता है।" – शेक्सपियर

यदि आप इससे विकारग्रस्त हैं तो आप इसे कैसे ठीक कर सकते हैं? इसका प्रारम्भ विचारों के स्तर से होता है। जब भी आपको कार्य करने की आवश्यकता होती है, तो आपके सामने कुछ विचार तथा आवेग आते हैं जो आपको छद्म व्यवहार की ओर धकेलते हैं, जिसका औचित्य त्वरित संतुष्टि है। आपको सच्चाई तथा बुद्धिमानी से कार्य करने के विकल्प भी मिलेंगे, भले ही आप देखेंगे कि उनसे कोई अनुकूल परिणाम नहीं मिलेगा अथवा कभी-कभी प्रतिकूल भी हो सकता है। सदैव चेतनापूर्ण एवं संकल्पित होकर बाद वाले को चुनें।

सत्यता-पूर्ण विचार सत्यता-पूर्ण क्रियाओं तथा चित्त की शांति की ओर ले जाते हैं। आपको सत्यता-पूर्ण लोगों तथा मित्रों का समर्थन प्राप्त होगा। आप शीघ्र ही पाएंगे कि छलने वाले प्रकार की तुलना में सत्यता-पूर्ण उत्तरजीविता अत्यंत सरल है। सत्य व्यक्तित्व में प्रकाशमय होने का भाव लाता है, सत्यता-पूर्ण व्यक्ति हर समय सुख एवं प्रसन्नता का प्रसारण करता है। इसकी तुलना एक असत्यवादी व्यक्ति से करें, जो सदैव आंतरिक

भयभीत रहता है एवं एक नकली जीवन जीता है, जो सदैव अपने अनिष्ठा पूर्वक कृत्यों के अपराध तथा परिणामों के बोझ से दबा रहता है।

"सबसे सामान्य झूठ वह है जो कोई स्वयं से असत्य बोलता है; दूसरों से असत्य बोलना अपेक्षाकृत एक अपवाद है।" - नीत्शे

एक साधक के लिए अपने विचारों तथा कार्यों की जांच करना एवं छल के किसी भी लक्षण को दूर करना और भी आवश्यक हो जाता है। ज्ञान का पथ सत्य का पथ है। जब कोई झूठ से भरा हो तो कोई इस पर प्रगति की आशा नहीं कर सकता। चूँकि एक साधक को समाज अथवा लोगों से बहुत अधिक लगाव नहीं होता है, अतः उसके लिए दूसरों के साथ कपटपूर्ण व्यवहार से बचना आसान होता है, परन्तु कुछ लोग अपने द्वारा बोले गए झूठ में फंस जाते हैं। निराधार मान्यताएँ ऐसी ही झूठ हैं। आप पाएंगे कि जिन चीज़ों पर आप विश्वास करते हैं उनमें से अधिकांश का मूल अहंकारी प्रवृति है। अहंकार उन प्रतीत होने वाले परिष्कृत विचारों तथा अवधारणाओं में छिपा होता है जिन पर आपको गर्व होता है। यदि आप अपनी मान्यताओं को छोड़ने से भयभीत हैं और जब कोई आपको अन्यथा दिखाने का प्रयास करता है तो आप क्रोधित तथा हिंसक हो जाते हैं, तो जान लें कि आप अहंकार की चपेट में हैं।

"भगवान ने आपको एक चेहरा दिया है, तथा आप अपने लिए दूसरा बना लेते हो।" - विलियम शेक्सपियर, हेमलेट

९. आसक्ति

जब भी कोई आवश्यकता पूर्ण होती है तो जिस माध्यम से वह पूर्ण होती है उसका चित्त पर गहरा प्रभाव पड़ता है। हम उस प्रतिनिधि को स्मरण करते हैं जो इसे पूरा करने में सहायक था। हम इसे बार-बार प्रयोग करते हैं। यह उस प्रतिनिधि के साथ एक बंधन बनाता है, चाहे वह कोई वस्तु हो अथवा व्यक्ति अथवा मान्यताओं का एक समूह हो। यह एक निर्भरता, एक अनुकूलन(कंडीशनिंग) एवं एक प्रवृति उत्पन्न करता है। यह अहंकार का एक अन्य अंश बनता है, किसी भी चीज़ से जुड़ने की प्रवृति जो किसी आवश्यकता को पूर्ण कर सकती है।

"आसक्ति अभाव की धारणा से आता है - सब कुछ भय से आता है।"- यवेटे सोलर

आसक्तियां भय पर आधारित होती हैं, पसंद पर नहीं। भय इसे खोने का है, जिसका स्पष्ट अर्थ है कि अब आवश्यकता पूर्ण नहीं होगी। तो अहंकार उसे पकड़कर रखता है। यदि आवश्यकता उत्तरजीविता से संबंधित है, तो आसक्ति अधिक सबल होता है। चूँकि भय मुख्य कारण है, आप पाएंगे कि कुछ लोग किसी वस्तुओं अथवा अन्य को नापसंद करने पर भी उसे पकड़कर रखते हैं। वे शिकायत करते हैं एवं पीड़ा सहते हैं, परन्तु इसे जाने नहीं देते।

"यदि कोई व्यक्ति मात्र एक दूसरे व्यक्ति से प्रेम करता है एवं अन्य सभी के प्रति उदासीन है, तो उसका प्रेम प्रेम नहीं है, परन्तु एक सहजीवी आसक्ति अथवा एक बढ़ा हुआ अहंकार है।" -एरिच फ्रॉम

जैसे कुछ घटित होता है, कुछ भी दीर्घ काल तक नहीं टिकता। जब उपकरण नष्ट हो जाता है, तो उससे जुड़ा व्यक्ति पीड़ित होता है, न जानकर कि क्या करें, वह अवसाद में पड़ जाता है। पीड़ा तब और भी अधिक होती है जब नष्ट हो चुकी वस्तु अथवा व्यक्ति भी सुख तथा आनंद का स्रोत था। बहुत से लोग स्वभाववश अपने शरीर, यौवन, बुद्धि, उपलब्धियों, क्षमताओं एवं न जाने क्या-क्या से आसक्त हो जाते हैं। उन्हें अपनी पहचान की अनुभूति भी इन्हीं से मिलती है, अतः आसक्ति अत्यंत गहरी हो जाती है। आसक्ति, व्यक्ति को अतीत में जीने का कारण भी बनती है तथा उसे प्रायः किसी भी नई चीज़ का आनंद लेना कठिन लगता है।

"जो नाम तथा रूप में आसक्त नहीं है, उसे दुःख नहीं होता।" - बुद्ध

साधक हर चीज़ की अनित्य प्रकृति को समझता है। वह वस्तुओं का उपयोग करता है, उनका आनंद लेता है एवं उनकी सराहना करता है तथा सामाजिक मेलजोल बढ़ाता है अथवा मित्रता बनाता है, लेकिन बंधन नहीं बनाता है। एक साधक हर वस्तु से पृथक हो जाता है, यहां तक कि स्वयं से भी। किसी भी प्रकार की निर्भरता निश्चित रूप से देर-सबेर पीड़ा, दुःख एवं असुविधा का कारण बनेगी। आसक्ति स्वतंत्रता के विपरीत है, यह एक ऐसा बंधन है जिसे कोई भी बुद्धिमान व्यक्ति नहीं रखना चाहेगा। एक साधक अलग रहता है, यह पूरी तरह से जानते हुए कि वह इस दुनिया में एक आगंतुक है तथा हर वस्तु की तरह वह भी शीघ्र ही विलीन हो जाएगा।

"भौतिक चीजों की क्षणभंगुर प्रकृति से अवगत रहें। उनसे अपनी आसक्ति खो दीजिये।" - शुई-चिंग त्जु

१०. स्वामित्व

अहंकार न मात्र बंधन तथा आसक्ति बनाता है, वह एक कदम आगे बढ़कर उस वस्तु पर अपना दावा करता है। ऐसा प्रतीत होता है कि वह अपने पास रखी वस्तु का अपने लिए विशेष उपयोग सुनिश्चित करता है। इससे उत्तरजीविता के लिए स्पष्ट लाभ हैं, अतः ऐसा व्यवहार अहंकारी प्रवृत्ति में बदल गया है। अहंकार अपने पास रखी वस्तु की रक्षा वैसे ही करता है जैसे वह अपनी रक्षा करता है। इस छोटे से मानवीय जीवन के अनुभव की काल अवधि में हम सभी के पास एक शरीर है, तथा इसके बारे में अधिकारपूर्ण होना स्वाभाविक है। हममें से अधिकांश के पास आश्रय तथा कुछ संसाधन हैं, और यह ठीक भी है। अहंकार की भूमिका यहीं समाप्त होनी चाहिए। यह प्रवृत्ति एक विकार बन जाता है जब कोई व्यक्ति लोगों, जानवरों, वाहनों, वस्तुओं - छोटी एवं बड़ी, आदि पर स्वामित्व शुरू कर देता है।

"आसक्ति सभी दुखों का मूल कारण है। स्वामित्व अहंकार का पोषण है।" -रजनीश

जैसे ही कोई अन्य व्यक्ति उसकी संपत्ति को छूता है, स्वामित्व रखने वाले व्यक्ति का अहंकार अपनी सारी सुरक्षा को सक्रिय कर देता है। वह तुरंत क्रोधित, भयभीत, ईर्ष्यालु या

हिंसक हो जाता है। यह उसकी पीड़ा है, लेकिन साधारण आसक्ति की तुलना में स्वामित्व अधिक कष्टकारी है, क्योंकि यह अन्यों को भी पीड़ा पहुंचाता है। वह प्रायः कंजूस होता है, दूसरों के साथ कुछ भी साझा करने से भयभीत रहता है तथा बहुधा दूसरों को संकट समझता है, हर कोई उसकी संपत्ति के पीछे रहता है, उसकी मूल्यवान वस्तुओं को लूटने की कोशिश करता है। किसी वस्तु पर स्वामित्व करना आसान है, तथा पशुओं को पिंजरे में रखा जा सकता है अथवा वश में किया जा सकता है, परन्तु विषय घृणास्पद हो जाते हैं जब स्वामित्व के लिए कोई अन्य व्यक्ति हो। एक स्वामित्व वाला व्यक्ति दूसरों को भागने से रोकने के लिए उनके लिए बाधाएँ खड़ी करता है। दूसरों पर अधिकार करने का प्रयास करने वाला व्यक्ति भावनात्मक भय-दोहन (ब्लैकमेल), धमकी, छल एवं चालाकी सहित अहंकार की सभी नीच युक्तियों का उपयोग करता है।

"देखभाल एवं उत्तरदायित्व प्यार के घटक तत्व हैं, परन्तु प्रिय व्यक्ति के प्रति सम्मान तथा ज्ञान के अभाव में, प्यार प्रभुत्व एवं स्वामित्व में परिवर्तित हो जाता है।" -एरिच फ्रॉम

ऐसे विचित्र व्यवहार से कैसे मुक्ति पाएं? जान लें कि स्वामित्व का कारण भय है। भय से मुक्ति पाएं एवं संपत्ति को जाने दें। एक बुद्धिमान व्यक्ति अच्छी तरह से जानता है कि किसी के पास कुछ भी नहीं हो सकता, सब कुछ तथा हर कोई अलग हो जाता है एवं जब हम प्रस्थान करते हैं तो हम इस दुनिया से कुछ भी नहीं लेते हैं, यहां तक कि एक परमाणु भी नहीं। जब तक चीजें टिकी रहती हैं तब तक उनका उपयोग करना तथा उनका आनंद लेना बुद्धिमानी है और जब तक वे टिकी रहती हैं तब तक खुशी बांटना एवं लोगों की सराहना करना बुद्धिमानी है। जब आप ऐसे पथ पर होते हैं, जिस पर आप कुछ भी स्वामित्व नहीं करना चाहते हैं, स्वामित्व के विपरीत आप हर चीज़ से छुटकारा पाने का प्रयास कर रहे होते हैं। मानव सहित संपत्ति एक साधक के लिए एक बड़ा बोझ है, वे उसे पर्याप्त रूप से धीमा कर देती है। उन्नत साधकों के पास घर तक नहीं होता, वे एक स्थान से दूसरे स्थान पर भ्रमण करते रहते हैं। न केवल वे यह सुनिश्चित करते हैं कि वे किसी भी चीज़ अथवा किसी से आसक्त नहीं हैं, बल्कि वे यह भी सुनिश्चित करते हैं कि कोई भी उनसे आसक्त न हो। तथा निःसंदेह वे दूसरों पर अधिकार करने के सभी प्रयासों का विरोध करते हैं। अंतिम (*संभवतः अंतिम*) लक्ष्य है शरीर पर भी स्वामित्व न करना तथा चित्त से भी मुक्त होना।

"परन्तु लोगों को एक प्यार करने वाला व्यक्ति बनना बहुत कठिन लगता है, अतः वे एक सम्बन्ध बनाते हैं - तथा इस तरह मूर्ख बनाते हैं कि 'अब मैं एक प्यार करने वाला व्यक्ति हूं क्योंकि मैं एक सम्बन्ध में हूं।' एवं यह सम्बन्ध संभवतः मात्र एकाधिकार, स्वामित्व, विशिष्टता का हो सकता है। -रजनीश

अध्याय ८.२ "अहंकार के विकार - आलस्य, ईर्ष्या, अभिमान, छल, आसक्ति, स्वामित्व" समाप्त हुआ।

15

८.३ अहंकार के विकार - प्रेम और घृणा, आत्म-दया

११. प्रेम तथा घृणा

सर्वप्रथम, हमारे यहां अस्पष्ट शब्द हैं, तो आइए उन्हें परिभाषित करें। प्रेम तथा घृणा भावनाएँ हैं, अर्थात आंतरिक क्रियाएँ। आंतरिक क्रिया जो आनंद एवं सुरक्षा का अनुकरण करता है उसे प्रेम के रूप में देखा तथा अनुभूत किया जाता है, एवं आंतरिक क्रिया जो पीड़ा तथा असुरक्षा का अनुकरण करता है वह घृणा है। प्रेम का परिणाम बाहरी क्रियाएं होती हैं जो प्रेम पैदा करने वाले प्रतिनिधि के प्रति आकर्षण अथवा आसक्ति दिखाती हैं, जबकि घृणा का परिणाम विकर्षण अथवा भय अथवा क्रोध होता है तथा अंततः हिंसा होती है। अतः हम उन्हें चित के अब परिचित सुख/दुख तथा पुरस्कार/दंड तंत्र पर आधारित कर सकते हैं। प्रेम अथवा घृणा से उत्पन्न होने वाली क्रियाएं उत्तरजीविता में सहायता करती हैं तथा मानवीय अनुभव में आकर्षण भी जोड़ते हैं। प्रेम एवं घृणा के सभी कार्य परिपूर्ण हैं, उनके बारे में कुछ भी करने की आवश्यकता नहीं है, तथापि, यदि कोई अंततः उनके कारण होने वाली पीड़ा को कम करना चाहता है, तो उसे उन्हें गहराई से जानना होगा। ये, अन्य अहंकारी प्रवृत्तियों की तरह, सचेत रूप से नियंत्रित नहीं होने पर विकार में परिवर्तित हो सकती हैं। इसमें कोई संदेह नहीं है कि अत्यधिक घृणा अहंकार का विकार है, परन्तु कुछ लोग अत्यधिक प्रेम को विकार कहना पसंद नहीं कर सकते क्योंकि यह एक सकारात्मक भावना है। ध्यान दें कि अहंकार की कोई भी गतिविधि नियंत्रण से बाहर जा सकती है एवं एक विकार बन सकती है, सकारात्मक गतिविधि भी सम्मिलित करके।

क्या प्रेम उच्च चित्त का कार्य नहीं है, एक विकसित तथा श्रेष्ठ व्यवहार जो हमें पशुओं से अलग करता है? नहीं, प्रेम मौलिक है, पशु भी इसमें सक्षम हैं, विशेषकर स्तनधारी। जिस किसी के पास पालतू पशु अथवा बच्चे हैं वह इसे एक तथ्य के रूप में जानता है। तो यह एक अहंकारी प्रवृति है तथा अहंकार के हमारे प्रिय गाजर और छड़ी के प्रतिरूप (मॉडल) में ठीक बैठता है। प्रेम गाजर है तथा घृणा छड़ी है। कोई भी वस्तु अथवा कोई भी व्यक्ति जो उत्तरजीविता में सहायता करता है वह प्रेम की वस्तु बन जाता है तथा जो चीज़ें या लोग संकट बनते हैं वे घृणा की वस्तु बन जाते हैं। ऐसी चीज़ों के प्रति आकर्षण जो उत्तरजीविता तथा प्रजनन सुनिश्चित करती है, और उन चीज़ों से विकर्षण जो उन्हें खतरे में डालते हैं या उनकी संभावनाओं को कम करते हैं, अहंकारी प्रवृति बन जाते हैं। कम से कम कहें तो उत्तरजीविता के सन्दर्भ में वे बहुत प्रभावी हैं। हम उन्हें एक साथ क्यों जोड़ते हैं? क्योंकि वे मूलतः एक ही हैं - उत्तरजीविता सुनिश्चित करने के लिए अहंकार के प्रयास।

मानव चित्त के सन्दर्भ में, प्रेम तथा घृणा अधिक सूक्ष्म रूप लेते हैं, जैसे रुचि एवं अरुचि, प्राथमिकता तथा झुकाव के। इन पर हम पहले ही चर्चा कर चुके हैं। अपने सर्वोत्तम रूप में प्रेम सार्वभौमिक प्रेम के रूप में प्रकट होता है जिसका कोई विपरीत नहीं है। इसे प्रायः बिना शर्त प्रेम के रूप में जाना जाता है, और मैं इसका वर्णन करने के लिए उस शब्द को अपनाऊंगा। स्पष्ट अंतर बताने के लिए, कोई उत्तरजीविता से संबंधित प्रवृतियों को संदर्भित करने के लिए अहंकारी प्रेम (ईगोइक लव) वाक्यांश का उपयोग कर सकता है। इस चर्चा के प्रयोजन के लिए प्रेम शब्द का अर्थ अहंकार-पूर्ण प्रेम है और यह संकल्पित होकर उन विचित्र मान्यताओं को तोड़ने के लिए है जो लोग प्रेम से जोड़ते हैं।

"गहन प्रेम मापता नहीं, बस देता है। - मदर टेरेसा

पसंद और नापसंद उच्चतर कार्य प्रतीत होते हैं परन्तु उनमें से अधिकांश का पता उत्तरजीविता की आवश्यकताओं से लगाया जा सकता है। कुछ अपवाद हैं, उदा. गणित को पसंद करने का कोई स्पष्ट उत्तरजीविता लाभ नहीं है तथा उसी प्रकार कला अथवा ध्यान को पसंद करने के लिए भी यही बात है। तथापि ऐसी गतिविधियाँ श्रेष्ठतर आनंद के रूप में पुरस्कार उत्पन्न करती हैं तथा सुंदरता एवं प्रसन्नता के रूप में प्रकट होती हैं। पसंद और नापसंद को प्रेम तथा घृणा के परिष्कृत रूपों के रूप में देखा जा सकता है, और वे उच्च चित्त (नई मानव परतों) की आंतरिक क्रियाएं प्रतीत होती हैं। जब स्वयं के दृष्टिकोण से देखा जाता है, तो प्रेम बिना शर्त प्रेम बन जाता है। यह एकता की जागरूकता के रूप में उभरता है, जब सभी अनुभवों को स्वयं की गतिविधियों के रूप में देखा जाता है। अतः सभी वस्तुएँ, घटनाएँ, जीव और लोग स्वयं के रूप में देखे जाते हैं। बिना शर्त प्रेम, प्रेम का सबसे शुद्ध रूप है। जैसे ही हम पदार्थ में उतरते हैं, बिना शर्त प्रेम अधिक से अधिक अशुद्ध रूप धारण करता है, तथापि ये सभी मात्र एक जागरूकता हैं, हर चीज़ की एकता (अद्वैत) का ज्ञान। जब हम प्रेम करते हैं, तो हम यही करने का प्रयास कर रहे होते हैं - बाहरी माध्यमों से प्रियजन के साथ एकजुट होना।

इसलिए हम शुद्धता के आधार पर एक पदानुक्रम/श्रेणीक्रम इस प्रकार बना सकते हैं:

स्तर	एकता की अभिव्यक्ति
स्वयं	बिना शर्त प्रेम
उच्च चित्त	पसंद तथा नापसंद
अहंकार	प्रेम तथा घृणा
शरीर	सुख तथा दुख
कार्यक्रमों	पुरस्कार एवं दंड
संरचनात्मक गतिविधियाँ	नियंत्रण प्रणाली
संरचनाएं	भौतिक नियम समूह (सेट)

प्रेम का स्तर / एकता की अभिव्यक्ति

ध्यान दें कि बिना शर्त प्रेम के लिए कोई विपरीत अर्थात अन्य नहीं है, क्योंकि "स्वयं" एक है तथा संपूर्ण है, परन्तु जैसे ही हम चित्त के क्षेत्र में प्रवेश करते हैं, हमें विपरीत मिलते हैं। एक बार जब हम चित्त के क्षेत्र को छोड़ देते हैं पदार्थ में, तो यह पुनः अद्वैत बन जाता है। (सख्ती से कहें तो पदार्थ केवल एक अधिक स्थिर मानसिक संरचना है, जैसा कि हमने पहले अध्यायों में देखा है, दूसरे शब्दों में, कम जीवंत)। नियंत्रण प्रणालियों से मेरा तात्पर्य किसी भी विद्युत अथवा यांत्रिक प्रणाली में पाए जाने वाले सरल सकारात्मक तथा नकारात्मक पूर्वाग्रहों से है।

प्रेम तथा घृणा के विकारों पर चर्चा करने से पहले, मैं प्रेम एवं बिना शर्त प्रेम के बीच के अंतर को स्पष्ट करना चाहूंगा, ताकि हम एक ही पृष्ठ पर हों। कई लोगों के लिए बिना शर्त प्रेम की अवधारणा नई है, बिल्कुल अद्वैत की अवधारणा की तरह। तो अब हम प्रारम्भ करें -

अहंकारी प्रेम	बिना शर्त प्रेम
बिना शर्त प्रेम का अशुद्ध रूप है	क्या आत्मा स्वयं ही है, शुद्ध एकता अथवा अस्तित्व की एकता
सुख एवं दुख पर आधारित, तथा इसी तरह इसका एक विपरीत भी है - घृणा	अद्वैत
एक ऐसा व्यवहार जो उत्तरजीविता में सहायता करता है	अस्तित्व का स्वयं का एक गुण
आवश्यकताओं से उत्पन्न होता है	इस ज्ञान से उत्पन्न होता है कि सब कुछ मात्र स्वयं/आत्मा है, किसी भी प्रकार का कोई अलगाव नहीं है
प्रारम्भ करने के लिए एक प्रतिनिधि की आवश्यकता होती है, इसके अभाव में गायब हो जाता है	इसका कोई आरंभ या अंत नहीं है, यह सदैव विद्यमान है

सूची लंबी है और लंबी भी हो सकती है, परन्तु आपको बात समझ आ गई है। अब यह देखना आसान हो जाना चाहिए कि प्रेम कैसे एक और अहंकारी प्रवृत्ति है एवं जब यह दुष्ट हो जाता है तो यह एक विकार बन जाता है। स्पष्टतः घृणा के विकार में परिवर्तित होने की अधिक संभावना है। घृणा एक प्राचीन स्मृति के रूप में विकसित हुई जो किसी के शत्रुओं पर दृष्टि रखती थी। जब कोई किसी शत्रु अथवा प्रतिस्पर्धी को देखता है, तो वह स्वतः ही घृणा से भर जाता है, इससे उत्तरजीविता का एक लाभ होता है, क्योंकि व्यक्ति या तो शत्रु से बचता है अथवा अवसर मिलने पर उसे मार डालता है। यह याद रखने में सहायता करता है कि कौन कौन है। आधुनिक समय में, घृणा जारी है एवं केवल व्यक्तियों तक ही नहीं, बल्कि पूरे समूहों तथा देशों तक फैल गई है। विचित्र पूर्वाग्रह वस्तुओं, खाद्य पदार्थों, कृत्यों तथा यहां तक कि अन्य लोगों की मान्यताओं तक घृणा फैलाते हैं। जब पीड़ा की बात आती है तो इसके स्पष्ट निहितार्थ होते हैं। जो व्यक्ति सबसे अधिक पीड़ित होता है वह कोई और नहीं बल्कि स्वयं घृणा करने वाला होता है। नकारात्मकता, क्रोध, भय, असुरक्षा तथा चिंता उसे निगल जाती है। बेहतरीन विलासिता तथा मित्रों से घिरा होने पर भी उसे कोई शांति, कोई प्रसन्नता नहीं मिलती।

प्रेम की वस्तु के लिए विशेष	सभी समावेशी। इसे हर चीज़ के प्रति प्रेम के रूप में देखा जाता है
व्यक्ति अन्य वस्तुओं अथवा ऐसे लोगों के प्रति उदासीन हो जाता है जिनसे वह प्रेम नहीं करता	व्यक्ति किसी के प्रति या किसी भी चीज़ के प्रति कोई उदासीनता नहीं दिखाता है, वह सभी के साथ बिल्कुल समान तरीके से व्यवहार करता है
वस्तुओं अथवा लोगों को आनंद एवं प्रसन्नता के स्रोत के रूप में देखा जाता है	वस्तुओं तथा लोगों को प्रेम के प्राप्तकर्ता के रूप में देखा जाता है, व्यक्ति स्वयं स्रोत है
जब व्यक्ति को बदले में प्रेम एवं प्रसन्नता नहीं मिलती तो यह आसानी से घृणा में बदल जाता है	पहले की तरह मजबूत रहता है, कुछ नहीं मांगता
स्वभाव से ही सशर्त	बिल्कुल बिना शर्त
प्रेम में पड़ा व्यक्ति अधिकारवादी हो जाता है तथा प्रेम की वस्तु को सीमित कर देता है	अपरिग्रही, कोई स्वामित्व नहीं रखता, दूसरों की स्वतंत्रता का सम्मान करता है तथा स्वतंत्र रहता है
देने तथा लेने के बारे में है	यह मात्र देने के बारे में है, कुछ लेता नहीं, किसी चीज की कमी नहीं रखता
व्यक्ति प्रेम की वस्तु से आसानी से जुड़ जाता है तथा उस पर निर्भर हो जाता है	अलग तथा स्वतंत्र रहता है
जब प्रेम की वस्तु चली जाती है तो दुख तथा पीड़ा होती है	सदैव की तरह शांतिपूर्ण तथा प्रसन्न रहता है, उसे वस्तुओं अथवा लोगों से कोई लेना-देना नहीं होता है
सम्बन्ध तथा बंधन बनाता है, दूसरों को बांधे रखने का प्रयास करता है	न कोई बंधन बनाता है, न कोई सम्बन्ध चाहता है, न सम्बन्ध का कोई नाम रखता है, न कुछ चाहता है
सम्बन्धों में बंधने पर व्यक्ति प्रेम, देखभाल, सुरक्षा, संसाधन, समय अथवा धन की मांग करता है। ऐसी किसी भी चीज़ की मांग करता है जो उत्तरजीविता सुनिश्चित करे	मांगें न के बराबर होती हैं, बल्कि व्यक्ति निःस्वार्थ भाव से दूसरों की सेवा करता है। सभी स्थितियों में मिलनसार तथा सहायक रहता है
प्रेम यौन संबंधों में वासना की अभिव्यक्ति बन जाता है, अहंकार की प्रजनन प्रवृत्ति को पूरा करने का एक साधन बन जाता है	कोई लिंग नहीं जानता, लिंग, उम्र, स्थानीयता, समय की परवाह किए बिना सभी के लिए समान है। इसका अहंकार तथा उसके कार्यों अथवा शरीरों से कोई लेना-देना नहीं है।
इसमें तटस्थ से लेकर चरम प्रेम तक की तीव्रता का स्तर (डिग्री) होता है	सदैव एक समान रहता है, न तो मापा जा सकता है एवं न ही तौला जा सकता है, न ही घटता-बढ़ता

	है
इसमें अत्यधिक घृणा से लेकर अत्यधिक जुनून तक की गुणवत्ता का स्तर (डिग्री) होता है	सदैव समान गुणवत्ता एवं शुद्धता वाला होता है

ऐसे कार्यों को उद्घाटित करता है जो या तो प्रेम को बढ़ाते हैं अथवा उसे बनाए रखते हैं	कुछ भी करने की आवश्यकता नहीं है
जब विशिष्टता को खतरा होता है तो ईर्ष्या उत्पन्न होती है	चूँकि यह सर्व समावेशी है, सभी प्रेम की वस्तु हैं
चंचल होता है, आसानी से एक वस्तु से दूसरी वस्तु अथवा एक व्यक्ति से दूसरे व्यक्ति में बदल जाता है	परिवर्तनहीन है, क्योंकि हर समय सभी स्वयं के रूप में रहते हैं
व्यक्ति को सदैव प्रिय वस्तु अथवा व्यक्ति के खोने का भय बना रहता है	निर्भय है, कोई वस्तु अथवा व्यक्ति नहीं है
अपेक्षाएं पूरी न होने पर क्रोध आता है	कोई अपेक्षा नहीं है
प्रेम (अथवा संबंध) को बनाए रखने के लिए प्रिय व्यक्ति को अपेक्षाओं का पालन करने के लिए बाध्य किया जाता है, चाहे वह कितनी भी असुविधाजनक क्यों न हो।	व्यक्ति सदैव स्वतंत्र है, उसे कोई बाध्य नहीं कर सकता, वह न कुछ देता है और न कुछ लेता है
आयु के साथ-साथ प्रियतम की शक्ल-सूरत भी बिगड़ती जाती है	यह मानसिक अथवा शारीरिक संरचनाओं पर निर्भर नहीं करता है
आवेगशील है	क्रियाहीन है
पी2पी के अधीन है (प्रिय वस्तु अथवा व्यक्ति के निरंतर संपर्क में रहने से अंततः उदासीनता उत्पन्न होती है)	सदैव स्थिर रहता है, मानसिक स्थिति के साथ परिवर्तित नहीं होता है
प्रेमिका अपनी जरूरतों को पूरा करवाने के लिए प्रेमी के साथ चालाकी करती है	प्रेम पाने वाले को प्रेम के अतिरिक्त अन्य कुछ नहीं मिलता, देने को कुछ अन्य होता ही नहीं
किसी के कार्यों को नियंत्रित करता है, निर्णयों को प्रभावित करता है	अप्रभावित एवं सचेत रहता है
अपनी आवश्यकताओं के अनुरूप दूसरे को श्रेष्ठतर ढंग से परिवर्तन करने का प्रयास करता है	हर किसी को वैसे ही स्वीकार करता है जैसे वह है, सभी में पूर्णता देखता है
प्रेम को एक उपलब्धि के रूप में देखता है, और अधिक पाने की होड़ करता है, यह और अधिक पाने के बारे में है	सभी के लिए पहले से ही असीमित प्रेम है, यह अधिक से अधिक देने के बारे में है
अज्ञानता का प्रतीक है	ज्ञान और बुद्धि का प्रतीक है

प्रेम भी पीड़ा का कारण बनता है। यह पीड़ा को बढ़ाता है क्योंकि इसकी तुलना प्रेम से प्राप्त चरम सुख से होती है। अतः जिस व्यक्ति से हम सबसे अधिक प्रेम करते हैं वह सबसे अधिक दुख पहुंचाता है जब चीजें खराब हो जाती हैं। असफल प्रेम से जो घृणा उत्पन्न होती है उसका कोई सानी नहीं है। जिन वस्तुओं से हम प्रेम करते हैं वे हमें सबसे अधिक पीड़ा तब देती हैं जब अनित्यता उन्हें समाप्त कर देती है। जिन लोगों तथा सम्बन्धियों से हम जुड़ते हैं, वे मृत्यु पर हमें दर्द से भर देते हैं। प्रेम हानि के निरंतर भय में रहता है। आनंद की छोटी-छोटी झलकियाँ इसे जीवित रखती हैं। यह नश्वरता की धार में खड़े होने के लिए संघर्ष करता है, यह बहुत टूटने-फूटने वाला एवं कृत्रिम है। प्रेम (अथवा घृणा) में एक व्यक्ति तर्कहीन तथा आवेगपूर्ण निर्णय लेता है एवं उस की क्रियाएं इन तीव्र भावनाओं से रंगी होती हैं। एक नियम के अनुसार, बिना सोचे-समझे किए गए क्रियाओं का परिणाम सदा पीड़ादायी होता है। जैसा कि हमने ऊपर देखा, बिना शर्त किस्म ऐसी हानियों से प्रति-रक्षित है।

"जब आप किसी से प्रेम करते हैं, तो आप वैसे ही प्रेम करते हैं जैसे वे हैं, न कि उस तरह से जैसा आप चाहते हैं कि वे हों।" - लियो टॉल्स्टॉय

स्वयं-पीड़ा के अतिरिक्त, प्रेम दूसरों के लिए भी पीड़ा का कारण बनता है। प्रेम का लक्ष्य शीघ्र ही जोड़तोड़ का लक्ष्य बन जाता है। चूंकि प्रेम आवश्यकताओं पर आधारित होता है, अतः यह दूसरे से पदार्थ की मांग करता है। जिस तरह हमारे प्यारे जानवरों को पिंजरे में बंद किया जाता है, पट्टे से बांधा जाता है तथा हमारी गोद में खिलाया जाता है, उसी तरह एक व्यक्ति को प्रेमी द्वारा अपने प्यार के पिंजरे में बंधक बनाकर रखा जाता है। हम उस व्यक्ति से सबसे अधिक मांग करते हैं जिससे हम सबसे अधिक प्रेम करते हैं। कुछ विचित्र कारणों से इसे एक विशेषाधिकार के रूप में देखा जाता है। मांगों एवं अपेक्षाओं को पूरा करने में विफलता का अर्थ प्रायः प्रेम का अंत तथा घृणा का प्रारम्भ (तथा संभवतः नया प्रेम सम्बन्ध) होता है। प्रेम में पड़े व्यक्ति के पास निभाने के अतिरिक्त शायद ही कोई अन्य विकल्प होता है। यही उसकी पीड़ा का कारण है, जब तक वह "प्रेम पूर्ण सम्बन्ध" के बंधन में रहता है तब तक वह पीड़ा भोगता है।

मानवीय जगत में, "मैं तुम्हें प्रेम करता हूँ" वाक्य आपको सरलता से एक जीवन-मित्र दिला देते हैं। प्रेम के कोमल, स्नेहपूर्ण, प्रसन्न तथा सुरक्षित मुखावरण के नीचे अपनी वासना को छिपाना आसान है। इसमें कोई आश्चर्य की बात नहीं है कि संबंध बनाना "प्रेम करना" बन जाता है। जब किसी की आवश्यकताएं पूर्ण नहीं होती तो उसमें "प्रेम" की कमी हो जाती है, वह इसे दूसरों से पाने का प्रयास करता है। इसे प्राप्त न कर पाने का अर्थ है अधिक पीड़ा उठाना। मानव जीवन का एक बड़ा भाग प्रेम प्राप्त करने तथा इस आवश्यकता के आसपास बनने वाले संबंधों को बनाए रखने के लिए समर्पित है।

"हर हाल में विवाह करो; यदि आपको अच्छी पत्नी मिलेगी, तो आप प्रसन्न रहोगे; यदि आपको कोई बुरी वाली मिलती है, तो आप एक दार्शनिक बन जाओगे।" -सुकरात

प्रेम की कमी प्रायः बाल्यावस्था में ही प्रारम्भ हो जाती है, जब इसकी सबसे अधिक आवश्यकता होती है। एक अप्रिय बालक बड़ा होकर एक उदासीन व्यक्ति, हृदयहीन एवं भावनाओं से रहित हो जाता है। क्या यह आदर्श स्थिति नहीं है? ठीक है, स्पष्टतः नहीं। प्रगति अहंकार के परिपक्व होने में है, उसके उन्मूलन में नहीं। मानव अनुभव का संपूर्ण उद्देश्य इन सभी अनुभवों के बीच से जाना, उन्हें सीधे जानना तथा उनसे परे जाना है। यदि आप बस उन्हें उपेक्षा कर देते हैं तो कुछ भी नहीं सीखा जाता है। जब वर्षों तक प्रेम के पीछे भागने तथा घृणा में जलने के बाद भी कोई व्यक्ति इन प्रवृत्तियों का दास बना रहता है, तो कोई भी सुरक्षित रूप से यह निष्कर्ष निकाल सकता है कि उसने एक इंच भी प्रगति नहीं की है। व्यक्तित्व में परिपक्वता अहंकारी प्रवृत्तियों से ऊपर उठने के बाद आती है। ऐसी प्रवृत्तियों के अभाव में उन पर नियंत्रण पाने का कोई अवसर नहीं मिलता, और कोई सीख या ज्ञान प्राप्त नहीं होता। किसी को यह जानने के लिए कि आग कितनी गर्म है, आग को छूना चाहिए।

तो इन विकारों पर नियंत्रण कैसे करें? उनकी तीव्रता के कारण उन्हें पहचानना आसान होना चाहिए। एक बार जब आप उनका पर्याप्त स्वाद ले लें, तो उन्हें सदैव विद्यमान स्वयं के स्पष्ट आकाश में तैरते बादलों के रूप में देखें। प्रेम को बिना शर्त प्रेम में बदलो। घृणा स्वयमेव विलुप्त हो जाएगी। यह उन लोगों के लिए मिष्ठान का एक टुकड़ा है जो स्वयं में रहते हैं। उन लोगों के बारे में क्या जो अभी भी खोज रहे हैं एवं जिनके पास कोई पथ नहीं है? यह वैराग्य तथा क्षमा विकसित करने में सहायता करता है। क्षमा करने से घृणा नष्ट हो जाती है। क्षमा करने का अर्थ विस्मृत करना अथवा पराजय स्वीकार करना नहीं है, यह मात्र अपने चित से घृणा को दूर करना है, दूसरों से इसका कोई लेना-देना नहीं है। वैराग्य का अर्थ उदासीनता नहीं है। उदासीनता का अर्थ है प्रेम का अभाव, वैराग्य का अर्थ है ज्ञान की उपस्थिति। देखिये कि प्रेम किसी के पास जो नहीं है उसे प्राप्त करने का एक साधन मात्र है। जब किसी के पास किसी चीज़ की कमी नहीं होती है, तो आवश्यकता समाप्त हो जाती है तथा इसके स्थान पर वह अनासक्त रूप से देना शुरू कर देता है। जब आप प्रेम करते हैं तो बदले में कुछ भी अपेक्षा न करें, तथा यह शीघ्र ही बिना शर्त प्रेम में परिवर्तित हो जाएगा, जो शाश्वत आनंद एवं शांति का स्रोत है।

"प्रेम किसी पुरस्कार की अपेक्षा नहीं करता। प्रेम कोई भय नहीं जानता। दिव्य प्रेम देता है - मांगता नहीं। प्रेम बुरा नहीं सोचता; कोई उद्देश्य आरोपित नहीं करता। प्रेम करना साझा करना तथा सेवा करना है।" - स्वामी शिवानंद

१२. आत्म-दया

उत्तरजीविता सुनिश्चित करने के लिए अहंकार की रणनीतियों में से एक अन्यों की सहायता लेना है। यह वास्तव में ठीक लग सकता है, मनुष्य, विशेष रूप से सभ्य लोग उत्तरजीविता

अथवा किसी अन्य सन्दर्भ में एक-दूसरे की सहायता करते हैं, तथा यह चित्त का एक उच्च स्तरीय फलन(फंक्शन) (अर्थात सहयोग) भी है, परन्तु अहंकार इसे प्राप्त करने के लिए एक अधिक आदिम फलन का उपयोग करता है, अर्थात् दया का। जब हम किसी को बुरी अथवा संकटपूर्ण स्थिति में देखते हैं तो हम उसकी सहायता के लिए आगे आते हैं। इससे पूरे समूह के लिए स्पष्ट उत्तरजीविता लाभ हैं एवं इस प्रकार यह व्यवहार अहंकारी प्रवृत्ति में विकसित हो गया है।

यह एक सामाजिक प्रवृत्ति है, स्पष्ट है, यदि कोई बिल्कुल अकेला है तो वह सहायता नहीं मांग सकता। यदि दया का पात्र स्वयं ही हो तो कोई भी ऐसा कर सकता है तथा यहीं पर यह उपयोगी प्रवृत्ति विकार में परिवर्तित हो जाती है। अहंकार अपने बाल्यावस्था के दिनों में ही सीख जाता है कि जब भी वह पीड़ित होता है तो उसे पर्याप्त ध्यान, स्नेह एवं भोजन, खिलौने अथवा सुरक्षा आदि जैसी चीजें मिलती हैं। जब भी बच्चा तनाव में होता है तो उसके आस-पास के सभी लोग उसकी मांगें पूरी करने के लिए दौड़ पड़ते हैं। जब उसमें पीड़ा का कोई लक्षण नहीं दिखता, तो उसे प्रायः अकेला छोड़ दिया जाता है। दूसरों के इस व्यवहार का अहंकार पर इतना गहरा प्रभाव पड़ता है कि वह वयस्क होने तक बना रहता है। अहंकार कभी-कभी दूसरों से जो कुछ भी चाहता है उसे प्राप्त करने के लिए पीड़ा का दिखावा करता है। परन्तु वह व्यवहार धोखे के अंतर्गत आता है। आत्म-दया स्वयं को पीड़ा का शिकार बनाकर वास्तविक पीड़ा से बचने का अहंकार का एक प्रयास है।

जैसा कि आपने अनुमान लगाया होगा, हम यहां मनोविकारों के सीमावर्ती क्षेत्र में हैं। मुझे वहां नहीं जाना चाहिए, परन्तु यह व्यवहार इतना सामान्य है कि इसे प्रायः तब तक मानसिक बीमारी नहीं माना जाता जब तक कि यह तीव्र न हो जाए। ऐसा व्यक्ति हमेशा अवसाद में रहता है, कार्य करने की इच्छा खो देता है एवं आत्मघाती हो जाता है। पीड़ा से बाहर निकलने का प्रयास करने के स्थान पर, वह इसे गले लगाता है, इसकी पहचान करता है तथा यहां तक कि इसे अपने जीवन का एक अनिवार्य भाग भी मानता है। आत्म-दया अहंकार को एक प्रकार का झूठा समर्थन प्रदान करती है, क्योंकि वह अतीत का अनुकरण करने की कोशिश करता है, किसी तरह समर्थन की अपेक्षा करता है। अहंकार इसे कायम रखता है, बाहरी सहायता से अस्वीकार करता है तथा यहां तक कि सहायता करने का प्रयास करने वाले को भी संकट मानता है।

आत्म-दया बाल्यावस्था के आघात, दुर्व्यवहार, असफलता, असफल सम्बन्ध तथा अत्यधिक निर्धनता आदि जैसी प्रमुख पीड़ाओं के कारण होती है। कारण जो भी हो, ऐसा व्यक्ति विचित्र व्यवहार में संलग्न होता है। यदि कोई अधिकतर विषादग्रस्त रहता है, प्रायः "मैं बेचारा हूं" खेल खेलता है, सामान्यतः दूसरों से घृणा करता है, सहायता से बचने का प्रयास करता है तथा मादक द्रव्यों के सेवन अथवा विचित्र मान्यताओं (जैसे "मैं शापित हूं" आदि) में फंस जाता है, तो कोई यह निष्कर्ष निकाल सकता है कि वह आत्म-दया से विकार-ग्रस्त है।

"मैं नहीं चाहता कि यह समाप्त हो, अतः, जैसा कि हर चिकित्सक जानता है, अहंकार अपनी "समस्याओं" का अंत नहीं चाहता है क्योंकि वे इसकी पहचान का भाग हैं। यदि कोई मेरी दुखद कहानी नहीं सुनेगा, तो मैं इसे अपने चित्त में बार-बार कह सकता हूं, तथा अपने लिए खेद अनुभूत कर सकता हूं, एवं इसलिए एककिसी ऐसे व्यक्ति के रूप में पहचान जिसके साथ जीवन अथवा अन्य लोगों, भाग्य अथवा भगवान द्वारा गलत व्यवहार किया जा रहा है। यह मेरी आत्म-छवि को परिभाषा देता है, मुझे कुछ बनाता है, एवं यही अहंकार के लिए महत्त्व रखता है।- एकहार्ट टॉले

आत्म-दया से बाहर आना बहुत कठिन हो सकता है, वाह्य सहायता की आवश्यकता है। यदि किसी को अपनी स्थिति का कुछ आभास हो, किसी मित्र का संकेत अथवा किसी शिक्षक का सीधा संकेत, जिसका वह सम्मान करता हो, सुधार ला सकता है। ध्यान दें कि ऐसे व्यक्ति के प्रति सहानुभूति रखने से विषय और भी निकृष्ट हो जाते हैं। अंतर्निहित पीड़ा अथवा पूर्व आघातों से मुक्ति पाकर व्यक्ति आत्म-दया से मुक्ति पा सकता है। अंतर्निहित संरचनाओं के समर्थन के बिना, अहंकार उस पर अपनी पकड़ खो देता है। ऐसी सीमावर्ती मनोविकृतियों का अध्ययन करके हम एक बहुत ही महत्वपूर्ण बात सीखते हैं, जो है - अहंकार एक बहुत शक्तिशाली वृत्ति है तथा इसे कम नहीं आंका जाना चाहिए। यही कारण है कि अधिकांश मानवता इसकी मजबूत पकड़ में है। आत्म-दया मात्र एक उदाहरण है कि अहंकार किसी व्यक्ति के साथ क्या कर सकता है, इसमें मनोविकृतियों, न्यूरोसिस तथा मानसिक विकारों की एक पूरी श्रृंखला उपस्थित है, जिनमें से अधिकांश का पता अहंकार से लगाया जा सकता है। पहेली यह है कि आप अहंकार के बिना जीवित नहीं रह सकते एवं आप इस से पूरी तरह से मुक्त भी नहीं हो सकते।

एक साधक के लिए प्राथमिक कार्य अहंकार के विशिष्ट नियंत्रक बिंदुओं को सीखना तथा उसे दास बनाना है। इसे महान योगियों के प्राचीन प्रतिपादनों में दर्शाया गया है, जहाँ हम उन्हें बाघ की खाल पर बैठे हुए, अथवा यहाँ तक कि बाघ की सवारी करते हुए भी देख सकते हैं। बाघ अहंकार, निम्न चित्त, पशुवत प्रवृत्ति तथा उनकी शक्ति का प्रतीक है। ऐसे प्रतीकवाद से यह स्पष्ट होना चाहिए कि अहंकार को वश में करना अपने आप में एक श्रेष्ठ उपलब्धि है। हम युगों से अहंकार की असामान्यताओं से संघर्षरत हैं, तथा अभी भी अधिकांश समय इसकी जीत होती है।

मैं अहंकार की और भी असामान्यताओं के बारे में चिंतन कर सकता हूँ जैसे देशभक्ति (एक आदिवासी प्रवृत्ति), धार्मिक संघ तथा युद्ध (फिर से आदिवासी) एवं माता-पिता, भाई-बहन और अन्य प्रजनन प्रवृत्तियों की विषमता। परन्तु यह मुख्य विषय से बहुत दूर भटक जाएगा तथा इच्छुक पाठकों को ऑनलाइन अथवा पुस्तकों में अच्छी सामग्री मिलेगी जो अहंकार का अधिक विस्तृत विवरण देती है। अब हम चित्त के और भी निचले क्षेत्रों की ओर बढ़ते हैं, जहां यह सापेक्ष दृढ़ता, जड़ता एवं निष्क्रियता - शरीर अथवा जीव नामक संरचना में उतरता है। ध्यान दें कि शब्द "निचला" अथवा "उतरना" का अर्थ यह नहीं है कि ये संरचनाएं

किसी भी तरह से हीन हैं, ऊपर से देखने पर वे श्रेणीक्रम में अहंकार के ठीक नीचे हैं। कोई इसे नीचे से देख सकता है यदि वह आधार पर स्वयं को तथा उस पर बनी बाकी सभी रचनाओं को देखना पसंद करता है। अहंकार भी पूर्ण है। यह चित्त की एक सुंदर रचना है तथा इसे क्रियान्वित होते देखना बहुत मनोरंजक है।

अध्याय ८.३ "अहंकार के विकार - प्रेम तथा घृणा, आत्म-दया" समाप्त हुआ।

16

९. एक शरीर का अनुभव

हम एक शरीर तथा उसके अनुभव में नीचे उतरेंगे। यह अध्याय इस पर एक विचित्र दृष्टिकोण प्रस्तुत करता है। यह ये संकल्पित एवं पूर्णतयः निष्कपट है, मात्र इसलिए कि सामान्य नीरस/उबाऊ है।

जाग्रत शरीर

शरीर एक संरचना है जो किसी भी अन्य संरचना की तरह ही स्वयं के पटल पर दिखाई देती है। मानसिक प्रतिरूप/पैटर्न एवं जगत भी एक ही पटल पर दिखाई देते हैं। गहरी नींद की अवस्था में ये सभी लुप्त हो जाते हैं। स्वप्न अथवा कल्पना की अवस्था में कोई भिन्न शरीर या भिन्न जगत प्रकट हो सकता है। चित की कुछ विदेशी अवस्थाओं में, संबंधित शरीर तथा जगत सामान्य जाग्रत अवस्था की तरह ही ठोस एवं वास्तविक दिखाई दे सकते हैं। जहां तक मेरा अनुभव है मैं शरीर के बारे में बस इतना ही कह सकता हूं। किसी भी तरह, मैं आगे बढ़ूंगा एवं शरीर के बारे में कुछ विवरण नोट करूंगा तथा जब भी संभव हो, कुछ स्पष्ट निष्कर्ष निकालने का प्रयास करूंगा। इस अध्याय में हम उस शरीर के बारे में चर्चा करेंगे जिसका अनुभव हम चित की जागृत अवस्था के समय करते हैं। यह मेरे अनुभव में सबसे अधिक बार आया है और अपेक्षा है कि आपका भी।

चित के दृष्टिकोण से, शरीर इंद्रिय धारणाओं के संग्रह के रूप में प्रकट होता है। दृश्य अर्थ में किसी भी अन्य वस्तु की तरह इसका भी एक निश्चित रूप, आकार तथा रंग होता है। जब इसे अन्य इंद्रियों के माध्यम से देखा जाता है तो यह धारणाओं का बादल बन जाता है। कोई तुरंत देख सकता है कि शरीर अन्य वस्तुओं से अलग है क्योंकि इसकी उपस्थिति कुछ विशेष आंतरिक इंद्रियों जैसे भूख और दर्द आदि के माध्यम से भी व्यक्त की जाती है। हमने पहले उन पर चर्चा की है। शरीर की एक और विशेषता यह है कि यह स्वयं इंद्रियों का यजमान है, वे सभी सिर में एकत्रित होती हैं, जहां मस्तिष्क होता है। जब दृष्टि एवं श्रवण की इंद्रियों - प्रमुख इंद्रियों - पर ध्यान केंद्रित किया जाता है, तो चित स्वयं को सिर में स्थित

मानता है। जब हम अन्य इंद्रियों पर ध्यान देते हैं, तो चित्त का कथित स्थान कमोबेश उस इंद्रिय के स्रोत की ओर स्थानांतरित हो जाता है।

उदाहरण के लिए, अपने पैर के अंगूठे से किसी वस्तु को स्पर्श करने का प्रयास करें, आप पाएंगे कि चित्त भी वहीं चला जाता है। यह तब और भी स्पष्ट होता है जब आंखें बंद होती हैं तथा आप अपना ध्यान वापस सिर पर लाते हैं। चित्त की एक सक्रियता अनुभूत होती है। तो शरीर में चित्त कहाँ स्थित है? कहीं भी नहीं। यह अस्थानिक है। वस्तुओं का स्थान स्वयं चित्त द्वारा निर्धारित किया जाता है स्थान के निर्माण के माध्यम से, और यह स्वयं का पता लगाने में खराब काम करता है। हालाँकि शरीर को सही स्थान दिया गया है, पूरे विश्व के ठीक मध्य में!

सब लोग कहाँ है?

निःसंदेह कोई यह मान्यता कर सकता है कि उसका शरीर जगत में, किसी क्रमरहित स्थान पर स्थित है, तथा चित्त शरीर में, विशेष रूप से सिर में स्थित है, क्योंकि वहीं उसकी अनुभूति होती है। हम पहले ही शरीर में चित्त के स्थान का प्रयोग कर चुके हैं, यह बदलता रहता है। परन्तु यह शरीर में कहीं न कहीं अवश्य है, है ना? इसे जांचने के लिए कोई अन्य प्रयोग कर सकता है। किसी ऐसी वस्तु को एकटक देखें जो आपसे काफी दूरी पर हो, जैसे किसी दूसरे कक्ष में कोई वस्तु अथवा बाहर कोई पेड़। शेष सभी वस्तुओं की उपेक्षा करते हुए, पूर्णतयः उसी पर ध्यान केंद्रित करके कुछ देर तक उसे टकटकी लगाकर देखते रहें। अब वस्तु से विकेंद्रित करके तथा दृश्य के समग्र क्षेत्र के प्रति जागरूक होकर अपना ध्यान पुनः सिर पर वापस लाएँ।

आप चित्त में परिवर्तन देखेंगे, यह उस वस्तु से वापस आता है, जिसका अर्थ है कि इसका अनुमानित स्थान शरीर के अंदर से बाहर तथा पुनः अंदर स्थानांतरित हो गया है। ध्वनियों के साथ भी कुछ ऐसा ही प्रयास किया जा सकता है, जैसे दूर किसी पक्षी की चहचहाहट। तो चित्त भी किसी के शरीर में नहीं है। दुर्भाग्य से यह मान्यता कि चित्त सिर में रहता है जिसके कारण ही ये विश्वास होता है कि सभी मानसिक घटनाएं मस्तिष्क द्वारा उत्पन्न होती हैं। जहाँ तक मुझे पता है, इसका कोई निर्विवाद प्रमाण नहीं है। मस्तिष्क तथा शरीर दोनों इंद्रियों के माध्यम से प्राप्त सूचना से मन द्वारा निर्मित होते हैं। शरीर के चारों ओर का संसार इसी प्रकार निर्मित होता है। दूसरे शब्दों में, मस्तिष्क, शरीर एवं जगत सभी आभासी इकाइयां हैं, जो मौलिक प्रक्रिया द्वारा बनाई गई अंतर्निहित संरचनाओं की व्याख्या है। स्पष्ट है, ये संरचनाएं अस्तित्व में हैं, अन्य शब्दों में, कहीं भी नहीं तथा सर्वत्र।

ध्यान दें कि हम चित्त के बारे में बात कर रहे हैं, स्वयं के बारे में नहीं। कुछ व्यक्तियों की यह विचित्र मान्यता है कि स्वयं (अर्थात चेतना) भी मस्तिष्क द्वारा उत्पन्न होती है। फिर हमें इसका भी कोई प्रमाण नहीं मिला। ऐसी मान्यताएँ अविवेकी एवं अतार्किक चिंतन

का परिणाम हैं। कुछ लोगों की यह मान्यता है कि यदि किसी वस्तु को वस्तुनिष्ठ रूप से नहीं देखा जा सकता है तो उसका अस्तित्व नहीं हो सकता है, अतः जो इकाइयां धारणा की वस्तु नहीं हैं, उन्हें अस्तित्वहीन माना जाता है अथवा अधिक से अधिक बोधगम्य इकाइयों का विस्तार माना जाता है। धारणा स्वयं व्यक्तिनिष्ठ है, अतः जो कुछ भी देखा जाता है वह व्यक्तिनिष्ठ है। मस्तिष्क की धारणा तथा मस्तिष्क की चेतना एक ही समय में प्रकट होती है। यहां कोई कारण निर्देश नहीं है।

शरीर के विश्व में किसी स्थान पर स्थित होने की मान्यता का क्या कारण है? इसकी उत्पत्ति दुनिया भर में घूम रहे अन्य पिंडों को देखने से होती है, उन्हें दुनिया के अंदर क्रमहीन स्थानों पर स्थित देखा जाता है, एवं इस प्रकार किसी के अपने शरीर के बारे में निष्कर्ष निकाला जाता है। तथापि, यदि आप दूसरों से उनके शरीर के बारे में उनकी निष्कपट सम्मति के बारे में पूछते हैं, तो आपको संभवतः उत्तर मिलेगा कि यह भी दुनिया के केंद्र में है। अतः किसी को यह निष्कर्ष निकालना चाहिए कि स्थान सापेक्ष तथा व्यक्तिनिष्ठ हैं। ऐसे कुछ प्रयोग हैं जो चयनित व्यक्तियों की आंखों पर लगे वीआर हेडसेट का उपयोग करके किए गए थे एवं इन्हें व्यक्तियों के निकटवर्ती दृश्यों के बजाय किसी अन्य स्थान से दृश्य प्रदान किए गए थे। लोगों ने बताया कि उनका पूरा अस्तित्व उस कैमरे के स्थान पर स्थानांतरित हो रहा है जो उनके हेडसेट को तथ्य भेज रहा था। ऐसा ही कुछ शरीर के अनुभव से बाहर होने के दौरान होता है, जब किसी के स्थान की भावना किसी अन्य स्थान पर स्थानांतरित हो जाती है जहां से अतीन्द्रिय धारणा हो रही होती है। अतः यदि आपने अपना शरीर खो दिया है तथा उसे ढूंढने का प्रयास कर रहे हैं, तो संभावना है कि वह आपको किसी भी स्थान पर नहीं मिलेगा।

शरीर का पदार्थ

चित्त और शरीर के स्थानों के बारे में ये तर्क बालोचित लग सकते हैं, परन्तु इनके बारे में मान्यताएँ भी बालोचित हैं। मान्यताओं को नष्ट करने के लिए व्यक्ति को यही करना चाहिए, पुनः बालक बनें, हर वस्तु पर प्रश्न करें, आप आश्चर्यजनक खोजें करेंगे। हम शरीर के बारे में और अधिक धारणाओं का खंडन करेंगे। क्या हमारे शरीर जीवित हैं? यह इस पर निर्भर करता है कि जीवंतता को कैसे परिभाषित किया जाता है। प्राचीन काल में शरीर को विशेष प्रकार के पदार्थ, जीवित पदार्थ से बना माना जाता था। यह बढ़ता है, ठीक होता है, हिलता-डुलता है, गर्म होता है, रसदार होता है तथा स्वादिष्ट होता है, विशेषतः जब इसे अग्नि में पकाया जाता है। निर्जीव पदार्थ में ये गुण नहीं होते, अतः यह निष्कर्ष निकालना उचित था कि शरीर जीवित पदार्थ से बना है। आजकल हम जानते हैं कि साधारण पदार्थ तथा शरीर के पदार्थ में कोई अंतर नहीं है, सब कुछ एक ही तत्व से बना है एवं कोई विशेष जीवित तत्व नहीं हैं। एक चट्टान में पदार्थ मूलतः वही है जो शरीर में है।

तथापि, कार्बन परमाणुओं के अनूठे गुणों के कारण, शरीर इसकी कहीं अधिक जटिल व्यवस्था प्रदर्शित करता है, जिसमें लंबी श्रृंखला बनाने तथा बड़ी संख्या में अणुओं में स्वयं व्यवस्थित होने की उनकी क्षमता भी सम्मिलित है। कुछ प्रकार के कार्बन अणु टूटने पर दो पूर्ण समान प्रतियों में परिवर्तित हो सकते हैं, तथा यह डीएनए जैसे अणुओं का आधार है, जो विकास एवं प्रजनन का आधार है। तो हम देखते हैं कि हर वस्तु जीवित है तथा हर वस्तु मृत है, भेद का कोई अर्थ नहीं है। जीवन शरीर के विषय में नहीं है, जीवन शरीर के अनुभव के विषय में है।

साधक को विषय की गहराई में जाना चाहिए। ऐसे कई प्रयोग हैं जो दिखाते हैं कि पदार्थ, जैसा कि प्रायः माना जाता है, अस्तित्व में नहीं है। कुछ रूपों में यह मात्र ऊर्जा है, जो एक परिवर्तन के अतिरिक्त अन्य कुछ नहीं है, तथा जब हम और भी गहराई में जाते हैं, तो हम पाते हैं कि वहां कुछ भी नहीं है, कोई पदार्थ नहीं है, कोई ऊर्जा नहीं है, कोई परिवर्तन नहीं है, मात्र इन सब का एक अनुभव है। ये प्रयोग क्वांटम यांत्रिकी के अत्यंत प्रसिद्ध एवं सफल सिद्धांत की नींव में हैं। अतः शरीर शून्य से बना है। यह एक आभासी शरीर है, एक स्वप्न है। ये वास्तव में कोई आश्चर्य की बात नहीं है. क्या होता है कि जब परिवर्तन (अर्थात अनुभव) होता है तो मौलिक प्रक्रिया संबंधों को बाधित करती है, तथा स्पष्ट संरचनाओं को जन्म देती है, जिन्हें चित पदार्थ, शरीर, दुनिया तथा हर चीज में व्यवस्थित करता है। ये अलौकिक हैं, इनकी अपनी कोई वास्तविकता नहीं है तथा स्पष्टतः ये टिकते नहीं हैं। परिवर्तन, नश्वरता उन्हें बहुत शीघ्र ही नष्ट कर देती है। शेष सभी वस्तुओं की तरह शरीर भी प्रकट होता है, बदलता है तथा नष्ट हो जाता है।

शरीर का प्रवाह

शरीर के बारे में एक बात तुरंत देखने में आ सकती है - पदार्थ इसमें निरंतर अंदर तथा बाहर प्रवाहित रहता है। भोजन कोशिकाओं को बढ़ने एवं प्रजनन के लिए कच्चा पदार्थ प्रदान करता है, तथा अपशिष्ट, जला हुआ ईंधन एवं मृत कोशिकाएं शरीर से बाहर निकाल दी जाती हैं। पाचन, श्वसन, लसीका एवं उत्सर्जन तंत्र इस गतिविधि की चिंता करते हैं। कोशिकाएं प्रति दिन अरबों की संख्या में पैदा होती हैं एवं मर जाती हैं, और यहां तक कि शरीर के माध्यम से पदार्थ के प्रवाह की क्षणिक समाप्ति भी मृत्यु का कारण बनती है (विशेषकर सांस लेने की)। एक त्वरित अंतर्जाल खोज (गूगल सर्च) से लगभग 30-40 टन पदार्थ का अनुमान मिलता है जो एक जीवनकाल में औसत शरीर से होकर पर्यावरण में वापस आता है। शैशवावस्था से लेकर जैसे-जैसे व्यक्ति बूढ़ा होता जाता है, शरीर के लम्बाई-चौड़ाई, आकार तथा भार में परिवर्तन प्रत्यक्ष रूप से देखा जा सकता है।

तो प्रश्न यह है कि - इन निरंतर बदलते शरीरों में से मैं कौन हूं? यदि आप एक शरीर हैं, तो क्या आप बीते हुए कल अथवा कुछ श्वास पहले की तुलना में आज भी वही व्यक्ति

हैं? इसका उत्तर यह हो सकता है, कि मैं ये सभी शरीर हूँ अथवा मैं इनमें से कुछ भी नहीं हूँ। परन्तु कोई निश्चित उत्तर नहीं है। हम किसी को उसके शरीर से अधिक उसके मुख/चेहरे से पहचानते हैं। मुख भी बदलता रहता है, यद्यपि अंतर्निहित संरचनाओं के पूर्ण प्रतिस्थापन के पश्चात् भी कुछ आवश्यक विशेषताएं बनी रहती हैं। तथा यही कारण है कि लोग किसी शरीर से जुड़ते हैं एवं उसकी पहचान करते हैं। अन्य व्यक्ति तथा दर्पण हमें स्मरण दिलाते रहते हैं कि हम कोशिकाओं की निरंतर बदलती संरचना हैं, क्योंकि चेहरे की विशेषताएं लंबे समय तक एक प्रतिरूप (कम या ज्यादा) बनाए रखती हैं।

तो जब पदार्थ की सरिता शरीर से होकर बहती है तो वास्तव में क्या स्थिर रहता है? स्पष्ट है यह शरीर का प्रतिरूप, आवश्यक डिज़ाइन है, जो अपेक्षाकृत स्थिर रहता है। पानी हर पल बदलता है, लेकिन नदी अपना अनोखा सर्पाकार आकार बनाये रखती है तथा इसे आसानी से पहचाना जा सकता है। प्रतिरूप अन्य कुछ नहीं परन्तु शरीर की संरचना के बारे में जानकारी है, इसमें अधिक परिवर्तन नहीं होता है। जब एक कोशिका मृत हो जाती है, तो उसका स्थान एक नवजात कोशिका ले लेती है, जैसे किसी भवन में क्षतिग्रस्त ईंट की जगह एक अच्छी ईंट ले ली जाती है। इस तरह भवन की सभी ईंटें एक-एक करके बदली जा सकती हैं तथा शीघ्र ही हमें एक नया भवन मिल जाएगा जो दिखने में पूर्णतः वास्तविक जैसा ही होगा परन्तु अब वह पहले वाला भवन नहीं है। भवन ईंटें नहीं है, भवन सूचना है, एक प्रतिरूप है तथा इसी प्रकार से एक मानव शरीर भी है। संरचना के बारे में जानकारी केंद्रीकृत नहीं है, यह प्रत्येक कोशिका में निहित है। अतः हमारे शरीर न मात्र अभौतिक हैं, बल्कि वे अस्थानीय तथा गतिशील भी हैं। यह जानकर आश्चर्य होता है कि यद्यपि हम स्वयं को एक शरीर कहना चाहें, फिर भी हम मात्र सूचनात्मक, आभासी, अभौतिक, अस्थानीय, गतिशील तथा क्षणभंगुर हैं।

एक अनाथ शरीर

इस वास्तविक दिखने वाले शरीर का स्वामी कौन है? कोई नहीं। यह मात्र वहीं है, अन्य सभी चीजों की तरह, शरीर अस्तित्व में प्रकट होता है एवं पुनः उसी में विलीन हो जाता है। हम पहले ही देख चुके हैं कि पहचान की अवधारणा एक भ्रम है चित्त द्वारा निर्मित। शरीर का कोई स्वामी नहीं है। शरीर का अनुभव किया जाता है एवं बाद में उसे एक मालिक सौंपा जाता है। कभी-कभी पहचान शरीर पर बदल जाती है तथा व्यक्ति स्वयं को शरीर के रूप में देखता है, जैसा कि अभिव्यक्ति में है -*"मैं बैठा हूँ"*। यह पहचान का सबसे प्रचलित रूप प्रतीत होता है। प्रायः शरीर को एक ऐसी वस्तु के रूप में देखा जाता है जिसका वह मालिक है, जैसा कि अभिव्यक्ति में है - *"मेरा शरीर स्वस्थ है"*। पहचान किसी की बुद्धि, पेशे, अतीत, संबंधों और यहां तक कि स्वयं तक बदल जाती है। भले ही आप शरीर के साथ पहचाने नहीं जाते हैं, फिर भी मैं सुझाव देता हूं कि आप सामान्य भाषा का उपयोग करें। *"मेरा शरीर बैठ गया है"*-

जैसे वाक्यांशों का उच्चारण करने के अनपेक्षित परिणाम हो सकते हैं एवं इस बात की अच्छी संभावना है कि आप अगले दिन अपने शरीर को एक पागलखाने में बंद पाएंगे। शरीर के साथ पहचान पीड़ा का एक प्रमुख कारण है क्योंकि शरीर परिवर्तन एवं क्षय के अधीन है, दर्द भी होता है तथा विभिन्न प्रकार के विकार। शरीर मानव जाति के प्रमुख भय का कारण है, क्योंकि यह अंततः विलुप्त हो जाता है। ऐसे व्यक्ति को ढूंढना कठिन है जो मृत्यु से भयभीत नहीं होता। संक्षेप में इन सभी विचित्र मान्यताओं, भय तथा पीड़ा का कारण अज्ञानता है, एवं ज्ञान ही स्पष्ट उपचार है।

एक अद्भुत अपूर्णता

क्या मानव शरीर सुंदर नहीं है तथा क्या हमें इस तथ्य पर गर्व नहीं होना चाहिए कि हम ऐसा कुछ अनुभव कर रहे हैं, विकासवादी प्रक्रिया का चमत्कार, अरबों वर्षों की सृष्टि की परिणति? निःसंदेह यह सुंदर है, विशेष रूप से अक्षुण्ण तथा एकदम नई त्वचा के साथ। तथापि कुछ ही शरीर खूबसूरत होते हैं एवं थोड़े समय के लिए ही ऐसे रहते हैं। लोगों की अस्वास्थ्यकारी स्वभावों के कारण शेष शरीर बदसूरत और अनुपातहीन होते हैं। वास्तव में कहें तो यह विकास का अंतिम उत्पाद नहीं है। विकास कभी नहीं रुकता, कोई चरमोत्कर्ष नहीं होता। इसके अतिरिक्त, आधारभूत भवन शिलाएं जैसे डीएनए तथा यहां तक कि कोशिकाएं, ऊतक एवं विभिन्न रसायन सभी जीवित प्राणियों के लिए अनिवार्य रूप से समान हैं। वस्तुएं परिवर्तित होती हैं परन्तु बहुत धीरे-धीरे और परिवर्तन वृद्धिशील होते हैं। क्रम-विकास किसी सॉफ़्टवेयर के आवधिक विमोचन की तरह है जिसमें यूआई अथवा उपस्थिति में बड़े बदलाव एवं छोटे बग दूर करने होते हैं, जिसके मूल में कोड वही रहता है।

तो मानव शरीर बिल्कुल भी विकास की पराकाष्ठा पर नहीं है, यह संस्करणों में से मात्र एक है। यह अस्तित्व की दृष्टि से अवश्य ही उत्तम है, परन्तु मनुष्य की सीमित दृष्टिकोण से नहीं। इसमें सुधार तथा बग दूर करने की अत्यधिक सम्भावना है। यदि आपने कभी सोचा है कि पुरुषों के निपल्स क्यों होते हैं तथा हवा में थोड़ी सी धूल आपको अस्पताल क्यों पहुंचाती है, तो आपको पता चल जाएगा कि मेरा क्या अर्थ है। यह बताने की आवश्यकता नहीं है कि आयु बढ़ने एवं विकृत बच्चों जैसी कुछ स्थूल विषय हैं, जो पूर्णता की हमारी झूठी मान्यताओं को नष्ट कर देती हैं।

इन सबके विपरीत लोगों को अपने इस अस्थायी आश्रय से कुछ अधिक ही आसक्ति हो जाती है। कारण, जैसा कि हमने चर्चा की है, अहंकार है - स्वार्थी उपकरण, जिसका कार्य शरीर के संरक्षण तथा प्रजनन के अतिरिक्त कुछ नहीं है। अहंकार शरीर के प्रति हमारी धारणा को मोड़(रंग) देता है। इससे कोई अंतर नहीं पड़ता कि वे कैसे दिखते हैं, अधिकतर लोग स्वयं को कैसानोवा का अवतार मानते हैं। हमने चर्चा की है कि विकासवादी पूर्वाग्रह मानव स्वरूप की धारणा को कैसे प्रभावित करते हैं। विचित्र बात है, यह अहंकारी चित्त ही

है जो न केवल अन्य शरीरों में, परन्तु स्वयं के शरीर में भी कुरूपता तथा घृणा का अनुभव करता है। परंपरागत रूप से, गुरुजन छात्रों को किसी की आसक्ति को नष्ट करने के लिए शरीर के घृणित स्वरूप का निरीक्षण करने के लिए प्रोत्साहित करते हैं [1]। हम इसे संक्षेप में करेंगे एवं यदि आप का भीरु हृदय है तो आप इसे छोड़ सकते हैं, यह चित्रात्मक होने वाला है।

सूक्ष्मता से अवलोकन करें

एक शरीर, जब तटस्थ दृष्टिकोण से देखा जाता है, तो आठ छिद्रों वाला मांस, रक्त तथा हड्डियों का एक थैला होता है, जिसमें से चिपचिपा बदबूदार पदार्थ लगातार निकलता रहता है। दो दिनों तक स्नान न करने का प्रयास करें और आप पाएंगे कि कोई भी आपके पास नहीं बैठना चाहता। हमारी पूरी त्वचा एक स्पंज है जो पसीना, तेल एवं विभिन्न प्रकार की गंधों को स्रावित करती है। यह सदैव रोगाणुओं तथा अन्य छोटे जीवित प्राणियों से ढका रहता है। त्वचा मृत कोशिकाओं तथा बालों को भी हटा देती है। हम सहज रूप से लोगों को छूने से बचते हैं तथा दूसरों द्वारा छूने पर गंदा महसूस करते हैं। हम चाहते हैं कि दूसरे शरीरों से दूरी बनाए रखें एवं वे भी हमें दूर रखना पसंद करते हैं। अतः दूसरों का सम्मान करना न मात्र अच्छा शिष्टाचार है बल्कि स्वच्छता भी है। साबुन से धोने तथा साफ वस्त्र से ढकने पर शरीर कुछ हद तक सहनीय हो जाता है। कुछ संस्कृतियों में सबसे कुरूप तथा सामाजिक रूप से अस्वीकार्य दृश्य नग्न शरीर का होता है। परन्तु फिर हम अंतर्जाल(इंटरनेट) को नग्न शरीरों से भर देते हैं, वर्जित अधिक आकर्षक है।

यहां तक कि अहंकार भी जानता है कि सुंदरता मात्र त्वचा तक ही सीमित होती है। शरीर के आंतरिक भागों का कोई भी प्रदर्शन हमें घृणा से भर देता है। हमें कटे-फटे शरीर, खून, खुले घाव तथा शल्य चिकित्सकों द्वारा आंतरिक अंगों की शल्य चिकित्सा करते हुए देखने से घृणा होती है। खोपड़ियाँ और हड्डियाँ मृत्यु के आदर्श प्रतीक हैं तथा जब हम उनका सामना करते हैं तो हम मृत्यु से भयभीत हो जाते हैं [6]। शरीर के प्रेम एवं घृणा का द्वैत तीक्ष्ण तथा आश्चर्यजनक है।

एक पराया शरीर

आधुनिक समय में हम जानते हैं कि शरीर छोटे जीवों का एक संग्रह है जिन्हें कोशिकाएँ कहा जाता है। विशिष्ट कोशिकाएँ अंग बनाती हैं तथा पूरी कोशिका समूह परस्पर सह-जीवी सम्बन्ध में रहती है। आनुवंशिक रूप से कहें तो हमारे शरीर में केवल 30% कोशिकाएँ ही मानव कोशिकाएँ हैं, जो जानना चौंकाने वाला है, तब भी जब आप किसी रोमांचित प्रकार से मानव होने के बारे में गुलाबी सुन्दर मान्यताएं नहीं रखते हैं। शेष "परायी" कोशिकाएं हैं अथवा अन्य रोगाणु, बैक्टीरिया, यूकेरियोट्स एवं वायरस हैं - माइक्रोबायोटा [2]। इसके

अतिरिक्त सूक्ष्म कृमि, परजीवी, कवक तथा कीड़े भी हैं। ये "देशी" मानव कोशिकाओं के साथ पारस्परिक रूप से लाभकारी अथवा हानि-रहित रूप से शांतिपूर्वक रहते हैं। उनमें से अधिकांश त्वचा, मुंह, आंत तथा अन्य अज्ञात गुहाओं पर रहते हैं। एक औसत व्यक्ति श्वास लेने तथा पसीने आदि के कारण रोगाणुओं के बादल से घिरा रहता है। कुत्तों को किसी व्यक्ति का पता लगाने में यह सहायक रहता है, क्योंकि हममें से प्रत्येक में एक अद्वितीय सूक्ष्म-बायोम(जीवों के लिए एक विशिष्ट वातावरण) होता है। सौभाग्य से हम शायद ही कभी माइक्रोस्कोप से दर्पण में देखते हैं, अतः टेढ़े-मेढ़े जीवों का यह बड़ा ढेर छिपा रहता है।

"मानव" कोशिकाएँ भी एक प्रकार से शुद्ध नहीं हैं। वे प्राचीन वायरल डीएनए, विदेशी पदार्थ तथा एक विशेष सहजीवी प्राणी-अपने स्वयं के डीएनए के साथ माइटोकॉन्ड्रिया से संक्रमित हैं। यह मात्र देखने का एक तरीका है, एक कोशिका वही है जो है।। जब तटस्थ दृष्टिकोण से देखा जाता है, तो एक कोशिका एक बहुत ही जटिल रासायनिक कारखाना है, जिसके अपने सॉफ्टवेयर तथा नैनो-यंत्र हैं। किसी को यह विश्वास करने के लिए क्षमा किया जा सकता है कि वह एक संपूर्ण इकाई है, जिसमें विकास तथा प्रजनन की कुछ जादुई क्षमताएं हैं, क्योंकि सूक्ष्म संरचनाएं शरीर के हमारे दिन-प्रतिदिन के अनुभव से परे हैं। अतः शरीर एक इकाई नहीं है, यह एक संपूर्ण पारिस्थितिकी तंत्र है, एक उपनिवेश है। यह मैक्रो-इकोसिस्टम का भी अंश है तथा इसके माध्यम से हवा, पानी एवं भोजन का संचरण होता है। जीवित रहने के लिए पारिस्थितिकी तंत्र के बिना शरीर जल्दी नष्ट हो जाता है। यदि इसके सूक्ष्म पारिस्थितिकी तंत्र में गड़बड़ी हो तो यह भी मृत हो जाता है। शरीर पृथ्वी का एक भाग है, यह पृथ्वी से विकसित होता है एवं पृथ्वी पर ही लौट आता है।

क्या मेरा जीन सुविधापूर्वक बैठता है?

शरीर एक स्व-प्रतिकृति संरचना है। परिपक्व होने पर यह एक कोशिका से अपना एक नया उदाहरण शुरू करता है। अरबों वर्षों का संपूर्ण विकास कुछ महीनों में दोहराया जाता है। यह विकासवादी इतिहास को इस व्यतीत समय में देखने जैसा है। ऐसा लगता है कि यह एक बीज से शुरू होता है, परन्तु वास्तव में यह सूचना, आनुवंशिक संकेतावली (कोड) से शुरू होता है। जैसा कि किसी भी स्व-प्रतिकृति संरचना के साथ होना चाहिए, एक लचीली संरचना कमजोर संरचनाओं से आगे निकल जाती है तथा स्वयं की अधिक प्रतियां तैयार करती है। यह आवश्यकता स्वाभाविक रूप से किसी संकेतावली के इर्द-गिर्द बने जीव को उस संकेतावली का पक्ष लेने के लिए प्रेरित करती है। यह प्रजनन की अहंकारी प्रवृति तथा अपनी ही संतान को पसंद करने की प्रवृति के रूप में प्रकट होता है, एवं अन्य प्रकार की तुलना में समान आनुवंशिक संकेतावली वाले जीवों को पसंद करने की प्रवृति (दूसरी प्राथमिकता) के रूप में भी प्रकट होता है। अतः हम पाते हैं कि मनुष्य, अन्य प्राणियों की तरह, प्राथमिकता के क्रम में अपने बच्चों, अपने सम्बन्धियों तथा अपनी नस्लों के प्रति पक्षपाती हैं।

ऐसा लगता है कि हम अपने बच्चों को व्यक्तित्व के रूप में पसंद करते हैं, परन्तु वास्तव में यह संकेतावली (कोड) है जो इसकी निरंतरता सुनिश्चित कर रहा है। व्यक्ति तो एक कठपुतली जैसा है जो संकेतावली के निर्देश पर नृत्य करता है। किसी भी तरह, यह भ्रम अत्यंत प्रबल है कि हम किसी तरह अपने माता-पिता तथा बच्चों से जुड़े हुए हैं। अतः अपने तथा अपने जैसे लोगों का पक्ष लेने की प्रवृत्ति बहुत प्रबल है। आश्चर्य की बात नहीं है कि लोग इस बात से अनभिज्ञ हैं कि कौन सी चीज़ उन्हें प्रेरित करती है। उनकी अज्ञानता ही पशुवत व्यवहार तथा परिणामी दुःख का कारण है। विचित्र बात है, प्रबल पूर्वाग्रह पूरी तरह से अंधे हैं। हम पक्षपात तो करते हैं, परन्तु हम नहीं जानते कि हम किसका पक्ष ले रहे हैं। यदि किसी को यह नहीं बताया जाए कि उसका पिता, माता या बच्चा कौन है, तो उसे कभी पता नहीं चलेगा। यदि कुछ अन्य लोग उसके माता-पिता अथवा बच्चे के रूप में प्रस्तुत होते हैं, तो उसका पूर्वाग्रह धोखेबाजों की ओर आँख मूंदकर बदल जाता है। आपके तथाकथित "रक्त संबंधियों" अथवा आनुवंशिक संबंधियों को जानने का कोई प्राकृतिक तरीका नहीं है [4]। फिर भी लोग रक्त संबंधों को एक बड़ा विषय बना देते हैं। यह एक ही समय में हास्यास्पद तथा दुखद है।

उचित है, आप कह सकते हैं कि इन दिनों मात्र संकेतावली (कोड) का मिलान करना एवं पुष्टि करना संभव है कि किसी के रक्त संबंधी गिरोह में कौन है। तो आइए इसे जांचें। जहां तक जेनेटिक संकेतावली का प्रश्न है तो पूरी मानवता एक-दूसरे से 99.5% मेल खाती है। मोटे तौर पर कहें तो, चिंपाजी 98% हमारे समान हैं, बिल्लियाँ 90%, कुत्ते तथा गाय 80%, चूहे 70%, फल मक्खियाँ 60% और केला 50% समान हैं [3]। तो कोई कह सकता है कि न केवल सभी मनुष्य हमारे रक्त संबंधी हैं, परन्तु सभी जानवर तथा पौधे भी हमारे रक्त संबंधी हैं। जब हम आनुवंशिक रूप से समान किसी व्यक्ति को रक्त संबंधी के रूप में चिह्नित करने का निर्णय लेते हैं तो हम जो रेखा खींचते हैं वह पूर्णतयः क्रमहीन एवं मनमानी होती है। दुर्भाग्य से लोगों में अहंकार की प्रवृत्ति इतनी प्रबल होती है कि वे किसी भी ऐसी बात को नज़रअंदाज़ कर देते हैं, अस्वीकार कर देते हैं और उसका विरोध करते हैं जो उनके अंध मान्यताओं तथा यंत्रमानव (रोबोटिक) व्यवहार के विरुद्ध जाती है।

क्या ये लघु भिन्नताएं महत्वपूर्ण नहीं हैं? अंततः, ये भिन्नता ही हैं जो हमें किसी दिए गए आनुवंशिक संकेतावली से बने आलू के विपरीत एक मानव बनाते हैं। तो आइए इस का भी निरीक्षण कर लें। ध्यान दें कि अब हम सटीक मिलानों की तुलना कर रहे हैं, न कि मात्र समानताओं की। एक बच्चा केवल 50% ही अपने पिता की प्रतिलिपि होता है, शेष 50% अपनी माँ की संकेतावली की प्रतिलिपि होता है। डीएनए पुनर्संयोजन के कारण एक व्यक्ति अपने भाई-बहन के समान केवल 50% ही होता है। हम दादा-दादी के साथ केवल 25% मेल खाते हैं, पहले चचेरे भाई के साथ 12.5%, और तीसरे चचेरे भाई के साथ 1% से भी कम मेल खाते हैं [5]। इससे अधिक दूर के सम्बन्धियों के लिए इसका कोई अर्थ नहीं रह जाता है, जिनमें आपके परदादा भी सम्मिलित हैं, जो कोई अज्ञात व्यक्ति हैं जिसका उपनाम आप

अभी भी रखते हैं तथा जिस पर आपको बहुत गर्व है। अतः, यदि आप सूक्ष्म विश्लेषण करते हैं, तो दूसरों के साथ साझा आनुवंशिक संकेतावली की पहचान करना निश्चित रूप से संभव है, परन्तु यह कक्ष में चेरी चुनने तथा हाथी को अनदेखा करने जैसा है। जैविक संबंधों के भ्रम को जीवित रखने के लिए हम छोटे-छोटे मेलों को पकड़कर रखना तथा छोटे-छोटे मतभेदों को बढ़ा-चढ़ाकर पेश करना चुनते हैं। एक बुद्धिमान व्यक्ति यह सब देख लेता है तथा स्वयं को इस पागलपन से मुक्त कर लेता है। सभी शरीर मूलतः एक जैसे हैं तथा सभी प्राणी, जीवित अथवा मृत, अथवा तो सम्बन्धी हैं अथवा बिल्कुल भी संबंधित नहीं हैं। एक सम्बन्ध अधिक सार्थक होता है यदि आप अपना प्रेम, जीवन और खुशी दूसरों के साथ साझा करते हैं, तथ्य की एक श्रृंखला साझा करने का यहां कोई अर्थ नहीं है।

क्या बात है?

तो, फिर उस शरीर का क्या अर्थ है जो वास्तव में अस्तित्व में नहीं है, कहीं स्थित नहीं है, रसायनों का एक गंदा थैला है, अरबों प्राणियों का घर है तथा जिसका स्वामी कोई नहीं है? मुझे लगता है कि इस प्रश्न को और अधिक बार पूछे जाने की आवश्यकता है। हर कोई किसी न किसी विचित्र कारण से अपने शरीर को अपना ही मान लेता है, उसे महत्व नहीं देता। ऐसा प्रतीत होता है जैसे हमारे पास शरीर नहीं है, बल्कि शरीर हमारे पास है। हमें शरीर के साथ घसीटा जाता है क्योंकि यह गर्भ से श्मशान तक अपना यांत्रिक मार्ग तय करता है। वास्तव में हमारे पास अनुपालन करने तथा जीवन भर एक बच्चे की तरह बने रहने के अतिरिक्त अधिक विकल्प नहीं हैं। सामान्य जीवन आकर्षण हमें प्रेरित रखते हैं। जो भी हो, यह पूरे ब्रह्मांड में सबसे आकर्षक तथा जटिल चीज़ है। अन्य सभी रूपों जो वस्तुएं हम अपने चारों ओर देखते हैं, वे किसी जीव के शरीर की तुलना में कुछ भी नहीं हैं। हमारे पास यह जटिल उपकरण है, फिर भी हमें इसके बारे में बहुत कम पता है कि इसके साथ क्या करना है।

एक शुभ दिन, मैंने स्वयं को एक बंदर वस्त्र में फंसा हुआ पाया, उसके शीर्ष पर दो छिद्रों से बाहर देख रहा था, उत्सुकतावश, आकृतियों, रंगों तथा गतिविधियों की एक विचित्र कल्पना की ओर। मुझे इस बात का कोई स्मरण नहीं था कि मैं वहां कैसे तथा क्यों पहुंचा, परन्तु वस्त्र ने मुझ पर अधिकार(कब्ज़ा) कर लिया और सामान की मांग की तथा मुझे क्रिया करने के लिए बाध्य किया। अनुपालन नहीं करने का अर्थ मात्र दर्द एवं पीड़ा था, तथा इसका पालन करने का अर्थ प्रसन्नता का पुरस्कार था। तब से मैं इससे जुड़ा हुआ हूं। बाद में मुझे बताया गया कि यह वस्त्र एक शरीर है जो हर किसी के पास होता है तथा इसका जन्म किसी तारीख को, ऐसे परिवार में हुआ था, जिसमें सभी रक्त संबंधियों के साथ, अच्छा या बुरा, सम्मिलित था। उनकी अपनी माँगें थीं, जिसने इसे और भी यातनापूर्ण बना दिया, परन्तु उन्होंने मुझे शरीर को संभालने में सहायता की, विशेषतः जब मैं पूरी तरह से नौसिखिया चालक था एवं प्रायः दुर्घटनाग्रस्त हो जाता था। मैं अभी भी इसकी समस्याओं को पूरी तरह से नहीं समझ

पाया हूं, परन्तु यह स्पष्ट है कि हम कम या अधिक अपनी पसंद का कोई कारण अथवा उद्देश्य बताने के लिए स्वतंत्र हैं, भले ही हम इससे मुक्ति पाने के लिए इतने स्वतंत्र नहीं हैं।

तो किसी को अपने सांसारिक अस्तित्व का क्या उद्देश्य बनाना चाहिए? बड़ा प्रश्न है, एवं इसका कोई निश्चित उत्तर नहीं है। यहीं पर पथ का पूरा विचार सामने आता है। जैसे ही कोई व्यक्ति शरीर को जीवित रखने की आधारभूत बातों पर पकड़ बना लेता है, उसे एक उद्देश्य, एक पथ तय करने की आवश्यकता होती है, अन्यथा इस शरीर का पूरा सरकस प्रदर्शन निरर्थक, किसी भी उद्देश्य से रहित हो जाता है। शरीर मात्र एक बोझ बन जाता है जिसे कोई बिना किसी कारण के ढोता है, जब कोई उद्देश्य नहीं होता, कोई पथ नहीं होता। किसी को एक निश्चित पथ अपनाने के लिए नहीं कहा जा सकता, आपको अपना पथ स्वयं चुनना होगा। पथ का एक हृदय होना चाहिए, अन्यथा वह भी अर्थहीन है। यदि आपने प्रसन्नता, ज्ञान तथा मुक्ति का मार्ग चुना है, तो शरीर को कैसे प्रबंधित करें, इसके बारे में कुछ चालें तथा युक्तियाँ जानना उपयोगी होगा। हम अगले अध्याय में उन पर चर्चा करेंगे।

_टिप्पणियाँ:_

1. जैसे देखिये _शंकर द्वारा विवेक चूड़ामणि।_ इसके अतिरिक्त, कुछ बौद्ध ग्रंथ भी। सावधान रहें कि ऐसी प्रथाएँ सामान्य लोगों के लिए नहीं हैं एवं इससे शरीर में अस्वस्थता उत्पन्न हो सकती है। कुछ मध्यकालीन धार्मिक मान्यताएँ इस बात के अच्छे उदाहरण हैं कि यह कैसे नियंत्रण से बाहर जा सकती है।

2. देखिये https://en.wikipedia.org/wiki/Human_microbiota हमारे प्रिय शरीर के अंदर तथा उसके ऊपर क्या है, इसके बारे में अब तक के तथ्य एवं दिलचस्प (?) विवरण के लिए।

3. आनुवंशिकी के क्षेत्र में "समान" शब्द को विभिन्न तरीकों से परिभाषित किया जा सकता है। यहां यह प्रोटीन के लिए संकेतावली (एन्कोडिंग) से संबंधित है, जो शरीर निर्मित करते हैं। तकनीकी बिंदुओं से निरपेक्ष, एक बुद्धिमान व्यक्ति तुरंत देख सकता है कि पृथ्वी पर सभी आनुवंशिक संकेतावली मूलतः एक समान हैं। यह इस विचित्र धारणा को भी अस्वीकृत कर देता है कि मनुष्य अन्य प्रजातियों से "श्रेष्ठ" हैं। जैसा कि मैंने कहा, हम एक आधारभूत आनुवंशिक संकेतावली के आसपास लिखे गए उपयोग का एक अन्य संस्करण हैं। मनुष्य में कुछ रुचिपूर्ण विशेषताएं हैं, जो हमें एक अद्वितीय प्रजाति बनाती हैं, परन्तु यह हमारे कार्य हैं, न कि हमारी संकेतावली, जो यह तय करता है कि हम वास्तव में श्रेष्ठ हैं अथवा नहीं। दुःख की बात है कि मनुष्यों की कुछ गतिविधियाँ उन्हें आनुवंशिक श्रेणीक्रम में वायरस से नीचे रखती हैं।

4. विडंबना यह है कि लाल रक्त कोशिकाओं में कोई आनुवंशिक संकेतावली, कोई डीएनए, यहां तक कि एक नाभिक भी नहीं होता है! तो मुझे लगता है, अधिक तार्किक वाक्यांश

मांसपेशी कोशिका सापेक्ष, या न्यूरोनल सापेक्ष अथवा संभवतः शुक्राणु सापेक्ष होगा।

5. https://customercare.23andme.com/hc/en-us/chapters/
202907170-Average-percent-DNA-shared-बीच-रिश्तेदारों

6. इस भय की जड़ें बहुत प्राचीन हैं क्योंकि मृत व्यक्ति को सदैव मात्र हड्डियों में परिवर्तित होते देखा जाता था। सम्भवता हमें विकासवादी कारणों से भी विकृति घृणित तथा भयानक लगती है, क्योंकि ऐसे शरीर का अर्थ शिकारी द्वारा आक्रमण, खूनी संघर्ष अथवा रोग है। इससे दूर भागने में ही बुद्धिमानी है।

अध्याय ९."एक शरीर का अनुभव" समाप्त हुआ।

17

१०. "शरीर तथा उनके चालक"

हमने शरीर नाम की इस विचित्र वस्तु के बारे में बात की जो हम पर हावी है एवं हम इसे नियंत्रित करने में असमर्थ प्रतीत होते हैं। तथापि हम स्वयं को इस बायोमैकेनिकल बायोडिग्रेडेबल मंकी वस्त्र (सूट) के चालक के रूप में देखते हैं। ऐसा लगता है, कि हम इस पर आदेश दे सकते हैं तथा यह हमें जहाँ चाहे वहाँ ले जाता है। बदले में यह ईंधन तथा विश्राम की माँग करता है। इसमें एक स्वचालित चालक स्थापित है - अहंकार, जो अधिकांश परिचालन कार्यों का ध्यान रखता है। यह इतना कुशल है कि लोगों को शायद ही इसके बारे में पता चलता है एवं वे सोचते हैं कि सारा कार्य वे ही कर रहे हैं, क्योंकि यह हमें यह सोचने पर बाध्य कर देता है कि हम अहंकार हैं। कोशिकाओं की विशाल कॉलोनी विकास, सुधार करना तथा कोशिकाओं की अन्य कॉलोनियों के आक्रमण से लड़ने से लेकर अपने अधिकांश कार्यों का ध्यान रखती है। स्वचालित चालक इसका संरक्षण, बचाव तथा प्रतिलिपि सुनिश्चित करता है। उच्च मानसिक क्रियाएँ इसे एक समग्र दिशा प्रदान करती हैं। रंगीन, तीन आयामों सहित शरीर की यात्रा को उसकी पूर्ण महिमा एवं सभी घंटियों तथा सीटियों के साथ "स्वयं" के सामने प्रस्तुत किया गया है। स्वयं /आत्मन मात्र इस अनुभव का साक्षी है, जिसे हम मानवीय अनुभव कहते हैं।

क्या हम शरीर को चलाते हैं अथवा शरीर हमें चलाता है? हम सोचते हैं कि हम इसे चलाते हैं लेकिन वास्तव में यह हमें चलाता है। नियंत्रण का भ्रम है। भ्रम तादात्म्य के कारण होता है। जब शरीर अपना काम करने में व्यस्त होता है, तो चित्त अपना एक स्वामी रचता है तथा यह भ्रम पैदा करता है कि स्वामी चालक की गद्दी पर है। पहचान का भ्रम इतना पूर्ण है कि वह शरीर को स्वयं के रूप में देखता है। जब हम कहते हैं "मैं शरीर" अथवा "मेरा शरीर", तो यह पहचान बोल रही है। सौभाग्य से, पहचान स्वामित्व लेने के अतिरिक्त अन्य कुछ

नहीं करती है। कल्पना कीजिए कि यदि आपको, पहचान को, व्यक्ति को, सब कुछ करना पड़े श्वसन, पाचन, हृदय को पंप करना, कोशिका विभाजन तथा मरम्मत, यह तय करना कि कौन सी मांसपेशियों को सिकोड़ना है, कितना तथा कब, सभी इंद्रिय तथ्यों का अर्थ निकालना, खरबों न्यूरॉन्स में से प्रत्येक को सटीक प्रतिरूप में सक्रिय करना एवं वह सब जैसे छोटे-मोटे काम शरीर सहजता और कुशलता से काम करता है। यदि हम चालक गद्दी पर होते, तो हम इसे सेकंडों के भीतर दुर्घटनाग्रस्त कर देते तथा हजारों वर्षों के प्रशिक्षण के बाद भी इसे बार-बार दुर्घटनाग्रस्त करते। इसमें कोई आश्चर्य नहीं कि प्रकृति ने हमसे गाड़ी चलाने का लाइसेंस छीन लिया है तथा इसे स्वयं चला रही है , जबकि हम यात्री सीट पर बैठते हैं तथा दृश्यों का आनंद लेते हैं।

अतः यह मान लेना निरर्थक है कि हमारे शरीर पर हमारा नियंत्रण है। यह हमारा भी नहीं है तथा जैसा हम इसे देखते हैं वैसा वास्तव में इसका अस्तित्व भी नहीं है। हमें एक सवारी के रूप में ले जाया जा रहा है, यह गर्भ से शुरू होता है और अंतिम संस्कार पर समाप्त होता है। यदि आप इसे इस तरह से देखें तो यह निश्चित रूप से अर्थहीन लगता है, जब तक आपको यह अनुभूत नहीं होता कि यह यात्रा है, न कि गंतव्य जो सार्थक है। वाहन पर हमारा कोई नियंत्रण नहीं है परन्तु इसके दृश्यद्वार से हम जो देखते हैं उसके संबंध में हमारे पास कुछ विकल्प हैं। सबसे उल्लेखनीय विकल्प प्रसन्नता एवं पीड़ा हैं। तीसरा विकल्प स्वयं शरीर से मुक्ति है, जिसका अर्थ है प्रसन्नता एवं पीड़ा दोनों के विकल्पों को त्याग देना। अहंकार तथा अज्ञानता के कारण यह तीसरी पसंद अच्छी तरह से छिपी हुई है, तथा उन्नत भोजन सूची के अंतर्गत मात्र कुछ उत्तम उपयोगकर्ताओं के लिए ही पहुंच योग्य है। हममें से शेष व्यक्ति इसे नहीं देखते हैं तथा विचार करते हैं कि चाहे कुछ भी हो, हमें यात्रा जारी रखनी चाहिए। यह अच्छा है क्योंकि स्वयं/आत्मन इस यात्रा के लिए बाहर जाना चाहता है, यह उच्चस्तरीय इच्छा है, हमारी इच्छा नहीं। स्वतंत्रता का चुनाव तब सक्षम हो जाता है जब स्वयं इस संक्षिप्त मानवीय अनुभव के समय के अंतराल में देखने योग्य सब कुछ देख लेता है।

दुर्भाग्यवश, कुछ तकनीकी समस्याओं के कारण पीड़ा का विकल्प डिफ़ॉल्ट विकल्प है अतः, अधिकांश के लिए, यात्रा असहनीय हो जाती है। चतुर उपयोगकर्ता शीघ्र ही कुछ अनुचित देखते हैं तथा समस्या बताते हैं। जितने अधिक मस्तिष्क वाले लोग शरीर के नियंत्रकों(सेटिंग्स) के साथ खिलवाड़ करने का प्रयास करते हैं, उसे ठीक करने का प्रयास करते हैं, यह मानते हुए कि वे पूर्ण नियंत्रण में हैं। हममें से अधिकांश को यह दिखाने की आवश्यकता है कि प्रसन्नता कैसे चुनें तथा यात्रा को श्रेष्ठतर तथा आरामदायक कैसे बनाएं। एक बार जब आप प्रसन्नता चुन लेते हैं, तो आपको वास्तव में कुछ भी करने की आवश्यकता नहीं होती है, शरीर तथा संपूर्ण मानव अनुभव इस सब का ध्यान रखता है। इसे डिफ़ॉल्ट पर वापस जाने से रोकने के लिए आपको इसे थोड़ा धक्का देने की आवश्यकता हो सकती है, परन्तु आपके पास यही एकमात्र विकल्प है - बार-बार प्रसन्नता चुनना। कुछ लोग इसे

अच्छे से करते हैं और उन्हें यात्रा इतनी रोमांचक लगती है कि वे इसे समाप्त नहीं होने देना चाहते। परन्तु यह कोई विकल्प नहीं है, वास्तव में शरीर विकल्प को वापस पीड़ा में रीसेट करके यह सुनिश्चित करता है कि आप अंत चाहते हैं। अतः बुद्धिमानी इसी में है कि इसे समाप्त कर दिया जाए, अथवा श्रेष्ठतर प्रकार से कहें तो जब यह समाप्त हो जाए तो इसे समाप्त होने दें। कौन जानता है, सम्भवता अन्य अद्भुत सवारियाँ वहाँ आपकी प्रतीक्षा कर रही हों।

प्रसन्नता कैसे चुनें? ठीक है, यदि आपने अब तक किताब पढ़ी है, तो आप इसे पहले से ही जानते हैं। इसका उल्लेख अब तक सैकड़ों बार किया जा चुका है। वैसे भी एक शरीर के संदर्भ में इसे पुनः आवृत्ति उचित है। शरीर का ज्ञान प्रसन्नता लाता है और शरीर का अज्ञान या उससे लगाव पीड़ा लाता है। इतना सरल है।

अंतिम अध्याय किसी शरीर का अध्ययन प्रारम्भ करने के लिए एक अच्छा स्थान है, भले ही यह संक्षिप्त हो तथा पारंपरिक न हो। ज्ञान को उन मान्यताओं से मुक्ति पानी चाहिए जो हमें शरीर से जोड़े रखते हैं, परन्तु चूंकि आसक्ति एक अहंकारी प्रवृत्ति है, अतः व्यक्ति को अहंकार को भी जानने की आवश्यकता है। पूर्व अध्यायों में इसका विस्तृत विवरण दिया गया था। प्रायः मात्र ज्ञान ही पर्याप्त नहीं होता एवं व्यक्ति को उसके आलोक में कार्य करने की भी आवश्यकता होती है। मात्र कुछ जानने मात्र से कोई प्रभाव नहीं पड़ता। हम इसे बीजारोपण के रूप में पहले ही देख चुके हैं। इसकी आवश्यकता इसलिए है क्योंकि अहंकार बहुत प्रबल होता है तथा उसे अपना सिंहासन छोड़ने में थोड़ा समय लगता है। एक बार जब आप इसे पराजित कर देते हैं, तो यह आसान हो जाता है, तथा आप इसे स्वचालित रूप से चलाने देते हैं - यह प्राथमिक कार्य है। हमें अपने चुने हुए पथ पर बने रहने के लिए निरंतर प्रयास की आवश्यकता का एक अन्य कारण यह है कि ये जीवन, इस यात्रा को अत्यधिक रोचक बनाने के लिए हमारे पथ पर पत्थर फेंकता रहता है, बाधाएँ खड़ी करता है तथा गड्ढे खोदता रहता है। हमें उनसे बचना, कूदना तथा उनसे बाहर निकलना है, जो न मात्र रुचिपूर्ण है, परन्तु यह हमारा प्रशिक्षण, हमारा पाठ भी है। किसी को जीवन की परिस्थितियों से पीड़ित होने की आवश्यकता नहीं है, कोई भी अन्य खेलों की तरह ही उन्हें चुनौतियों के रूप में ले सकता है। जीवन के अनुभवों से सीखना ही यात्रा का संपूर्ण बिंदु है, एवं शरीर मात्र एक उपकरण है, एक वाहन है जो हमें इन अनुभवों के माध्यम से ले जाता है।

मुझे ज्ञान प्राप्ति, अध्ययन तथा सिरदर्द की यह सारी चिंता करने की क्या आवश्यकता है? मैं पूरे दिन बीयर पीकर तथा टीवी देखकर शांति से क्यों नहीं रह सकता? आश्चर्य की बात नहीं कि बहुत से लोग बिल्कुल ऐसा ही करते हैं। यदि आप उत्सुक हैं तो आप इसका प्रयास कर सकते हैं। मैं शर्त लगाता हूं कि यह जीवन भर नहीं चलेगा, जब तक कि, आपका जीवन काल मात्र कुछ महीनों या वर्षों का न हो। जब आप सोचते हैं कि सब कुछ पूरी तरह से व्यवस्थित है तथा कुछ अन्य करने की आवश्यकता नहीं है, तो कुछ टूट जाएगा, कोई कठिनाई उत्पन्न करने के लिए आ जाएगा अथवा शरीर स्वयं कठिनाई उत्पन्न करना

प्रारम्भ कर सकता है। यह तथा कई अन्य कारण आपको किसी न किसी तरह की क्रिया के लिए बाध्य करेंगे एवं शीघ्र ही टीवी तथा बीयर आपकी अंतिम प्राथमिकता बन जाएंगे। मैं सब के बारे में नहीं जानता, परन्तु एक बुद्धिमान व्यक्ति पुनरावृत्ति वाले जीवन के बारे में सोच भी नहीं सकता, जहां कुछ भी नया नहीं है। जिज्ञासु व्यक्ति नवीनता चाहता है, सुरक्षा नहीं। रुका हुआ जल शीघ्र बासी हो जाता है, उसका बहता हुआ तथा ताज़ा होना आवश्यक है। जब तक शरीर है तब तक व्यक्ति को निरंतर चयन करना चाहिए।

भले ही आप न्यूनतावादी जीवन जी रहे हों, जैसा कि कई साधक करते हैं, कठिनाई तो होगी ही। आपको यह बात चिंतित करने वाली लगेगी कि जीवन की परिस्थितियाँ आपको शांति से ध्यान करने, एकांत में अभ्यास करने अथवा बुद्धिमान लोगों की संगति में रहने की अनुमति नहीं देती हैं। यदि आप गृहस्थ हैं, विवाहित हैं तथा आपके बच्चे हैं तो यह और भी अधिक है। यह तब तक जारी रहता है जब तक आपको यह अनुभूति नहीं हो जाती कि वास्तविक अभ्यास जीवन के क्षेत्र में होता है, किसी सुदूर जंगल के एकांत आश्रम में नहीं। एक साधक तरोताज़ा होने के लिए, अब तक अर्जित अनुभव पर विचार करने के लिए तथा पुनः कार्यक्षेत्र में वापस आने के लिए एकांत की खोज करता है [1]। थोड़ा नेट अभ्यास आवश्यक है, परन्तु वास्तविक खेल, खेल के मैदान पर होता है [2]। खेल को सभी स्थितियों में उचित चयन करना है। किसी के शरीर के संबंध में चुनाव साधना का एक महत्वपूर्ण भाग हैं।

जीवन मात्र एक शरीर के अनुभव से कहीं अधिक है। शरीर इसका एक छोटा सा आयाम है। तथापि, देहधारी होते हुए भी हम जीवन को मात्र एक शरीर में एक अनुभव के रूप में जानते हैं। हममें से अधिकांश के लिए इस जीवन से बढ़कर कुछ नहीं है। संभवतः वहाँ हो, परन्तु यदि यह अभी तक हमारे अनुभव में नहीं है, तो यह बहुत उपयोगी नहीं है। उपयोगी बात यह है कि इस अनुभव को पूरी तरह से जान लिया जाए तथा पीड़ा के पीड़ा से बचा जाए। ऐसे कई कारण हैं जिनसे कोई व्यक्ति किसी शरीर के अनुभव को पीड़ा में बदल सकता है, वे तुच्छ से लेकर गंभीर तक होते हैं। तुच्छ कारण अनावश्यक पीड़ा तथा हास्यास्पद कार्यों को जन्म देते हैं, जैसे - लोग अपने शरीर के स्वरूप से प्रसन्न नहीं हैं। यह या तो सुंदर नहीं है अथवा युवा तथा शक्तिशाली नहीं है, अतः वे इसे विचित्र तरीकों से ठीक करने की कोशिश करते हैं, जैसे त्वचा एवं बालों पर रंग तथा पेस्ट लगाकर, अथवा इसे सोने या महंगे कपड़ों से ढककर। परिवर्तन करना शरीर का स्वभाव है, इसलिए ऐसे प्रयास टिकते नहीं हैं। विशेषतयः महिलाएं छल का ये कृत्य करती देखी जाती हैं, क्योंकि वे अपने शरीर को पहचानती हैं तथा स्वयं को किसी तरह से निर्बल मानती हैं। इस तरह के विचित्र व्यवहार के लिए अहंकार मुख्य प्रेरक है क्योंकि एक सुंदर शरीर का अर्थ साथी के रूप में स्वीकार किए जाने की श्रेष्ठतर संभावना तथा श्रेष्ठतर सुरक्षा भी है। हर किसी को सुंदर शरीर पसंद होता है, अतः अच्छा दिखना अधिक प्यार "पाने" का एक साधन मात्र बन जाता है। एक बुद्धिमान व्यक्ति को यह अनुभूति होती है कि शरीर का अधिक महत्वपूर्ण गुण दृश्यता नहीं परन्तु स्वास्थ्य तथा

शारीरिक उपयुक्तता है। एक स्वस्थ एवं उपयुक्त शरीर स्वचालित रूप से आकर्षक हो जाता है तथा साथ ही बोनस के रूप में व्याधियों के कारण पीड़ित होने की संभावना भी कम हो जाती है।

कुरूपता को अस्वास्थ्यकर जीवनशैली के कारण होने वाली शरीर की पीड़ा के रूप में देखा जा सकता है। विज्ञापन में कहा गया है कि लोग बहुत अधिक खाते हैं, बहुत कम व्यायाम करते हैं तथा अपने शरीर में बेकार-खाद्य(जंक-फूड) डालते रहते हैं क्योंकि यह "उत्तेजना-रहित(कूल)" है, उन्होंने इसे टीवी पर देखा, विज्ञापन में कहा गया है कि वे अपने ब्रांड का रासायनिक कॉकटेल पीकर ही उत्तेजना-रहित रह सकते हैं। कुछ लोग साथियों के दबाव के कारण ऐसा करते हैं, वे नहीं चाहते कि उन्हें बेकार तथा उबाऊ कहा जाए। यदि आप स्वयं को भी ऐसा करते हुए पाते हैं, तो एक समझदार सहकर्मी समूह की खोज करने का समय आ गया है। कुरूपता मात्र शरीर की ही नहीं, व्यक्तित्व की भी हो सकती है। यदि किसी का व्यवहार कुरूप है, तो उसका सुंदर शरीर अभी भी घृणित है। साधारण परिधान तथा शरीर की न्यूनतम देखभाल तथा उत्तम व्यवहार किसी को भी दिखने एवं आकर्षण में देवदूत जैसा बना सकता है। साधक अपने वाहन के दिखावे की बहुत अधिक चिंता नहीं करता, परंतु वह उसकी पूर्णतयः उपेक्षा भी नहीं करता। देखभाल शरीर के प्रति सम्मान के कारण होती है, अहंकार की जरूरतों के कारण नहीं। शरीर एक अद्भुत उपकरण है, तथा जैसे एक इंजीनियर अपने उपकरणों को अच्छे क्रम में और सुंदर रखता है, वैसे ही एक साधक भी ऐसा करता है।

वृद्धावस्था शरीर की एक अन्य पीड़ा है। प्रकृति की रुचि किसी शरीर को केवल प्रजनन आयु तक पहुंचने तक युवा तथा सबल बनाए रखने में होती है, फिर वह जितनी बार संभव हो उतनी बार प्रजनन करने की अपेक्षा में कुछ समय के लिए वहां पर ठहर जाती है तथा तत्पश्चात वह टूटना शुरू कर देती है। यह बहुधा पूर्व क्रमादेशित है तथा इसके विकासवादी कारण हैं। एक बार जब कोई शरीर अपनी कुछ प्रतियां बना लेता है तो उसे चालू रखने के लिए कोई विकासवादी दबाव नहीं होता है, इसे वापस पुनरावृति करना श्रेष्ठतर होता है। मुझे आयु बढ़ने को एक विकार कहने में संकोच होता है, क्योंकि यह स्वाभाविक है, परन्तु बड़ी पीड़ा को जन्म देता है, और अतः हम इसे एक विकार के रूप में देखते हैं।

एक बार जब शरीर टूटने लगता है, तो व्यक्ति को विभिन्न दर्द एवं ताकत तथा ऊर्जा की कमी का सामना करना पड़ता है। पीड़ा इस स्थिति के प्रतिरोध से उत्पन्न होती है, स्वयं उस स्थिति से नहीं। यदि आप अपनी आयु को स्वीकार करते हैं एवं उसके साथ शालीनता से रहते हैं, तो कोई पीड़ा नहीं होती है, यह सदैव की भांति काम करता है। यदि आप विरोध करते हैं, तो आपको कमी, हानि तथा पीड़ा अनुभूत होती है। लोग अपनी पुरानी जीवनशैली को छोड़ना नहीं चाहते जो उन्हें विभिन्न सुख प्रदान करती थी। शारीरिक सुखों के प्रति आसक्ति आयु बढ़ने को स्वीकार करना कठिन बना देता है। दूसरों द्वारा अस्वीकार किए जाने का भय भी पीड़ा में योगदान देता है क्योंकि वृद्ध लोग "आधुनिक सभ्य" समाजों में सबसे कम वांछित लोग हैं।

सौंदर्यपूर्ण आयु बढ़ना एक कला है तथा आपको इस विषय पर कुछ अच्छा परामर्श एवं पुस्तकें मिलेंगी। मैं मात्र विषय पर आऊंगा, जो है - जागरूक रहें तथा सचेत रूप से आयु बढ़ने की प्रक्रिया को स्वीकार करें। किसी भी अन्य प्रक्रिया की तरह, यह घटित हो रहा है, तथा यह उत्तम है। एक बुद्धिमान व्यक्ति वृद्धावस्था के लिए पर्याप्त प्रावधान करता है तथा उसका स्वागत करता है। वह युवा शरीर से चिपका नहीं रहता, जो अब एक पुरानी घटना है। आवश्यकता पड़ने पर वह नई भूमिकाएँ ग्रहण करता है। वृद्धावस्था से कौन डरता है? जिसने अपनी युवावस्था के वर्षों को पूरी तरह से नहीं जीया है, जिसकी इच्छाएँ बची हुई हैं। अतः बुद्धिमानी इसी में है कि सूर्य के चमकते समय अपनी इच्छाओं को संतुष्ट एवं पूर्ण कर लिया जाए, यह टिक नहीं पाएगी एवं तत्पश्चात जीवन में आप पश्चाताप से भरे नहीं रहेंगे। यदि अब बहुत विलम्ब हो चुका है तो परिणाम को स्वीकार कर लें, शारीरिक इच्छाएं जीवन का एक छोटा सा पक्ष है, बुद्धिमानी इसी में होगी कि शेष बचे हुए समय को भी पीड़ा में नष्ट न किया जाए। इसका कुछ उपयोग करें। निकट भविष्य में ऐसा हो सकता है कि हम नयी वैज्ञानिक विधियों से वृद्धावस्था को पराजित कर देंगे।

शरीर एक भौतिक वस्तु है, अतःयह भौतिक नियमों के अधीन है। सौभाग्य से, ऐसे कोई मौलिक नियम नहीं हैं जिनके लिए शरीरों के टूटने की आवश्यकता हो। शरीर का क्षरण मुख्यतः उन प्रक्रियाओं की विफलता है जो विषाक्त पदार्थों को शुद्ध करती हैं, डीएनए में त्रुटियों को रोकती हैं तथा कोशिकीय पुनर्जनन करती हैं। अतः जीवन के अधिकांश भाग के लिए शरीर को युवा बनाए रखने के लिए उपाय करना बहुत संभव है। जराविज्ञान (जेरोन्टोलॉजी) के क्षेत्र में विगत वर्षों में अच्छी प्रगति हुई है, विशेषकर मूल(स्टेम) कोशिका तथा टेलोमेरिक पुनर्जनन के संबंध में। कम से कम कोई व्यक्ति दर्दनाक स्थितियों, इंद्रियों एवं स्मृति की हानि तथा शारीरिक प्रणालियों की मुख्य शिथिलता को रोकने की इच्छा कर सकता है। रूप-रंग, जोश अथवा प्रजनन क्षमता आदि पुनर्स्थापित करना संभवतः प्रथम प्राथमिकता न हो, लेकिन यह भी संभव है। यह सब बहुत रुचिपूर्ण है, परन्तु प्रकृति से छेड़छाड़ के निहितार्थ और परिणाम क्या हैं?

मेरी सम्मति के अनुसार, मनुष्य द्वारा प्रकृति से छेड़छाड़ करना स्वाभाविक है तथा यदि कोई इसे रोक सकता है तो वास्तव में आयु बढ़ने की कोई आवश्यकता नहीं है [3]। किसी भी अन्य व्याधि की तरह, आयु बढ़ना भी एक व्याधि है तथा इसे ठीक किया जा सकता है अथवा कम से कम इसकी अवधि को कम किया जा सकता है अथवा इसके दर्दनाक लक्षणों को दूर किया जा सकता है। क्या यह युवा शरीर में पनपने वाले अहंकार को बढ़ाना नहीं होगा? वृद्धावस्था शरीर की नश्वरता की अनुभूति कराकर अहंकार को नष्ट कर देती है। परन्तु अहंकार की सबसे बड़ी वृद्धि स्वयं की तुलना वृद्धों से करने से होती है।

एक युवा व्यक्ति स्वयं को वृद्ध व्यक्ति से श्रेष्ठतर देखता है (कम से कम कुछ विषयों में), तथा जब उसके आस-पास हर कोई युवा रहेगा, तो यह तुलना अस्तित्वहीन होगी, जिसके परिणामस्वरूप एक निर्बल अहंकार उत्पन्न होगा। आयु के भेदभाव की सामाजिक

बुराई दूर हो जाएगी। लंबी युवावस्था लोगों को अपना जीवन स्थापित करने के लिए भी पर्याप्त समय दे सकती है। इस भय के बिना कि वृद्धावस्था उन्हें शीघ्र ही समाप्त कर देगा, वे शांति से जीवन के सामान्य विषयों का संचालन कर सकते हैं। यह चिंता को कुछ कम कर सकता है तथा वास्तव में अहंकार को शांत कर सकता है। यौवन के प्रति आसक्ति दूर हो जायेगी क्योंकि वह अब दुर्लभ एवं अल्पकालिक नहीं रहेगा । ध्यान दें कि हम वृद्धावस्था को सरल बनाने की बात कर रहे हैं, शाश्वत जीवन की नहीं। यद्यपि यह संभव है कि यदि आयु बढ़ने पर नियंत्रण कर लिया जाए तो कोई व्यक्ति दीर्घ काल तक जीवित रह सकता है, परन्तु संभावना यह है कि कोई व्यक्ति वैसे भी मृत्यु को प्राप्त होगा, परन्तु यह आयु 120 अथवा उसके आसपास की होगी, तथा इस स्थिति में भी वो युवा दिखेगा [4]।

अतः मृत्यु, व्याधि, विकलांगताएँ तथा विकृतियाँ तब तक बनी रहेंगी, जब तक कि विज्ञान उन्हें भी हल नहीं कर देता। जब तक ऐसा नहीं हो जाता, हमें उन्हें प्रबंधित करने तथा उन्हें मानवीय अनुभव के भाग के रूप में स्वीकार करने की आवश्यकता होगी। हम अगले अध्याय में इन चारों बिंदुओं पर चर्चा करेंगे।

टिप्पणियाँ:

1. बाज़ार में वापस जाना बौद्ध शिक्षाओं में एक लोकप्रिय रूपक है।
2. क्रिकेट रूपक।
3. ये पुराना वाद-विवाद है। क्या प्राकृतिक है तथा क्या कृत्रिम है? प्रायः पुरुषों की प्रतिनिधि के परिणामस्वरूप होने वाली कोई भी वस्तु/चीज़ को कृत्रिम माना जाता है। तथापि, यदि आप निकटता से देखें, तो यह मातृ प्रकृति शक्ति ही मनुष्य के उपकरण के माध्यम से कार्य कर रही है। जैसे चींटी पहाड़ी प्राकृतिक है, वैसे ही गगनचुंबी भवन भी प्राकृतिक है। निस्संदेह, बादवाली एक अधिक परिष्कृत रचना है, परन्तु ये भेद/अंतर सतही है। मानव-शरीर एवं मानव प्रकृति का हिस्सा हैं तथा वे जो कुछ भी करते हैं वह प्रकृति का कार्य है। यदि आप गहराई में जाना चाहते हैं, तो यह सब अनिवार्य रूप से अस्तित्व है, जब आप अस्तित्व को देखते हैं तो यह कहना असंभव है कि क्या कृत्रिम है।
4. यह देखना रुचिपूर्ण है कि कई जंगली जानवरों पशुओं की आयु अधिक नहीं दिखती। वे अपने जीवन काल के अधिकांश समय युवा, शक्तिशाली तथा सुंदर दिखते हैं तत्पश्चात अचानक विलुप्त हो जाते हैं। होता यह है कि वृद्धावस्था उन पर बहुत तेजी से आक्रमण करती है। थोड़ी सी भी हानि, जैसे कि कमजोर दृष्टि अथवा कमजोर दिल, का परिणाम तत्काल मृत्यु हो जाता है, क्योंकि वह पशु या तो शिकार नहीं कर सकता, भोजन नहीं ढूंढ सकता अथवा आसान शिकार बन जाता है। अतः वृद्ध जानवर पारिस्थितिकी तंत्र से अपेक्षाकृत जल्दी समाप्त हो जाते हैं। जानवरों के क्षतिग्रस्त/रोगग्रस्त शरीरों के लिए भी यही कारण लागू होते हैं, वे लंबे समय तक टिके नहीं रहते। मनुष्यों के सन्दर्भ में

ऐसा नहीं है, सामाजिक तथा पारिवारिक संरचनाएं कई वर्षों तक वृद्ध लोगों का समर्थन करती हैं, तथा इसी तरह चिकित्सा उपचार भी। परिणाम यह है कि हमें मानव जगत में बहुत सारे पुराने और जीर्ण-शीर्ण शरीर मिलते हैं। इसके स्पष्ट लाभ और हानि हैं।

अध्याय १०. "शरीर तथा उनके चालक" समाप्त हुआ।

18

११. खूंखार चार - व्याधि, विकृति, विकलांगता, मृत

व्याधि

शरीर एक संरचना, एक वस्तु होने के कारण अनित्यता तथा क्षय के अधीन है। क्रमिक अपक्षय (आयु बढ़ने, जैसा कि चर्चा की गई है) के अतिरिक्त, शरीर को विभिन्न संस्थाओं/ प्रतिनिधियों तथा कारणों से अकस्मात हानि होती है। हानि वाह्य प्रतिनिधियों जैसे रोगाणुओं अथवा आंतरिक कारणों जैसे अंग विफलताओं अथवा तनाव तथा चिंता जैसे मानसिक प्रभावों से हो सकता है।

आजकल वाह्य कारणों से होने वाली व्याधियों का उपचार करना आसान है, क्योंकि उनकी प्रकृति पूरी तरह भौतिक है। रोगाणुओं की प्रकृति तथा उन्हें नष्ट करने वाली औषधियों के बारे में अच्छी समझ है। फिर भी लाखों की संख्या में लोग रोगजनक संक्रमण से मरते हैं। इसका कारण, सामाजिक और अहंकार पूर्ण है न की ज्ञान तथा संसाधनों की कमी । जो भी हो, इस संबंध में प्रगति असाधारण है, जब आप आज की स्थिति की तुलना प्राचीन दिनों से करते हैं, जब संक्रमण का अर्थ निश्चित मृत्यु होता था। शरीर ने रोगाणुओं के विरुद्ध सुरक्षा तैयार कर ली है, अन्यथा यह एक दिन भी जीवित नहीं रह पाता, परन्तु कभी-कभी रोगजनकों को इसमें प्रवेश करने का मार्ग मिल जाता है। यह कहने की आवश्यकता नहीं है कि इस प्रतिरक्षा प्रणाली को अच्छे आकार में रखना अत्यंत महत्वपूर्ण है, यह सभी की आवश्यकता है ऐसा करने का अर्थ संकल्पित होकर इसे हानि पहुंचाना नहीं है। कोई इसे मादक द्रव्यों के सेवन, जर्जर तथा अस्वच्छ जीवनशैली अथवा बहुत अधिक साफ-सफाई रखने से हानि पहुंचा सकता है। अत्यधिक सफ़ाई से मेरा तात्पर्य उन रसायनों के अंधाधुंध उपयोग से है जो शरीर के अंदर या बाहर रोगाणुओं को नष्ट कर देते हैं। प्रतिरक्षा प्रणाली को अपनी सुरक्षा बनाए रखने के लिए लगातार उत्तेजक पदार्थों की आवश्यकता होती है,

तथा किसी भी रोगाणु के अभाव में यह निष्क्रिय हो जाता है। अतः एक अच्छा नियम यह है कि गंदे परिवेश, बासी भोजन, हानिकारक पदार्थों तथा ऑपरेशन थिएटर की गुणवत्ता वाली सफाई से बचें।

आंतरिक प्रकार को ठीक करना अथवा रोकना अपेक्षाकृत कठिन होता है एवं साधारणतयः इस जगत से बाहर का टिकट बन जाता है। हृदय, यकृत, गुर्दे अथवा फेफड़ों जैसे अंगों की विफलता एवं कोशकीय स्तर पर कैंसर और अंतःस्रावी रोग जैसी विफलताएं आंतरिक पीड़ा के कुछ उदाहरण हैं। कारण भिन्न-भिन्न हो सकते हैं तथा कभी-कभी कोई स्पष्ट कारण नहीं मिल पाता है, शरीर का सामान बस टूट जाता है। एक सामान्य कारण अस्वास्थ्यकर जीवनशैली है - अत्यधिक भोजन, अत्यधिक शराब, वसा, शर्करा तथा तेल, कम अथवा बिल्कुल व्यायाम न करना एवं मादक द्रव्यों का सेवन। ये सभी अंगों के टूटने में योगदान करते हैं एवं यदि अंग निर्बल है, तो वह विफल हो जाता है। कुछ लोग लचीले होते हैं एवं खराब जीवनशैली के बाद भी स्वस्थ रहते हैं, परन्तु इन्हें हममें से बाकी लोगों के लिए आदर्श नहीं बनना चाहिए। रोकथाम उपचार से श्रेष्ठ है, परन्तु यदि कोई पीड़ित है, तो जीवनशैली में बड़े परिवर्तन की आवश्यकता है। एक व्याधि मानव अनुभव को गंभीर रूप से सीमित कर सकती है, तथा प्रायः पीड़ा को कम करने के अतिरिक्त कोई विकल्प नहीं होता है। ध्यान दें कि असुविधा एवं पीड़ा के साथ भी, पीड़ा वैकल्पिक है तथा यदि कोई जागरूक है और जानता है तो उसे पीड़ा सहने की आवश्यकता नहीं है। बस जो कुछ भी करने की आवश्यकता है उसे करें तथा शरीर में बचे हुए समय का उपयोग करें, जो कम होगा।

शरीर के निकट होने के कारण चित्त उस पर बहुत अधिक प्रभाव डालता है तथा कभी-कभी उसे रोगी भी कर सकता है। बहुत अधिक भय, क्रोध, घृणा, तनाव अथवा चिंता शरीर को प्रभावित कर सकती है। प्रत्यक्ष प्रभाव यह होता है कि कुछ अंगों को बहुत अधिक परिश्रम करना पड़ता है (जैसे हृदय) अथवा कुछ रसायन अप्राकृतिक मात्रा में स्रावित होते हैं अथवा प्रतिरक्षा प्रणाली भ्रम तथा अराजकता में पड़ जाती है, जिससे संक्रमण का शरीर में प्रवेश करना आसान हो जाता है। इसके अतिरिक्त चित्त रहस्यमय तरीके से शरीर को प्रभावित करता है। इसका प्रत्यक्ष अनुभव कोई भी कर सकता है। मात्र किसी व्याधि के बारे में पूरी एकाग्रता तथा गंभीरता के साथ पढ़ें एवं शीघ्र ही आप अपने शरीर में उन लक्षणों की उपस्थिति को अनुभूत करेंगे [1]। कभी-कभी मात्र सुझाव ही पर्याप्त होता है [2] एवं रोग अपनी पूर्ण वास्तविकता में प्रकट होता है। निःसंदेह, इसका विपरीत भी सत्य है, एक सुझाव अथवा ठीक होने के शक्तिशाली संकल्प से ली गई कृत्रिम दवा से व्याधि ठीक हो जाती है [3]। शरीर पर चित्त के इस अनोखे प्रभाव को जानकर बुद्धिमान व्यक्ति अपने चित्त को नकारात्मकता से मुक्त रखता है। साधारणतः, यदि आपका चित्त उन सभी विकारों से मुक्त है जिनकी हमने इस अध्याय में चर्चा की है, तो शारीरिक रोगों से पीड़ित होने की संभावना कम हो जाती है। यदि एक बुरा मस्तिष्क व्याधियों का कारण बन सकता है, तो एक अच्छा मस्तिष्क उन्हें रोक सकता है अथवा ठीक कर सकता है, सीधे शब्दों में कहें तो।

चूँकि शरीर मात्र एक प्रतीति है, अतः इसे ठीक करने के लिए शारीरिक अथवा मानसिक साधनों के अतिरिक्त अन्य साधनों का भी उपयोग किया जा सकता है। शरीर चित्त की निरंतरता है, एक विस्तार है, अतः यह बहुत आश्चर्य की बात नहीं है कि चित्त इसे प्रभावित कर सकता है। युक्ति यह है कि हम इसे अपनी इच्छानुसार प्रभावित करना सीखें। यहां हम गैर-भौतिक आयामों में प्रवेश करते हैं तथा चूंकि हममें से अधिकांश के लिए, इस प्रकार की चीज़ कोई प्रत्यक्ष अनुभव नहीं है, इसलिए हम अभी वहां नहीं जाएंगे।

विकृति

रोग, दुर्घटनाएँ, जन्म दोष तथा हिंसक कृत्य शरीर में विकृति पैदा कर सकते हैं। इनमें दांतों की अनुपस्थिति से लेकर अंगों की अनुपस्थिति तक सम्मिलित हैं। विकृतियों के परिणामस्वरूप शरीर कुरूप हो जाता है तथा इससे विकृति के कारण होने वाली पीड़ा और बढ़ जाती है। व्यक्ति न मात्र असुविधा से पीड़ित होता है, परन्तु परिणामस्वरूप हीन भावना तथा अवसाद से भी पीड़ित होता है। सौभाग्य से, अधिकांश समय विकृति मृत्यु का कारण नहीं बनती तथा न्यूनाधिक सामान्य रूप से कार्य करने के लिए कुछ साधनों का उपयोग किया जा सकता है। यह अभी भी किसी के अनुभव को सीमित करता है, परन्तु पीड़ा अभी भी वैकल्पिक है। किसी को निरंतर चिंतित होने की आवश्यकता नहीं है कि वह विकृत शरीर के साथ क्या नहीं कर सकता है, उसे प्रसन्न एवं संतुष्ट रहने की आवश्यकता है यह विचार कर कि वह अभी भी क्या कर सकता है। यदि आप एक कार्य "क" नहीं कर सकते तो अन्य कार्य "ख" खोजिये। इससे दूसरों की सामाजिक प्रवृत्तियों के कारण होने वाली अतिरिक्त पीड़ा को रोका जा सकेगा।

विकलांगता

विकलांगताएं प्रतिबंधात्मक गतिविधियों से लेकर इंद्रियों की शिथिलता जैसे अंधापन अथवा बहरापन तक हो सकती हैं। मैंने विकृति एवं विकलांगता के बीच अंतर किया है, विकृति निश्चित रूप से एक विकलांगता है, परन्तु मैं यहां इस शब्द का उपयोग एक ऐसी पीड़ा को दर्शाने के लिए कर रहा हूं जिसमें गंभीर विकृति अथवा क्षति सम्मिलित नहीं है। विकलांगताएं अभी भी मानवीय अनुभव को बहुत हद तक सीमित कर सकती हैं एवं विकृति के सन्दर्भ में ऊपर बताई गई वही तरकीबें विकलांगता के साथ भी अपना सर्वश्रेष्ठ प्रदर्शन करने के लिए लागू की जा सकती हैं। साधारणतः, आयु के साथ विकलांगताएं बढ़ती हैं, विशेषकर मानसिक विकलांगताएं। संभवतः वहाँ कुछ युक्तियाँ एवं पुस्तकें हैं जो निर्बल मस्तिष्क से निपटने में सहायता कर सकती हैं, परन्तु मैं यहां कोई सुझाव नहीं दे सकता। जान लें कि देर-सवेर मस्तिष्क टूटने लगेगा, तथापि, जागरूक रहने की क्षमता आपको इस कठिन समय से दूसरी तरफ ले जाएगी। ध्यान रखें कि याददाश्त काम नहीं करेगी, तार्किक

क्षमता समाप्त हो जाएगी, मांसपेशियों का समन्वय कम हो जाएगा इत्यादि इत्यादि। यह पीड़ा सहने एवं अपरिहार्य का विरोध करने के स्थान पर सेवामुक्त होने, विश्राम करने तथा चिंतन करने का समय होगा। विकलांगताओं पर क्रोध एवं हताशा पालने के स्थान पर अपनी क्षमताओं का उपयोग करें। आप क्या नहीं कर सकते इस के स्थान पर विचार करें कि आप क्या कर सकते हैं। यदि आप अपना जीवन अथवा वृद्धावस्था विकलांगता पर चिंता करते हुए बिताते हैं, तो यह सब आप गवां देंगे। इसे जानें तथा आगे बढ़ें। विकलांगता का अर्थ कोई जीवन नहीं है, इसका अर्थ मात्र एक अलग जीवन है।

यह मात्र समय की बात है, विज्ञान अधिकांश व्याधियों पर विजय पा लेगा, सभी विकृतियों को ठीक कर देगा एवं विकलांगों की सभी क्षमताओं को पुनर्स्थापित कर देगा। सम्भवतः इससे भी अधिक, जैसे अतिरिक्त क्षमताएं मानवीय क्षमताओं के पहले से ही व्यापक कोष में जुड़ जाएंगी। ऐसा होने तक, व्यक्ति को वर्तमान में उपलब्ध किसी भी साधन से इन विकारों का प्रबंधन करना चाहिए। भले ही आप पीड़ा से पूरी तरह बचने में सक्षम हों, फिर भी शरीर की कार्य-क्षमता को पुनर्स्थापित करना अथवा सुधारना वांछनीय है।

मैं यह क्यों कहता रहता हूं कि पीड़ा वैकल्पिक है, क्या यह किसी प्रकार का घृणित परिहास है? स्वयं/आत्मन दर्द तथा पीड़ा सहने में असमर्थ है, दर्द मात्र शारीरिक संकेत है, एक संवेदी वस्तु है एवं पीड़ा चित्त की एक अवस्था है। आत्मन तो मात्र इसका साक्षी है। निःसंदेह शरीर से आने वाला दर्द तथा पीड़ा रुचिकर नहीं है, परन्तु आप मात्र तभी पीड़ित होते हैं जब आप शरीर अथवा अहंकार, "बेचारा मैं" जो पीड़ित हैं, के साथ पहचान करते हैं। इस पहचान को काटने से पीड़ा कम हो जाती है। स्वयं के रूप में रहो। यह जादुई रूप से व्याधि को ठीक नहीं करेगा अथवा आपके दर्द को तुरंत गायब नहीं करेगा, यह मात्र आपको पीड़ा के अतिरिक्त बोझ से मुक्त कर देगा। जब आप पीड़ा की स्थिति में व्यस्त नहीं होते हैं, तो आप स्वतंत्र होते हैं, आपका चित्त श्रेष्ठतर कार्य करता है तथा आप तेजी से उपचार तक पहुंच जाते हैं। इतना ही नहीं, आप भविष्य में उन गलतियों से बचना सीखते हैं जो आपको बीमारी की ओर ले जाती हैं। जागरूक रहने से शरीर की अनित्य प्रकृति का निरीक्षण करने में भी सहायता मिलती है तथा इसके प्रति आसक्ति से मुक्ति पाने में सहायता मिलती है। कोई व्यक्ति असुविधा को अपने लक्ष्य की ओर बढ़ने वाला कदम बना सकता है।

मृत्यु

ठीक है, सटीक कहें तो यह कोई विकार नहीं है। यह मानवीय अनुभव की समाप्ति का प्रतीक है। एक बार जब शरीर पूरी तरह से टूट जाता है, तो जीवन प्रक्रियाएं रुक जाती हैं। सारी प्रणालियाँ बंद हो गयीं। कोशिकाएं विभाजित होना बंद कर देती हैं एवं भूख से मर जाती हैं। इस प्रकार एक मृत्यु एक नहीं परन्तु खरबों मृत्यु होती है, यह इस बात पर निर्भर करता है

कि आप किधर देखते हैं। मृत पदार्थ पर जल्द ही आसपास के सूक्ष्मजीवी जीवन एवं अन्य प्राणियों का आक्रमण हो जाता है तथा इसे खाद में परिवर्तित कर दिया जाता है, जो पौधों तथा जानवरों के अन्य शरीरों में पुनर्चक्रित होने के लिए तैयार होता है। शरीर गंदगी से आता है तथा वापस मिट्टी में ही चला जाता है।

यहां हमारा सामना एक पुराने प्रश्न से होता है - मृत्यु क्यों है? हर कोई अमर क्यों नहीं है? इसका सरल उत्तर है- अनित्यता, सब कुछ परिवर्तित एवं नष्ट हो जाता है। यह आवश्यक है, अन्यथा आरंभ में कोई परिवर्तन नहीं होगा, और कोई जन्म भी नहीं होगा। सौभाग्य से, ऐसा कोई भौतिक नियम नहीं है जो शरीर को लंबे समय तक संरक्षित रखने से रोकता है, अतः सिद्धांत रूप में हजारों वर्ष लंबे, बहुत लंबे जीवन काल को प्राप्त करना संभव है। आपको बस कोशिकीय पुनर्जनन को निरंतर तथा सटीक रूप से बनाए रखना है। यदि आप निकटता से देखें, तो कोशिकाएँ स्वयं अमर हैं, कुछ कोशिकाएँ जैसे कि कैंसर कोशिकाएँ मृत्यु को अस्वीकार करती हैं। शरीर की प्राकृतिक मृत्यु कोशिकाओं की मृत्यु का परिणाम है। क्रमादेशित मृत्यु, डीएनए प्रतिकृति में त्रुटियों एवं विषाक्त पदार्थों के संचय के कारण कोशिकाएं मर जाती हैं। कम से कम आज तक तो यही पता है. यदि आपको याद हो तो मूलतः ये वही कारण हैं जो आयु बढ़ने के कारण होते हैं। तो मृत्यु, सटीक रूप से कहें तो प्राकृतिक मृत्यु, पहले ही प्रारम्भ होती है, हमारा शरीर प्रतिदिन थोड़ा-थोड़ा मृत्यु को प्राप्त होता है, जब तक कि एक दिन शरीर पूरी तरह से हार नहीं मान लेता। परन्तु इन दोषों को कम करना अथवा विलंबित करना संभव है एवं इसलिए बहुत लंबा जीवन प्राप्त किया जा सकता है।

वास्तव में हमारा संकल्प व्यक्ति को, उसकी पहचान को सुरक्षित रखने का है, शरीर को नहीं। शरीर तो वैसे भी हर क्षण परिवर्तित होता रहता है, नष्ट हो जाए तो कोई बड़ी निराशा नहीं, यदि व्यक्तित्व सुरक्षित रहे तो। इसे व्यक्तित्व के लिए एक नया शरीर धारण करके प्राप्त किया जा सकता है, उदा. एक बूढ़े व्यक्ति के पूरे सिर को एक युवा धड़ पर प्रत्यारोपित करके। जब नया शरीर भी नष्ट हो जाए तो प्रत्यारोपण दोहराएँ, इस प्रकार एक व्यक्ति लंबे समय तक जीवित रह सकता है जब तक कि मूल मस्तिष्क नष्ट न हो जाए। वास्तव में, किसी को मात्र पहचान एवं स्मृति के लिए उत्तरदायी मस्तिष्क क्षेत्रों को प्रत्यारोपित करने की आवश्यकता होती है। इसे और भी सरल बनाने के लिए, कोई व्यक्ति अधिकांश स्मृतियों को त्याग सकता है एवं अपनी पहचान को कुछ सीमा तक खोने भी दे सकता है, क्योंकि व्यक्ति वैसे भी अधिकांश बातें भूल जाता है तथा व्यक्तित्व सदा परिवर्तित होता रहता है। तो कोई यह अपेक्षा कर सकता है कि अनुमानित प्रत्यारोपण के बाद भी व्यक्ति अपने पुराने स्वरूप का अधिकांश भाग समग्र नए शरीर में बनाए रखेगा। इसके अतिरिक्त केवल न्यूरोनल पैटर्न को नए मस्तिष्क में स्थानांतरित करने की आवश्यकता होती है, मूल ऊतक को नहीं। तो इस तरह से जीवन को अनिश्चित काल तक बढ़ाया जा सकता है।

पहचान के अनुभव की निरंतरता महत्वपूर्ण है, न कि उसकी पूर्णता या सटीकता। यहां तक कि आधार-परत (सब्सट्रेट) भी महत्वपूर्ण नहीं है तथा कोई भी अपनी पहचान को अकार्बनिक आधार-परत (सब्सट्रेट्स) में स्थानांतरित कर सकता है, जैसे कि मस्तिष्क के बजाय न्यूरोमॉर्फिक कंप्यूटर [4]। किसी के पास या तो यांत्रिक (रोबोटिक) शरीर हो सकता है अथवा वह बिना शरीर का विकल्प चुन सकता है एवं एक अशरीरी अस्तित्व का अनुभव कर सकता है। किसी के पास आभासी शरीर भी हो सकता है, आभासी दुनिया में अवतार भी हो सकता है। यह सब भविष्य में वैज्ञानिक प्रगति के साथ होना संभव है। बेशक, यह सिद्धांत मानता है कि व्यक्तित्व या स्मृति अधिकतर विशुद्ध रूप से भौतिक न्यूरोनल प्रतिरूप (पैटर्न) पर निर्भर है।

स्वयं/आत्मन अथवा चेतना का क्या होता है? मेरा अनुमान है, चूंकि स्वयं/आत्मन शरीरों तथा पहचानों से स्वतंत्र है, अतः कोई भी पहले की तरह ही सर्वथा उसी स्वयं/आत्मन की सूचना देगा। ध्यान दें कि यह सब वैसे भी स्वयं की पटल पर होता है अतः एकमात्र स्वयं सभी पहचानों एवं इकाइयों के माध्यम से प्रकाशमान है। यह आपको कैसे पता चलेगा? संभवतः चित्त के लिए इसे सीधे तौर पर जानने की कोई विधि नहीं है। तथापि, प्रयोगों से कोई भी अनुमान लगा सकता है तथा व्यक्तित्वों का विभिन्न इकाइयों अथवा आधार-परत (सब्सट्रेट्स) में स्थानांतरण एक ऐसा प्रयोग है। यदि व्यक्ति अपने पुराने तथा नए आत्मन के अनुभव में कोई अंतर नहीं बताता है, तो यह स्पष्ट हो जाएगा (कम से कम उस व्यक्ति के लिए) कि आत्मन पहले तथा बाद में सर्वथा वैसा ही रहा। निःसंदेह यह एक पाशविक क्रूर बल विधि है, आत्मन की एकता अथवा सार्वभौमिकता का अनुमान लगाने के लिए अन्य भी सुरुचिपूर्ण विधियां हैं।

संभवतः विज्ञान उचित समय पर अमरता के लंबे समय से वांछित लक्ष्य को प्राप्त कर लेगा, परन्तु प्राकृतिक व्यवस्था के साथ खेल के परिणाम क्या होंगे? जनसंख्या विस्फोट, सीमित संसाधनों - भोजन एवं भूमि - के लिए घातक प्रतिस्पर्धा, एक अमर तानाशाह का शाश्वत शासन, अमरत्व विभाजन - जहां केवल गंदे अमीरों को अमरत्व उपचार से गुजरने की अनुमति है एवं किसानों को मृत्यु के लिए छोड़ दिया जाता है। हम मृत्यु के कारण आने वाली समस्त प्रकार की समस्याओं के बारे में विचार कर सकते हैं। तथापि इसके कुछ लाभ हो सकते हैं, मुख्य है मृत्यु के भय का उन्मूलन जो वर्तमान में कई लोगों के लिए बहुत पीड़ा का कारण बन रहा है। कोई हत्या नहीं होगी, क्योंकि किसी को भी उसकी स्मृति अथवा मस्तिष्क संरचनाओं के विकल्प (बैकअप) से पुनर्जीवित करना संभव होगा। सामान इकट्ठा करने की तीव्र दौड़ तथा मृत्यु पूर्व जितना संभव हो उतने सुख पाने की आवश्यकता विलुप्त हो जाएगी (अपेक्षा है)। बीमारियों अथवा विकलांगताओं से पीड़ित होने की कोई आवश्यकता नहीं होगी, क्योंकि कोई भी बिल्कुल नए स्वस्थ शरीर में बदल सकता है एवं दोषपूर्ण शरीर को फेंक सकता है। शरीर एक वस्तु बन जाएगा, कोई इसे केवल मनोरंजन के लिए परिवर्तित कर सकता है अथवा यदि वह अनुभव चाहता है तो कोई पुरुष/महिला/

बच्चे के शरीर में बदल सकता है। ज्ञान धारण करने वाले व्यक्ति के चले जाने से ज्ञान का विनाश नहीं होता। ज्ञान प्राप्त करने तथा अन्वेषण करने के लिए हजारों वर्ष उपलब्ध होंगे। इसके कई परिणाम होंगे जैसे दूर के ग्रहों का उपनिवेशीकरण तथा पिंडों का सुधार। किसी को मानव रूप तक सीमित रहने की आवश्यकता नहीं है। निहितार्थ कई हैं तथा इस समय विशेषज्ञों एवं भविष्यवादियों द्वारा चर्चा की जा रही है [5] [6]।

यह सब बहुत दिलचस्प एवं रोमांचक है, परन्तु आइए कुछ समय के लिए कल्पना को विराम दें तथा मृत्यु के दर्शन पर वापस आएं। मृत्यु का क्या अर्थ है तथा अमर होने का क्या अर्थ है?

शरीर की दृष्टि से यह शारीरिक संरचनाओं का परिवर्तन है। नया शरीर धारण करना एक और परिवर्तन होगा। तो शरीर के लिए यह अभी भी मृत्यु के समान ही अच्छा (अथवा बुरा) है। व्यक्तित्व (अथवा पहचान) की दृष्टि से परिवर्तन की निरंतरता बनी रहेगी। व्यक्तित्व निरंतर परिवर्तनीय रहता है क्योंकि व्यक्ति के अनुभव ही उसके व्यक्तित्व का निर्माण करते हैं तथा वे निरंतर बदलते रहते हैं। एक व्यक्ति आज वैसा नहीं है जैसा वह कल था तथा कुछ वर्षों के बाद भी वैसा नहीं रहेगा, तथा कुछ हज़ार वर्षों के बाद निश्चित रूप से कुछ और ही बन जाएगा। वृद्ध व्यक्ति अति शीघ्र मृत्यु को प्राप्त हो जाएगा, भले ही स्मृति के कारण निरंतरता का भ्रम रहेगा। स्वयं/आत्मन के दृष्टिकोण से, यह सब अनुभवों का निरंतर परिवर्तन मात्र है। आत्मन को कुछ भी स्मरण नहीं रहता, संस्कार मानसिक संरचनाएं हैं। आत्मन परिवर्तित नहीं होता, क्योंकि बदलने योग्य कुछ भी नहीं है। मृत्यु से पूर्व तथा मृत्यु के पश्चात् यह वही आत्मन है।

तो यदि हम ध्यान से देखें तो मृत्यु भी एक परिवर्तन है एवं अमरता भी, कोई विशेष अंतर नहीं है। स्वयं के दृष्टि से वैसे भी कोई अंतर नहीं है। इस प्रकार घटनाओं की भव्य योजना में, मृत्यु अथवा अमरता अधिक महत्व नहीं रखती है। यह अवधि नहीं परन्तु जीवन की गुणवत्ता है जो महत्वपूर्ण है। यदि आप सदैव जीवित रहे तथा कुछ भी प्राप्त नहीं किया तो यह समय का बड़ा व्यर्थ होना है, अन्य कुछ नहीं। यदि आपने छोटा जीवन व्यतीत किया तथा स्वयं को मुक्त कर सके, तो यह सार्थक था। अमरता किसी को मुक्त नहीं कर सकती, व्यक्ति को एक पथ अपनाना होगा एवं इसके लिए दीर्घ जीवन की आवश्यकता नहीं है।

यदि आत्मन शाश्वत है एवं आप उसमें निवास करते हैं, तो आप पहले से ही शाश्वत हैं, जन्म और मृत्यु से परे हैं। मुझे इस बात का गहरा आभास है कि शरीरों तथा व्यक्तित्वों के जन्म एवं मृत्यु (अर्थात परिवर्तन) का यह व्यवसाय पहले से ही चल रहा है। चित्त की सीमाओं के कारण हम इसे नहीं जानते। यह पुनर्जन्म जैसा लगता है, परन्तु एक महत्वपूर्ण अंतर के साथ - पुनर्जन्म किसी व्यक्ति का नहीं होता, पुनर्जन्म बस होता है। अस्तित्व नए रूप धारण करता है तथा नए व्यक्तित्वों को जन्म देता है, वहां पुनर्जन्म लेने वाला कोई नहीं है।

जब हम मृत्यु का अध्ययन करने का प्रयास करते हैं तो हम पाते हैं कि हम चित की सीमाओं का सामना करते हैं अतः जानने की भी सीमाएँ होती हैं। तथापि प्रत्यक्ष अनुभवों एवं तर्क से कुछ रुचि-पूर्ण निष्कर्ष निकाले जा सकते हैं। हम अगले अध्याय में उन पर चर्चा करेंगे।

टिप्पणियाँ:

1. नोसेबो प्रभाव :https://en.wikipedia.org/wiki/Nocebo
2. सम्मोहन
3. प्लेसिबो प्रभाव
4. https://en.wikipedia.org/wiki/न्यूरोमोर्फिक_इंजीनियरिंग
5. https://en.wikipedia.org/wiki/Trans Humanism
6. https://en.wikipedia.org/wiki/Life_extension

अध्याय ११. "खूंखार चार - व्याधि, विकृति, विकलांगता, मृत्यु" समाप्त हुआ।

19

१२. मृत्यु का भ्रम

किसी ने भी अपनी मृत्यु नहीं देखी है, तथापि हममें से प्रायः सभी इस बात से पूरी तरह आश्वस्त हैं कि हमारा शरीर एक दिन मृत्यु को प्राप्त होगा। मृत्यु के प्रत्यक्ष अनुभव के बिना कोई यह कह सकता है कि मृत्यु मात्र एक मान्यता है। निःसंदेह हम प्रति दिन कई अन्य लोगों की मृत्यु देखते हैं, यह सब बहुत सामान्य तथा स्पष्ट है। जो इतना स्पष्ट नहीं है वह यह है कि हम मात्र उनके मृत शरीर गिरते हुए देखते हैं। शेष सब हमारे अपने मामले में उसी घटना का वाह्य-विभाजन मात्र है।

मृत्यु की कल्पनाएँ

हम देखते हैं कि मृत्यु के बाद शरीर नष्ट हो जाता है, तथा वास्तव में हम यह सुनिश्चित करते हैं कि उसका दाह संस्कार करके वह नष्ट हो जाए। अतः यह निष्कर्ष निकालना उचित है कि हमारा अपना शरीर नष्ट हो जाएगा, एवं चूँकि हमारा शरीर उन सभी शवों से अलग नहीं है, इसलिए अन्यथा निष्कर्ष निकालने का कोई कारण नहीं है। किसी भी तरह कोई अपने शरीर का विनाश नहीं देख सकता। यह मात्र एक धारणा है. एक बार जब शरीर मृत तथा नष्ट हो जाता है, तो हम उस व्यक्ति, स्वयं शरीर के स्वामी, के साथ सभी संपर्क खो देते हैं, किसी व्यक्ति के लिए कोई आपातकालीन बैकअप लाइन नहीं होती है, शरीर दूसरों के साथ संचार का एकमात्र साधन है। अतः किसी के पास यह मानने के अतिरिक्त कोई विकल्प नहीं है कि वह व्यक्ति भी विलुप्त हो गया है। दूसरे शब्दों में, शरीर का विनाश शरीर के स्वामी के विनाश का तात्पर्य है। यह बताता है कि क्यों (लगभग) हर कोई मृत्यु के बाद व्यक्तित्व के अस्तित्व में न होने पर इतना दृढ़ता से विश्वास करता है। ध्यान दें कि इसे वस्तुपरक रूप से कोई नहीं जानता, यह एक धारणा है।

स्वयं/आत्मन के बारे में क्या, क्या वह भी मृत हो जाता है? प्रायः एक व्यक्ति अपने शरीर के माध्यम से स्वयं की रिपोर्ट करता है तथा शरीर के बिना एवं व्यक्ति तक पहुंच न होने पर, उसके स्वयं के अनुभव को जानना असंभव होगा। क्या आत्मन अभी भी यह सब मृत्यु एवं विनाश देख रहा है? शायद हाँ शायद नहीं। एक सामान्य व्यक्ति के लिए जानने का कोई तरीका नहीं है। एवं यह इस दृढ़ मान्यता की व्याख्या करता है कि मृत्यु के बाद आत्मन अथवा चेतना भी विलुप्त हो जाती है।

जगत के बारे में क्या? स्पष्ट है यह रहता है। अथवा यह भी जाता है? मृतकों के दृष्टिकोण से दुनिया अज्ञात हो जाती है, परन्तु दूसरों के दृष्टिकोण से जगत जारी रहता है। लोगों की मृत्यु का जगत पर शायद ही कोई प्रभाव पड़ता है, वास्तव में यही हमारा अनुभव है। हम इसके बारे में पूर्णतयः आश्वस्त हैं अतः यह निष्कर्ष निकालना उचित है कि हमारी मृत्यु के बाद भी जगत ऐसे ही चलता रहेगा जैसे कुछ हुआ ही नहीं। यह वही खूबसूरत दुनिया है जिससे आप बहुत जुड़े हुए थे, परन्तु ऐसा लगता है कि इसे इसकी कोई चिंता नहीं है कि आप रहें अथवा चले जाएँ।

कुछ लोग चिंता / परवाह करते हैं, विशेषतः वे जिनकी आपके बारे में मीठी यादें हैं। यादें कुछ समय तक रहती हैं, परन्तु बहुत दीर्घ समय तक नहीं। कुछ लोगों को लगता है कि स्वयं की अच्छी यादें छोड़ना आवश्यक है, कुछ को इसकी अधिक चिंता नहीं है। कुछ लोगों को लगता है कि उन्हें इस दुनिया के लिए कुछ बड़ा करना चाहिए जिसे वे पीछे छोड़ने जा रहे हैं, तथा कुछ ऐसा करने में सफल होते हैं। अधिकांश लोग वसीयत तथा धन आदि उन लोगों के लिए छोड़ जाते हैं जिनकी वे चिंता करते हैं। ध्यान दें कि ये सभी लोग पूरी तरह से आश्वस्त हैं कि वे एक दुनिया को पीछे छोड़ रहे हैं तथा यह उन सभी लोगों, सम्बन्धियों, स्वर्ण तथा भवनों के साथ वैसे ही अस्तित्व में रहेगा जैसा अभी है। तर्क हमें बताता है कि कोई भी व्यक्ति अपने विनाश के बाद की दुनिया नहीं देख सकता। यदि आप किसी संसार को देख रहे हैं, तो मृत्यु के साधारणतः स्वीकृत अर्थ के संदर्भ में, आप मृत होने से बहुत दूर हैं। इस मान्यता का कारण क्या है? ऐसा लगता है कि इसका कारण उनका अपना अनुभव है कि किसी अन्य की मृत्यु के पश्चात् भी दुनिया चलती रहती है तथा लोग अपनी मृत्यु के सन्दर्भ में इसका अनुमान लगाते हैं। यह एक उचित धारणा है, लेकिन फिर भी एक धारणा है।

जीवनकेबादजीवन

जैसा कि बहुत से लोग पहले से ही जानते हैं, स्वयं, व्यक्ति तथा शरीर का पूर्ण विनाश सबसे सामान्य धारणा है, परन्तु अन्य मान्यताएँ भी हैं। कुछ लोग मानते हैं कि मृत व्यक्ति बिल्कुल नए शरीर के साथ किसी अन्य दुनिया में रहता है। नए शरीर की कल्पना हमारे स्थूल पुराने शरीर से श्रेष्ठतर होने की कल्पना की जाती है। यदि किसी को किसी विचित्र

कल्पनाओं में सम्मिलित होना है, तो उसे सुंदर बनाना श्रेष्ठ है। तो दूसरी दुनिया की भी सादे वेनिला प्रकार की तुलना में बहुत श्रेष्ठ होने की कल्पना की गई है। निःसंदेह बुरे लोगों अथवा अपने शत्रुओं को एक सुंदर जगत में क्यों भेजें, अतः उनके लिए विशेष रूप से तैयार की गई भयानक दुनिया सबसे कुरूप शरीरों के साथ उपलब्ध है। कुछ लोगों का मानना है कि नया शरीर अस्तित्वहीन है तथा मात्र व्यक्तित्व ही जीवित रहता है, एवं इसके अतिरिक्त, यह अति शीघ्र ही दूसरे भौतिक शरीर में वापस आ जाता है। कुछ लोग आगे बढ़ते हैं तथा इन सभी शरीरों एवं संसार को बेतुका कहते हैं तथा मानते हैं कि मात्र स्वयं/आत्मन ही जीवित है। संभवतः कई अन्य भी हैं, प्रत्येक संस्कृति एवं समूह के लिए एक, प्राचीन अथवा आधुनिक।

एक सतर्क एवं जागरूक पाठक ने अब तक यह ध्यान कर लिया होगा कि मृत्यु से संबंधित अधिकांश अवधारणाएँ मात्र धारणाएँ हैं। यह आश्चर्यजनक बात है। कोई व्यक्ति एक धारणा को दूसरे के स्थान पर क्यों चुनेगा? ज्ञान के अभाव में अज्ञेयवादी ही क्यों न बने रहें? उत्तर है - उपदेश। एक बालक अपने आस-पास के लोगों द्वारा बताई गई हर बात को बिना सोचे-समझे स्वीकार कर लेता है। वयस्क भी "मानदंडों" के अनुरूप होने के लिए ऐसा करते हैं। कोई प्रश्न नहीं पूछा। कुछ लोग अपनी मान्यता दूसरों पर थोपने का भी प्रयास करते हैं। संपूर्ण दर्शन तथा धर्म उस चीज़ पर आधारित थे जिसे जनता प्रत्यक्ष नहीं जानती, तथा जिसके पास जानने का कोई साधन नहीं है। मृत्यु को लेकर संघर्ष कई मौतों का कारण बनते हैं। मृत्यु हमें दर्पण दिखाती है, हम हैं- अज्ञानी अंध विश्वासी। सही है, दुर्भाग्य से हममें से अधिकांश लोग ऐसे ही हैं। तो मृत्यु पर मान्यताओं की इन रंगीन किस्मों में से मुझे कौन सी मान्यता चुननी चाहिए? किसी को चुनना आवश्यक नहीं है. ऐसा नहीं है कि यदि आप नहीं चुनेंगे तो आप मृत्यु को प्राप्त हो जायेंगे, कोई बाध्यता नहीं है। वास्तविक अनुभव की प्रतीक्षा करें, यह देर-सबेर आएगा, भले ही आप इसे न चाहें। एक बार जब आपके शरीर को मृत्यु प्राप्त होगी तो आपको पता चल जाएगा, अथवा क्या आप जान जाओगे? किसी भी चीज़ को जानने के लिए एक "आप" का होना आवश्यक है।

अज्ञात

जैसा कि हम जानते हैं, किसी विषय को जानना चित का कार्य है। यह सभी अनुभवों को एक सुव्यवस्थित संरचना में व्यवस्थित करता है तथा उन्हें स्वयं/आत्मन के समक्ष प्रस्तुत करता है। इससे छाप भी बनाता है। चित की अनुपस्थिति में, कोई ज्ञान नहीं होता है तथा बाद में पुनर्प्राप्ति के लिए कोई धारणा नहीं बनती है। मृत्यु के अनुभव के विषय में समस्या यह है - चित कुछ जानने का प्रयास कर रहा है जो उसके विलुप्त होने के बाद होता है। यही समस्या जन्म के विषय में भी देखी जाती है, जहां चित किसी ऐसी घटना को समझने का प्रयास करता है जो प्रकट होने से पूर्व ही छिपी होती है।

मैं इतना निश्चित कैसे हूँ कि मृत्यु के बाद चित विलुप्त हो जाता है? मैं स्पष्टतः निश्चित नहीं हूँ। मैंने सावधानीपूर्वक विनाश शब्द का प्रयोग नहीं किया है, इसके स्थान पर मैं चित के विलुप्त होने का उपयोग करता हूं, जैसे कि गहरी निद्रा की स्थिति में, इसका निष्क्रिय होना यदि आप चाहें तो। इसे गहरी निद्रा की अवस्था के बारे में कुछ भी पता नहीं होता, जहां यह निष्क्रिय हो जाता है एवं यह एक साधारण प्रतिदिन का अनुभव है। चित अद्भुत तथा महान है, परन्तु सीमित है। जब हम चित का उपयोग करके मृत्यु की व्याख्या करने का प्रयास करते हैं, तो हम इसकी सीमाओं से टकराते हैं, यह स्थिति गहरी निद्रा के समान ही है। चित की दृष्टि से, मृत्यु के बाद जानने के लिए कुछ भी नहीं है। एवं यही सटीक उत्तर हमें तब मिलता है जब हम अपने चित से मृत्यु के अनुभव के बारे में पूछते हैं। मृत्यु चित के लिए एक महान अज्ञात है।

जब आप स्वयं से मृत्यु के बारे में पूछते हैं तो आपको क्या सत्यनिष्ठ उत्तर मिलता है? मेरे अनुभव में, यह मृत्यु तथा यहाँ तक कि जन्म के किसी भी अनुभव से अस्वीकार करता है। मैं खाली हाथ आता हूं। स्वयं/आत्मन की दृष्टि से कोई मृत्यु नहीं है।

तो क्या अब हम अपना उत्सव प्रारम्भ कर सकते हैं? अंततः कोई मृत्यु नहीं है, क्या हम पहले से ही अमर नहीं हैं? मेरा सुझाव है कि आप तब तक प्रतीक्षा करें जब तक आपकी मृत्यु न हो जाएं। यदि आपको दूर से भी "आप" जैसा कुछ मिलता है, तो समय आ गया है उत्सव मनाने का। वास्तव में मृत्यु की प्रतीक्षा क्यों करें, हम तो देख ही चुके हैं कि आप नहीं हैं, पहचान तो मात्र एक भ्रम है। "आप" पहले ही मर चुका है। उत्सव मनाने वाला कोई नहीं है, बल्कि स्वयं स्वयं है, तथा उसके पास भी उत्सव मनाने का कोई कारण नहीं है, वह कभी उत्पन्न ही नहीं हुआ था। क्या यह सब भ्रमित करने वाला नहीं है? हां, जब हम मान्यताओं के धरातल तक जाते हैं तो हमें यही मिलता है, हमें कभी कुछ ठोस नहीं मिलता। मृत्यु कुछ मायावी है, भय युक्त अहंकार की रचना है, अज्ञानी जनता की उपज है। यदि आप सत्यनिष्ठा से खोजेंगे तो आपको मृत्यु नहीं मिलेगी।

मान्यताओं की मृत्यु

आइए मृत्यु के संबंध में मान्यताओं का कुछ अन्य न करके मात्र जाँच पड़ताल द्वारा विखंडन करें। मृत्यु के भ्रम को नष्ट करने के लिए जादुई क्षमताओं, महाशक्तियों अथवा चित की विदेशी अवस्थाओं की आवश्यकता नहीं होती है। जिस चीज़ की आवश्यकता है वह है क्रूर सत्यनिष्ठा। हम खोजेंगे कि ऐसा क्या है जो निश्चित रूप से जाना जा सकता है।

सर्व-प्रथम, किसी की मृत्यु के लिए उसका जन्म लेना आवश्यक है। अंत का तात्पर्य एक प्रारम्भ से है। तो आइए जानें आपका जन्म कब हुआ, आपका प्रारम्भ क्या है। ऐसा अनुभव खोजें जो निर्णायक रूप से दर्शाता हो कि आपका जन्म हुआ है। आपको निश्चित रूप से अभी अस्तित्व का एक ठोस अनुभव मिलेगा परन्तु ऐसा कुछ भी नहीं दर्शाता है कि आप अभी

प्रारम्भ कर रहे हैं। तथा फिर आप सहज रूप से अनुभवों के भंडार की खोज करेंगे - स्मृतियाँ, जैसा कि आप दृढ़ता से मानते हैं कि आप कल एवं यहां तक कि एक वर्ष पूर्व भी अस्तित्व में रहे होंगे तथा आप एक प्रारम्भ का अनुभव पाने की अपेक्षा में अतीत में वापस जाने का प्रयास करते हैं। सभी स्मृतियाँ अब धुंधली संवेदी तथा मानसिक धारणाओं के रूप में घटित होती हैं। आप पाते हैं कि आपकी पहचान परिवर्तित हो रही है, एक युवा शरीर, एक अलग व्यक्तित्व एवं शीघ्र ही आप पार्क में खेलने अथवा अपनी माँ की बाहों में रोने, अथवा इसी तरह की किसी घटना के कुछ बहुत ही धुंधले अनुभवों पर पहुँचते हैं। तथा स्मृतियाँ और पीछे नहीं जाती। आप जन्म का कोई भी अनुभव स्मरण नहीं रख सकते।

तब आप मान सकते हैं कि अनुभव आपकी स्मृति की सीमा से परे सतत रहा होगा तथा उससे पहले एक "आप" होना चाहिए तथा आप स्वयं को गर्भ की सुरंग से बाहर आने एवं यहां तक कि गर्म लाल रंग के गर्भ की चमक अंदर रहने का अनुभव होने की कल्पना भी कर सकते हैं। हो सकता है कि आप यह सब यह बहाना बनाते हुए मान लें कि आपकी याददाश्त इतनी दूर तक नहीं जाती। लेकिन यह धोखा है - मान्यताओं, धारणाओं, कल्पनाओं, बहानों एवं अनुमानों की अनुमति नहीं है, वे हमें सत्य तक नहीं ले जाते हैं, मात्र एक अनुभव ही ऐसा करता है। तो किसी को यह निष्कर्ष निकालना चाहिए कि यदि कोई अपने प्रारम्भ को भी स्मरण नहीं रख सकता है, तो इसके बारे में इतना निश्चित होना मूर्खता है। याद रखें कि हम यह दावा नहीं कर रहे हैं कि कोई प्रारम्भ नहीं था, हम केवल ठोस सबूत एकत्रित कर रहे हैं, यदि कोई हो।

अब आपको दूसरों की कुछ स्मृतियाँ याद आ सकती हैं, जिन्हें आपने यह कहते हुए सुना होगा कि आपका जन्म वास्तव में, अमुक तारीख को, अमुक परिवार में हुआ था, तथा सम्भवतः वे परिवार के सदस्य इस बात की पुष्टि करने के लिए अभी भी आपके समक्ष हैं। क्या यह इस बात का प्रमाण नहीं है कि आपका जन्म हुआ था? यह इस बात का प्रमाण है कि एक शरीर का जन्म हुआ, एक छोटा सा शरीर। यह अवश्य आपकी माँ तथा अन्य लोगों का अनुभव है। उन्हें अब भी पता नहीं है कि इस छोटे से शरीर को देखने से पहले आप अस्तित्व में थे या नहीं। निःसंदेह, इस बिंदु पर आप स्वयं को एक शरीर के समान मान सकते हैं तथा इसे एक प्रारम्भ कह सकते हैं। अब मृत्यु आपके लिए एक वास्तविकता बन गई है, क्योंकि शरीर तो मृत्यु को प्राप्त होगा ही। आपको इसका पता नहीं चलेगा, परन्तु अन्यों को पता होगा। फिर से आपको अपने शरीर की मृत्यु के बारे में निष्कर्ष निकालने के लिए दूसरों के अनुभव पर विश्वास करना चाहिए तथा इसके अतिरिक्त वे आपको बताने में सक्षम नहीं होंगे, जब तक कि कोई मृत शरीर यह सुनने में रुचि न रखता हो कि उसकी मृत्यु कैसे हुई।

हमने देखा है कि शरीर को पहचान बताना मनमाना/इच्छानुसार है। पहचान परिवर्तनशील है तथा शरीर कभी भी एक जैसा नहीं रहता। तो ऐसे निर्धारण में, जिसे आप "मैं" कहते हैं वह अनिश्चित तथा मनमाना/इच्छानुसार है। शरीर के प्रारम्भ को "आप" का प्रारम्भ कहने का आपका निर्णय भी मनमाना/इच्छानुसार है। आपने बस समय में एक

बिंदु चुना जो आपकी माँ के शरीर से पदार्थ के एक टुकड़े के अलग होने की घटना है। कोई भी गर्भधारण के बिंदु पर प्रारम्भ को परिभाषित कर सकता है। इसके अतिरिक्त, कोई उन कारण घटनाओं की श्रृंखला का पता लगा सकता है जिन्होंने इस शरीर को उत्पन्न किया से लेकर ब्रह्मांड की शुरुआत (यदि कोई हो) तक। इस विषय ने कई रूप लिए तथा अनगिनत घटनाएं घटीं, इनमें से आप का वास्तविक प्रारम्भ क्या है? अतः सामान्य धारणा के विपरीत, जब कोई व्यक्ति शरीर को स्वयं मान लेता है तब भी कोई प्रारम्भ नहीं प्राप्त कर सकता है। यह कुछ लोगों के लिए चौंकाने वाला हो सकता है, एक मिनट पहले तक उनकी मान्यताएँ इतनी सबल एवं निश्चित थीं [1]।

आइए इतना क्रमरहित(रैंडम) न बनें तथा अपने अनुभवों के संग्रह के रूप में पहचान के दूसरे विकल्प का पता लगाएं, जिसे व्यक्तित्व भी कहा जाता है। हमने देखा है कि व्यक्तित्व वह क्रमरहित विषय है जिसे कोई स्वयं के रूप में बुलाना पसंद करता है - नाम, लिंग, आयु, रूप, संबंध, सेवाकार्य की पदवी, उसके द्वारा किए गए अथवा कहे गए कार्य अथवा रुचिकर या अरुचिकर आदि। यह उसकी तुलना में अत्यंत निर्बल एवं अस्थिर है। एक ठोस शरीर, परन्तु कुछ विचित्र कारणों से लोग स्वयं को यह कहलाना चाहते हैं। तथा आप पाएंगे कि इसका कोई वास्तविक प्रारम्भ नहीं है, अथवा इसका प्रारम्भ मनमाने ढंग से कहीं भी रखा जा सकता है। हो सकता है कि आप इसे स्मृतियों के प्रारम्भ के बिंदु पर रखना चाहें, परन्तु आपको कभी विश्वास नहीं होगा कि संभवतः स्मृतियों के प्रारम्भ से पूर्व का भूला हुआ अंश ही आपके व्यक्तित्व का वास्तविक प्रारम्भ था। इसका अंत आपके प्रत्यक्ष ज्ञान में भी नहीं है, जब तक कि व्यक्तित्व मृत्यु से बच न जाए तथा आप जान लें कि आप मृत हो गए हैं, परन्तु तब आप वास्तव में मृत नहीं हैं। यदि आप स्वयं एक व्यक्तित्व हैं, तो यह जानने के लिए कि वह मृत हो चुका है, उसका जीवित होना आवश्यक है। इसका कोई अर्थ नहीं है। यह जानने की कोई सीधी विधि नहीं है कि कोई व्यक्तित्व मृत हो जाता है या नहीं। अन्य लोग इसका अनुमान मृत शरीर की स्पष्ट निष्क्रियता से लगा सकते हैं, जिसे व्यक्ति ने अपने अनूठे तरीके से जीवंत किया है। परन्तु क्या वह निष्क्रियता शरीर के टूटने के कारण है अथवा व्यक्तित्व के नष्ट होने के कारण? यह बात दूसरों को पता भी नहीं चल सकती ।

अंत में, हम स्वयं/आत्मन से प्रश्न करते हैं। क्या इसका प्रारम्भ कहीं किसी समय हुआ था? यह कुछ भी नहीं कह सकता, यह मात्र वर्तमान का साक्षी बन सकता है। यह समय का भी साक्षी है तथा कालातीत भी है। भविष्य में इसका अंत होगा अथवा नहीं, यह नहीं कहा जा सकता। स्वयं के लिए भविष्य जैसी कोई वस्तु नहीं है। समय-अतीत तथा भविष्य का निर्माण चित से होता है। स्वयं/आत्मन समय से परे है अतः किसी भी प्रारम्भ अथवा अंत से परे है। आरंभ तथा अंत ऐसी अवधारणाएँ हैं जो मात्र वस्तुओं पर लागू होती हैं। चित सहित वस्तुओं को स्वयं/आत्मन के पर्दे पर आते-जाते देखा जाता है। स्वयं/आत्मन के आने तथा जाने का साक्षी बनने के लिए वहां अन्य कुछ भी नहीं है। जैसे ही आप स्वयं को अनुभवकर्ता मान लेते हैं, वह अनुभवकर्ता स्वयं बन जाता है तथा शेष सब कुछ वस्तुओं में सिमट जाता

है - अनुभूत होता है। तो एकमात्र संभावित निष्कर्ष यह है कि स्वयं, चेतना, का आवश्यकता जनित आरम्भ अथवा अंत नहीं हो सकता है। ध्यान दें कि हम यहां एक ठोस आधार पर हैं, किसी भी प्रकार की कोई अनिश्चितता नहीं है। अतः इसे सत्य भी कहा जा सकता है। यह सब इतना सरल एवं सुंदर, निश्चित, सुसंगत तथा स्व-स्पष्ट है, जितना सत्य होना चाहिए।

इसलिए हमने इस मान्यता को क्षीण कर दिया है कि "अहम/मैं" नाम की जो भी वस्तु है उसका अंत हो सकता है, क्योंकि इसके जन्म का कोई साक्ष्य नहीं है। किसी को स्वेच्छया से विभिन्न इकाइयों के आरम्भ तथा अंत को परिभाषित करना चाहिए जिसे वह स्वैच्छिक ढंग से "अहम/मैं" के रूप में परिभाषित करता है तथा इसकी कुछ स्थिति को मृत्यु कहता है। स्वयं/आत्मन के सन्दर्भ में यह भी संभव नहीं है तथा हम इसके जन्म एवं मृत्यु के बारे में अनिश्चित रहते हैं। तो हम पाते हैं कि मृत्यु की अवधारणा, ठीक है, एक अवधारणा है, एक परामर्श है, मात्र चित्त में एक विचार है।

परिवर्तनहीन एक

मृत्यु के बारे में मान्यताओं को क्षीण करने की दूसरी विधि इस प्रकार है:

किसी इकाई के जन्म लेने अथवा मृत्यु के लिए परिवर्तन होना आवश्यक है। दूसरे शब्दों में, आरम्भ अथवा अंत एक परिवर्तन अथवा बीच की विभिन्न स्थितियों का संकेत देता है। अतः परिवर्तन होने पर ही मृत्यु है। आइए देखें कि हमारा प्रत्यक्ष अनुभव (अथवा ज्ञान) हमें परिवर्तन के बारे में क्या बताता है।

शरीर निरंतर परिवर्तित होता रहता है तथा तार्किक कठिनाइयों के विपरीत पदार्थ की इस संरचना के निरंतर परिवर्तन पर कोई भी आरम्भ तथा अंत बिंदु को चिह्नित कर सकता है। वही व्यक्तित्व की बात करें तो मनुष्य कभी भी एक जैसा नहीं रहता। अतः परिवर्तन की कसौटी पर शरीर तथा व्यक्तित्व दोनों की मृत्यु आवश्यक है। अशुभ समाचार है। परन्तु शुभ समाचार ये है - परिवर्तन का अर्थ मात्र इतना है, एक भिन्न स्थिति, इसका अर्थ विनाश नहीं है। तो कुछ आशा है, कम से कम व्यक्तित्व के लिए, क्योंकि शरीर निराशाजनक रूप से पूरी तरह से अलग संरचनाओं में बदल गया है, भले ही जिस पदार्थ ने इसे बनाया है वह अभी भी किसी न किसी रूप में उपस्थित है, उदाहरण के लिए आपकी कार में तेल, जो शवों से आता है, उपयोगी है, परन्तु मुझे इसे "मेरा स्व" कहने में संकोच होगा।

आइए स्वयं की जाँच करें। साक्ष्य का एक ऐसा अनुभव खोजें जो विगत दिनों में अब के साक्ष्य के अनुभव से किसी भी संभावित विधि से भिन्न हो। यदि कोई ध्यान देने योग्य अंतर नहीं था तो अपनी दीर्घकालिक स्मृति का उपयोग करके पहले इसे आज़माएँ। जैसे बाल्यावस्था में जो साक्ष्य घटित हुआ। संभवतः अब आप वस्तुओं को अति श्रेष्ठतर जानते हैं तथा जो कुछ भी आप देख रहे हैं उसे श्रेष्ठतर समझते हैं, परन्तु यह चित्त में एक परिवर्तन होगा, यह अतीत की तुलना में अब अधिक विकसित है। स्वयं, जागरूकता स्वयं, अलग-

अलग उदाहरणों में किसी चीज़ के बारे में अलग-अलग तरीके से कैसे जागरूक हो सकती है? इसका निरीक्षण करना युक्तिपूर्ण है, परन्तु कोई देख सकता है कि अनुभव विविध हैं तथा अनुभवकर्ता सदा एक ही होता है। किसी चीज़ के प्रति सचेत होने के दो तरीके नहीं हो सकते।

इसे जाँचने की दूसरी विधि यह प्रश्न पूछना है - क्या एक परिवर्तनशील स्वयं/आत्मन परिवर्तन अंकित कर सकता है? अन्य शब्दों में, क्या एक परिवर्तनशील स्वयं/आत्मन कुछ भी अनुभव कर सकता है? अनुभव एक परिवर्तन है, परिवर्तन नहीं का अर्थ कोई अनुभव नहीं है। चूँकि, परिभाषा के अनुसार, स्वयं/आत्मन अनुभवकर्ता है, अनुभव नहीं, अतः उसे परिवर्तनहीन होना होगा। जो भी बदलता है वह अनुभव बन जाता है, और जो नहीं बदलता वह अनुभवकर्ता बन जाता है। मान लीजिए कि स्वयं/आत्मन बदल जाता है, तो इस बदलाव को कौन अंकित करता है? जैसे ही आप कहते हैं, एक अन्य स्वयं/आत्मन बदलते स्वयं/आत्मन को पंजीकृत करता है, तब बदलता स्वयं/आत्मन मात्र एक अन्य अनुभव बन जाता है एवं एक अनुभवकर्ता नहीं रह जाता है। अब इसे पंजीकृत करने वाला नया स्वयं/आत्मन वह स्वयं/आत्मन है, जिसे फिर से परिवर्तनहीन होने की आवश्यकता है। कोई भी एकमात्र निष्कर्ष यह निकाल सकता है कि स्वयं/आत्मन नहीं बदल सकता और यह आवश्यकता जनित होता है, किसी मनमाने विकल्प अथवा परिभाषा से नहीं।

परिवर्तन का तात्पर्य समय से है तथा यह बहुत स्पष्ट है कि स्वयं/आत्मन समय से परे है, क्योंकि समय का भी अनुभव होता है। समय पर न होना परिवर्तन की अवधारणा को स्वयं के लिए अनुपयुक्त बना देता है। आत्मन के परिवर्तनशील गुण को पटल के रूपक के माध्यम से समझा जा सकता है। आत्मन एक पटल की तरह है जिस पर अनुभव (चित्र) प्रकट होते हैं। यह वह पटल है जो अपरिवर्तित रहते हुए भी जिस पर छवियाँ बन जाती है। यह विरोधाभासी लगता है, परन्तु ऐसा ही है [2]। पटल पर बदलती हुई छविओं को अंकित करने के लिए, पटल को पूरी तरह से परिवर्तनहीन, शुद्ध श्वेत तथा गतिहीन रहना चाहिए। यदि यह बदलता है, मान लीजिए कि इस पर कहीं से भी रंग के प्रतिरूप दिखाई देते हैं, तो कोई भी पटल को छवियों से अलग नहीं कर सकता है। वास्तव में पटल के बदलते प्रतिरूप छवियों का एक अंश बन जाते हैं, पटल को सदैव एक पृष्ठभूमि के रूप में देखा जाता है, परिवर्तनहीन तथा अदृश्य जहां तक इसकी वास्तविक प्रकृति का प्रश्न है, बाद वाली निरंतर परिवर्तनशील छायाचित्र के पीछे छिपी हुई है।

किसी भी परिवर्तन का सीधा अर्थ यह नहीं है कि कोई आरम्भ नहीं है तथा कोई अंत नहीं है। आत्मन ऐसा ही है। तथा यदि आप अपने आप को वह आत्मन कहना चाहते हैं जो सब कुछ देख रहा है, तो आप अनादि एवं अनंत हैं। तथापि जहाँ तक मृत्यु की बात है तो हम यही कहेंगे कि मृत्यु के बारे में मान्यताएँ पूर्णतः सत्य तथा निश्चित से निर्बल एवं अनिश्चित हो गई हैं तथा खंड-खंड हो गई हैं।

मुझे नहीं पता

प्रत्यक्ष अनुभव तथा मात्र तार्किक एवं आलोचनात्मक चिंतन के उपकरणों का उपयोग करके कोई भी व्यक्ति "मैं नहीं जानता" के उस स्तर पर पहुंच सकता है। एक बार जब आप ऐसा कहते हैं, तो पात्र खाली हो जाता है तथा नए ज्ञान के द्वार खुल जाते हैं। चित्त ऐसी किसी भी वस्तु को नहीं जान सकता जिसे वह अनुभव नहीं कर सकता। अनुभव अनुग्रह से निकलते हैं [3]। मुझे इसे बताने का कोई अन्य मार्ग नहीं पता हैं। बहुत से लोग भाग्यशाली हैं कि उन्हें अनुग्रह का आशीर्वाद घटित हुआ है तथा उनके पास अद्भुत एवं असाधारण अनुभव हैं तथा वे मृत्यु (एवं उस विषय में जन्म अथवा जीवन) को मुझसे श्रेष्ठतर जानते हैं। यद्यपि मैं मृत्यु के बारे में दूसरों के अनुभवों के बारे में अपने अनुभव से नहीं बोल सकता, फिर भी मैं अगले अध्याय में उनके बारे में अपनी क्रमरहित राय बताऊंगा।

टिप्पणियाँ:

१. स्वयं को समझाने के लिए पहले पूरे ब्रह्मांड की व्याख्या करनी होगी। यह अपने आप में एक महान अंतर्दृष्टि होनी चाहिए। शरीर का प्रारम्भ मनमाने ढंग से किसी भी बिंदु पर किया जा सकता है, परन्तु वह एक परंपरा होगी, एक सुविधा होगी, तथ्य नहीं।

२. चित्र की सबसे न्यूनतम इकाई (पिक्सेल) ही पटल (स्क्रीन) की एकमात्र वास्तविकता हैं, जैसे कि जिसे आप अभी उपयोग कर रहे हैं। न्यूनतम इकाई जो मान या रंग ग्रहण करते हैं वे क्षणभंगुर, अवास्तविक होते हैं। अनुभव को रंग बदलने की आवश्यकता है, लेकिन पटल (अनुभवकर्ता) को अपरिवर्तित रहने की आवश्यकता है। यदि कोई फिल्म पटल पर चलती है, तो पात्र (यह मानते हुए कि वे बुद्धिमान और जागरूक प्राणी हैं) फिल्म चलने के समय पटल की उपस्थिति को अनुभूत कर सकते हैं, परन्तु वे फिल्म प्रारम्भ होने से पहले तथा फिल्म समाप्त होने के बाद की वस्तुओं को नहीं देख पाएंगे। पटल स्वयं पर प्रारंभ एवं अंत तथा पहले एवं बाद का कालापन देखेगा। तथापि, पटल अपने प्रारंभ तथा अंत के बारे में कुछ भी कहने में सक्षम नहीं होगा। इस रूपक में हमारे शरीर एवं दिमाग/ व्यक्तित्व चरित्र हैं और स्वयं पटल/स्क्रीन है। ध्यान दें कि पात्र पूरी फिल्म में पटल पर सदैव उपस्थित एक रहस्यमय परिवर्तन-हीन वस्तु के साथ स्वयं को अलग-अलग इकाइयों के रूप में देखेंगे, परन्तु पटल को पूर्णतः पता होगा कि सभी पात्र, दृश्य, समय, आकार एवं स्थान उसमें घटित हो रहे हैं। यह कोई पृथक्करण नहीं, मात्र एकता है। मैं इस रूपक के लिए रूपर्ट स्पाइरा का आभारी हूं। गहन स्पष्टीकरण के लिए उनके वीडियो देखें।

३. अनुग्रह के बारे में मेरी समझ यह है कि यह स्वयं/आत्मन की स्वाभाविक परिपक्वता है। परिपक्वता शब्द मात्र रूपक है, स्वयं/आत्मन नहीं बदलता, मात्र उस पर छाया हुआ कोहरा धीरे-धीरे छंटता है। जैसे-जैसे यह आगे बढ़ता है, इसे नए अनुभव मिलते हैं, जो इसे अपेक्षाकृत अच्छे प्रकाश में दिखते हैं। अनुग्रह होता है, आप इसे "प्राप्त" नहीं कर सकते। आप इसे प्राप्त करने के लिए तभी खुले रह सकते हैं जब ऐसा घटित हो। इस विषय पर

संक्षिप्त चर्चा के लिए पिछले अध्याय देखें।

अध्याय १२. "मृत्यु का भ्रम" समाप्त हुआ।

20

१३. जीवित मृत्त

हमने देखा है कि किस प्रकार मृत्यु की कल्पना मात्र एक कल्पना है, एक भ्रम है। किस प्रकार मृत्यु मरने से अस्वीकार कर देती है। हम मृत्यु जैसे अनुभवों तथा गैर-मरे हुए लोगों के कुछ विवादास्पद विषयों पर विचार करेंगे। मेरा संकल्प मृत्यु के विषय को निपटाने तथा लेख बंद करने का नहीं है। मैं मात्र परामर्श दूंगा, क्योंकि ये अनुभव अन्य लोगों के हैं, मेरे अपने नहीं तथा अधिकतर व्यक्तिपरक हैं।

शरीर से बाहर का अनुभव (आउट ऑफ़ बॉडी एक्सपेरिएंसेस / OOBE)

अर्थात सूक्ष्म प्रक्षेपण (एस्ट्रल प्रोजेक्शन) उन अनुभवों की विशेषता है जिनमें भौतिक शरीर सम्मिलित नहीं है एवं यथार्थवादी हैं। तो एक व्यक्ति जो पूरी तरह से यह जानते हुए भी कि उसका शरीर बिस्तर पर आराम से सो रहा है, वस्तुओं/पदार्थ का अनुभव कर रहा है, वह मानता है कि उसका अस्तित्व अथवा उसकी चेतना एवं व्यक्तित्व पूर्णतयः शरीर पर निर्भर नहीं है। अज्ञात क्षेत्र में प्रक्षेपण (एक्सट्रपलेशन) द्वारा, वह मानता है कि वह शरीर के नष्ट होने के बाद भी उसी तरह जारी रहेगा जैसे वह प्रक्षेपण के दौरान जारी रख सकता है। तो यहाँ हमारी दो धारणाएँ हैं।

वास्तव में, प्रक्षेपण करने वाले व्यक्ति का शरीर तथा मस्तिष्क अभी भी जीवित हैं एवं पूर्णतयः कार्यात्मक हैं। अतः यह प्रयोग वास्तव में शरीर से परे निरंतरता का कोई साक्ष्य नहीं देता है। तथापि वह मात्र एक शरीर है यह मान्यता रखने वाले व्यक्ति के मन में पर्याप्त संदेह उत्पन्न करता है। अतः यदि आप इस तरह की मान्यता से विकारग्रस्त हैं तो मैं प्रक्षेपण का अभ्यास करने की सलाह देता हूं। परन्तु मृत्यु के बाद जीवन के आश्वस्त करने वाले साक्ष्य की अपेक्षा न करें। कुछ लोग ऐसी प्रथाओं से एक सभ्य साक्ष्य प्राप्त करने का दावा करते हैं, परन्तु साक्ष्य आपके अपने अनुभव से आना चाहिए, किसी अन्य के अनुभव

से नहीं। हम व्यक्तिनिष्ठ क्षेत्र में हैं। मृत्यु एक व्यक्तिनिष्ठ अनुभव है। ओओबीई चित्त की अपार शक्तियों का साक्ष्य प्रदान करते हैं तथा अनुभव करने की हमारी क्षमताएं मात्र संवेदी तथ्य एवं भौतिक जगत तक ही सीमित नहीं हैं।

मृत्यु के निकट के अनुभव (एनडीई)

मृत्यु के निकट के अनुभवों में ऐसे अनुभव सम्मिलित होते हैं जो तब घटित होते हैं जब शरीर अथवा मस्तिष्क लगभग टूट जाता है। ये आकर्षक हैं तथा ओओबीई की तुलना में अधिक विश्वसनीय लगते हैं क्योंकि एनडीई होने पर रोगी प्रायः कुशल चिकित्सकों की पूर्ण पर्यवेक्षण में होता है। घटनाओं एवं आंकड़ों का अभिलेख होता है, अतः ये वैज्ञानिक महत्व के हो जाते हैं। यहां मान्यता यह है कि मृत्यु के बाद भी चेतना एवं व्यक्तित्व बना रहता है। मृत्यु को मस्तिष्क के क्रियाहीन/शून्य होने के रूप में परिभाषित किया जा रहा है।

यहां धारणा यह है कि मस्तिष्क की गतिविधि बंद होने का अर्थ मृत्यु है। यह सामान्य चिकित्सा का मानदंड है जिसका उपयोग किसी को मृत घोषित करने के लिए किया जाता है। अतः इस परिभाषा का उपयोग करते हुए, रोगी मृत्यु से बच जाता है। तथापि, शरीर का पूर्ण विनाश होने वाली मृत्यु की अधिक प्राकृतिक एवं प्रतिदिन की परिभाषा का उपयोग करते हुए, हम देखते हैं कि यह मात्र एक शब्द का खेल है, तथ्य नहीं। पुनर्जीवित रोगी अभी भी उसी शरीर, उसी मस्तिष्क एवं उसी व्यक्तित्व तथा चेतना में वापस आता है। हम यहां जो साबित करते हैं वह यह है कि व्यक्तिनिष्ठ घटक बचे रहते हैं जब शरीर तथा मस्तिष्क में एक संक्षिप्त गड़बड़ी होती है। चूंकि पुनरुद्धार के बाद शरीर तथा मस्तिष्क अधिकतर यथावत हैं, यह जीवन को बंद तथा चालू करने जैसा है। यह मृत्यु के बाद जीवन का प्रमाण नहीं है क्योंकि शरीर और मस्तिष्क अभी भी वहीं सुरक्षित हैं।

किसी भी तरह, एनडीई का सबसे अद्भुत पहलू स्वयं अनुभव नहीं है, बल्कि यह तथ्य है कि हमें कुछ अनुभव करने के लिए एक क्रियाशील मस्तिष्क की भी आवश्यकता नहीं है। एनडीई एक विशेष मामला है, ईएसपी या ओओबीई का जहां मस्तिष्क समतल रेखाएँ (शून्य मस्तिष्क विद्युत् ग्राफ) होती हैं। अतः मरीज द्वारा ब्रेन डेड अवस्था में रहते हुए कमरे में लोगों की घटनाओं तथा बातचीत की रिपोर्ट करना ईएसपी के प्रमाण के रूप में लिया जा सकता है।

कोई अपेक्षा करेगा कि यह एनडीई का अनुभव करने वाले व्यक्ति के लिए एक महान व्यक्तिगत प्रमाण है तथा ऐसे असाधारण अनुभव के बाद उसका जीवन, विश्वास एवं कार्य नाटकीय रूप से परिवर्तित हो जाएंगे। यह कुछ लोगों के लिए होता है तथा वे अति श्रेष्ठ एवं सार्थक "आगामी जीवन" के साधक बन जाते हैं। तथापि ऐसे लोगों के साथ मेरी अपनी निजी वार्ता एक कड़वी सच्चाई को प्रकट करती है, अधिकांश लोग अहंकार-पूर्ण जीवन जीते रहते हैं, जैसे कि कुछ हुआ ही न हो। परिणामस्वरूप कुछ लोग धार्मिक हो जाते हैं तथा अपने

मस्तिष्क को और भी अधिक बंद कर लेते हैं। यह तुरंत इस बात पर प्रकाश डालता है कि संत असाधारण अनुभवों अथवा चमत्कारों की उपेक्षा क्यों करते हैं तथा हमें भी उनकी उपेक्षा करने की सलाह देते हैं। एक विलक्षण "शरीर से बाहर" प्रकार का अनुभव आवश्यक रूप से आपको जादुई रूप से प्रगति करने में सहायता नहीं कर सकता है।

पुनर्जन्म

हमारे पास ऐसी घटनाएं हैं जहां मस्तिष्क तथा शरीर पूरी तरह से नष्ट हो जाते हैं परन्तु व्यक्ति दूसरे पूर्णतयः नए शरीर में वापस आने में सफल हो जाता है, अथवा कम से कम दावा तो ऐसा ही होता है। वास्तविक दावा यह है कि किसी तरह उसकी पहुंच किसी किसी अन्य की स्मृतियों तक है। स्मृतियाँ ज्वलंत हो सकती हैं, विशेषकर पिछली मृत्यु की परिस्थितियों के बारे में। परन्तु तार्किक रूप से किसी अन्य की स्मृतियों को इस तरह स्मरण करने का अर्थ मूल रूप से स्मृतियाँ रखने वाले व्यक्ति का पुनर्जन्म नहीं है। यही प्रभाव किसी व्यक्ति के मस्तिष्क में कृत्रिम यादें डालकर प्राप्त किया जा सकता है, जैसे पदार्थों अथवा सम्मोहन के अधीन। कोई किसी अन्य व्यक्ति के चित्रों एवं वीडियो के साथ उसका विस्तृत विवरण प्रस्तुत कर सकता है। कोई यह तर्क दे सकता है कि किसी जीवित व्यक्ति की स्मृतियों एवं अनुभवों तक भी पहुंच संभव होनी चाहिए। तथापि अब तक मुझे ऐसी किसी कहानी/घटना का सामना नहीं करना पड़ा, परन्तु किसी मृत व्यक्ति की स्मृतियों को याद करने की संभावना को देखते हुए यह एक संभावना है। इससे जीवित एवं मृत के बीच का अंतर और अधिक धुंधला हो जाएगा।

अतः यदि कोई पुनर्जन्म की कहानियों पर विश्वास करना चाहता है तो वह यह निष्कर्ष निकाल सकता है कि चित में न केवल अपनी परन्तु किसी अन्य की स्मृतियों को भी स्मरण करने की असाधारण क्षमता होती है, भले ही दूसरे व्यक्ति की बहुत पहले ही मृत्यु हो चुकी हो। यह व्यक्ति की निरंतरता का नहीं, चित की सार्वभौमिकता का प्रमाण होगा। इससे पता चलता है कि इस सार्वभौमिक चित में परस्पर संपर्क की संभावना हो सकती है।

वैसे भी, एक व्यक्तित्व अन्य कुछ नहीं परन्तु स्मृतियाँ हैं, अतः दूसरे व्यक्ति की व्यक्तिनिष्ठ स्मृतियों तक पहुंच प्राप्त करने का अर्थ तकनीकी रूप से उन स्मृतियों के मूल स्वामी की पुनः उपस्थिति होगी, भले ही एक नए शरीर में। अतः मुझे लगता है कि हमारे पास यहां एक रुचिपूर्ण संभावना है। पुनर्जन्म के दावे मृत्यु को और भी अस्पष्ट बना देते हैं।

अतिरिक्त संवेदी धारणा (एक्स्ट्रा सेंसरी परसेप्शन /ईएसपी)

अतिरिक्त संवेदी धारणा शरीर की सामान्य इंद्रियों का उपयोग किए बिना अनुभव करने की क्षमता है। यह चित की अस्थानीय तथा सार्वभौमिक प्रकृति की ओर संकेत करता है। परन्तु यह अभी भी शरीर के नष्ट होने के बाद उसके अस्तित्व के बारे में निर्णायक रूप से कुछ नहीं

कहता है।

स्पष्ट है, अतिरिक्त संवेदी धारणा (ईएसपी) का मृत्यु से कोई लेना-देना नहीं है, परन्तु मैं इसे मात्र इसलिए सम्मिलित कर रहा हूं क्योंकि मृत्यु के बाद के कई तथाकथित साक्ष्यों को "मात्र" ईएसपी तक सीमित किया जा सकता है। उदाहरण के लिए, एक मध्यमवादी संचार मात्र टेलीपैथी (एक ईएसपी) का विषय हो सकता है, जो प्रभावी रूप से ग्राहक के मृत सम्बन्धी के बारे में कुछ सूचना प्राप्त करने के लिए उसके मस्तिष्क को पढ़ता है। इसी प्रकार एक आत्मा को सूक्ष्म जगत की सुदूर दृष्टि तक सीमित किया जा सकता है। "कम करें", "मात्र" या "बस" जैसे शब्दों का अर्थ यह नहीं है कि ईएसपी एक सामान्य घटना है अथवा हम सभी के लिए एक प्रतिदिन की घटना। ईएसपी अपने आप में किसी भी अन्य असाधारण घटना की तरह ही रहस्यमय तथा अनिश्चित है।

मृत्यु पश्चात् संचार (आफ्टर डेथ कम्युनिकेशन एडीसी)

मृत्यु पश्चात् के संचार कुछ सीमा तक विवादास्पद एवं भयावह संचार हैं जहां मृत व्यक्ति जीवित लोगों को संदेश भेजने का प्रयास करता है। यह संकेत, समकालिकता, आवाज, आभास अथवा लेखन हो सकता है। यह एक साधारण विचार भी हो सकता है जिसमें किसी के अपने न होने का स्पष्ट भाव हो। यदि इस तरह के संचार को प्रमाणित किया जाए तो यह मृत्यु से परे जीवन का एक निश्चित प्रमाण बन सकता है। इतना ही नहीं, यह सिद्ध कर सकता है कि मृत अथवा अभौतिक इकाइयां भौतिक पदार्थ अथवा जीवित लोगों को प्रभावित कर सकती हैं।

तथापि, ऐसी घटनाएं अत्यंत दुर्लभ हैं तथा संदिग्धता के आवरण में हैं। चित्त अत्यंत शक्तिशाली है तथा ऐसे प्रतिरूप(पैटर्न) चुनता है जहां कोई नहीं होता। अधिकांश एडीसी मात्र एक भ्रम, मतिभ्रम, अथवा क्रमरहित संयोग प्रतीत होते हैं। चित्त के लिए, यह आपके स्नानघर दर्पण पर एक प्रतीक, अथवा नीले रंग की आवाज़ की तरह कुछ व्यवस्थित करने के लिए अत्यंत आसान कार्य है। किसी भी प्रकार से, यदि आपके पास एडीसी का प्रत्यक्ष तथा स्पष्ट अनुभव है, जो प्रमाणित था, तो ये विषय आपके लिए निश्चित हो गया है। शेष जगत के पास अभी भी दो ही विकल्प हैं - या तो आपकी कहानी पर विश्वास करें अथवा उस पर अविश्वास करें।

माध्यम

ये वे लोग हैं जिनके पास एडीसी में मध्यस्थता करने की असाधारण क्षमता है। यह दावा है तथा बहुत विवाद का विषय है, संभवतः धोखेबाजों की संलिप्तता के कारण। यदि वास्तविक सिद्ध हो जाएं तो ये लोग मृत्यु के प्रश्न को सदा-सदा के लिए समाधान में बहुत सहायक हो सकते हैं। विचित्र बात है कि प्रकृति को ऐसी घटनाओं में निश्चितता पसंद नहीं है। मेरा कभी

किसी माध्यम से सामना नहीं हुआ एवं न ही कभी उनके साथ प्रयोग करने का अवसर मिला, परन्तु मुझे लगता है कि माध्यम की कहानियां सभी प्रकार के अंध विश्वासों को प्रोत्साहित करती हैं। यह सब स्पष्टता के विपरीत अधिक भ्रम उत्पन्न करता है। इच्छुक पाठकों को इस विषय पर बहुत सारी पुस्तकें तथा यहां तक कि वैज्ञानिक अन्वेषण भी मिलेंगे।

एडीसी द्वारा उठाया गया पहला प्रश्न यह है कि यदि मृत व्यक्ति का कहीं बहुत पहले ही पुनर्जन्म हो चुका है तो वह संवाद करने में कैसे सक्षम है। यह प्रत्यक्ष रूप से पुनर्जन्म की मान्यता का खंडन करता है। उनमें से मात्र एक ही सत्य हो सकता है। उचित है, कोई यह कह सकता है कि संचार करने वाले व्यक्ति का अभी तक पुनर्जन्म नहीं हुआ है तथा वह अभी भी शरीर की बाधा के बिना कहीं बाहर विचरण कर रहा है। इससे और भी प्रश्न उठते हैं जैसे कि ऐसा कैसे है कि कुछ मृत तुरंत वापस आ जाते हैं एवं कुछ नहीं तथा ऐसा कैसे है कि हमें कभी कोई माध्यम नहीं दिखता जो हमें बताता हो कि फोन बज रहा है परन्तु आपके दादाजी घर पर नहीं हैं।

कोई कह सकता है कि मृतकों के पास विकल्प होता है कि वे कब पुनर्जन्म लें। परन्तु इससे अन्य प्रश्न भी उठते हैं। वह समय अभी भी वहाँ कैसे काम करता है अथवा क्या चीज़ उन्हें वापस आने के लिए प्रेरित करती है। यह कैसा है कि किसी के पास समय के संबंध में कोई विकल्प है लेकिन स्थान, माता-पिता अथवा लिंग के संबंध में नहीं। जैसा कि आप में से कई लोगों ने सुना होगा, विभिन्न प्रकार के सिद्धांत हैं जो ऐसे सभी प्रश्नों के उत्तर देने का प्रयास करते हैं। मैंने उनमें से एक भी ऐसा नहीं देखा जो किसी जिज्ञासु मस्तिष्क को संतुष्ट कर सके।

मेरी राय में, एक जीवित व्यक्ति के साथ संचार की व्यवस्था करना एक अच्छा तथा ठोस परीक्षण होगा। जब नियंत्रित परिस्थितियों में किया जाता है, तो इससे कम से कम मध्यस्थता के विषय में कुछ संदेह दूर हो जाएंगे। यदि किसी जीवित व्यक्ति के साथ अतीन्द्रिय संचार किया जा सकता है, तो इससे मृत व्यक्ति के साथ ऐसे संचार के भी सत्य होने की संभावना बढ़ जाएगी। हम मान रहे हैं कि जीवित तथा मृत लोगों के मस्तिष्क समान हैं, यह एक वैध धारणा होगी क्योंकि हम किसी व्यक्ति की मृत्यु के बाद मस्तिष्क की निरंतरता की परिकल्पना कर रहे हैं । जीवित व्यक्ति के साथ लाभ यह है कि हम इसकी स्पष्ट रूप से पुष्टि कर सकते हैं कि संचार वास्तव में हुआ था या नहीं। मुझे ऐसे किसी प्रयास की जानकारी नहीं है। मुझे लगता है कि इसे दूरसंवेदन (टेलीपैथी) अथवा मस्तिष्क पठन के रूप में आसानी से नकार दिया जा सकता है, तथा यह पुनः चित्त की सार्वभौमिकता अथवा एकता की ओर संकेत करेगा। चित्त की सार्वभौमिकता का अर्थ यह है कि चित्त व्यक्तिगत नहीं है, शरीरों में अनुभव इस पर प्रभाव डालते हैं एवं इसकी सार्वभौमिक तथा अभौतिक प्रकृति के कारण किसी व्यक्तित्व के अनुभव सहित अनुभव शरीर के नष्ट होने पर भी अक्षुण्ण रहते हैं।

किसी भी तरह, इससे सभी प्रश्नों का समाधान नहीं होगा एवं समस्याओं का पिटारा खुला रहेगा।

भूत

अर्थात जीवात्माएं मृत लोगों की अभिव्यक्तियाँ हैं तथा किसी कारण से हम, जीवित लोग, उन्हें डरावना पाते हैं। यह उन सभी भयानक(हॉरर) फिल्म निर्माताओं को सामूहिक रूप से सेवायोजन देता है। किसी मृत व्यक्ति को देखकर हमारी आत्मा हमारे शरीर से बाहर निकल जाती है। ऐसे किसी व्यक्ति को ढूंढना मुश्किल है जिसके पास बताने के लिए एक भी भूत की कहानी न हो। आत्मा व्यापक प्रतीत होती है परन्तु आश्चर्यजनक रूप से अपने अस्तित्व को निश्चितता के साथ स्थापित करने के सभी प्रयासों से बचती है। एक बार पुनः हम प्रकृति के कुशल हाथों को सारे साक्ष्य मिटाते हुए देख रहे हैं [1]।

मुझे वास्तव में उनसे भयभीत होने का कोई कारण नहीं दिखता, क्योंकि हम सभी भूतों के अतिरिक्त अन्य कुछ नहीं हैं, एक महत्वपूर्ण अंतर के साथ - हमारे पास एक बंदर सूट है तथा वे नग्न हैं। अतः मुझे लगता है कि भूतों को हमसे भयभीत होने की आवश्यकता है। तथा मैं विश्वस्त हूँ कि वे हैं क्योंकि वे एक पल में भाग जाते हैं। व्यंग के अतिरिक्त, आघात, विचित्रता एवं अज्ञात के अहंकारी भय के कारण, डर उत्पन्न होता है। इन कारणों से भूत एक वांछनीय दृश्य नहीं है। उनके बारे में उल्लेखनीय बात यह है कि ऐसा माना जाता है कि वे भौतिक जगत में नहीं हैं, परन्तु यदि आप कुछ कहानियों पर विश्वास करते हैं तो उन्हें स्थानीय रूप से देखा जाता है। निःसंदेह सूक्ष्म शरीरों आदि के बारे में ये सभी विस्तृत सिद्धांत हैं, परन्तु यदि आप ऐसे सिद्धांतों के लिए एक वस्तुनिष्ठ, दोहराए जाने योग्य और सत्यापन योग्य प्रमाण की खोज में हैं, तो संभवतः आप निराश होंगे। ये चीजें वस्तुनिष्ठ एवं व्यक्तिपरक की बहुत अनिश्चित सीमा पर स्थित हैं। सामान्य भौतिक उपकरण विफल हो जायेंगे तथा भौतिकी के ठोस सिद्धांत ध्वस्त हो जायेंगे। एवं मुझे लगता है कि आपको प्रयोग करने के लिए अपने स्वयं के सहायक भूतिया स्वयंसेवक की आवश्यकता होगी, जो प्रायः समस्याओं को बढ़ाता है, क्योंकि मृत लोग किसी कारण से वैज्ञानिक अध्ययन में कोई रुचि नहीं लेते हैं।

अब, कहीं से भी भूत प्रकट करना चित्त के लिए सरल कार्य है। यह आपके मृत सम्बन्धियों को तब भी प्रकट कर सकता है जब आप उनसे कम से कम आशा कर रहे हों। स्वप्न में, अथवा कल्पना में अथवा OOBE में आने वाले लोग भूतों के अतिरिक्त अन्य कुछ नहीं हैं। तो वे उस अर्थ में वास्तविक हैं - चित्त की रचना। यह भूतिया प्रेतों की अधिकतर व्यक्तिपरक गुणवत्ता की भी व्याख्या करता है। मानसिक स्थिति ठीक होने पर भूत को देखना बहुत संभव है, परन्तु इसे आसानी से मतिभ्रम के रूप में नकार दिया जाएगा। चित्त धारणा के अप्रत्याशित स्रोतों में समस्वरण (ट्यून) कर सकता है तथा खुली आँखों से भी

उन्हें सामान्य सांसारिक दृश्य पर आरोपित कर सकता है।

वास्तविक प्रश्न यह है कि क्या भूत-प्रेत, चाहे वे कुछ भी हों, मृत्यु के बाद भी जीवन सिद्ध करते हैं? निःसंदेह एक भूत हाँ ही कहेगा। परन्तु हमें मौखिक शब्दों के विपरीत बहुत अधिक आवश्यकता है, विशेषतः जब यह मृत मुख हो। परन्तु वास्तव में ये यथार्थ प्रश्न नहीं है, एक श्रेष्ठतर प्रश्न यह है - यथार्थ क्या है? यह प्रत्येक स्थान पर चित्त ही है। वैसे भी यह सब मानसिक है। ऐसी सभी विचित्र घटनाओं से मृत्यु को अलग कर देना ही बुद्धिमानी है। मृत्यु मात्र एक परिवर्तन है, एक मानसिक अवस्था से अज्ञात अवस्था में परिवर्तन, जो अब किसी शरीर द्वारा बाधित नहीं है, एवं वह अवस्था व्यक्तिगत के विपरीत अधिक सार्वभौमिक है।

ये सभी असाधारण अनुभव, यदि वे आपके अपने अनुभव हैं, तो यह दर्शाते हैं कि शरीर मानवीय अस्तित्व का एक छोटा पक्ष है। व्यक्ति भी छोटा है। कोई व्यक्ति दीर्घ काल तक जीवित रह सकता है अथवा नहीं, परन्तु संभवतः हमारा सांसारिक जीवन चित्त की सार्वभौमिक संरचना पर दीर्घ काल तक छाप छोड़ता है। मैं व्यक्तिगत रूप से इन सभी असाधारण घटनाओं को चित्त के सामान्य व्यवसाय के रूप में देखता हूँ [2]। यह सब स्वयं/आत्मन के पटल पर घटित होता है, तथा कभी-कभी असामान्य घटनाएं घटित होती हैं। अत्यंत मनोरंजक चीज़ जो इस समय घटित हो रही है वह है यह जीवन - मानवीय अनुभव। यह सचमुच असाधारण है कि जीवन जैसी कोई चीज़ है, इतनी ठोस तथा इतनी यथार्थवादी। यह वास्तव में आश्चर्यजनक है कि यहां एक स्वयं/आत्मन है, जो इन सभी चित्तों, व्यक्तित्वों, शरीरों, दुनियाओं तथा न जाने क्या-क्या का अनुभव कर रहा है। जीवन के चमत्कार की तुलना में क्षणभंगुर तथा निर्बल असाधारण घटनाएँ कुछ भी नहीं हैं।

कुछ लोग विलक्षण अनुभवों को "आध्यात्मिक" प्रगति का संकेत मानते हैं। ये मात्र एक अन्य मान्यता है। आध्यात्मिक विषय, चाहे वह कुछ भी हो, स्वयं/आत्मन के बारे में है, जो हम सभी का आवश्यक अस्तित्व है, तथा यह यहीं और अभी है। कोई भी जादुई अनुभव इसे भिन्न अथवा अधिक "विकसित" नहीं बना पाएगा। सभी घटनाएं, भौतिक अथवा अभौतिक, चित्त की एक रचना हैं, अनुभवक्रिया, "परिवर्तन की ऊर्जा" जो स्वयं/आत्मन का एक अंश है। इसे स्पष्ट रूप से देखने की जरूरत है। साधक अपने आप को छिपे हुए जाल में नहीं उलझाएगा, वह मात्र एक भटकाव है, जैसा कि स्पष्ट है। यदि किसी में प्रतिभा है तथा वह अपने पथ पर आगे बढ़ने के लिए अभौतिक का लाभ उठा सकता है, तो यह कोई समस्या नहीं है। समस्या अभूतपूर्व चीज़ों को अपना अंतिम लक्ष्य बनाना तथा उनके अनुभव की लालसा है। तंत्र-मार्ग आपकी अभिरुचि हो सकती है परन्तु यह आपका पथ नहीं हो सकता। पथ स्वयं के बारे में होना चाहिए, जो छिपे हुए का मूक दर्शक है।

टिप्पणियाँ:

१. इसे टॉम कैंपबेल ने अपने थ्योरी ऑफ एवरीथिंग (एमबीटी) में स्पष्ट रूप से इंगित किया है, जहां वह इसे पीएसआई अनिश्चितता सिद्धांत कहते हैं। पीयूपी का मतलब है कि ब्रह्मांड हमेशा यह सुनिश्चित करता है कि भौतिक क्षेत्र में देखे जाने पर पीएसआई घटनाओं के संबंध में काफी बड़ी अनिश्चितता होगी। साई घटनाएँ ऐसी घटनाएँ हैं जिनकी व्याख्या सामान्य भौतिक नियमों द्वारा नहीं की जाती है। वे सामान्य नहीं हैं तथा उन्हें वहां नहीं होना चाहिए, अतः वे असाधारण हैं। इस चीज़ का अध्ययन ज्यादातर परा-मनोविज्ञान के विवादास्पद क्षेत्र के अंतर्गत किया जाता है, जो कम से कम इतना सम्मानित क्षेत्र नहीं है।

२. यह मुझे टॉम कैंपबेल की एक अन्य शिक्षा की याद दिलाता है, तथा मैं इसके लिए बहुत आभारी हूं। यह अनुशंसा करता है कि हम सत्य के बजाय उपयोगिता के मानदंडों के आधार पर सभी अनुभवों का मूल्यांकन करें। जो आपके लिए उपयोगी हो उसे ले लें तथा शेष को छोड़ दें, अर्थात जिनके बारे में आप कुछ भी पुष्टि नहीं कर सकते हैं। क्या उपयोगी है? स्पष्ट है, वह चीज जो आपको आपके पथ पर आगे बढ़ाती है। अगर आपके पास कोई पथ नहीं है तो कोई बात नहीं।

अध्याय १३. "जीवित मृत" समाप्त हुआ।

21

१४. मस्तिष्क प्रति चित्त

जबकि हम शरीर के विषय पर हैं, आइए शरीर के सबसे रुचिपूर्ण तथा रहस्यमय अंग - मस्तिष्क के बारे में कुछ चितरंजक बातों पर चर्चा करें। सदा की तरह, मैं बहुत अधिक निष्कर्ष निकालने का प्रयास नहीं करूंगा तथा लेखों को खुला छोड़ दूंगा, क्योंकि इस रोचक विषय पर बात करना मेरी श्रेणी से परे है। मैं मात्र इतना कर सकता हूं कि यदि आप मुझे मस्तिष्क के बारे में कुछ कथन दें, तो मैं यह पता लगा सकता हूं कि क्या वे मेरे अपने अनुभव एवं थोड़ी तार्किक तथा आलोचनात्मक चिंतन के आधार पर समझ में आते हैं। मैं भी इसके बारे में सिद्धांत बना सकता हूं किन्तु यह पूर्ण सत्य नहीं हो सकता। लेकिन मैं निश्चित रूप से कुछ मान्यताओं को उखाड़ सकता हूं तथा आपको अनिश्चितता के चरण में ले जा सकता हूं - "मुझे नहीं पता" चरण, जहां सभी वास्तविक उत्तर निहित हैं।

विकास

मस्तिष्क क्यों है? क्या यह जीवन के लिए आवश्यक घटक है? ऐसा लगता है कि मस्तिष्क के बिना जीवन असंभव होगा। परन्तु हम अपने आस-पास ऐसे कई जीवन रूप देखते हैं जो मस्तिष्क के बिना भी ठीक-ठाक काम कर रहे हैं। वस्तुतः पृथ्वी पर अधिकांश जीवन बुद्धि-विहीन विविधता वाला है। एक कोशिकीय, बैक्टीरिया एवं इस प्रकार के अन्य, संपूर्ण पौधे जगत तथा यहां तक कि कुछ जानवर (उदाहरण के लिए स्टारफिश और जेलीफ़िश) भी बुद्धिहीन हैं। अतः यदि आप ध्यान देंगे तो आप देखेंगे कि मस्तिष्क युक्त जीवन एक अपवाद है, एक विशेष श्रेणी है। मस्तिष्क के संबंध में प्रकृति अपने बच्चों में शायद ही कोई भेद करती है।

ऐसा प्रतीत होता है कि तंत्रिका तंत्र गति करने की क्षमता के साथ उत्पन्न हुआ। यह गति विशेष कोशिकाओं द्वारा साकार होती है जो विद्युत आवेश का उपयोग करके सिकुड़ती हैं।

यह एकमात्र क्रिया है जो एक पशु शारीरिक रूप से करने में सक्षम है। कुछ कोशिकाओं ने विद्युत आवेश उत्पन्न करने तथा संचालित करने में विशेष भूमिका निभाई। ये न्यूरॉन्स बन गए एवं उनका नेटवर्क एक वितरित प्रणाली बन गया, जिससे समन्वित गति संभव हो गई। बिजली का उपयोग क्यों करें? क्योंकि यह सूचना भेजने का सबसे तेज़ तरीका है एवं मांसपेशियों की कोशिकाओं को चालू करने/ट्रिगर करने का एक तंत्र भी है। ऐसा ही रसायनों के माध्यम से किया जा सकता है, एवं वास्तव में कुछ सीमा तक कुछ कार्यों के लिए किया जा रहा है, परन्तु यह धीमा है, स्पष्ट है, जीवित रहने का कोई बड़ा लाभ नहीं है। हम अभी भी मस्तिष्क नहीं देख पाए हैं।

चीजें वास्तव में रुचिकर होने लगीं जब कुछ कोशिकाओं को बाहरी उत्तेजनाओं, जैसे आसपास के रसायनों अथवा प्रकाश एवं ध्वनियों के प्रति उत्तर में विद्युत स्पंदन/पल्स उत्पन्न करने की क्षमता मिल गई। ये ज्ञानेन्द्रियों में विकसित हुए। प्रारंभ में संवेदी न्यूरॉन्स तंत्रिका नेटवर्क से सीधे जुड़े हुए थे तथा बाहरी उत्तेजनाओं के उत्तर में गति को प्रभावित करते थे। यह अभी भी वर्तमान जीवन रूपों में देखा जाता है। उदाहरण के लिए, कुछ पशुओं में आंखें सीधे मांसपेशियों से जुड़ी होती हैं। तथापि, यह अधिक उपयोगी है यदि न्यूरॉन्स का एक समूह अन्य इंद्रियों से आने वाले आंकड़ों के आधार पर गति में मध्यस्थता कर सकता है। उदाहरण के लिए, भोजन की अनुभूति से उसकी ओर गति होगी, किन्तु यदि शिकारी को किसी अन्य इंद्रिय से भी अनुभूति होती है, तो गति को रोक देना श्रेष्ठ है। अतः कुछ कोशिकाओं ने चालू-होना/बंद-होना स्विच की भूमिका निभानी शुरू कर दी। नियंत्रण न्यूरॉन्स की निरोधात्मक तथा उत्तेजक क्षमताओं के माध्यम से सक्षम किया जाता है। शीघ्र ही विकासवादी यात्रा में ऐसे न्यूरॉन्स का एक बल्ब दिखाई दिया, जो इंद्रियों से आवेग प्राप्त करता था एवं मांसपेशियों की गति के नियंत्रित उत्तेजना की मध्यस्थता करता था। तो हम देखते हैं कि आदिम मस्तिष्क एक नियंत्रण प्रणाली के रूप में विकसित हुआ।

मस्तिष्क के लिए सबसे अच्छी स्थिति कौन सी है? यह फिर गति से तय होता है। यदि आप इसे इंद्रियों से बहुत दूर रखते हैं, तो लाखों न्यूरॉन्स से होकर गुजरने वाली तरंगों को उस तक पहुंचने में कुछ समय लग सकता है। वन में कुछ मिली-सेकंड के विलम्ब का अर्थ जीवन अथवा मृत्यु हो सकता है। दूरी के साथ संकेत/सिग्नल भी कम होते जाते हैं। अतः मस्तिष्क का बल्ब प्रमुख ज्ञानेन्द्रियों के निकट विकसित हुआ। अधिकांश पशुओं के लिए ये गंध, दृश्य तथा ध्वनि हैं, जो संयोग से नहीं, एक दूसरे के बहुत निकट दिखाई देते हैं। तो ऐसा लगता है कि मस्तिष्क मात्र संवेदी संजाल/नेटवर्क का एक भाग है, उन सभी का एक समुच्चय है [1]। क्या यह मांसपेशियों की दृष्टि से नुकसानदेह नहीं होगा? हां, संभवतः, किन्तु मांसपेशियों को बहुत अधिक आंकड़े भेजने/प्राप्त करने की आवश्यकता नहीं है, कुछ स्पन्दें/पल्सेस ही पर्याप्त हैं। तथा संजाल ने मांसपेशियों, रीढ़ की हड्डी के साथ अंतरापृष्ठ/इंटरफेस करने के लिए एक विशेष मोटी रीढ़ बनाई। मेरा अनुमान है कि यह संकेत गति/क्षरण की समस्या का खूबसूरती से समाधान करता है। अतः हम मस्तिष्क को सिर में सर्वोत्तम रूप से स्थित

देखते हैं, जहां प्रमुख इंद्रिय संकेत/आंकड़े उत्पन्न होते है, तथा यह संयोग से नहीं है, कि हम अपने को वहीं स्थित पाते हैं।

विनम्र मस्तिष्क बल्ब को संवर्द्धन तथा पूरक-जोड़/ऐड-ऑन की परतों के बाद परतें मिलती गईं, जिससे इसमें बहुत सारी कार्यक्षमता जुड़ गई [2]। अतः हमें वास्तविक गति (विचार) करने से पहले गति का अनुकरण/ सिमुलेशन, सीखना (स्मृति) एवं संवेदी तथ्य (कल्पना) का अनुकरण/सिमुलेशन जैसी चीजें मिलीं। इसके साथ ही संचलन/मूवमेंट्स भी बहुत परिष्कृत तथा उद्देश्यपूर्ण हो गए एवं मनुष्यों सहित जीवों के सामान्यतः देखे जाने वाले व्यवहार संबंधी कार्यों को ग्रहण करने लगे। उद्देश्यपूर्ण, बुद्धिमान एवं खूबसूरती से निष्पादित कार्य अच्छी तरह से काम करने वाले, अच्छी तरह से विकसित मस्तिष्क का संकेत हैं।

ध्यान दें कि हमें गुण, भावनाएँ, धारणाएँ, चेतना या स्वयं/आत्मन जैसी व्यक्तिनिष्ठ सामग्री के विकास के लिए कोई भी कारण नहीं मिलता है। अतः इस संबंध में क्रम-विकास का सिद्धांत कोई स्पष्टीकरण देने में विफल रहता है। मस्तिष्क निश्चित रूप से प्रकाश, उसकी तीव्रता एवं आवृत्ति आदि के साथ काम कर सकता है, परन्तु उसमें रंग तथा चमक का यह गुण क्यों है? मस्तिष्क क्षतिग्रस्त ऊतकों से संकेतों को संसाधित कर सकता है, परन्तु हमारे पास दर्द का वह कष्टप्रद गुण क्यों है जो इसके साथ जुड़ा हुआ है? यहाँ तमाशा देखने वाला दर्शक क्यों है जिसको चेतना कहा जाता है? तथा और आगे के प्रश्न। भौतिकवादी दृष्टिकोण यहाँ विफल हो जाता है। क्या यह संभव है कि गुण मस्तिष्क को बनाने वाले पदार्थ जितने ही मौलिक हों? या क्या यह संभव है कि किसी तरह व्यक्तिनिष्ठ पक्ष वस्तुनिष्ठ पक्षों के साथ प्रकट होते हैं जैसे गुरुत्वाकर्षण एक द्रव्यमान के साथ प्रकट होता है? दोनों का अविभाज्य होना किसी भी अलगाव के साथ केवल एक विचार है, एक भ्रम है?

मस्तिष्क की भौतिक प्रणाली एक बंद प्रणाली है, इसमें विभिन्न पथ अथवा विशेष व्यवस्थाएं नहीं है जो इस को अभौतिक पक्षों की ओर ले जाती है। यह एक वास्तविक समस्या उत्पन्न करता है - वे अभौतिक गुण मस्तिष्क द्वारा कैसे उत्पन्न होते हैं? रंगों, ध्वनियों एवं दर्द को कुछ उचित तथा कुछ कम बुद्धिमान तर्कों द्वारा "समझाया" जा सकता है, परन्तु चेतना की कोई व्याख्या नहीं मिलती, कक्ष में एक जिद्दी हाथी की तरह, यह मस्तिष्क के बिजली के जाल में विलुप्त होने को अस्वीकार करती है।

मस्तिष्क के पदार्थ का अवलोकन

आजकल हम जानते हैं कि मस्तिष्क की रचना करने वाला पदार्थ कोई विशेष नहीं है। इसमें चित अथवा चेतना को जादुई ढंग से उत्पन्न करने की कोई विशेष डरावनी शक्तियाँ नहीं हैं। यह सब मात्र इलेक्ट्रॉन, प्रोटॉन और न्यूट्रॉन हैं - सामान्य पदार्थ का है। अतः यदि कोई वहां कुछ असामान्य खोजने की कोशिश करता है तो वह खाली हाथ लौट आता है। किन्तु

गहराई में जाने पर हमें वहां एक विचित्र चीज़ दिखाई देती है। हम अपनी आंखों के सामने ठोस पदार्थ को गायब होते देखते हैं तथा हमारे पास "घूमता शून्य", ऊर्जा के अदृश्य भंवर, तथा अन्य नहीं शेष रह जाता है। इसके अतिरिक्त, यदि कोई जागरूक पर्यवेक्षक नहीं है, तो ये शून्य पूर्णतयः शून्य बन जाते हैं, वे क्वांटम अनिश्चितता के कोहरे में विलुप्त हो जाते हैं, बस कुछ संभावना में कम हो जाते हैं कि अगर खोजा जाए तो वहां कुछ हो सकता है। एक औसत पाठक सोचेगा कि मैं इसे बना रहा हूं, लेकिन यह मात्र मानक क्वांटम सिद्धांत है, सौ वर्ष पुराना तथा चुनौती रहित।

तो किसी को आश्चर्य होना चाहिए - जब पदार्थ अस्तित्व में ही नहीं है तो वह चित अथवा चेतना कैसे उत्पन्न कर सकता है? वह ऐसा कैसे कर सकता है जबकि स्पष्टतः वह मात्र एक सचेत पर्यवेक्षक की उपस्थिति में ही अस्तित्व में है? निःसंदेह, वहाँ कुछ तर्क हैं जो क्वांटम यांत्रिकी की यथास्थिति को बनाए रखने के लिए क्वांटम यांत्रिकी को मोड़ने की कोशिश करते हैं, परन्तु मुझे बचकाना लगता है। किसी भी तरह, मैं क्वांटम यांत्रिकी की किसी भी अन्य व्याख्या के लिए तैयार हूं यदि यह चित्त-मस्तिष्क की समस्या का ठोस रूप से समाधान कर सकती है, अब तक मुझे कुछ भी असाधारण नहीं मिला है।

मस्तिष्क की अवस्थाएँ

मस्तिष्क के बारे में एक उल्लेखनीय बात यह है कि यह अवस्थाओं के माध्यम से चक्रीय भ्रमण करता है तथा इन अवस्थाओं में व्यक्ति-निष्ठ प्रतिरूप होते हैं। चित्त एवं मस्तिष्क के संबंधों के विषय में अधिकांश मान्यताएँ इन्हीं अवस्थाओं के अवलोकन से उत्पन्न होती हैं। हमने पाया कि गहरी नींद की तुलना में जाग्रत अवस्था में मस्तिष्क की गतिविधि अलग होती है। गहरी नींद में कोई चित्त नहीं होता, जाग्रत अवस्था के चित्त जैसा कुछ भी नहीं होता, अतः यह निष्कर्ष निकाला जाता है कि चित्त के प्रकट होने के लिए विशिष्ट प्रकार की मस्तिष्क गतिविधि आवश्यक है। एनेस्थीसिया, मादक द्रव्य तथा मृत्यु के समय भी कुछ ऐसा ही देखने को मिलता है।

क्या प्रयोगकर्ता चित्त की अनुपस्थिति देख सकता है? स्पष्ट है नहीं, यह विषय के मौखिक विवरणों से अनुमान लगाया गया है, जो स्पष्ट रूप से किसी भी मानसिक गतिविधियों की उपस्थिति को अस्वीकार करता है। स्वप्न देखने के समय कुछ गतिविधि तो होती है परन्तु हम गहरी नींद पर ही केंद्रित रहेंगे। यहाँ पर चित्त विलुप्त हो जाता है जबकि मस्तिष्क अभी भी धीमी लय में प्रसन्नता से दोलन कर रहा है। विषय चेतना की अनुपस्थिति का भी विवरण देता है। उचित है, ऐसा लगता है कि अब हम मामला बंद कर सकते हैं। परन्तु यहां एक बड़ी समस्या है। चित्त की उपस्थिति अथवा अनुपस्थिति के बारे में पूछे जाने पर विषय उसकी स्मृति पर निर्भर करता है। गहरी निद्रा में स्मृति कार्य नहीं कर रही थी। क्या विषय चित्त अथवा किसी अनुभव के बारे में कुछ भी स्मृति के बिना याद कर

सकता है?

यह इस पर निर्भर करता है कि आप प्रश्न कैसे पूछते हैं। यदि आप पूछें - "जब आप गहरी निद्रा में थे तो क्या कोई मानसिक गतिविधि थी?", तो विषय संभवतः "नहीं" कहेगा। यदि आप पूछें - "क्या आप गहरी निद्रा के समय किसी मानसिक गतिविधि का स्मरण कर सकते हैं?", तो विषय शायद फिर से "नहीं" कहेगा। परन्तु अब वह मानसिक गतिविधि की स्मृति को अस्वीकार कर रहा है, वह स्मृति की अनुपस्थिति का विवरण दे रहा है, चित्त की नहीं। यदि आप गहरी निद्रा के बारे में ही पूछेंगे तो व्यक्ति इस बात को भी अस्वीकार कर देगा कि उसे गहरी निद्रा आई थी, उसे दूसरों ने अवश्य बताया होगा कि वह गहरी निद्रा में था। चूँकि गहरी निद्रा एक अतीत की घटना थी, अतः इसके व्यक्ति-निष्ठ पक्ष के बारे में बात करने का स्मृति का उपयोग करने के अतिरिक्त कोई अन्य विधि नहीं है, तथा दुर्भाग्य से गहरी निद्रा के समय स्मृति स्वयं बंद हो जाती है। संभवतः चित्त वहां नहीं था, परन्तु इसे जानने की कोई निश्चित विधि नहीं है। विशेष रूप से, संभवतः चित्त वहां नहीं था जैसा कि वह जाग्रत अवस्था में दिखाई देता है, गहरी निद्रा के समय उसकी स्थिति अज्ञात होती है।

यदि आप स्वयं/आत्मन से पूछें, तो वह गहरी नींद का कोई अनुभव नहीं बताएगा। गहरी नींद में जाने का समय एवं उससे बाहर आने का समय स्वयं/आत्मन के लिए एक समान है। चित्त को वाह्य विधियों से भौतिक समय का निर्धारण करना चाहिए, क्योंकि समय मापने के लिए कोई मानसिक परिवर्तन नहीं थे। स्वयं/आत्मन वहीं मासूमियत से खड़ा रहता है जैसे कि कुछ हुआ ही नहीं तथा चित्त यह याद करने के लिए संघर्ष करता है कि क्या हुआ था। अन्य लोग इस विषय में बताते हैं कि वह गहरी निद्रा में था। एवं अन्य लोग चित्त तथा चेतना की स्थिति के बारे में जो भी निष्कर्ष निकालते हैं, वही निष्कर्ष निकालते हैं। मुझे लगता है कि यह निष्पक्ष सुनवाई नहीं है।

मन/मस्तिष्क की और भी विचित्र स्थितियाँ हैं जहाँ उत्तर के स्थान पर प्रश्न अधिक सामने आते हैं। हम अभी इस विषय पर चर्चा के लिए नहीं जाएंगे।

करणीय संबंध

इससे पहले कि कारण के प्रश्न का उत्तर देने का प्रयास करें, यह जानना आवश्यक है कि "कारण" शब्द का वास्तव में क्या अर्थ है। हम यहां कार्य-कारण के विचार में प्रवेश करते हैं। यह उचित है, यह मात्र एक अवधारणा, एक मान्यता, एक विचार है, तथा वहां कार्य-कारण जैसी कोई वास्तविक चीज़ नहीं है [3]। इसे खोजें तथा आपको विचारों की परतें एवं परतें ही मिलेंगी, जो सभी चीजों को समझने के प्रयास के रूप में बनाई गई हैं। जब तक मुझे अनुभूति हुई कि कुछ भी अर्थपूर्ण नहीं है, मैंने इस अध्याय का लगभग आधा हिस्सा लिख लिया था एवं फिर कार्य-कारण पर ही प्रश्न उठाया। मुझे शीघ्र ही पता चला कि मैं कार्य-कारण के बारे में कुछ मान्यताओं से विकार-ग्रस्त था, इसके कुछ अध्ययन से यह स्पष्ट हो गया कि किसी

को कार्य-कारण को बहुत गंभीरता से लेने की आवश्यकता नहीं है। गहन विश्लेषण के लिए यह सार्थक नहीं है। उचित है, मैं प्रसन्न था कि मैंने कुछ सीखा, परन्तु मुझे अपना अध्याय हटाना पड़ा, यह एक उत्कृष्ट कृति थी, परन्तु स्पष्टतः एक अर्थहीन अध्याय था।

विभिन्न दर्शन कार्य-कारण को भिन्न-भिन्न प्रकार से परिभाषित करते हैं। कौन सा वैध है? उचित है। कोई नहीं। यह सब इस पर निर्भर करता है कि प्रश्नकर्ता का अभिप्राय किससे है। इस चर्चा के लिए हम भौतिक-वादी परिभाषा लेंगे, क्योंकि व्यक्ति-निष्ठ घटनाओं के कारण के रूप में मस्तिष्क की मान्यता भौतिक-वादी है। जब घटनाओं की एक शृंखला घटित होती है, जैसे कि पिछली घटना अगली घटना के लिए आवश्यक है एवं इसे पूरी तरह से निर्धारित करती है, तो हम कहते हैं कि बाद वाली घटना पहले वाली घटना के कारण हुई थी। तो कारण तथा प्रभाव दो अनुभवों को जोड़ने का एक प्रकार है।

यह वृहत स्थितियों तथा यहां तक कि मानवीय विषयों में भी उचित कार्य करता है। अतः जब हम कहते हैं - किसी नेता की हत्या के कारण युद्ध हुआ, तो हमारा अर्थ है कि हत्या की घटना घटनाओं की एक श्रृंखला को जन्म देती है जिसके परिणामस्वरूप युद्ध की स्थिति उत्पन्न होती है। इसी तरह हम कह सकते हैं कि एक वायरस के कारण रोग हुआ तथा बदले में वह रोग मौत का कारण बना। अतः न मात्र सह-संबंध है परन्तु दृढ़ संकल्प भी है। कारण ही प्रभाव को निर्धारित करता है। इसका एक लौकिक पक्ष भी है। यदि सब कुछ एक ही बार में घटित हो जाए, तो कार्य-कारण का उपयोग करके इसकी व्याख्या करना कठिन होगा।

अब तक तो सब ठीक है। परन्तु ध्यान दें कि युद्ध की ओर ले जाने वाली घटनाओं की श्रृंखला में सभी घटनाएं एक कारण हो सकती हैं, क्योंकि यदि आप घटनाओं में से एक को भी बदलते हैं, तो इसका परिणाम युद्ध नहीं होगा। तो कई कारण हैं, लेकिन कोई भी स्वेच्छया से हत्या को मुख्य कारण के रूप में तय कर सकता है। कोई भी हत्या से लेकर ऐसी घटनाओं तक का पता लगा सकता है जैसे कि हत्यारे ने बंदूक खरीदी, अथवा उसके लिए पैसे चुराए, अथवा नेता के किसी कार्य पर गुस्सा हो गया, अथवा यहां तक कि उसके जीवन में बाल्यावस्था की किसी घटना से एक मान्यता बन गई जिसके परिणामस्वरूप क्रोध आया। आगे तथा आगे की ओर बढ़ता गया। क्या ये सब घटनाएँ भी एक कारण नहीं हैं? हम पाते हैं कि अब कार्य-कारण मूर्खता-पूर्ण लगने लगी है। कोई व्यक्ति मृत्यु का कारण बनने वाले वायरस के विषय में भी इसी तरह तर्क दे सकता है। क्या पीड़िता सार्वजनिक शौचालय का उपयोग कर रही थी? अथवा क्या उस वायरस का पूर्व वाहक उससे पहले उसी शौचालय का उपयोग कर रहा था? तथा इसी तरह।

आइए एक अधिक अच्छा उदाहरण लें - भाप के दबाव के कारण इंजन में पिस्टन गति करता है। पश्चात्, कोई वाल्व चालू करने, पानी गर्म करने, कोयला जलाने, उसका खनन करने तथा न जाने क्या-क्या करने तक कारण श्रृंखला का पता लगा सकता है, परन्तु यह स्पष्ट है कि इस उदाहरण में ऐसा करना हास्यास्पद है। यह एक पदार्थ से दूसरे पदार्थ में गतिज ऊर्जा का स्थानांतरण है। पिस्टन में परमाणु भाप के समान स्थान नहीं घेर सकते

अतःऐसी दिशा में विस्थापित हो जाते हैं जहां अधिक खाली स्थान उपलब्ध होता है। यह संभाव्य तथा क्वांटम यांत्रिकी है, निश्चयात्मक नहीं। तथापि, स्थूल घटना निश्चयात्मक, शास्त्रीय एवं कारणात्मक है। तो हम देखते हैं कि इस घटना में, कार्य-कारण चीज़ों का वर्णन करने का एक मोटा प्रकार मात्र है जब विस्तृत विवरण की आवश्यकता नहीं होती है। किसी भी तरह, हमारे यहां भौतिक निरंतरता है तथा एक साफ-सुथरा अस्थायी प्रभाव भी है, अतः हमें यह सब समझाने के लिए किसी जादू की आवश्यकता नहीं है।

भारी द्रव्यमान गुरुत्वाकर्षण का कारण बनता है। हम अब और अधिक अस्पष्टता की ओर जा रहे हैं। इसका तंत्र क्या है? क्या यह अंतरिक्ष में किसी चीज़ का स्थानांतरण है? या यह कुछ संभाव्य है? मेरी राय में, यह कहने का कोई अर्थ नहीं है कि द्रव्यमान गुरुत्वाकर्षण का कारण है। उसी प्रकार चुम्बक चुम्बकीय क्षेत्र का कारण नहीं है। प्रभाव क्षेत्र तथा द्रव्यमान एक साथ दिखाई देते हैं, कोई सामयिक अनुक्रम नहीं है, तथा कोई तंत्र नहीं है। इसी प्रकार यह कहने का कोई अर्थ नहीं है कि गुरुत्वाकर्षण दो द्रव्यमानों के बीच आकर्षण का कारण बनता है। हम मात्र गति देखते हैं, वस्तुएं एक-दूसरे की ओर बढ़ती हैं, गुरुत्वाकर्षण का अनुमान लगाया जाता है, यह एक मानसिक संरचना, एक विचार, द्रव्यमानों तथा उनके व्यवहार के बारे में बात करने की एक विधि है। जैसे-तैसे, हम भौतिक क्षेत्र में हैं, भले ही हम किसी चीज़ का वर्णन करने के लिए जादुई इकाइयों का आविष्कार कर रहे हों।

मस्तिष्क की गतिविधि मन, गुण तथा चेतना का कारण बनती है। हम यहां एक कठिन परिस्थिति में हैं। कोई परिभाषित तंत्र नहीं है, गुरुत्वाकर्षण, अथवा किसी अन्य बल अथवा तंत्र के समान कोई जादुई मध्यस्थ चीज़ नहीं है। यह सामयिक नहीं है, क्योंकि जब हम भौतिक विद्युत रूप से व्यक्तिनिष्ठ अनुभवों की ओर बढ़ते हैं तो हमें समय को परिभाषित करने के लिए संघर्ष करना पड़ता है। समय टूट जाता है। यह संभाव्य भी नहीं है, तंत्रिका उत्तेजना के सामूहिक गुण विराट स्थूल गुण की ओर नहीं ले जाते हैं। यह निश्चित रूप से अभौतिक संपत्ति की ओर नहीं ले जाता है। तंत्रिका फायरिंग की घटनाओं की भौतिक श्रृंखला स्वयमेव बंद हो जाती है। तंत्रिका फायरिंग से और अधिक तंत्रिका फायरिंग उत्पन्न होती है, कुछ अन्य उत्पन्न करने की कोई विधि नहीं है।

विद्युत चुम्बकीय क्षेत्र के बारे में क्या? क्षेत्र एक गणितीय अवधारणा है, कोई वास्तविक चीज़ नहीं तथा निश्चित रूप से कोई अभौतिक चीज़ नहीं है। लोग इसे समझाने के लिए क्वांटम घटना का सहारा लेने जैसी चरम सीमा तक चले जाते हैं। लेकिन क्वाण्टम यांत्रिकी/ (क्यू-एम) पूरी तरह से भौतिक क्षेत्र में निहित है। चेतना की निर्मिति अथवा किसी अन्य व्यक्ति-निष्ठ पदार्थ का सुझाव देने के लिए वहां कुछ भी नहीं है। चूँकि क्यू-एम कुछ लोगों के लिए रहस्यमय है, यह कहने जैसा है कि एक रहस्य दूसरे रहस्य को जादुई विधि से समझाता है।

एक लोकप्रिय सिद्धांत जो मस्तिष्क-चित्त के विषय को समझाने का प्रयास करता है वह है एपिफेनोमेनलिज्म [4]। इसका मूल रूप से अर्थ यह है कि न्यूरॉन्स का सामूहिक

व्यवहार चित्त की एक विशेष घटना को जन्म देता है। तो यह विशेष घटना क्या है? माया के अतिरिक्त कुछ नहीं, एक मान्यता। वास्तविक कारणों के लिए शब्दों को प्रतिस्थापित करने से कोई लाभ नहीं होता है। मैं यहां इसके विवरण में नहीं जाऊंगा, यदि आप अधिक जानना चाहते हैं तो कृपया खोजें।

एक विरोधाभास

चित्त को मस्तिष्क की "आकस्मिक" संपत्ति कहना पहले से ही असंतोषजनक है। कोई भी इसे सत्य मानने तथा जीवन जारी रखने के लिए प्रलोभित होगा, घटनाएं घटित होती हैं। परन्तु हम कुछ विचित्र देखते हैं, मस्तिष्क हमारे चित्त में एक वस्तु के रूप में दिखाई देता है। चित्त को मस्तिष्क में घटित होते हुए देखने की कोई विधि नहीं है, परन्तु चित्त के माध्यम से मस्तिष्क का अनुभव करना बहुत सरल है, यह एक अवधारणा के रूप में प्रकट होता है।

तो हम एक विचित्र स्थिति का सामना करते हैं जहां मस्तिष्क एक चित्त उत्पन्न कर रहा है जो बदले में चित्त एक मस्तिष्क तथा उसकी सभी गतिविधियों को उत्पन्न कर रहा है जैसा कि उपकरणों पर देखा जाता है। यंत्र स्वयं चित्त में वस्तुओं के रूप में प्रकट होते हैं। यहाँ क्या उत्पन्न हो रहा है? यह कहना कितना विश्वसनीय है कि मैं एक मस्तिष्क एवं उसकी धड़कनों का प्रतिरूप मेरे चित्त में ही चित्त उत्पन्न होते हुए देखता हूं? कोई कह सकता है कि अन्य लोग मस्तिष्क एवं उसकी गतिविधि को देख सकते हैं, अतः यह अधिक वास्तविक तथा विश्वसनीय है। निश्चित रूप से यह है, परन्तु जहां तक मस्तिष्क का प्रश्न है, अन्य लोग उस चित्त को नहीं देख सकते हैं जो वह कथित रूप से उत्पन्न कर रहा है। दूसरों के पास उस विषय के चित्त का अनुभव करने की कोई विधि नहीं है जिस पर वे प्रयोग कर रहे हैं। जैसा कि मैंने कहा, दूसरों को मात्र ये अनुभव होता है कि स्पंदन और अधिक स्पंदन उत्पन्न कर रहे हैं, मस्तिष्क स्वयमेव बंद हो जाता है। दूसरों को एक दिलचस्प बात पता चलती है - विषय के संकेतों तथा मौखिक रिपोर्टों के बीच कुछ संबंध है।

पदार्थ पर चित्त

हम ऐसा कुछ भी नहीं देखते हैं जो मस्तिष्क से चित्त की दिशा में बातचीत में मध्यस्थता कर सके, परन्तु हम कुछ विचित्र देखते हैं। अभौतिक प्रक्रियाएं शारीरिक गति, वाणी आदि का कारण बन सकती हैं। यदि मैं आपसे अपना दाहिना हाथ उठाने के लिए कहता हूं, तो आप एक संकल्प लेना, चिंतन, निर्णय लेने की सामान्य मानसिक गतिविधि से निकलते हुए कि कौन सा हाथ उचित है तथा तत्पश्चात अधिकतर स्वचालित रूप से भौतिक ब्रह्मांड में इस क्रिया को निष्पादित करते हैं। यह स्पष्टतः वस्तुनिष्ठ है तथा इसे अन्य लोग भी देख सकते हैं।

कोई ऐसी चीज़ जो अभौतिक है, अथवा मात्र आकस्मिक है, अथवा अवास्तविक है, वास्तविक भौतिक क्रिया का कारण कैसे बन सकती है? इसकी मध्यस्थता कहाँ तथा कैसे की जाती है? इसे पूरा करने के लिए चित्त एवं मस्तिष्क के बीच किस ऊर्जा अथवा बल अथवा कणों का आदान-प्रदान होता है? निःसंदेह इसका कोई उत्तर नहीं है तथा किसी भी उत्तर की

अपेक्षा न करें, सिवाय इस खंडन के कि चित्त का अस्तित्व ही नहीं है। एक मशीन के लिए पूर्णतयः समान क्रिया करना निश्चित रूप से संभव है, तथा कोई यह अनुमान लगा सकता है कि उसे क्रिया के मानसिक संस्करण का अनुभव नहीं होगा, परन्तु तब यह एक विशुद्ध रूप से कारण घटना होगी, जिसमें चित्त तथा चेतना की दर्शक के रूप में कोई आवश्यकता नहीं होगी। इसमें समानता तभी मान्य है जब आप अभौतिक भाग को पूरी तरह से उपेक्षा कर दें।

हमने देखा है कि क्रियाएं भी घटित होती हैं, संकल्प भी घटित होते हैं। आत्मन उनका मात्र साक्षी है, उनका कारण नहीं बनता। हाथ उठाना भी एक घटना है, परन्तु क्रिया अभौतिक क्षेत्र में प्रारम्भ होती है तथा तत्पश्चात वो भौतिक तक पहुंच जाती है। यह मेरा तथा संभवतः आपमें से कई लोगों का अनुभव है। इस प्रतीत होने वाली मायावी परन्तु सरल घटना की व्याख्या कैसे करें? मात्र एक ही तार्किक विधि है - यह तभी संभव है जब चित्त तथा मस्तिष्क दोनों अभौतिक हों, भौतिक तथा अभौतिक के बीच किसी अंतराफलक(इंटरफ़ेस) की कल्पना करने की कोई आवश्यकता नहीं है।

एक सिक्के के दो पहलू

संकेत तथा विचार प्रक्रिया के बीच घनिष्ठ संबंध का क्या कारण हो सकता है? हमें सबसे पहले उस बात का सारांश प्रस्तुत करना चाहिए जिसका उत्तर नहीं हो सकता। हम पहले ही देख चुके हैं कि यहाँ कार्य-कारण का कोई अर्थ नहीं है। भौतिक स्पंदनों तथा अभौतिक विचार प्रक्रिया के सेतु के लिए किसी प्रकार की ऊर्जा प्रवाह का एक स्पष्ट पथ होना चाहिए, जो भौतिक रूप से उपस्थित नहीं है अतः यहाँ कार्य-कारण संभव नहीं है। हमने देखा है कि विकासवादी शक्तियों के पास व्यक्ति-निष्ठ घटनाओं को जन्म देने का कोई स्पष्ट कारण नहीं है, विकास उपयुक्ततम तथा अनुकूलन के बारे में है, न कि व्यक्ति-निष्ठ अनुभवों की उत्पत्ति के बारे में। हमने देखा है कि मस्तिष्क को एक अवधारणा के रूप में देखना बहुत आसान है, परन्तु चित्त को एक भौतिक इकाई के रूप में देखना असंभव है। चित्त को प्रत्यक्ष एवं स्पष्ट रूप से अनुभव किया जाता है, जबकि मस्तिष्क को अप्रत्यक्ष रूप से एक इंद्रिय वस्तु के रूप में अनुभव किया जाता है तथा मस्तिष्क की गतिविधि को मात्र उपकरणों के माध्यम से अनुभव किया जाता है। तो कल्पित कारण प्रत्यक्ष अनुभव से सबसे दूर है एवं सबसे अवास्तविक है, जबकि यदि आप भौतिकवादी मार्ग पर चलते हैं तो सबसे प्रत्यक्ष अनुभव को सबसे अवास्तविक माना जाता है। यह ऐसा है मानो आस्तिक को अपनी मान्यता को सत्य के रूप में देखने के लिए उल्टा खड़ा होना पड़ता है। ठीक है, हम यहां आस्तिक को दोष नहीं दे सकते, यह एक जटिल समस्या है। तो फिर उत्तर क्या है?

मेरे पास कोई उत्तर नहीं है, मात्र एक अन्य परिकल्पना है, जो मेरे लिए अत्यंत अर्थपूर्ण है। एक संभावना मस्तिष्क एवं चित्त की पहचान की है। यह संभव है कि वस्तुनिष्ठ दृष्टि से देखने पर मस्तिष्क के कुछ हिस्से मस्तिष्क जैसे प्रतीत होते हों। शरीर की तरह ही मस्तिष्क भी अभौतिक है। भौतिकता इंद्रियों की वस्तुनिष्ठ प्रकृति द्वारा निर्मित एक भ्रम है। इंद्रियों

के माध्यम से आने वाली किसी भी धारणा को भौतिक तथा असंवेदी धारणा (जैसे विचार) को अभौतिक के रूप में देखा जाता है। जब चित्त के एक भाग का अनुभव, जो विचार-प्रक्रिया के लिए उतरदायी है, इंद्रियों के माध्यम से आता है तो हम इसे मस्तिष्क के रूप में देखते हैं।

ऐसा लगता है कि मस्तिष्क चित्त की एक छोटी संरचना है जो शरीर के साथ संपर्क के लिए उतरदायी है। इंद्रियाँ सब कुछ प्रस्तुत नहीं करतीं, वे एक दृश्य प्रस्तुत करती हैं जो वे प्रस्तुत करने में सक्षम हैं। मस्तिष्क न्यूरॉन्स से बनी एक संरचना के रूप में प्रकट होता है। उपकरण, जो इंद्रियों के विस्तार के अतिरिक्त अन्य कुछ नहीं हैं, कुछ अधिक भी प्रस्तुत कर सकते हैं, जैसे कि न्यूरॉन्स की विद्युत गतिविधि। मस्तिष्क की विद्युत-रासायनिक गतिविधि, जो चित्त में घटित होती रहती है, शरीर की क्रियाओं को उत्पन्न करने के लिए उतरदायी होती है।

ऐसा प्रतीत होता है कि इंद्रिय-बोध मस्तिष्क, चित्त की छिपी हुई संरचनाओं के साथ एक निरंतरता बनाता है। चित्त को इंद्रियों के माध्यम से नहीं देखा जा सकता है, परन्तु इसे विचारों, स्मृतियों तथा छवियों आदि की मानसिक वस्तुओं के रूप में आसानी से देखा जा सकता है। इन प्रक्रियाओं का कुछ हिस्सा मस्तिष्क की गतिविधि के रूप में प्रकट होता है, विशेष रूप से मस्तिष्क का भाग जो शरीर के साथ संपर्क स्थापित करता है। अभौतिक भागों को भौतिक विद्युत स्पन्दों के रूप में क्यों दिखना चाहिए? विद्युत तरंगें भी अभौतिक हैं। ध्यान दें कि अब हम पूरे मस्तिष्क तथा शरीर को मानसिक संरचनाओं के रूप में ले रहे हैं। शारीरिक जैसी कोई चीज़ नहीं है तथा यह मेरा अपना अनुभव है (संभवतः आपका भी)। हम अगले अध्याय में देखेंगे कि कोई भौतिक जगत, कोई भौतिक वस्तु आदि क्यों नहीं है। एक बार जब हम भौतिक मस्तिष्क तथा अभौतिक चित्त के बीच की सीमा को समाप्त कर देते हैं, तो हम मन-मस्तिष्क की दुविधा का समाधान कर लेते हैं।

चेतना के बारे में क्या? यदि मस्तिष्क अन्य कुछ नहीं परन्तु चित्त ही है तो हमें इस प्रश्न के बारे में चिंता करने की आवश्यकता नहीं है। चित्त चैतन्य में घटित होता है, अर्थात अद्वैत शब्दावली में स्व/स्वयं/आत्मन। आत्मन अन्य कुछ नहीं परन्तु अस्तित्व है, वही सब कुछ है। तो मस्तिष्क अस्तित्व की विशालता में एक छोटी, क्षण-भंगुर घटना है। मस्तिष्क के भौतिक होने की मान्यता स्पष्ट रूप से समस्याओं, दुर्जेय समस्याओं को जन्म देती है। इस मान्यता से मुक्ति पाने से सभी समस्याओं का तुरंत समाधान हो जाता है [5]। चित्त तथा मस्तिष्क का द्वंद्व कृत्रिम है, एक ऐसी मान्यता जो प्रत्यक्ष अनुभव पर आधारित नहीं है। जब आप चित्त को समग्र रूप से देखते हैं, तो भ्रम विलुप्त हो जाता है। मस्तिष्क की प्रक्रियाएँ अब मात्र चित्त की प्रक्रियाएँ हैं, आंशिक रूप से अथवा कई स्थितियों में पूर्णतयः। मस्तिष्क मात्र एक मानसिक संरचना है, अनिवार्य रूप से चित्त की निरंतर संरचनाओं का एक वस्तुकरण है, जो विशुद्ध रूप से व्यक्तिनिष्ठ से लेकर जड़ पदार्थ तक होता है। हम और गहराई उतरेंगे तथा अगले कुछ अध्यायों में भौतिक जगत पर दृष्टि डालेंगे।

टिप्पणियाँ:

१. और प्राचीन ज्ञानियों ने मस्तिष्क को मात्र एक इन्द्रियों के स्वामी के रूप में वर्गीकृत किया है (*गीता 15.7*).

यह विकासवादी प्रणालियों की विशेषता है कि पुराने का कभी भी त्याग नहीं किया जाता। हम देखते हैं कि वे सभी आदिकालीन संरचनाएँ अभी भी श्रेष्ठतर अथवा निकृष्ट स्थिति में कार्य कर रही हैं। यहां तक कि संकेत भेजने के लिए रासायनिक साधन भी बनाए रखा जाता है, तथा कुछ स्थितियों में, रसायन मस्तिष्क की गतिविधि को नियंत्रित करते हैं, जिसमें मनोदशा जैसे व्यक्तिनिष्ठ पक्ष भी सम्मिलित होते हैं। वहां समस्त विद्युत नहीं है, रसायन भी है ।

२. https://en.wikipedia.org/wiki/Causality

३. https://en.wikipedia.org/wiki/Epiphenomenalism

४. कोई भी यह पूछने के लिए प्रलोभित होगा कि यह सभी समस्याओं का समाधान कैसे करता है। उदाहरण के लिए क्वालिया की समस्या के बारे में क्या? सम्भवतः मैं इसे किसी अन्य दिवस पर लिख सकता हूँ; औसत बौद्धिक क्षमता वाले व्यक्ति के लिए यह अध्याय पहले से ही बहुत लंबा है। यदि आप बैठते हैं तथा इसके बारे में प्रश्न पूछते हैं, तथा क्रूरतः निष्ठायुक्त रहते हैं, तो आप पाएंगे कि या तो यह चीजें अज्ञेय हैं, अथवा आसानी से व्याख्या करने के योग्य हैं अथवा समस्याएं स्वयं कृत्रिम समस्याएं हैं जो मान्यताओं के कारण उत्पन्न होती हैं।

अध्याय १४. "मस्तिष्क प्रति चित्त" समाप्त हुआ।

22

१५. "जगत का अनुभव"

अब तक की कहानी ये है - स्वयं/आत्मन के रूप में कार्य करने वाले अस्तित्व में एक सार्वभौमिक/विश्व चित होता है जिसमें व्यक्तिगत चित के उदाहरण होते हैं जो मस्तिष्क नामक संरचनाओं के माध्यम से शरीर नामक वाहनों से जुड़े होते हैं। शरीर स्वयं को अन्य संरचनाओं के बीच पाते हैं जो व्यक्तिगत चित से कम जुड़े होते हैं। ये शरीर अथवा मस्तिष्क की तुलना में बहुत कम जटिल हैं तथा कलन-विधि (एल्गोरिथम) नियम समुच्चय द्वारा नियंत्रित होते हैं। जब इंद्रियों के माध्यम से व्याख्या की जाती है तो ये आकाश में स्थानीयकृत विभिन्न आकार, माप, बनावट, गंध आदि में प्रकट होते हैं। हम उन्हें वस्तु/ वस्तुएं बुलाएंगे तथा आकाश स्थित इन समस्त वस्तुओं का संग्रह ही जगत/विश्व [1] कहलाता है।

वस्तुओं का अनुभव होता है तथा जगत का भी। तथा बाकी सभी चीज़ों की तरह ये भी अनुभवक्रिया के अधीन हैं - अस्तित्व का परिवर्तनशील गुण। अनुभवक्रिया का परिणाम एक गतिशील जगत है जो अनित्य है। इस जगत में सब कुछ बदलता है, प्रकट होता है तथा विलुप्त हो जाता है। कुछ वस्तुएँ अन्यों की तुलना में तेजी से बदलती हैं तथा कुछ धीरे-धीरे बदलती हैं। कुछ जटिल हैं तथा कुछ सरल हैं। परन्तु सभी वस्तुएं मूलभूत संरचनाओं से निर्मित रूप मात्र हैं, जो बहुत सरल हैं एवं उनमें अधिक परिवर्तन नहीं होता है। हम मात्र रूप देखते हैं तथा उन पर नाम अंकित करते हैं। यह चित में नाम एवं रूपों के जगत का परिचित प्रतिनिधित्व बनाता है।

जगत स्वयं के पर्दे पर प्रकट होता है। परिवर्तन अनुभवों के रूप में प्रकट होता है। चित वस्तुओं के अनुभवों एवं उनकी अंतःक्रियाओं में परिवर्तन को बड़े सुन्दर तरीके से व्यवस्थित करता है। जहां तक जगत के प्रत्यक्ष अनुभव का संबंध है, बस यही सब कुछ है। यह अस्तित्व में है तथा आत्मन इसका साक्षी है, और यही पूरी कहानी है। यह एक खेल है, नाटक है, इससे अधिक कुछ नहीं।

जगत के बारे में अधिक जानना अथवा अधिक कहना आवश्यक नहीं है। यह एक नाटक(शो) की तरह है तथा आपके पास निःशुल्क टिकट है। नाटक का आनंद लो। साधक को इस जगत के बारे में कुछ भी करने की आवश्यकता नहीं है, इसमें लिप्त होने अथवा अपनी रूचि/अरुचि के अनुसार इसे परिवर्तित करने, इसे ठीक करने अथवा इसमें सुधार करने की कोई आवश्यकता नहीं है। परन्तु यदि ये कार्य घटित होते हैं, तो ये आपके कार्य नहीं हैं तथा ये पूर्ण हैं। नाटक का मात्र एक भाग, जो जैसा है वैसा ही परिपूर्ण है। तथापि, नए साधकों को सावधान रहने की आवश्यकता है एवं इस जगत को गंभीरता से तथा व्यक्तिगत रूप से लेने से बचना चाहिए। यह सोचकर कि जगत ही सब कुछ है, इसमें खो जाना अथवा इसमें सम्मिलित हो जाना आसान है। इस अध्याय का शेष भाग जगत में क्रमरहित पदार्थ पर मात्र टिप्पणी है। कुछ लोगों को यह मनोरंजक लगेगा तथा कुछ के लिए यह मात्र अरुचिपूर्ण सूक्ष्म विश्लेषण है। किसी भी तरह, यह इस संकल्प से लिखा गया है कि पाठक जगत के बारे में अपनी मान्यताओं, यदि कोई हो, पर प्रश्न उठाना प्रारम्भ कर देगा।

सांसारिक बातें/ वस्तुएं

चित्त एक असाधारण चीज़ है, यह तुरंत उस जगत की विशेषताओं को देखना प्रारम्भ कर देता है जिसे यह मात्र परिवर्तन से बनाता है। पहली बात जिस पर कोई ध्यान देता है वह यह है कि इंद्रियों से आने वाले अनुभव, अर्थात इंद्रिय धारणाएं अधिक सुव्यवस्थित होती हैं एवं असंवेदी धारणाओं की तुलना में अधिक कठोर नियमों का पालन करती हैं। चित्त उन्हें वस्तुनिष्ठ तथा व्यक्तिनिष्ठ में वर्गीकृत करता है। वर्गीकरण चित्त का कार्य है तथा यह अनुभवों के संगठन का एक और स्तर है। ध्यान दें कि अनुभव व्यक्तिनिष्ठ या वस्तुनिष्ठ नहीं बनते, बल्कि उन्हें केवल टैग किया जाता है। अतः कोई व्यक्तिनिष्ठ अथवा वस्तुनिष्ठ चीजें नहीं हैं, ये सिर्फ लेबल हैं। चीजें हैं। उनके लिए, हम तटस्थ शब्द इकाइयों का प्रयोग कर सकते हैं, जिसका अर्थ वह सामान होना चाहिए जो अभी तक चित्त द्वारा वर्गीकृत नहीं किया गया है तथा अभी तक मानसिक विश्लेषण की प्रक्रिया से नहीं निकला है।

एक और महत्वपूर्ण बात जो चित्त को पता चलती है वह यह है कि वस्तुओं में हेरफेर करना संभव है तथा यह शरीर की विशेष वस्तु के माध्यम से किया जा सकता है। अतः यह चीजों को फिर से वर्गीकृत करता है तथा जो कुछ भी शरीर के बाहर है वह अन्य चीजें बन जाता है एवं शरीर पहचान अथवा व्यक्तित्व का भाग बन जाता है। मैं तथा मैं नहीं का जन्म होता है। पुनः ध्यान दें कि भेद चित्त द्वारा निर्मित होता है, शरीर तथा अन्य वस्तुओं के बीच कोई वास्तविक अंतर नहीं है, ये सभी मात्र मानसिक संरचनाएं हैं। चित्त अपनी "फूट डालो तथा समझो" प्रक्रिया चालू रखता है, यही उसका प्राथमिक व्यवसाय है। इस प्रकार यह ज्ञान की आंतरिक संरचनाओं का निर्माण करता है। हम पहले ही चित्त तथा ज्ञान के बारे में प्रायः हर विषय बिंदु पर चर्चा कर चुके हैं, अतः मैं सीधे मुख्य बिंदु पर आता हूं, जो कि यह जगत

है।

पदार्थ

चित्त शीघ्र ही वस्तुओं को विभिन्न तरीकों से वर्गीकृत करता है - घनत्व की विभिन्न श्रेणियां, खाद्य, अखाद्य, जैविक, अकार्बनिक, उपयोगी, बेकार, दुर्लभ अथवा मूल्यवान इत्यादि। हम यह भी देखते हैं कि वस्तुएँ किसी सामग्री से बनी प्रतीत होती हैं, क्योंकि वे सरल पदार्थों में टूट जाती हैं। अति शीघ्र हमें अपनी इंद्रियों की सीमाओं का सामना करना पड़ता है तथा हमें वस्तुओं की संवेदी धारणा को बढ़ाने के लिए उपकरणों का उपयोग करना पड़ता है। इस प्रकार हमारा सामना क्रिस्टलों, अणुओं, परमाणुओं और कणों से होता है। कणों से बनी कोई भी इकाई को **पदार्थ** नाम से वर्गीकृत किया गया है।

तो पदार्थ एक अवधारणा, एक विचार, एक श्रेणी है, तथा एक विचार, एक मान्यता के अतिरिक्त इसका अस्तित्व नहीं है। ध्यान दें कि परमाणु अथवा कण भी अवधारणाएँ हैं। हम इन अवधारणाओं को उन इकाइयों का वर्णन करने के लिए बनाते हैं जिनका सामना हम तब करते हैं जब हम वस्तुओं से गहराई से खुदाई/विश्लेषण करते हैं। जैसे ही हम इंद्रियों के क्षेत्र को छोड़ देते हैं, सामान्य वस्तुओं का अस्तित्व समाप्त हो जाता है तथा हम मात्र उपकरणों से निकलने वाले आंकड़े/तथ्य देखते हैं। हम आंकड़ों से संबंध बनाते हैं तथा गणितीय प्रतिरूप तैयार करते हैं। ये कण मात्र गणितीय प्रतिरूप हैं।

पदार्थ की जांच भौतिक-विज्ञान का विषय है। भौतिकी उन सभी विज्ञानों का एकीकरण है जो पदार्थ से संबंधित हैं, जैसे रसायन विज्ञान, जीव विज्ञान, खगोल विज्ञान, तंत्रिका विज्ञान इत्यादि। अतः हम भौतिकी तक ही सीमित रहेंगे एवं इसकी विशेषज्ञता में बहुत अधिक जोखिम नहीं उठाएंगे। भौतिकी में जांच का सामान्य प्रारूप है - वस्तुएं किससे बनी हैं तथा उनके बीच क्या संबंध हैं। यदि निर्माण करने वाले खंड(ब्लॉक) पाए जाते हैं तो जांच दोहराई जाती है एवं नई अवधारणाएं तथा संबंध प्रस्तावित किए जाते हैं। यह तब तक जारी रहता है जब तक कि कोई अन्य निर्माण करने वाले खंड न मिल जाए तथा संबंध सभी भौतिक घटनाओं का संतोषजनक ढंग से वर्णन न कर दें। ध्यान दें, जैसा कि हमने पहले चर्चा की है, भौतिकी सत्य से नहीं, केवल सिद्धांतों से संबंधित है। एक बार अभिधारणाएं दिए जाने के बाद तार्किक सत्य तक पहुंचने के लिए यह तर्क एवं गणित का उपयोग करता है। यही बात इसे इतना शक्तिशाली तथा उपयोगी बनाती है, परन्तु ज्ञान की दृष्टि से यह सब एक कल्पना है।

हम जांच कहां से प्रारम्भ करें? स्पष्टतः प्रतिदिन की वस्तुओं से। यदि आप नीचे जाते हैं तो आपको क्रिस्टल, अणु, परमाणु आदि मिलेंगे तथा यदि आप पैमाने पर ऊपर जाते हैं तो आपको ग्रह, सूर्य, आकाशगंगाएँ आदि मिलेंगे। पदार्थ बहुत बड़ा है तथा पैमाने का विस्तार मस्तिष्क चकरा देने वाला है। सौभाग्य से, सभी पदार्थों को नियंत्रित करने वाले नियम सरल

एवं सार्वभौमिक हैं तथा सभी पदार्थों को कुछ निर्माण करने वाले खंडों तक सीमित किया जा सकता है। यह भौतिकी की सफलता की कहानी है अतः यह सभी विज्ञानों का राजा है। विचित्र बात है, जब एक भौतिक विज्ञानी घोषणा करता है कि वह सबसे निचले निर्माण करने वाले खंडों तक पहुंच गया है, तो उसके नीचे खंडों की एक और परत पड़ी हुई पाई जाती है। इसी प्रकार, जब कोई खगोलशास्त्री किसी विशाल संरचना, जैसे कि आकाशगंगा, को ऊपरी सीमा घोषित करता है, तो एक अन्य भव्य विशाल संरचना मिलती है जिसमें नवीनतम अति विशाल-संरचना होती है क्योंकि यह छोटा हिस्सा होता है। अब तक यही चलन रहा है।

आम तौर पर जैसे-जैसे आप मापन स्तर पर ऊपर जाते हैं, संरचनाएं खाली स्थान की विशालता में घूम रहे चट्टानों तथा गैसों के उदासीन समूह मात्र होती हैं, परन्तु जब आप मापन स्तर से नीचे जाते हैं तो कुछ आश्चर्यजनक मिलता है। सबसे पहले, पदार्थ कम ठोस तथा अधिक धुँधला, एवं और धुंधला हो जाता है, कम नियतात्मक तथा अधिक संभाव्य हो जाता है। दूसरे, ऐसे सभी कण अपनी प्रजाति में एक-दूसरे के सटीक क्लोन हैं। प्रतिदिन की वस्तुएं, यदि आप बारीकी से देखें, तो एक-दूसरे से मिलती-जुलती नहीं हैं, मतभेद हमेशा होते हैं, चाहे वे कितने भी छोटे क्यों न हों। इसी प्रकार, ग्रह तथा सूर्य जैसी बड़ी वस्तुएं सभी अद्वितीय हैं, इस ब्रह्मांड में कोई भी दो समान स्थूल वस्तुएं नहीं हैं। परन्तु सूक्ष्म स्तर पर, कण एक-दूसरे की सटीक प्रतियां हैं, वास्तव में यह कहना अधिक सही है कि वे एक ही वस्तु के उदाहरण हैं। उदाहरण के लिए, इस ब्रह्मांड में सभी असंख्य इलेक्ट्रॉन पूर्णतयः एक जैसे हैं।

तीसरा, कण वस्तुनिष्ठता के सभी लक्षण खो देते हैं तथा संभावनाओं में बदल जाते हैं। मोटे तौर पर, इसका अर्थ है कि वे वास्तव में वहां नहीं हैं जब तक कि कोई उन्हें मापने/पहचानने का कष्ट न उठाए। चौथा, उनकी सभी विशेषताओं को मापना असंभव हो जाता है क्योंकि माप में अनिश्चितताएँ आ जाती हैं। मापी गई इकाई तथा मापक यंत्र के बीच का अंतर मिटने लगता है।

अंतिम परन्तु महत्वपूर्ण बात यह है कि जब आप उन्हें और अधिक तोड़ने की कोशिश करते हैं, तो वे शून्य में विलुप्त हो जाते हैं, तथा अपने पीछे बड़ी मात्रा में ऊर्जा के अतिरिक्त कुछ नहीं छोड़ते हैं। इसका विपरीत भी देखा गया है, जब बड़ी मात्रा में ऊर्जा उपस्थित होती है, तो कण शून्य से प्रकट होते हैं।

ऊर्जा

यहां हमारा सामना एक नए जीव से होता है, ये है भौतिक ऊर्जा। यह शब्द भौतिकी में सटीक रूप से परिभाषित है, तथा इस अध्याय के प्रयोजन के लिए हम इसे **परिवर्तन** के परिमाणीकरण के रूप में परिभाषित करेंगे। परिवर्तन अनुभवों से निकाला गया एक विचार है। चित्त दो अनुभवों को अलग करने में सक्षम है (स्पष्टतः) एवं इस भिन्नता को परिवर्तन

के रूप में देखा जाता है। कोई कह सकता है कि केवल अनुभव हैं, कोई परिवर्तन नहीं। परन्तु फिर कोई यह भी कह सकता है कि यदि परिवर्तन नहीं होगा तो कोई अनुभव भी नहीं हो सकता। अतः मैं परिवर्तन को एक मौलिक घटना के रूप में देखता हूँ, भले ही इसकी व्याख्या चित्त के माध्यम से की जाए, यह किसी अज्ञात रूप में उपस्थित है। यह वास्तव में क्या है यह सीधे तौर पर नहीं जाना जा सकता, हम मात्र इसके अनुभव को जानते हैं, जिसे मैंने इस अध्याय के संस्थापक पूर्व अध्यायों में अनुभव कहा है।

अधिक परिवर्तन का अर्थ है अधिक ऊर्जा। ऊर्जा को क्रमरहित इकाइयों में मापा जा सकता है अतः अनुभव किए गए परिवर्तन की मात्रा के आधार पर दो अनुभवों की तुलना करना संभव है। ऊर्जा की अवधारणा भौतिक जगत पर अच्छी तरह लागू होती है तथा बहुत उपयोगी है, लेकिन याद रखें कि यह मात्र एक अवधारणा है, ऊर्जा नाम की कोई इकाई नहीं है। बाहर जो है वह परिवर्तन है जो स्वयं/आत्मन के पटल पर अनुभवक्रिया के रूप में प्रकट होता है। अतः परिवर्तन मौलिक है, अविभाज्य है, और छोटा नहीं किया जा सकता। ऊर्जा, परिवर्तन के बारे में बात करने की एक शैली है।

ऊर्जा का सबसे सामान्य रूप गति है। इसे स्थानिक परिवर्तन के रूप में देखा जाता है। चूँकि गति को समझा एवं अनुभव किया जाता है, चित्त इसे व्यवस्थित कर सकता है। गति का बोध कराने के लिए चित्त दो संरचनाओं अथवा मानसिक इकाइयों आकाशएवं समय का निर्माण करता है। गतिमान वस्तु की संवेदी अवस्था के साथ प्रभावित अवस्था की तुलना को समय के रूप में कूट-लेखन (एन्कोड) किया गया है। अन्य शब्दों में, वस्तु का अनुभव एवं उसकी स्मृति के अनुभव की, जब तुलना की जाती है, तो समय परिभाषित होता है। किसी वस्तु की सापेक्ष गति को उसके प्रारम्भ बिंदु से स्थान के रूप में कूटलेखन किया जाय, तो इस प्रकार स्थानों का एक सेट आकाश की मानसिक संरचना बन जाता है। दूसरे शब्दों में, जो वस्तु तुलनात्मक रूप से आराम की स्थिति में है, उसे एक विश्वसनीय संदर्भ के रूप में लिया जाता है एवं गतिशील वस्तु में परिवर्तन का स्थान के रूप में कूटलेखन किया जाता है। नए तथा पुराने स्थान, दूरी और इसलिए आकाश को परिभाषित करते हैं। कोई गति नहीं का अर्थ कोई स्थान नहीं, कोई समय नहीं एवं कोई स्मृति नहीं। इस प्रकार स्थान एवं समय गति के व्युत्पन्न हैं, जो कि परिवर्तन मात्र है। अधिक परिवर्तन अधिक ऊर्जा में बदल जाता है, तथा हम अधिक गति देखते हैं, अर्थात समय व्यतीत होने के साथ गतिमान वस्तु आकाश में और अधिक दिखाई देती है।

यदि वहां कोई स्थान नहीं है तो मैं कहां जाऊं तथा मेरा सामान कहां स्थित है? "कहां" कोई है नहीं। सब कुछ यहाँ है। कोई तीन आयाम नहीं हैं, अस्तित्व के आयाम पूर्णतयः शून्य हैं। यदि आप संगणक (कंप्यूटर) क्रमादेश (प्रोग्रामिंग) के बारे में थोड़ा भी ज्ञान हैं तो इसे समझना सरल है। एक संगणक खेल में, पटल पर दिखाई देने वाला स्थान तथा सामान सूक्ष्म-परक्रमक (माइक्रो-प्रोसेसर) से गुजरने वाली परिवर्तनशील संख्याओं की एक लंबी सूची के अतिरिक्त कुछ नहीं है। जब ये किसी उपयुक्त संगणक उपकरण में भेजा जाता है,

तो संख्याएँ पिक्सेल की ग्रिड पर रंग तथा आकार उत्पन्न करती है। परिवर्तनशील संख्याओं (गैर-आयामी, यानी कोई लंबाई या आकार नहीं, मात्र परिवर्तित होता है) को रूपक रूप से अस्तित्व के रूप में देखा जा सकता है, जबकि पटल पर उपस्थित सामग्री वस्तुओं तथा स्थान का अनुभव है।

तो यदि कोई स्थान नहीं है, मात्र परिवर्तन, तो वास्तव में वहां क्या है? यह अज्ञेय है। चित्त इसे स्थान, समय, वस्तुओं तथा रंगों जैसे गुणों के माध्यम से जानने का प्रयास कर रहा है। यदि आप इसे किसी अन्य विधि से जानना चाहते हैं, तो आपको दूसरे चित्त की आवश्यकता होगी। संभवतः एक अधिक उन्नत चित्त, उदा. एक ईटी परग्रही चित्त अंतर्निहित परिवर्तन को अधिक प्रत्यक्ष रूप से देखेगा, परन्तु फिर भी वैसा नहीं जैसा कि यह वास्तव में उपस्थित है। अनुभव होने से पूर्व इसे एक व्याख्या, किसी प्रकार के संगठन से निकलना होगा। यह तर्क दिया जा सकता है कि परिवर्तन वास्तव में अस्तित्व में नहीं है जब तक कि स्वयं/आत्मन् इसे अस्तित्व में लाने का संकल्प नहीं रखता है, जो कि यदि आप मुझसे पूछें तो बहुत दूर की कौड़ी है, परन्तु एक रुचिकर विचार है।

परिवर्तन के बारे में विचित्र बात यह है कि एक बार जब परिवर्तन हो जाता है तो उसे रोका नहीं जा सकता, वह आगे बढ़ता है तथा विभिन्न रूप धारण कर लेता है। तो कुछ भी स्थिर नहीं है, परिवर्तन ही सब कुछ है। गति के विषय में, यदि आप उसे रोकने का प्रयास करते हैं, जैसे चलती हुई वस्तु के मार्ग में अवरोध लगाकर (बिलियर्ड गेंदों की कल्पना करें), तो गति की ऊर्जा अवरोध में स्थानांतरित हो जाती है तथा वह अवरोध भी चलना शुरू कर देता है। यह सब मायाजाल है, परन्तु परिवर्तन का अनुभव इसी तरह होता है।

परिवर्तन अर्थात ऊर्जा का एक अन्य सामान्य रूप ऊष्मा है। यह फिर से सूक्ष्म मापन स्तर पर अणुओं की गति के अतिरिक्त अन्य कुछ नहीं है। किसी चीज से टकराना तथा उसे गर्म करना आसान है, ऊर्जा स्थूल गति से सूक्ष्म गति में आसानी से स्थानांतरित हो जाती है। ऊर्जा के अन्य रूप भी किसी न किसी प्रकार की गति हैं, जैसे ध्वनि (पदार्थ का कंपन), प्रकाश [इलेक्ट्रॉनिक कंपन] एवं परमाणु विकिरण [मुक्त कणों की गति]। तो सभी ऊर्जावान घटनाएँ मात्र गति हैं, जो एक परिवर्तन के अतिरिक्त अन्य कुछ नहीं है - मात्र अनुभवक्रिया।

ऊर्जा के बारे में एक आश्चर्यजनक तथ्य यह है कि जैसे-जैसे आप सूक्ष्म मापन स्तर पर जाते हैं, इसकी मात्रा निर्धारित होती जाती है, जिसका अर्थ है कि परिवर्तन मात्र उछाल में होता है, निरंतर नहीं। तथा यह क्वांटम यांत्रिकी की नींव है। परिमाणीकरण के परिणामस्वरूप, स्थान तथा समय भी परिमाणित हो जाते हैं, क्योंकि ये गति के व्युत्पन्न हैं। तो हम विचित्रता देखते हैं जैसे कि एक कण एक स्थान पर विलुप्त हो सकता है एवं मध्यवर्ती स्थान से निकले बिना दूसरे स्थान पर दिखाई दे सकता है, वास्तव में कोई मध्यवर्ती स्थान नहीं है। यह प्रायः किसी परमाणु में कक्षीय(ऑर्बिटल्स) की इलेक्ट्रॉनिक छलांग में देखा जाता है। इलेक्ट्रॉन परमाणु के केंद्र से अलग-अलग दूरी पर स्थित विभिन्न

कक्षाओं में दिखाई देते हैं तथा विलुप्त हो जाते हैं।

परिवर्तन की लहरें

परिवर्तन के ऐसे विचित्र व्यवहार का क्या कारण हो सकता है? इसे विभिन्न प्रकारों से समझाया जा सकता है, सबसे सरल व्याख्या यह है कि परिवर्तन "परिवर्तन की तरंगों" में घटित होता है तथा तरंगें आवश्यकता-जनित लयबद्ध प्रणाली (हार्मोनिक मोड) तक सीमित होती हैं (एक भौतिक प्रणाली की आवश्यकता होती है)। जिस प्रकार गिटार के तार मात्र विशिष्ट प्रणाली में ही कंपन कर सकने के लिए बाध्य हैं। यदि x अनुमत परिवर्तन है, तो अगला परिवर्तन 2x, 3x एवं इसी तरह होगा क्योंकि परिवर्तन की तरंग मात्र उस तरंग की मूल आवृत्ति के गुणकों में ही उपस्थित हो सकती है। जो कण पदार्थ का निर्माण करते हैं वे परिवर्तन के अतिरिक्त अन्य कुछ नहीं हैं, अतः कण स्वयं तरंगों के रूप में व्यवहार करते हैं।

ऐसे अन्य भी परिष्कृत उत्तर हैं जिनमें सबसे खतरनाक विषय गणित सम्मिलित है, परन्तु जहां तक पदार्थ के अध्ययन की बात है तो यह सबसे उपयोगी उपकरण है। यदि आपको गणित पसंद नहीं है, तो पदार्थ के बारे में आपकी समझ अत्यंत सीमित होगी। मुझे लगता है कि इससे अधिक अंतर नहीं पड़ना चाहिए, जानने वाली एकमात्र महत्वपूर्ण बात यह है कि पदार्थ चित की निर्मिति है। वहाँ दो नहीं हैं, मात्र एक है। इसे प्रत्यक्ष रूप से अनुभव किया जाना चाहिए, मात्र इसलिए इस पर विश्वास न करें क्योंकि आपने इसे भौतिकी की पाठ्य पुस्तक में पढ़ा है।

कोई कह सकता है कि कोई कण नहीं हैं, मात्र परिवर्तन की तरंगें हैं, तथा इसके अतिरिक्त संभावनाओं के परिवर्तन की तरंगें हैं। यदि आप मुझसे पूछें तो वास्तव में इसका कोई अर्थ नहीं है। वहां कुछ भी नहीं है। फिर भी एक जगत है. यह कैसे संभव है? इसका एकमात्र उत्तर है - जगत का निर्माण अस्तित्व से हुआ है जिसमें परिवर्तन लाने की अद्भुत क्षमता है। तथापि यह परिवर्तन वास्तविक परिवर्तन नहीं है क्योंकि इसमें परिवर्तन के लिए कुछ भी नहीं है, अतः परिवर्तन का स्वप्न देखा गया है, बनाया गया है। परिवर्तन वैसा नहीं है जैसा दिखता है। यह अधिक से अधिक परा परिवर्तन की चित द्वारा की गई व्याख्या है, जो अज्ञात है। अतः सम्पूर्ण विराट प्रकट जगत उस अस्तित्व/उपस्थिति के ही स्वप्न के रूप में सोचा जा सकता है। स्वयं/आत्मन इस स्वप्न का साक्षी है, परंतु वास्तव में कुछ भी घटित नहीं होता है। मुझे लगता है कि हम यहां अटकलों में बहुत गहरे डूब गए हैं, अतः आइए जगत की ठोस वास्तविकता पर वापस आएं, जो कि ठोस के अतिरिक्त अन्य सब कुछ है, यह मात्र परिवर्तन की लहरें हैं।

स्तर-मापक तथा सीमाएं

परिवर्तन छोटा होता है, जब हम कोई बड़ा परिवर्तन देखते हैं तो वह छोटे-छोटे परिवर्तनों से मिलकर बना होता है। जब परिवर्तन होता है, तो यह मौलिक प्रक्रिया द्वारा बाध्य होता है एवं संरचनाएं बनने लगती हैं। इस प्रक्रिया की कोई सीमा नहीं है तथा यह एक के ऊपर एक, परतों में, संरचनाओं का श्रेणीक्रम बनाती है। श्रेणीक्रम में हम जितना ऊपर होते हैं आकार की दृष्टि से वह उतना ही बड़ा होता जाता है। यह अधिक स्थिर तथा सांख्यिकीय, कुछ सीमा तक नियतिवादी एवं कारणात्मक भी हो जाता है।

कण इतने छोटे क्यों होते हैं? वे सही आकार के हैं, तथा यही एकमात्र उचित आकार है। हम बहुत बड़े हैं। तथा ऐसा इसलिए है क्योंकि हमारी प्रतिदिन की दुनिया श्रेणीक्रम की एक निश्चित परत पर दिखाई देती है, जो इकाइयों/शरीरों के गठन के लिए बिल्कुल सही होती है। तथा आश्चर्य की बात नहीं, यह परत पहली मूलभूत संरचना से काफी दूरी पर है। फिर भी खगोलीय संरचनाओं की तुलना में हम धूल के एक कण के समान हैं।

पदार्थ के स्तर-मापक की निचली एवं ऊपरी सीमाएँ क्या हैं? इसके बारे में मात्र सिद्धांत तथा आदिम एवं खतरनाक मान्यताएँ हैं। प्लैंक की सीमा [2] सबसे छोटी प्रतीत होती है क्योंकि इससे छोटा कोई परिवर्तन नहीं हो सकता, कम से कम भौतिक प्रणालियों (पदार्थ का संग्रह) में तो नहीं। तथा किसी पदार्थ का निरीक्षण करने के लिए उसे अन्य पदार्थों के साथ अंतःक्रिया करनी होगी, अतः सभी अवलोकन योजनाएं प्रणालियां हैं। जहां तक सैद्धांतिक सीमा का सवाल है, ऊपरी सीमा उपलब्ध नहीं है। तो यह सब कितना बड़ा है? मेरी राय में, चूंकि भौतिक जगत चित्त की रचना है, यह सदा के लिए चल सकता है, इसकी कोई सीमा नहीं होगी। जगत, आकाश एवं समय किसी दिए गए रूप में अस्तित्व में नहीं हैं, वे तुरंत बनाए गए हैं। तो आप जहां भी जाते हैं, सृजन करते हैं। सृष्टि शून्य से उत्पन्न होती है तथा शून्य की अनंत मात्रा है। क्योंकि यह कुछ भी नहीं है, आपके पास सदा कुछ भी नहीं से अधिक हो सकता है। उचित है, यह सब बहुत पागलपन भरा लगता है, यहां तक कि इस जैसे उन्मादी अध्याय के लिए भी।

बल और क्षेत्र

हम सभी जानते हैं कि जब तक किसी वस्तु पर किसी प्रकार का कोई बल कार्य नहीं करता तब तक कुछ भी परिवर्तन नहीं होता। यह प्रसिद्ध कानून है, परन्तु परिवर्तन का वर्णन करने का सबसे स्वाभाविक तरीका नहीं है। कोई साधक तुरंत पूछेगा - शक्ति क्या है? तथा उसे तुरंत पता चल जाएगा कि यह भी कोई दूसरी मान्यता है। परिवर्तन घटित होता है, यह किसी शक्ति के कारण नहीं होता है, परिवर्तन होने के बाद बल के विचार का इसमें से सारग्रहण किया जाता है। यह भी माना जाता है कि बल, जो भी है, आकाश/स्थान में एक क्षेत्र के रूप में उपस्थित है। इसमें कोई क्षेत्र नहीं है जो दिया गया है, यह एक और उपयोगी सारग्रहण है। किसी बल के संसूचक यंत्र (डिटेक्टर) मात्र किसी प्रकार का परिवर्तन दिखाते

हैं, वे कोई क्षेत्र नहीं दिखाते हैं।

तो गति आदि जैसी विचित्र विषयों का क्या कारण है तथा यह बिना किसी क्षेत्र के पदार्थ में कैसे स्थानांतरित हो जाती है? गति, अर्थात परिवर्तन होता है, इसका कोई कारण नहीं होता, अनुभवों का कोई कारण नहीं होता, परिवर्तन मात्र एक अनुभव है। कारण आदि को चित्त द्वारा अनुभव से अलग कर दिया जाता है क्योंकि वह इसे सार्थक एवं तार्किक रूप से व्यवस्थित करने के लिए संघर्ष करता है। आकाश/स्थान में कुछ भी स्थानांतरित नहीं होता है, क्योंकि कोई आकाश/स्थान नहीं है, जब चित्त परिवर्तन का अनुभव करता है तो ये वस्तुयें उसके द्वारा सूक्ष्म वायु से निर्मित की जाती हैं। परिवर्तन रहस्यमय है, इसे चित्त से नहीं समझा जा सकता। कोई इसे मात्र सार-ग्रहण(एब्स्ट्रक्शन) तथा विचारों में विभाजित कर सकता है एवं अनुभव को सार्थक रूप से संप्रेषित कर सकता है।

कोई बल के विचार को बहुत परिष्कृत बना सकता है तथा कणों को बलों के वाहक एवं क्षेत्र के निर्माताओं के रूप में सोच सकता है। यद्यपि यह हर चीज़ को बहुत उपयोगी बनाता है, परन्तु यह अनुभवों से और भी अधिक भटकाता है। यहां युक्ति इन गणितीय इकाइयों को परिवर्तन के अनुभवों के साथ भ्रमित करने की नहीं है। यदि कोई भौतिक अवधारणाओं को शाब्दिक रूप से लेता है तो यह जोखिम है कि वह हठधर्मिता में पड़ जाएगा। एक बार जब आप परिवर्तन देख लेते हैं, तो आप इसके किसी भी विवरण का उपयोग करने के लिए स्वतंत्र होते हैं, जिसमें वैज्ञानिक वर्णन भी सम्मिलित है। ऐसे सभी विवरण स्वयं अनुभव का एक मंद सा अनुमान होंगे। किसी विवरण का चुनाव उसकी उपयोगिता पर निर्भर करता है, न कि उसकी सत्यता पर। जैसे ही आपने किसी अनुभव का वर्णन करना शुरू किया, आप पहले ही सत्य का क्षेत्र छोड़ चुके हैं।

प्रकाश

प्रकाश एक क्षेत्र का उदाहरण है। यह अनुमान लगाने का कोई अर्थ नहीं है कि यह भी एक अवधारणा है तथा वास्तव में एक वस्तु अथवा अनुभव के रूप में उपस्थित नहीं है। यह कई लोगों के लिए चौंकाने वाला कथन हो सकता है, क्योंकि प्रकाश हमारा प्रत्यक्ष अनुभव है। अथवा क्या यह है? फिर से विचार कीजिये। क्या आप प्रकाश देखते हैं अथवा क्या किसी ने देखा है? स्पष्टतयः नहीं। हम मात्र वस्तुएँ देखते हैं, प्रकाश नहीं।

यदि यह प्रकाश नहीं है तो यह उज्जवल गर्म चमकीली चीज़ क्या है जो मैं अनुभव कर रहा हूँ? चमकीली वस्तु के बिना चमक का अस्तित्व नहीं है तथा वस्तु चित्त में उपस्थित है। गर्मी एक अन्य गुण है, एक अनुभव है, जो त्वचा से आने वाली अनुभूति है एवं फिर चित्त में उपस्थित रहती है। ऐसे अनुभवों से प्रकाश का अमूर्तन सामने आता है। इस प्रकार एक बुद्धिमान व्यक्ति अपने चित्त में अनुभवों से बने जगत को देखता है। एक अज्ञानी व्यक्ति आकाश/स्थान में स्थित वस्तुओं को "प्रकाश से प्रकाशित" देखता है। एक वैज्ञानिक एक

निश्चित आवृत्ति एवं शक्ति के विद्युत चुम्बकीय क्षेत्र द्वारा मध्यस्थ, वहां उपस्थित पदार्थ तथा आंख की रेटिना में इलेक्ट्रॉनिक संक्रमण जैसी अवधारणाओं का उपयोग करके इसे व्यक्त करने के लिए परिष्कृत विधियों का उपयोग कर सकता है।

किसी अनुभव का वर्णन करने की रुचिकर विधि कौन सी है? यह परिस्थिति पर निर्भर करता है। यदि आप सामान्य पुरुषों के साथ हैं, तो प्रतिदिन के विवरण का उपयोग करें, ऐसा न हो कि वे आपको पागलखाने में फेंक दें। यदि आप किसी वैज्ञानिक के साथ हैं तो सटीक वैज्ञानिक शब्दावली का प्रयोग करें। यदि आप स्वयं के साथ हैं, तो मात्र इसका अनुभव करें, किसी विवरण की आवश्यकता नहीं है। किसी भी अनुभव का कोई भी वर्णन मात्र मानसिक कुतर्क है। मैंने उदाहरण के तौर पर प्रकाश को लिया। आप इसी तरह की सर्जरी अन्य भौतिक चीज़ों जैसे चुंबकीय क्षेत्र अथवा गुरुत्वाकर्षण आदि पर भी कर सकते हैं तथा पता लगा सकते हैं कि इनका अस्तित्व है अथवा नहीं।

विश्व/जगत की उत्पत्ति

जगत का आरम्भ कैसे हुआ तथा इसका अंत कैसे होगा? यहां दो धारणाएं हैं। हम नहीं जानते कि इसका आरम्भ हुआ था अथवा नहीं तथा हम नहीं जानते कि इसका अंत होगा अथवा नहीं। तो प्रश्न का कोई अर्थ नहीं है। यदि किसी ने अंत का प्रत्यक्ष अनुभव किया है तो प्रारम्भ के बारे में प्रश्न पूछना उचित है। तथा यदि कोई अंत के बारे में अनिश्चित है, तो उसे प्रारम्भ के बारे में नहीं पूछना चाहिए, क्योंकि मात्र उन वस्तुओं का प्रारम्भ होता है जो समाप्त होती हैं [3]।

इसका प्रारम्भ कब हुआ? पुनः, प्रारम्भ तथा इसके तंत्र अथवा प्रारम्भ के समय के बारे में कुछ भी नहीं कहा जा सकता है। यदि आप इसे बनाने के लिए वहां नहीं हैं तो समय ही नहीं है। यदि आप अपनी घड़ी की जांच के लिए पहले से ही वहां उपस्थित हैं, तो जो आरंभ है वह बहुत पहले ही आरंभ हो चुका है। तो हम देखते हैं कि जब हम किसी ऐसी चीज़ का आरम्भ या अंत मान लेते हैं जो हमारी समझ से परे है तो हमें तुरंत तार्किक पहेली का सामना करना पड़ता है। इस तरह लोग मान्यता के जाल में फंस जाते हैं तथा स्वयं को गांठों में बांध लेते हैं।

निश्चित रूप से कुछ मान्यताएँ हैं, लोग अपने बनाये प्रश्नों के उत्तर भरने के लिए, बातें बनाते हैं। प्रत्येक संस्कृति में एक सृष्टि के सृजन के लिए मिथक होता है। कुछ लोग आगे बढ़कर अपनी कहानी को सत्य बता देते हैं. अतः यदि वे सभी कहानियाँ सत्य हैं, तो हमारे पास जगत के भिन्न आरम्भ अलग-अलग समय पर हो रहे हैं, तथा आपके पास चुनने के लिए जगत का एक सूची है। उनमें से नवीनतम *महाविस्फोट* सिद्धांत है, जिसे कुछ लोग सत्य के अतिरिक्त अन्य कुछ नहीं मानते हैं। इसे विज्ञान द्वारा अब तक निर्मित सबसे हास्यास्पद सिद्धांत के रूप में लेबल किया जा सकता है, क्योंकि यह दुनिया की उत्पत्ति के

बारे में अब तक बताई गई सबसे जादुई कहानी को भी मात देता है।

ऐसा कोई भी सिद्धांत इस आधार पर प्रारम्भ होता है कि चीजों को प्रारम्भ करने के लिए कुछ आवश्यकता है। है ऐसा? यहां तक कि घटनाओं की एक कारण श्रृंखला को भी प्रारम्भ की आवश्यकता नहीं होती है क्योंकि कोई भी स्वेच्छया से किसी भी घटना का प्रारम्भ कर सकता है। तब कोई तुरंत पिछला कारण पूछ सकता है। तो जगत का प्रारम्भ किस कारण से हुआ तथा वह कारण कैसे प्रारम्भ हुआ? एवं इसी प्रकार अन्य। विज्ञान मात्र तभी उत्तर दे सकता है जब प्रारंभिक स्थितियों का एक समुच्चय दिया जाए। तथा यह जानने की वैज्ञानिक पद्धति की सीमा है। यदि प्रारंभिक स्थितियाँ हैं, तो चीज़ें पहले से ही अस्तित्व में हैं। आरम्भ का प्रश्न विज्ञान के क्षेत्र से परे है। अतः यदि आप किसी ऐसे व्यक्ति से मिलते हैं जो इस ब्रह्मांड के आरम्भ के बारे में एक निश्चित वैज्ञानिक सिद्धांत की वकालत करता है, तो आपको तुरंत पता चल जाएगा कि जो कुछ भी है, वह बकवास है।

स्वयं के दृष्टिकोण से, इसका कोई आरम्भ नहीं है तथा इसका वास्तव में कोई अर्थ नहीं है। क्या किसी बिंदु पर अस्तित्व उपस्थित होने लगा? इसका अर्थ यह है कि उस बिंदु से पहले शून्यता थी तथा शून्यता का प्रारम्भ कब अथवा कैसे हुआ? शून्यता से कुछ *होने-पन* में कैसे परिवर्तन हुआ? यदि आप भ्रमित हैं तथा ऐसे और प्रश्न पूछ रहे हैं, तो यह मान्यता की उपस्थिति का संकेत है। निःसंदेह ये सभी प्रश्न निरर्थक हैं। जब इसे वैसे ही देखा जाता है, तो आरम्भ का प्रश्न ही विलुप्त हो जाता है। एवं इसी प्रकार अंत का प्रश्न भी यही है। अस्तित्व है, यह कुछ नहीं है तथा न ही यह कुछ भी नहीं है। यह अद्वैत है, एवं द्वैत की व्याख्या करने वाली अवधारणाएँ इस विषय में लागू नहीं होती हैं। तो कुछ भी नहीं, कुछ नहीं, कोई अंत नहीं एवं कोई आरम्भ नहीं। ऐसे कथनों से चित के संतुष्ट होने की अपेक्षा न करें क्योंकि चित मात्र द्वैत को जानता है, अन्य कुछ नहीं।

जगत पर चर्चा अगले अध्याय में जारी है।

टिप्पणियाँ:

1. शब्द *जगत/विश्व/दुनिया* सामान्य भाषा में इसका अर्थ पृथ्वी या मानव क्षेत्र है, परन्तु मैं यहां दार्शनिक अर्थ का उपयोग कर रहा हूं।
2. https://en.wikipedia.org/wiki/Planck_length
3. *जगत/विश्व/दुनिया* के आरम्भ के बारे में कुछ विचित्र मान्यताएं हैं, परन्तु कुछ उचित भी हैं। जैसे कि यह विचार कि प्रकट ब्रह्मांड का आरम्भ एक कंपन से हुआ (*नाद, ब्रह्मनाद* अथवा शब्द) । चूँकि कंपन परिवर्तन के अतिरिक्त अन्य कुछ नहीं हैं, कोई उन्हें परिवर्तन के प्रत्यक्ष अनुभव के रूपक वर्णन के रूप में ले सकता है। यह कहना बहुत गलत नहीं है कि अभिव्यक्ति के लिए परिवर्तन उतरदायी है, अन्यथा कोई अभिव्यक्ति नहीं होगी, क्योंकि प्रकट करने के लिए कुछ भी नहीं होगा। स्मरण रखने वाली बात यह

है कि यह एक अवधारणा है तथा आरम्भ समय अथवा किसी स्थान पर आरम्भ की ओर संकेत नहीं करती है।

अध्याय १५. "जगत का अनुभव" समाप्त हुआ।

23

१६. "जगत की माया"

आइए जगत का और अधिक अन्वेषण करें तथा कुछ अति-उत्साही (जगत दृष्टि से पागल) विचारों की खोज करें। एवं यह भी देखें कि एक साधक को जगत का अनुभव कैसे होता है तथा जगत साधकों के लिए किस काम का है।

आभासी दुनिया

संगणक (कंप्यूटर) के माध्यम से उत्पन्न आभासी जगत के आगमन ने उन सिद्धांतों में रुचि फिर से जगा दी है जो भौतिक दुनिया के अनस्तित्व का प्रस्ताव करते हैं [1]। आजकल नकली जगत उतना ही वास्तविक लगता है जितना कि *असली जगत*, विशेषतयः जब उच्च स्तरीय उपकरण का उपयोग किया जाता है। एक अनुरूपित दुनिया में पूर्ण संवेदी विसर्जन कोई कल्पना नहीं है, यह अपरिहार्य है। जैसा कि हम जानते हैं, हमारे पटल(स्क्रीन) पर उपस्थित ये व्यापक, समृद्ध तथा जीवन जैसे जगत संख्याओं के अतिरिक्त अन्य कुछ नहीं हैं। हमें किस बात पर संदेह होता है कि हमारा प्रतिदिन का ये जगत भी संख्याओं के अतिरिक्त अन्य कुछ नहीं है? इसके कई कारण हैं। पदार्थ का क्वांटम विवरण तुरंत बताता है कि कोई वास्तविक इकाइयां नहीं हैं, मात्र मूल्य हैं। अन्य शब्दों में कहें तो पदार्थ मात्र आंकड़ों/संख्या ही है। विचित्र कथन है, भौतिक ब्रह्मांड एक अनुरूपित दुनिया की कई आवश्यकताओं को पूर्ण करता है।

ऐसी आवश्यकताओं की एक संक्षिप्त सूची इस प्रकार है [2]:

1. चीज़ें परिमाणित, परिमित तथा सीमित हैं।
2. प्रक्रियाएँ कलनविधि (एल्गोरिथम), तार्किक और गणितीय हैं।
3. वीआर कहीं नहीं से प्रकट होता है, तथापि यह विकास-वादी कलनविधि के माध्यम से विकसित हो सकता है तथा सरल से जटिल तक जा सकता है।

4. "फ्रेम दर" पर एक सीमा है। दूसरे शब्दों में, चीजों को घटित होने में समय लगता है तथा प्रभाव देरी के बाद दिखाई देते हैं। हमारे जगत के सन्दर्भ में प्रकाश की गति ही सीमा है।

5. कुछ स्थिरांक, कुछ वैश्विक निश्चित मूल्य होंगे, जो बिना किसी स्पष्ट कारण के प्रकट होते हैं। जैसे सी अथवा जी अथवा एच जैसे भौतिक स्थिरांक हैं जो कई समीकरणों में दिखाई देते हैं।

6. कुछ घटनाएँ गैर-स्थानीय प्रतीत होंगी। एक प्रोग्राम मध्यस्थ व्यवहार का अनुकरण किए बिना दो मानों को एक साथ संशोधित कर सकता है। तो हमारे पास उलझाव जैसी चीजें हैं।

7. प्रोसेसर की लोडिंग तब हो सकती है जब भारी मात्रा में तथ्य/आंकड़े क्रंच करना हो। हम ऐसे प्रभाव बहुत बड़े पिंडों, जैसे कि तारे, के पास देखते हैं, जहां उनकी सतह के पास समय धीमा हो जाता है क्योंकि गणना करने के लिए बहुत सारे कण होते हैं।

8. सांख्यिकीय प्रकृति. कुछ परिणामों की सटीक गणना करने के विपरीत उनकी भविष्यवाणी की जाती है। यह तेज़ है लेकिन कम सटीक है. तो हमारे पास ऊष्मागतिकी के नियम, गैस नियम अथवा द्रव गतिकी, संभाव्यता वितरण तथा अनिश्चितता सिद्धांत हैं।

9. इकाइयों के उदाहरण प्रकट हो सकते हैं. यदि खरबों इकाइयाँ हैं, तो एक प्रोग्राम उन खरबों को बनाने के लिए मात्र एक मॉडल अथवा एक वर्ग के उदाहरणों का उपयोग कर सकता है। इससे भारी मात्रा में स्मृति तथा गणना की बचत होती है परन्तु इसका परिणाम यह होता है कि वे सभी खरबों इकाइयां सटीक क्लोन हैं। हमारे यहां इलेक्ट्रॉन, प्रोटॉन तथा ऐसी सभी इकाइयां हैं, जो हर तरह से समान हैं।

10. विचित्र घटनाएं सामने आ सकती हैं. जैसे कि भूत-प्रेत कहीं से भी प्रकट हो सकते हैं, इसके लिए किसी कारण की आवश्यकता नहीं होती, कोई फर्क नहीं पड़ता तथा वे बिना कोई निशान छोड़े विलुप्त हो सकते हैं। यह विशेष प्रभाव के समतुल्य है।

11. संकल्प अथवा प्लेसिबो प्रभावों के माध्यम से उपचार जैसे विचित्र प्रभाव हो सकते हैं, क्योंकि यदि कोई अंदर प्रवेश वाले आंकड़ों में हेरफेर कर सकता है तो किसी प्रोग्राम को वांछित दिशा में ले जाना संभव होगा।

12. गैर-आभासी (वास्तविक) इकाइयाँ त्यागने योग्य आभासी रूप धारण कर सकती हैं। गेमस्पीक में अवतार। भौतिक संसार में हमारे पास शरीर हैं - गैर-भौतिक खिलाड़ियों के लिए अवतार।

और भी समानताएं हैं। ब्रह्मांड की सिम्युलेटेड प्रकृति को साबित करने के लिए प्रयोग हैं, जैसे प्रसिद्ध डबल स्लिट प्रयोग और विलंबित विकल्प क्वांटम इरेज़र प्रयोग। सिमुलेशन परिकल्पनाओं के लिए सिद्धांत और प्रमाण हैं। तथापि, कुछ हास्यास्पद धारणाएँ भी हैं। एक बार जब आप कहते हैं कि ब्रह्मांड अनुकरणीय है, तो एक अनुकारी (सिम्युलेटर),

एक संगणक और उस संगणक के प्रचालकों की आवश्यकता उत्पन्न होती है। अतः लोग परग्रही (एलियंस) से लेकर भविष्य के मनुष्यों तक हर तरह की कल्पना करते हैं। यह पूर्णतयः संभव है परन्तु अत्यधिक असंभव है। साथ ही बड़े-बड़े अंतर भी हैं, उदा. अवतारों की उपस्थिति, यदि अवतार परग्रही अथवा भविष्य के मानव हैं, तो उन्हें बिना किसी संदेह के पता चल जाएगा कि वे एक खेल खेल रहे हैं। एकमात्र संभावना यही बची है कि हम सिर्फ बॉट, कृत्रिम खिलाड़ी हैं, जहां तक मुझे पता है, यह किसी का अनुभव नहीं है। बॉट्स का अर्थ होगा कोई चेतना या व्यक्तिपरक अनुभव नहीं। किसी भी मात्रा में सतत अनुकरण से वह उत्पन्न नहीं होगा।

अब तक केवल थॉमस कैंपबेल ही संतोषजनक उत्तर के करीब पहुंचे हैं, जो है - चेतना ही इस ब्रह्मांड का संगणक, अथवा अनुकरणक (सिम्युलेटर) है। तथा चूँकि यह स्वयं से बाहर की चीज़ों का अनुकरण कर रहा है, अतः यह स्वाभाविक है कि हर कोई अपने तथा बाकी सभी चीज़ों के पीछे एक चेतना का अनुभव करता है। यह मेरा तथा आपमें से कई लोगों का प्रत्यक्ष अनुभव है। यह अद्वैत शिक्षाओं का मूल दावा है, जिसे हजारों वर्षों से चुनौती नहीं दी गई है। यद्यपि ये कथन अनुकरणीय तर्क के लिए ठोस साक्ष्य प्रदान नहीं करते हैं, परन्तु ये आस्तिकों के चित में पर्याप्त अनिश्चितता उत्पन्न करते हैं तथा उन्हें जगत की अनुमानित वास्तविकता तथा प्रधानता पर प्रश्न उठाते हैं।

तन्मात्रा (क्वालिया)

मैं जटिल समस्याओं के पिटारे से बच रहा था लेकिन यह यहाँ है। इन्हें मैं अलघुकरणीय (इरेड्यूसिबल्स) कहना पसंद करता हूं। चेतना के समक्ष संसार गुणों के स्वरूप में प्रकट होता है, तथा यही संपूर्ण विश्व का संपूर्ण विवरण है। इसको इससे और अधिक कम नहीं किया जा सकता। ये कम से कम है। जब हम लाल रंग को किसी अन्य वस्तु के संदर्भ में वर्णित करने का प्रयास करते हैं तो हमें भारी कठिनाई का सामना करना पड़ता है। हम लाल रंग का एक उदाहरण प्रदान कर सकते हैं परन्तु कोई अन्य शब्द इसे श्रेष्ठ ढंग से नहीं समझा सकता, ऐसा इसलिए है क्योंकि यह अपरिवर्तनीय है। यहाँ चित को एक ऐसी दीवार का सामना करना पड़ता है जिसे वह पार नहीं कर सकता।

कोई उन्हें गिन सकता है क्योंकि वे जिस प्रकार की भावना से जुड़े होते हैं उसके अनुरूप कुछ प्रकार होते हैं। कितने प्रकार के होते हैं? उदाहरण के लिए, यदि आप गंध की भावना लेते हैं, तो गंध क्वालिया की एक श्रेणी है, परन्तु हजारों गंध हैं तथा एक कुत्ता कहेगा कि दस लाख गंध हैं। यदि आप दृष्टि डालें तो दो श्रेणियाँ हैं - आकार एवं रंग [3]। लाखों रंग हैं तथा संभवतः आकृतियों की अनंत प्रकार हैं। तो अनगिनत प्रकार हैं एवं संयोजन हैं, तथा संयोजनों के संयोजन हैं। जैसा कि कोई भी कलाकार जानता है, प्रकृति को विविधता बहुत पसंद है।

इतने सारे क्यों हैं? उदाहरण के लिए, क्या एक पक्षी को मात्र कुछ रंगों की आवश्यकता नहीं होगी - प्रत्येक उसके द्वारा खाए जाने वाले फल के लिए, एक साथी, शिकारी तथा परिवेश के लिए? मुझे लगता है कि यह 10 से कम रंगों के साथ भी ठीक रहेगा। कंप्यूटर के साथ अपने शुरुआती दिनों में मुझे अपना 256 रंगीन मॉनिटर अद्भुत तथा मेरी सभी आवश्यकताओं के लिए पर्याप्त लगा। लाखों रंगों की आवश्यकता किसे होगी? सदा की तरह विकासवाद का सिद्धांत यहां कोई संतोषजनक उत्तर देने में विफल रहता है। तथापि, एक स्पष्टीकरण है, जो इस प्रकार है। संभवतः चित्त के प्रारम्भिक दिनों में, इसे समझने के लिए आवश्यक हर चीज़ को समझने के लिए इसके पास केवल कुछ ही गुण थे। उदाहरण के लिए सफेद भोजन के लिए तथा काला उन सभी चीजों के लिए जो भोजन नहीं है। तथा इस तरह जीव बिना किसी परेशानी के जीवित रहा। जैसे ही एक शिकारी दिखाई दिया, समस्या सामने आ गई, अब उसे आसपास के वातावरण से शिकारी को अलग करने के लिए एक अन्य रंग की आवश्यकता थी अतः जादुई रूप से, मान लीजिए, एक शिकारी के लिए "संकेत" करने के लिए चित्त में लाल रंग दिखाई देने लगा। इस क्षमता के बिना कोई भी जीव विलुप्त हो गया। जैसे-जैसे जीवन विकसित हुआ, चीजें अधिक जटिल होती गईं और अधिक संकेत प्रकट हुए, तथा बहुत शीघ्र प्रत्येक इंद्रिय ने लाखों संकेत (कोड) उत्पन्न किए। अधिक परिवर्तन के प्रतिरूपों (पैटर्न) में अंतर को एक चित्त समाधान कर सकता है, अधिक संकेत अथवा गुणवत्ता का यह समर्थन कर सकता है। ऐसा प्रतीत होता है कि विभिन्न जीवन रूपों में उनकी जीवित रहने की आवश्यकताओं के आधार पर कम अथवा अधिक गुण होते हैं। उदाहरण के लिए, मनुष्य लाखों रंगों का समाधान करने में सक्षम हैं परन्तु अभी भी विद्युत् चुंबकीय वर्णक्रम (ईएम स्पेक्ट्रम) की एक बहुत ही संकीर्ण सीमा तक ही सीमित हैं। अतः किसी को संदेह हो सकता है कि क्वालिया की कोई निश्चित संख्या अथवा श्रेणियां नहीं हैं, वे चित्त की आवश्यकता/मांग पर उत्पन्न होती हैं।

कोई विकासवादी तर्क का उपयोग करके अलघुकरणीय गुण/ क्वालिया की विविधता तथा उपलब्धता की व्याख्या कर सकता है, लेकिन उन्हें क्या उत्पन्न करता है? मस्तिष्क में विशिष्ट क्षेत्र पाए जा सकते हैं जो रंगों के उत्तर में एक विशिष्ट तंत्रिका गतिविधि उत्पन्न करते हैं, लेकिन तंत्रिका गतिविधि से रंग का अनुभव नहीं होता है, यह केवल अधिक तंत्रिका गतिविधि पैदा करता है, जैसा कि हमने पहले मस्तिष्क पर अध्याय में चर्चा की थी। प्रकाश, जो कि परिवर्तन है, अधिक परिवर्तन की ओर ले जाता है, किसी रंग की ओर नहीं।

चित्त परिवर्तन से रंग का व्यक्तिनिष्ठ अनुभव कैसे उत्पन्न करता है? अंततः उस रंग को कौन समझता है? क्या वह स्वयं/आत्मन ही है, जो हर वस्तु का साक्षी है? अब हम प्रत्यक्ष अनुभव के दायरे में हैं। जैसा कि मैंने कहा, प्रत्यक्ष अनुभव को किसी अन्य वस्तु में कम करना संभव नहीं है, कोई मात्र इसका अनुभव कर सकता है। तो अलघुकरणीय गुण/ तन्मात्रा/क्वालिया उपस्थित है। तन्मात्रा/क्वालिया स्वयं/आत्मन द्वारा देखे गए स्वयं/ आत्मन हैं, क्योंकि स्वयं/आत्मन के अतिरिक्त अन्य कुछ नहीं है। रंग अथवा ध्वनि का

अनुभव ऐसा क्यों होता है? यह पूछने जैसा ही है कि कोई अनुभव वैसा क्यों है। बुद्धि को संतुष्ट करने के लिए चित्त के पास कोई विश्लेषणात्मक उत्तर नहीं है [4]।

पदार्थ या चित्त

हम एक पूरा चक्कर लगाकर चित्त की ओर वापस आ गए हैं। क्या यह जगत पदार्थ से बना है अथवा यह पूर्णतः मानसिक है? गहराई में जाने से बचने के लिए, यह एक वस्तु/चीज से बना है। चित्त तथा पदार्थ मात्र वर्णन हैं। जो भी आपके तथा आपकी स्थिति के अनुकूल हो उसे चुनें। स्वयं/आत्मन के दृष्टिकोण से, अनुभव गुणों, नाम एवं रूपों, परिवर्तन एवं घटनाओं से बने होते हैं। जब आप गहराई से खोजते हैं तो आपको अधिक संरचनाएं, अधिक रूप तथा अधिक परिवर्तन का सामना करना पड़ता है। अंत में, आप पुनः स्वयं/आत्मन के अतिरिक्त कुछ भी नहीं देखते हैं। आप इसके विपरीत जा सकते हैं तथा शून्य से प्रारम्भ कर सकते हैं तथा आप पुनः स्वयं/आत्मन पर पहुंच सकते हैं। आप पाएंगे कि आप एक ही वस्तु/चीज़ का विभिन्न कोणों से वर्णन करने का प्रयास कर रहे हैं। यह मात्र शब्दार्थ है, यदि आप चाहें तो इसे स्वयं/आत्मन कहें अथवा कुछ और।

साधक का विश्व/जगत

हम अब एक साधक के क्षेत्र में प्रवेश कर रहे हैं तथा यदि आप एक साधक नहीं हैं अथवा आपने अभी तक नीचे दी गई सामग्री का अनुभव नहीं किया है, तो यह सब पूरी तरह अर्थहीन लग सकता है। वैसे भी इससे कोई अन्तर नहीं पड़ता, अनुभव महत्वपूर्ण नहीं हैं, विशेषकर विशिष्ट प्रकार के अनुभव।

एक साधक के दृष्टिकोण से, जगत मायावी है, जो अज्ञेय है उस वस्तु पर आधारित एक आभास है। चित्त मात्र ज्ञान उत्पन्न करने के लिए अनुभवों को व्यवस्थित कर सकता है, वह अनुभव उत्पन्न नहीं कर सकता। जो कुछ भी संवेदी संरचनाओं में व्यवस्थित होता है वह जगत बन जाता है। जो कुछ भी असंवेदी संरचनाओं में व्यवस्थित होता है वह चित्त बन जाता है। इन दोनों के बीच की सीमा मनमानी है। यहां मुख्य शब्द "संवेदी" है। इंद्रियों के कारण ही जगत का अस्तित्व है। गहरी नींद में इंद्रियाँ बंद हो जाती हैं तथा जगत भी लुप्त हो जाता है। ऐसा नहीं है कि संसार नष्ट हो गया है, वह वैसा ही दिखाई देना बंद हो जाता है जैसा जागृत अवस्था में दिखाई देता है जब इंद्रियां पूर्ण रूप से सक्रिय हो जाती हैं। अब आपके पास तथा जगत को प्रकट करने तथा लुप्त करने की कुंजी है।

यह एक महत्वपूर्ण खोज है क्योंकि जगत की अनुपस्थिति का अनुभव करने के लिए व्यक्ति को मात्र अपनी इंद्रियों को बंद करना होगा। तथापि कुछ विचित्र सा देखने को मिलता है। चित्त स्वयं संवेदी आंकड़े बनाना प्रारम्भ कर देता है, यह इंद्रियों का एक नया समुच्चय बनाता है, उन इंद्रियों को आथित्य करने के लिए एक नया शरीर बनाता है तथा एक पूर्णतयः

नया जगत, कहीं से भी नहीं निकल कर, दिखाई देता है । व्यक्ति को मात्र अपना ध्यान सामान्य इंद्रियों से हटाना है। यह सरल है परन्तु बहुत आसान नहीं है, क्योंकि हम इंद्रियों अथवा मानसिक विषयों पर ध्यान न देने में लगभग असमर्थ हैं। परन्तु थोड़ा सा अभ्यास चित्त को संवेदी आदानों (आनेवाले संकेतों से) से अलग कर देता है तथा व्यक्ति उनकी उपेक्षा करना सीख सकता है।

यह एक साधक को क्या बताता है? ठीक है, ध्यान देने वाली पहली बात यह है कि यह जगत एकमात्र ऐसा जगत नहीं है जिसे चित्त समझने में सक्षम है। तो भौतिक जगत अनगिनत जगतों का एक विशेष प्रकरण बन जाता है जिसे कोई भी देख सकता है।

दूसरे, जगत कोई स्थायी तथा ठोस वस्तु नहीं है जो सदा उपस्थित रहता है, यह एक खेल की तरह है जो संगणक में आंकड़े लेकर क्रियाशील रहता है तथा आवश्यकता पर दिखाई देता है।

तीसरा, यह अपना मूल्य खो देता है, क्योंकि अनगिनत जगत हैं - खेलने के लिए कई खिलौने हैं। इससे सांसारिक चीज़ों से वैराग्य उत्पन्न हो जाता है तथा साधक स्वयं में अधिक खो जाता है, उसे एक बड़ा चित्र प्राप्त होता है। वह लोगों से भी दूर हो जाता है, क्योंकि अन्य जगत में भी अन्य लोग हैं, कुछ बहुत ही विदेशी/परग्रही प्रकार की जीवित इकाइयां हैं, परन्तु वे सभी मात्र उपस्थिति हैं, मेरी अपनी स्वयं/आत्मन की अभिव्यक्ति हैं। तो लोगों का मूल्य कम हो जाता है। इससे जगत त्यागने में सहायता मिलती है। किसी भी प्रकार के व्याख्यान अथवा पाठ पढ़ने से यह काम नहीं चलेगा। एक बार जब आप अनासक्त हो जाते हैं, तो आप जगत से मुक्त हो जाते हैं।

ऐसी अन्य चीजें भी हैं जिनसे एक साधक जुड़ सकता है, परन्तु चूंकि हम जगत के विषय पर हैं, इसलिए हम केवल सांसारिक चीजों पर ही ध्यान केंद्रित करेंगे। जगत से मुक्ति कोई छोटी उपलब्धि नहीं है। क्या हमें वास्तव में यह देखने के लिए चित्त की किसी विदेशी स्थिति की आवश्यकता है कि जगत भ्रामक है तथा अनंत संभावित दुनियाओं का एक उदाहरण मात्र है? मेरी राय में ऐसी स्थितियों की आवश्यकता नहीं है. बस बैठ जाओ तथा बहुत ध्यान से निरीक्षण करो। किसी को मात्र प्रेक्षक पर ध्यान केंद्रित करने की आवश्यकता है न कि दृश्य पर, तथा एक भ्रम के रूप में जगत का प्रत्यक्ष अनुभव होता है। यह एक अनुभूति है, एक - "ओह, मैं इसे अब समझ गया" क्षण। मुक्त होने के लिए बस इतना ही आवश्यक है। एक शिक्षक जो पहले से ही मुक्त है, यहाँ बहुत सहायता कर सकता है।

वह काम क्यों करता है? क्योंकि यह वही स्वयं/आत्मन है जो आपके द्वारा देखे गए प्रत्येक जगत का अनुभव करता है। इससे कोई अंतर नहीं पड़ता कि आपके पास कौन सी इंद्रियां, शरीर अथवा अवतार हैं, स्वयं/आत्मन सदा वही पुराना स्वयं/आत्मन है। चित्त की सभी अवस्थाओं के पीछे वही स्वयं/आत्मन है। किसी को इस शरीर के माध्यम से जगत के अनुभव में उसे देखने से कोई नहीं रोक सकता।

दासता

परन्तु हम एक जगत से क्यों बंधे हैं? अगर आप ध्यान से देखें तो हम बिल्कुल भी बंधे हुए नहीं हैं। आत्मन सदैव स्वतंत्र है। जो बंधा हुआ है वह एक व्यक्ति है, एवं मुख्य रूप से एक व्यक्ति का अहंकारी भाग है। तो वास्तव में स्वयं को मुक्त करने की कोई आवश्यकता नहीं है। व्यक्ति को मात्र उस अज्ञान को दूर करने की आवश्यकता है जिससे वह बंधा हुआ है। यह इतना सरल है।

परन्तु व्यक्ति क्यों बंधा हुआ है? ठीक है, आइए इसे सरल तथा मूर्खता-पूर्ण रहने दें। स्वतंत्र रहें, बंधन के तंत्र के बारे में चिंता न करें। महान गुरु यही कहते हैं तथा मैं पूर्णतया सहमत हूं। व्यक्ति, अहंकार तथा शरीर वैसे ही रह सकते हैं, परन्तु अब बंधन का बोझ विलुप्त हो जाता है।

जगत में करने योग्य कार्य

यह अनुभूति कि जगत अन्य कुछ नहीं परन्तु स्वयं/आत्मन है, जगत को सूक्ष्म वायु में विलुप्त नहीं कर देगा। जगत नहीं परिवर्तित होता, आप ही परिवर्तित होते हैं (विशेष रूप से एक व्यक्ति, एक पहचान के रूप में आप)। जगत अपनी सारी सुन्दरता तथा कुरूपता के साथ वैसा ही बना रहता है। तो अब आप इसके साथ क्या करेंगे?

जगत से मुक्ति आपको जब चाहे इसमें प्रवेश करने तथा बाहर निकलने की क्षमता देती है। यह बहुत शीघ्र नीरस हो जाना चाहिए। जब तक चित्त है, तब तक जगत रहेगा, तथा वे सभी विभिन्न प्रकार की बोतलों में एक ही सुरा के समान हैं। आपने एक का स्वाद चखा तथा आपने उन सब का स्वाद चखा। जगत से अनासक्त भाव आपको जगत को बहुत गंभीरता से नहीं लेने देता है तथा इसके बारे में अधिक चिंता नहीं करने देता है, तथा यह अनुभूति कि यह स्वयं के अतिरिक्त कुछ भी नहीं है, आप इसके साथ प्रेम में पड़ जाते है। जैसा कि आपने अनुमान लगाया होगा, यह पूर्णतया बिना शर्त प्रेम की स्थिति है। एक साधक जगत को हानि नहीं पहुंचाएगा तथा इसमें बहुत अधिक हस्तक्षेप नहीं करेगा। वह सभी लोगों तथा इकाइयों को अपने जैसा देखता है, परन्तु अपने जैसा नहीं भी। ध्यान दें कि बिना शर्त प्रेम जगत से मुक्ति के प्रत्यक्ष अनुभव के परिणामस्वरूप उत्पन्न होता है, वास्तविक बिना शर्त प्रेम में रहने की कोई अन्य विधि नहीं है। उचित है, भक्ति का मार्ग तो है, परन्तु वास्तविक भक्ति बहुत कम लोग कर पाते हैं। भक्ति भी किसी न किसी प्रकार के अनुभव, किसी विचित्र घटना से उत्पन्न होती है जो किसी को भक्त बना देती है। यहां समस्या यह है कि ज्ञान तथा मानसिक उपकरणों की कमी वाले ऐसे व्यक्ति के मान्यता के जाल में फंसने की संभावना रहती है। एक बीच का मार्ग है, अभिनय कीजिये कि आप हर किसी से तथा हर चीज से बिना शर्त प्रेम करते हैं। बिना शर्त प्रेम की मांग है कि आप जगत के लिए अधिकतर कुछ न करें, जो कि एक आसान कार्य होना चाहिए। कुछ भी न करने का अर्थ हानिकारक कार्य न करना,

अहिंसा के मार्ग पर रहना भी है। यदि आप कुछ नहीं कर रहे हैं तो उसे पूरी तरह से करें।

ऐसे प्रदर्शन से क्या उपलब्ध होगा? यह आपको मुक्त नहीं करेगा, जगत का भ्रम बना रहेगा, परन्तु यह आपको जगत द्वारा उत्पन्न पीड़ा से मुक्त कर देगा। मैं निश्चित रूप से नहीं कह सकता, लेकिन एक मुक्त व्यक्ति के सभी गुणों के साथ जीवन जीने से कृपा प्राप्त होगी, तथापि मैं इसका कोई आश्वासन नहीं देता। चित्त एक जटिल रचना है तथा व्यक्ति एक जटिल इकाई है। कुछ चीजें कुछ लोगों के लिए कार्य करती हैं तथा अन्यों के लिए पूर्णतया अनावश्यक हैं।

एक उन्नत साधक जगत में जोड़तोड़ करने की असाधारण क्षमता प्राप्त कर सकता है। परन्तु अत्यधिक जोड़तोड़ सम्भवतः ही कभी होती है। यहां तक कि एक नव-शिक्षित साधक भी दुनिया में हस्तक्षेप करने से संकोच करता है। एक भ्रामक जगत को परिवर्तित करने से वास्तव में क्या प्राप्त होता है? जब यह विलुप्त ही होने वाला है तो इसे ठीक क्यों करें? अच्छा प्रश्न है। परन्तु तत्पश्चात कुछ लोग पूछेंगे - क्यों नहीं? क्या दुःस्वप्न के विपरीत सुखद स्वप्न का अनुभव करना श्रेष्ठ नहीं है? विशेष रूप से जो लोग दुःस्वप्न का अनुभव कर रहे हैं वे झंझट को ठीक करने के लिए अधिक इच्छुक होंगे। परन्तु याद रखें कि जगत से मुक्ति का अर्थ जगत के अच्छे अथवा बुरे सभी गुणों का पूर्ण विघटन होगा। अतः हम पाते हैं कि गुरुओं ने एक आदर्श सांसारिक जीवन जीने की आवश्यकता के विपरीत स्वतंत्र होने की आवश्यकता पर बल दिया है। जगत पहले से ही सभी दृष्टियों से परिपूर्ण है, इसके अतिरिक्त अन्य कुछ नहीं हो सकता। अपूर्णता को अज्ञानता के रंगीन चश्मे से देखा जाता है। तथा इस प्रकार, एक अज्ञानी व्यक्ति जगत को ठुकराने के स्थान पर उसे ठीक करने के लिए संघर्ष करता है।

क्या गतिविधि से रहित अनासक्त जीवन नीरस तथा उद्देश्यहीन नहीं हो जाएगा? यदि आप एक दिन से अधिक समय तक बिना किसी गतिविधि के रह सकते हैं, तो अपने आप को भाग्यशाली समझें। जैसा कि हमने पहले शरीर के संबंध में चर्चा की है, जीवन आप पर सामान फेंकेगा तथा आप स्वयं को चकमा देते हुए एवं उसे वापस जीवन पर फेंकते हुए पाएंगे। जगत की शांति भी एक भ्रम है। अतः बोरियत आपकी सबसे कम चिंता है। यहां हमारा सामना एक पथ के विचार से फिर होता है। एक बार मुक्त होने के बाद, आप एक पथ चयन के लिए स्वतंत्र हैं। अपना उद्देश्य स्वयं बनायें। अभिनेता बने बिना अभिनय करें। उच्च इच्छाशक्ति के लिए एक साधन बनें। आगे और आगे की ओर।

स्वतंत्रता का अर्थ यह नहीं है कि आप कुछ चीजों से अपरिवर्तनीय विधि से मुक्ति पा लेते हैं, इसका अर्थ है कई अन्य कार्य/चीजें करने की क्षमता। अतः जगत से मुक्ति किसी जगत में जन्म लेने तथा वहां कार्य करने की आपकी क्षमता को छीन नहीं लेती है, इसका अर्थ मात्र यह है कि अब आपके पास इस संबंध में एक विकल्प है। एक कैदी के पास सदा कारागार लौटने का विकल्प होता है, परन्तु एक बुद्धिमान व्यक्ति ऐसा क्यों करेगा जब इतने सारे अन्य विकल्प उपलब्ध हों। हो सकता है कि पुराने मार्ग अब आपको उतने आकर्षक न लगें,

नए मार्ग खुलते हैं तथा कार्य पुनः प्रारम्भ हो जाता है। अतः जगत छूट जाने पर क्या बचेगा जैसे प्रश्न अज्ञानता से उत्पन्न होते हैं, ये उस व्यक्ति के प्रश्न हैं जो अभी मुक्त नहीं हुआ है। वैसे भी कार्य करने की कोई आवश्यकता नहीं है, तथा जो लोग स्वयं को कुछ करने, अधिक अनुभव करने तथा न जाने क्या-क्या करने की इच्छाओं में फँसा हुआ पाते हैं, उन्हें स्वयं को और अधिक मुक्त करने की आवश्यकता है। मैं अपने सीमित तथा उतार चढ़ाव वाले अनुभव से मात्र इतना ही कह सकता हूं।

टिप्पणियाँ:

1. उदाहरण के लिए देखें :https://en.wikipedia.org/wiki/Simulation_hypothsis. मेरी राय में, थॉमस कैंपबेल जैसे लेखक इस संबंध में अग्रणी हैं तथा समय से बहुत आगे हैं।

2. इनमें से कुछ कैंपबेल के एमबीटी से लिए गए हैं (http://www.my-big-toe.com) तथा कुछ यहाँ से:

    https://arxiv.org/ftp/arxiv/papers/0801/0801.0337.pdf
    यह भी देखें http://www.theuniverssolved.com/evidence.htm

3. कोई तीसरी श्रेणी जोड़ सकता है - चमक अथवा तीव्रता, परन्तु मुझे लगता है कि यह पुनः मात्र रंग है। तेज़ रोशनी में दिखाई देने वाला लाल रंग कम रोशनी में दिखाई देने वाले लाल रंग की तुलना में भिन्न होता है। कोई रंगहीन चीज़ नहीं होती, जैसे एक ग्रे-स्केल फ़ोटो, इसमें ग्रे रंग की आकृतियाँ हैं।

4. वहाँ हैं कुछ सिद्धांतों और अवधारणाएँ। बहुत विस्तार में बताना लेकिन कठिन को गवाह। जैसे

    http://www.indiadivine.org/content/topic/1391702-tanmatras-what-they-are/
    अध्याय १६. "जगत की माया" समाप्त हुआ।

उपसंहार

"विशुद्ध अनुभूतियाँ - द्वितीय भाग" पुस्तक आपके समक्ष प्रस्तुत है। जो स्वाभाविक रूप से प्रथम भाग में वर्णित लेखों के आगे के लेखों का वर्णन है।

चित्त के विकार के अंतर्गत इंद्रियों की माया, समय की युक्ति/छल, आवेग एवं इच्छाएँ, मान्यताएं, ज्ञान संबंधी पूर्वाग्रह, सकल सामान्यीकरण, अंध विश्वास, आस्था, अप्रत्यक्ष ज्ञान, भ्रम, संदेह, आसक्ति, मिथक, वैज्ञानिक सिद्धांत, गणितीय माडल, प्रतिरोध, पीड़ा, दर्द, नकारात्मकता, नीरसता, अवसाद, मूर्खता, कठोरता, भ्रम, चंचलता.. विषय लिए गए हैं। आवश्यक विस्तृत वर्णन किया गया है। इनसे पार कैसे पाया जाय ये भी बताया है।

अहंकार और उसकी प्रवृत्तियां, उसके विकार - भय, क्रोध, वासना, लोभ, आलस्य, ईर्ष्या, अभिमान, छल, आसक्ति, स्वामित्व, प्रेम, घृणा, आत्म दया, भी आवश्यक विस्तार से लिखा गया है।

शरीर का अनुभव, शरीर तथा उनके चालक, व्याधि, विकृति, विकलांगता, मृत्यु, मृत्यु का भ्रम, जीवित मृत्यु, मस्तिष्क प्रति चित्त, जगत का अनुभव एवं उसकी माया जैसे विषयों पर लेखन भी सम्मिलित है।

आत्मन तो सरल एवं होना मात्र है। चैतन्य स्वरूप है, एक ही है, उसकी व्याख्या नहीं की जा सकती। जो निर्गुण निराकार स्वरूप हो तो क्या व्याख्या करेंगे। उसकी व्याख्या करने जाएंगे तो कुछ नहीं कर पाएंगे, मौन घटित होगा। उसकी महिमा का गान करना हो तो माया का गुणगान करना पड़ेगा।

माया उसी आत्मन की पृष्ठभूमि पर अनंत सम्भावनाओं के साथ प्रकट है। माया के बारे में अध्ययन ही उससे अलिप्त अवश्य करता है। हम उसके दास नहीं बनते, उसके बंधन में नहीं आते। यह माया में रहते हुए उससे मुक्त होने की अनुभूति देता है।

ज्ञानी की दृष्टि माया पर न रुक कर चैतन्य पर ही रहती है। अद्वैत में स्थित अपने ही दर्शन करता है।

इस पुस्तक के लेख के विषय में यदि कोई प्रश्न हो, तो आप सीधा संपर्क कर सकते हैं
रमाकांत शर्मा rksharma09@gmail.com
Telegram @ramakant09
श्री तरुण प्रधान, tarun.pradhaan@gmail.com
Telegram. @TarunPradhaan